ISRAEL
Jerusalem
Amman
JORDANIEN
IRAK
KUWAIT
Kairo
Nil
ÄGYPTEN
RABIEN
Riad
ROTES MEER
Assuan-
Stausee
Port Sudan
Nil
Merowe
Atbara
Atbara
SUDAN
Kassala
ERITREA
Asmara
Sanaa
JEMEN
Omdurman
Khartum
Fascher
El Obeid
Blauer Nil
DSCHIBUTI
Dschibuti
Nubaberge
Malakal
Addis Abeba
Weißer Nil
Wau
ÄTHIOPIEN
Rumbek
Juba
Kapoeta
Nimule
Lokichokio
SOMALIA
Mogadischu
UGANDA
KENIA
Kampala
IND.
OZEAN
Viktoriasee
Nairobi

Thilo Thielke

Krieg im Lande des Mahdi

Thilo Thielke

Krieg im Lande des Mahdi

Darfur und der Zerfall des Sudan

Magnus Verlag

Lektorat: Michael Salzwedel und Mira C. Arora
Layout: Hans Winkens, Wegberg
Kartographie: Peh & Schefcik, Eppelheim
ISBN 3-88400-505-7

Inhalt

»Und hüte dich vor den Guten und Gerechten.«

Friedrich Nietzsche: »Also sprach Zarathustra«

Einleitung

Die Frau in dem roten Umhang heißt Halima Mohammed. Sie war, als ich sie traf, 37 Jahre alt. Ich begegnete ihr im Mai 2005 in Khor Abeche, einem kleinen Ort in Süd-Darfur. Khor Abeche war kurz zuvor von sudanesischen Regierungstruppen und bewaffneten Arabermilizen, sogenannten Dschandschawid, überfallen worden. Die Angreifer hatten fast den gesamten Ort in Schutt und Asche gelegt, unzählige der 20 000 Menschen, die sich zuvor hier aufgehalten hatten, ermordet, selbst den wehrlosen Patienten des einzigen kleinen Krankenhauses der Stadt noch in ihren Betten die Kehlen durchgeschnitten.

Halima Mohammed hat gemeinsam mit ihren vier Kindern dieses Inferno überlebt und konnte wie einige andere in die Berge flüchten. Das Martyrium war für Halima und ihre Kinder damit aber nicht vorbei. Viele starben nämlich erst auf der Flucht – in den Bergen, in der Halbwüste, in einer lebensfeindlichen Umgebung, in der es tagsüber oft 40 bis 50 Grad heiß ist und nachts bitterkalt, und in der es wenig Wasser gibt und kaum etwas zu essen.

Nun kam sie nach Khor Abeche, um in den Aschehaufen nach etwas Brauchbarem zu suchen, vielleicht einem Tonkrug, der nicht zerstört worden war und sich noch eignete, darin Wasser zu transportieren, vielleicht ein wenig Feuerholz.

Halima hatte zuvor ausgerechnet in Khor Abeche Schutz gesucht. Sie stammt aus einem Dorf, das zweihundert Kilometer südlich von Khor Abeche liegt. Elf Monate zuvor war auch dieses Dorf von arabischen Milizen überfallen und fast vollständig zerstört worden. Halimas Mann gehörte zu den Opfern des Massakers. Sie fühlte sich nicht mehr sicher dort, deshalb ging sie mit den Kindern fort, und in Khor Abeche glaubte sie sich halbwegs beschützt. Der Ort beherbergte immerhin zu manchen Zeiten rund 25 000 Menschen. Hilfsorganisationen kamen und auch Leute von der Afrikanischen Union. Nicht nur Halima Mohammed vertraute ihnen. Doch als der Überfall auf Khor Abeche stattfand, waren die Fremden plötzlich alle verschwunden.

Ich weiß nicht, was aus Halima und ihrer Familie geworden ist. Wenn sie Glück hatten, sind sie in ein Flüchtlingslager gelangt, in dem sie versorgt werden und halbwegs beschützt vor den Übergriffen der Mordbanden, die in Darfur ihr Unwesen treiben.

UM NACH KHOR ABECHE zu gelangen, bin ich mit meinem Schweizer Kollegen Kurt Pelda einige Wochen und etwa 1500 Kilometer in Darfur unterwegs gewesen. Wir mußten aus dem Tschad illegal in den Sudan einreisen und uns dem Schutz der in Darfur operierenden Rebellen anvertrauen. Anders hätten wir nicht gesehen, was wir sahen. Hätten nicht nach Khor Abeche reisen und mit Halima Mohammed sprechen und über ihr Schicksal berichten können. Die Regierung in Khartum versucht, solche Reisen zu verhindern. Sie kann keine Zeugen in ihrem schmutzigen Krieg, in dem bereits Hunderttausende starben, gebrauchen.

Wir hatten Glück. Wir kamen heil nach Khor Abeche, und wir kamen heil wieder heraus. Erst vor kurzem ist ein Kollege, der amerikanische Journalist Paul Salopek, mit einem Fahrer und Dolmetscher aus dem Tschad verhaftet worden. Ihm wurden Spionage, illegale Einreise und die Verbreitung falscher Informationen zur Last gelegt. Er wollte eine Reportage für National Geographic schreiben. Nur auf großen internationalen Druck wurde er nach mehreren Wochen wieder freigelassen. Ebenfalls im August 2006 wurde der slowenische Journalist Tomo Kriznar unter demselben Vorwand zu zwei Jahren Gefängnis verurteilt. Ich hoffe, das der Kollege möglichst bald freigelassen wird, und mir ist bewußt, das uns das gleiche hätte passieren können.

Man braucht immer etwas Glück auf solchen Reisen. Während der Recherchen, die zu diversen *Spiegel*-Artikeln, aber eben auch diesem Buch führten, bin ich zweimal verhaftet worden, einmal von tschadischen Grenzpolizisten, die sich wunderten, was wir morgens um vier Uhr im Grenzgebiet zwischen dem Sudan und dem Tschad zu suchen hatten, und einmal für zwölf Stunden von Regierungssoldaten im nordugandischen Bürgerkriegsgebiet, die uns an der Weiterfahrt hinderten. In Darfur brach mitten in der Nacht und bei voller Fahrt die Hinterachse des Pick-Ups, mit dem wir unterwegs waren; im Südsudan ging beim Versuch, das Flugzeug in die Luft zu bekommen, der Propeller der Maschine entzwei, weil der

Pilot seine Cessna direkt in einen Sumpf gesteuert hatte. Und glücklich endete in Darfur die Reise in einem Auto ohne Bremsen, von dessen Dach in scharfen Kurven betrunkene und schwerbewaffnete Buschkrieger mit ihren Kalaschnikows auf die Kühlerhaube purzelten.

Doch das ist alles harmlos.

IM WESTEN DES SUDAN eskaliert wieder einmal der Krieg. Unter anderem, weil eine Rebellenfraktion von Vertretern der Uno, der Afrikanischen Union und westlichen Ländern gedrängt, ja geradezu genötigt wurde, in Nigeria ein sogenanntes Friedensabkommen zu unterzeichnen, damit aus der Anti-Khartum-Koalition auszuscheren und mit der Regierung gemeinsame Sache zu machen. Nun bekriegen sie sich auch noch untereinander. Menschenrechtsorganisationen sprechen von den heftigsten Kämpfen seit langem.

Um kein Mißverständnis aufkommen zu lassen: Sämtliche Kriegsparteien haben schwere Menschenrechtsverletzungen begangen, und die weitverbreitete Verherrlichung und Unterstützung von Guerilleros hat gerade im Sudan erst zu dem Blutbad geführt, dessen Zeugen zu werden wir heute gezwungen sind.

Sudans Nachbarländer Libyen, Tschad, Eritrea, Äthiopien und Uganda sind, mal auf der einen, mal auf der anderen Seite, tief verstrickt in einen Krieg, der, genaugenommen, bereits Mitte der 50er Jahre begann. Unter anderem hat reichlich fließende Entwicklungshilfe das erst möglich gemacht.

Man muß allen internationalen Organisationen, die sich im Sudan um einen Frieden und die Versorgung der Bedürftigen bemühen, zugute halten, daß sie es gut meinen. Viel erreicht haben sie leider nicht. Manchmal tragischerweise das Gegenteil dessen, was sie beabsichtigten.

GERADE ERST hat die Uno eine Friedensmission mit 17 000 Blauhelmsoldaten für Darfur beschlossen. Und die Regierung in Khartum hat beschlossen, den Dschihad auszurufen, sollten die 17 000 wirklich kommen. Das hört sich nach einem Patt an.

Ob der Zerfall des Sudan dadurch aufgehalten wird, erscheint hingegen fraglich.

Nairobi, im September 2006

Khartum, September 1874

»Meine Seele ist matt und bewegt sich nur noch mit zentral-afrikanisch reduziertem Flügelschlag in höherer geistiger Sphäre. Mein äußerer Körper jedoch, der sich mit schmutzig brauner Kruste überzogen hat, erfreut sich mäßigen Wohlseins.«

Der deutsche Forschungsreisende Gustav Nachtigal
in einem Brief

Jenseits von Gut und Böse

N'Djamena, Tschad, im Mai 2006
Nairobi, Kenia, im Sommer 2006
Juba, Sudan, im Februar und März 2006

N'Djamena

DER HERR TRÄGT plötzlich Nadelstreifen.

Minni Arkou Minnawi, Führer eines Flügels der *Sudan Liberation Army* und für gewöhnlich in den tarnfarbenen Drillich des Buschkämpfers gehüllt, sitzt im maßgeschneiderten feinen Zwirn in der Lobby des Novotels in Tschads Hauptstadt N'Djamena und trinkt, gemeinsam mit einem hochrangigen tschadischen General, Coca-Cola mit Strohhalm.

Um ihn herum fläzen sich ebenfalls herausgeputzte Kampfgesellen und einflußreiche Gönner in den Korbstühlen, die Klimaanlage kühlt das Foyer auf angenehme zwanzig Grad, und von der gutbestückten Bar klingt kubanische Son-Musik herüber. Es ist eines dieser Hotels, die überall auf der Welt stehen könnten.

Minni, ein hagerer Mann, wirkt etwas unsicher im vornehmen Ambiente des Hotels. Unablässig hacken seine Finger auf der Stuhllehne herum, sein Blick huscht von einer Ecke des sonnendurchfluteten Raums in die nächste: von den französischen Marineinfanteristen in ihren kurzen Wüstenhosen zu den vier finnischen Kaufleuten, die ab mittags um drei hier immer schon herumhängen, Chari-Bier aus braunen 0,65-Liter-Flaschen trinken und Karten spielen.

Minni Arkou Minnawi hat gleich einen Termin beim Präsidenten des Tschad, Idriss Deby Itno. Deby ist ein launischer Mensch, eine »Ein-Mann-Mafia« (so eine westliche Diplomatin) – herrschsüchtig und unberechenbar. *Deby* heißt in seiner Stammessprache »Kamelschlächter«, und der Namenszusatz *Itno* bedeutet »Kämpfer«, er führt ihn erst seit kurzem öffentlich.

Nach der Statistik der Antikorruptionsorganisation *Transparency International* ist der Tschad das korrupteste Land der Erde, und Deby ist hier der uneingeschränkte König der Diebe. Derzeit liegt er im Clinch mit der Weltbank, die ihm einen üppigen Kredit verschafft hatte, damit der Tschad eine Pipeline für sein Öl bauen konnte. Doch Deby mag sich nicht mehr an die Absprachen halten und gibt das Geld aus dem Ölgeschäft nun lieber für Waffenkäufe statt wie verabredet für die Armutsbekämpfung aus.

DEBY HAT MINNI, den Rebellenführer, heute einbestellt, er soll »Kämpfer« erklären, warum er vor wenigen Tagen in Nigeria ein Abkommen mit der sudanesischen Regierung unterschrieben hat, ein sogenanntes Friedensabkommen. Hoffnungsträger nennen ihn seitdem die einen, Verräter schimpfen ihn die anderen.

Die einen sitzen normalerweise in klimatisierten Büros der Europäischen Union in Brüssel, der Vereinten Nationen in New York oder des State Department in Washington; die anderen hausen im Staub riesiger Flüchtlingscamps im tschadisch-sudanesischen Grenzgebiet, in den Rebellenlagern in Darfur oder bei Minnis bisherigen Verbündeten in Eritrea oder dem Tschad.

»Die Vereinbarung, die zwischen der sudanesischen Regierung und der größten Rebellenbewegung in Darfur am 5. Mai getroffen wurde, gibt der Welt eine weitere Chance, dieser unglücklichen Region Frieden zu bringen«, behauptet zum Beispiel UN-Generalsekretär Kofi Annan.

Diese Ansicht teilen ganz offensichtlich nicht alle Betroffenen. In etlichen Flüchtlingslagern in Darfur kam es nach der Abmachung zu gewaltsamen Ausschreitungen, ebenso in der Hauptstadt Khartum. Mehrere Menschen starben.

Minni ist nervös.

Seit einigen Jahren kämpfen Aufständische in Darfur gegen die Regierung in Khartum. Sie führen einen verzweifelten, wenn nicht hoffnungslosen Guerillakrieg gegen ein kampferprobtes und skrupelloses Regime, das zudem Stammeskonflikte und einen arabischen, antiafrikanischen Rassismus schürt. Es hat sich nicht gescheut, dafür mordlustige arabische Reiterbanden zu bewaffnen und damit einen Wüstensturm zu entfachen, der an Grausamkeit kaum noch zu überbieten ist.

»Dschandschawid« nennen sich diese apokalyptischen Reiter im Dienste der Regierung – soviel wie berittene Horden heißt das. Es ist eine Verballhornung, die arabischen Begriffe *jim* (wie »G«, ein Synonym für das beliebte deutsche G3-Sturmgewehr von Heckler & Koch), *jinn* (für »Teufel«) und *jawad* (für »Pferd«) schwingen darin mit. Sie benehmen sich wie weiland Dschingis Khan : verbreiten Angst und Schrecken, und wo sie auftauchen, richten sie Blutbäder an und hinterlassen verbrannte Erde.

Allein 20 000 von ihnen soll der mächtigste Dschandschawid-Anführer Musa Hilal befehligen; mindestens sechs Dschandschawid-Brigaden stehen derzeit in Darfur bereit, unter ihnen die Büffelbrigade *(Liwa al Jammous)* und die Siegesbrigade *(Liwa al Nasr).*

Die Rebellen wehren sich tapfer gegen diese Übermacht, sie haben einen breiten Streifen des Landes erobert, den sie kontrollieren, doch sie sind eingekeilt zwischen arabischen Siedlungsgebieten und der Grenze zu Sudans westlichem Nachbarland Tschad, wo sie ihr Rückzugsgebiet haben.

Oft gehören sie denselben Stämmen an wie die Menschen jenseits dieser Grenze. Tschads Präsident Deby zum Beispiel ist Saghawa, genauso wie der Hasardeur Minni Arkou; dieser gehört der Untergruppe der Bideyat an, jener der der Wegi.

OHNE DIE UNTERSTÜTZUNG des Tschad allerdings wäre Minnis Mannschaft militärisch erledigt. Sie würde ihre Nachschubbasis verlieren: keine Waffen mehr bekommen und kein Geld, keine Lebensmittel und keine zusätzlichen Kämpfer. Minni weiß nicht, ob Tschads Diktator Idriss Deby besonders glücklich darüber ist, daß er sich nun mit dem Feind in Khartum verständigt hat, denn auch der Tschad befindet sich in einer Art Kriegszustand mit dem Sudan.

Weil N'Djamena die sudanesischen Rebellen fördert, hat sich Khartum nämlich nun den tschadischen Rebellen zugewandt, versorgt sie mit Waffen und bietet ihnen ein sicheres Rückzugsgebiet im Sudan – ganz nach der Devise, nach der der Feind des Feindes ein Freund sein muß. Im April konnte Deby einen Angriff der vom Sudan unterstützten Rebellen nur mit französischer Unterstützung zurückschlagen. »Wir befinden uns mit dem Sudan im Krieg«, sagt Deby.

MINNI STECKT NUN in einem Dilemma. Er hat einen Pakt mit dem Teufel geschlossen und könnte schnell eine leichte Beute für seine Rivalen in Darfurs Widerstandsbewegung werden. Eine Zeitlang gab es nämlich nur zwei, die den Aufstand gegen Khartum führten, die eine nennt sich *Sudan Liberation Army* (SLA), die andere *Justice and Equality Movement* (Jem).

Beide kämpfen für mehr Rechte der Schwarzen in Sudans Westen, die Leute von der Jem jedoch sind auch noch fromm, die meisten haben eine Vergangenheit in islamistischen Parteien und sind, oder waren, Anhänger des bekannten sudanesischen Islamistenführers Hassan al-Turabi. Ein größeres Problem stellte das bisher nicht dar, fast alle Bewohner Darfurs sind Moslems.

Doch es gibt noch eine andere, viel gefährlichere Sollbruchstelle in der Rebellenfront. Ein Großteil der afrikanischen Bevölkerung Darfurs sind Fur, daher stammt auch der Name der Region; *Dar Fur* bedeutet »Land der Fur«. Es leben aber noch andere Stämme in Darfur, einer ist der Stamm der Massalit und ein Dritter derjenige der Saghawa Minni Arkous; sie nennen ihre Siedlungsgebiete folgerichtig *Dar Massalit* und *Dar Saghawa.*

Lange Zeit war ein Fur der alleinige Anführer der SLA; er heißt Abd al-Wahid Mohammed al-Nur, ist ein lebensfroher, wohlgenährter Mann und lebt die meiste Zeit in Nairobi. Als der asketische Minni genug davon hatte, sich von einem Fur herumkommandieren zu lassen, der es sich zudem noch in Kenia gutgehen ließ, statt mit seinen Kriegern in der Nähe des Schlachtfelds zu leben, machte er sich mit einem Großteil der Bewegung selbständig.

Eine Weile gab es also zwei verschiedene SLA-Flügel, einen Saghawa-dominierten und einen unter Fur-Kommando.

Seit jedoch die Rebellen anfingen, monatelang in Nigerias Hauptstadt Abuja mit der Regierung in Khartum zu verhandeln, teilte sich Minni Arkous SLA erneut. Anfang Mai verließ der SLA-Kommandeur Khamis Abdullah Abkr, ein Massalit, mit einer Gruppe von 18 weiteren Anführern die Abd-al-Wahid-SLA.

»Im Namen Allahs, des mitfühlenden und gnädigen«, verkündeten die Dissidenten, werde man jetzt die Macht Abd al-Wahids »einfrieren«: »Die bisherige Führung ist zu schwach geworden, um uns sicher aus der Gefahr herauszuführen und die Erwartungen und Ziele unseres Volks in Würde und Frieden zu erfüllen.« Es folgten ein paar Phrasen vom »Kampf unserer schon lange leidenden Bevölkerung« und »der Unsterblichkeit der treuen Märtyrer«.

Seitdem kämpft die Truppe auf eigene Rechnung, gibt es drei »Befreiungsarmeen«, die sich SLA nennen, jede unter der Führung eines Repräsentanten der drei großen afrikanischen Stämme Darfurs.

DAS FRIEDENSABKOMMEN in Abuja hat aber nur einer der Rebellenkommandanten unterzeichnet: Minni Arkou Minnawi.

Alle anderen haben abgelehnt: Die Islamisten von der Jem genauso wie die SLA-Leute Abd al-Wahids und Khamis Abdullahs.

Seitdem stehen die Zeichen in Darfur auf Sturm. Statt Frieden scheint das Papier aus Nigeria eher Krieg zu bringen: einen Bruderkrieg der Afrikaner in Darfur, einen Krieg im Krieg mit den Arabern. Ein neues Gemetzel, schlimmer noch als das, unter dem Darfur bislang schon gelitten hat.

Minni weiß das, auch deshalb ist er so nervös.

Er sagt, er habe das Friedensabkommen unterschrieben, weil er den Dialog suche: »Weil die Menschen aus den Flüchtlingslagern endlich in ihre Heimat zurückkehren wollen. Weil das Blutvergießen auf beiden Seiten beendet werden soll. Auch, um die Regierung des Tschad vor sudanesischen Übergriffen zu bewahren.«

Minni sagt das mit leiser Stimme, er wirkt einsam. Und es klingt nicht so, als wenn er glaubt, was er verkündet. Zwar ist er jetzt für eine gewisse Zeit der Liebling des Westens, doch zuhause trauen sie ihm nicht mehr. Sie denken, er habe die Interessen seines Volks verkauft. In der rauhen Wirklichkeit der Wüstensöhne kann das einem Todesurteil gleichkommen.

* * *

DIE VERHANDLUNGEN in Abuja dauern monatelang, sie beginnen im November 2005. Sie kommen nie richtig voran. Es ist ein ausgesprochen zähes Ringen um Kleinigkeiten. Schließlich gibt es viele Fragen, die zu klären sind, wenn ein Krieg enden soll. Wie viele Soldaten werden entwaffnet? Und von wem? Wie viele Posten bekommt wer in der Regierung? Wer überwacht die Demilitarisierung? Bekommen die Opfer der Raubzüge Entschädigungen? Werden die Einnahmen der Bodenschätze gerecht geteilt? Gibt es eine internationale Kontrolle, die die Einhaltung der Abmachung garantiert? Und viele Fragen mehr.

Jede Rebellendelegation besteht am Anfang aus etwas mehr als dreißig Vertretern. Sie sind also rund einhundert Leute. Sie diskutieren ewig und lassen vorbereitete Dokumente in allerlei Sprachen übersetzen. Sie streiten viel dabei. Doch die meiste Zeit sitzen sie in ihren weiten weißen Umhängen, den *Dschellabiyas*, im *Chida International*, einem schönen Hotel in Abuja, herum, trinken ziemlich süßen Tee und haben es überhaupt nicht eilig.

Die Zimmer des Hotels kosten zwischen 120 und 350 US-Dollar am Tag. Es gibt eine Cocktail-Bar und einen Schönheitssalon, vierundzwanzig Stunden Zimmerservice und einen Babysitterdienst, einen Swimmingpool und einen Masseur. Eine schöne Abwechslung jedenfalls zum Alltag in der Halbwüste. Die Internationale Gemeinschaft läßt sich wirklich nicht lumpen.

Eingeladen hatte gleichwohl Nigerias Präsident Olusegun Obasanjo. Der spielt auf der internationalen Bühne gerne den Vermittler, ist Mitglied bei *Transparency International* und ein Freund des irischen Popsängers Bono. Das lenkt ein wenig von den Problemen in seinem Staat ab, Nigeria versinkt nämlich selbst im Chaos, und eigentlich läßt es sich nur der Präsident mit ein paar anderen Kleptokraten gutgehen.

Nach Informationen der seriösen nigerianischen Tageszeitung *The Vanguard* verdient Obansanjo, ein ehemaliger Soldat, 128 000 Dollar im Monat. Zur gleichen Zeit brennen die Ölfelder am Golf von Guinea. Wenn Obasanjo (Hobbys: Tischtennis, Snooker und Squash) noch länger mit Bush und Bono tafeln will, braucht er einen Erfolg, wenigstens als Friedensstifter in anderen afrikanischen Konflikten.

AUCH DIE AMERIKANER brauchen einen Erfolg. Schon früh, im Juni 2004, hatte der US-Kongreß das Morden in Darfur einen Völkermord genannt, wenig später schloß sich der damalige Außenminister Colin Powell dieser Darstellung an, im September 2004 sprach George Bush vom Genozid.

Das Problem ist nur, daß die Amerikaner nahezu handlungsunfähig sind, seit sie den Irak in ein Schlachtfeld zügelloser Glaubenskrieger verwandelt haben und deshalb nicht in der Lage scheinen, ihre Truppen dort abzuziehen und woanders einzusetzen.

Die zutiefst pazifistische und innerlich zerstrittene Europäische Union jedoch kann traditionsgemäß nicht, selbst wenn sie wollte. Sie ist einfach unfähig, Dinge zu entscheiden.

Die Afrikanische Union will erst gar nicht, sie hat es auf das Geld des reichen Westens abgesehen und nicht auf die Befriedung ihrer Mitgliedsstaaten. Deshalb erzählen ihre Vertreter stets, was die Minister in den »Geberländern« hören und wofür sie gerne bezahlen wollen.

Die Vereinten Nationen haben längst jede Glaubwürdigkeit verloren: in Bosnien, wo sie ihre eigenen Soldaten von Pflaumenschnaps saufenden Tschetniks an Laternenpfähle binden ließen und mit den Killern auf den

Untergang Srebrenicas anstießen, während ihre Schutzbefohlenen zu Tausenden hingerichtet wurden, und in Ruanda, wo sie schnell Reißaus nahmen, ehe das ganze Land im Blut versank.

Irgendein Mitglied findet sich immer, das die Entscheidung blockiert. Im Fall des Sudan verhindern Russen und Chinesen jede drastische Maßnahme gegenüber dem Schurkenstaat: Die einen verkaufen den Sudanesen ihre MiG-Kampfflugzeuge, die anderen beziehen viel Öl aus dem afrikanischen Land.

Washington braucht also einen Erfolg am Verhandlungstisch, wenn es nicht komplett sein Gesicht verlieren will: Außer der Regierung der Vereinigten Staaten von Amerika hat keine weitere bisher das sudanesische Gemetzel einen Genozid genannt. Damit aber hat sich Washington enorm in Zugzwang gebracht, will es nun nicht seinerseits vollends seine Glaubwürdigkeit einbüßen.

MINNI ARKOU MINNAWI ist nicht der einzige sudanesische Rebellenführer, der in diesen Tagen im Novotel in N'Djamena vorbeischaut. Gerade hat sich Khalil Ibrahim, der Führer der Jem, in seinem silbermetallicfarbenen Landcruiser vorfahren lassen. Zwei khakicamouflierte Kombattanten mit Schnellfeuergewehren springen aus dem Wagen und reißen dem Chef diensteifrig die Wagentür auf.

Der Boß trägt, wie so oft, einen dezenten, dunklen Anzug. Er ist ein gepflegter, hochgewachsener Mann, versteckt sich hinter einer dunklen Sonnenbrille und sieht eher wie ein Fußballstar oder Basketballspieler aus, als wie ein islamistischer Buschkämpfer. Kein Wunder: Khalil Ibrahim lebt die meiste Zeit in Paris, fernab der Wüste.

Daß er derzeit schweren Herzens sein Hauptquartier in die Wüstenstadt N'Djamena verlegt hat und aufs mondäne europäische Großstadtleben verzichtet, kann als alarmierendes Zeichen verstanden werden. Wichtige Entscheidungen stehen an.

Die meiste Zeit hat Khalil einen unscheinbaren, zierlichen Mann im Gefolge, der braune oder olivgrüne Mao-Kutten trägt und schwarze Lederslipper: Nurrain Minnawi. Der studierte Anthropologe und Soziologe war in Abuja dabei, er ist der Berater und das Sprachrohr Khalil Ibrahims.

Er glaubt nicht, daß das Abkommen von Abuja Frieden zu stiften vermag. Im Gegenteil, sagt er: »Wir sind bereit zu kämpfen. Wir respektieren das Darfur-Friedensabkommen nicht. Gut möglich, daß die Kämpfe jetzt erst eskalieren, seit Minni Arkou mit seinen Leuten die Seiten gewechselt hat.«

Und dann kündigt er eine Ausweitung der Kriegshandlungen an: »Wir werden auch unsere Leute im Osten des Sudan zu den Waffen rufen. Dieser Kampf wird nicht regional begrenzt bleiben.«

Die Verhandlungen in Nigeria, sagt Nurrain Minnawi, seien eine Farce gewesen. Das Ergebnis spiegele lediglich die Positionen Khartums wider. Zwar sollen nach dem Papier die schrecklichen Horden der Dschandschawid bis Mitte Oktober entwaffnet werden, doch wird weder genau definiert, wer ein Dschandschawid ist, noch wer die Demilitarisierung überwachen soll. Etliche andere Forderungen der Aufständischen wurden nicht berücksichtigt, wie die nach einer Entschädigung für die vielen Kriegsopfer. »Nach dem Friedensabkommen sollen wir lediglich einen Ministerposten in Khartum bekommen, statt wie gefordert drei; lediglich zwölf Sitze in einem Parlament von 450 Abgeordneten, und auch der Posten eines Vizepräsidenten des Sudan wird uns verwehrt«, klagt Nurrain: »Diese Abmachung ist die 120 Seiten nicht wert, auf denen sie niedergeschrieben wurde.«

ALS »VERRÄTER« kann sich Minni Arkou kaum in Darfur blicken lassen; wenn er zudem die Unterstützung des Tschad verliert, hat er militärisch kaum noch eine Chance. Die anderen Rebellengruppen haben sich von ihm abgewandt und warten wie Hyänen nur auf ein Zeichen der Schwäche. Minni steht mit dem Rücken zur Wand und hat nur noch die Regierung in Khartum, auf die er sich verlassen kann.

Doch kann er ausgerechnet der vertrauen?

Kaum ein Regime hat die Welt in der Vergangenheit so dreist hinters Licht geführt wie das der Islamisten um Präsident Umar Hassan al-Baschir. Es hat Journalisten und Leuten von der Uno Visa verweigert und Verträge gebrochen, das Morden sogar noch angeheizt, als es angeblich an einer Lösung des Konflikts arbeitete. Getäuscht und getrickst und schon im Jahr 2004 versprochen, die Dschandschawid zu entwaffnen, und nichts dergleichen unternommen.

Warum hat Minni dann unterschrieben?

NACH DEN MONATELANGEN VERHANDLUNGEN liegen in Abuja irgendwann die Nerven blank. Washington drängt, Obasanjo drängt. In Darfur sterben die Menschen. Die nächste Regenzeit ist im Anzug. Und die Hilfsorganisationen klagen über immer weniger Unterstützung für immer mehr Flüchtlinge; seit Jahren werden die ohnehin schon kargen Äcker in Darfur nicht mehr bestellt.

Weil statt der 695 Millionen Dollar, die das Welternährungsprogramm nach eigenen Angaben für die Ernährung der Darfuris braucht, nur 292 Millionen Dollar zusammengekommen sind, müssen im Frühjahr 2006 sogar die Lebensmittelrationen in den Lagern halbiert werden. Statt 2100 Kilokalorien erhalten die 2,1 Millionen Bedürftigen nur noch 1050 Kilokalorien täglich.

»Die internationale Gemeinschaft benimmt sich, als habe sie entschieden, daß die Versorgung der Bevölkerung Darfurs mit lebensnotwendiger Hilfe davon abhängt, ob die kämpfenden Parteien ein Friedensabkommen unterzeichnen«, klagt Fabrice Weissmann, Leiter einer Gruppe von Ärzten. Er spricht bereits von einer »Katastrophe«, die sich abzeichne: »Abgesehen von der Nahrungsmittelhilfe des *World Food Programme* gibt es für die Vertriebenen in Darfur praktisch keine Überlebensmöglichkeiten.«

DIE ZEIT DRÄNGT also, doch die Rebellen der SLA verfügen über kaum politische Erfahrung, mühsam lernen sie, wie Verträge aussehen müssen. Die wenigsten sprechen Englisch, viele haben nie eine Schule besucht. Eine sudanesische Beratung hat zudem nicht viel gemein mit europäischen Zusammenkünften. Allein eine Begrüßung kann sehr lange dauern. Schnell geht hier gar nichts.

Irgendwann haben dann all die eingeflogenen Krisenmanager von den Vereinten Nationen, der Afrikanischen und der Europäischen Union, der Regierung der Vereinigten Staaten und Großbritanniens die Sache selbst in die Hand genommen.

Sie sagen den widerborstigen Rebellen: »Ruht euch aus.« Und ziehen sich zurück.

Nach fünfzehn Tagen tauchen sie wieder auf. Sie haben ein langes Dokument vorbereitet, und sie sagen den Rebellen: »Lest das, ihr habt einen Tag Bedenkzeit, dann müßt ihr unterschreiben, sonst gibt es Ärger.«

Die wenigsten der hundert Darfurkrieger aber können das Dokument lesen, denn es ist auf Englisch abgefaßt. Sie weigern sich, etwas zu unterschreiben, das sie nicht begreifen. Das Dokument wird übersetzt, drei nervenaufreibende Tage kostet das.

In der Zwischenzeit kommt der amerikanische Unterhändler und Vizeaußenminister Robert Zoellick eingeflogen.

Er ist ungeduldig.

Die Rebellen lesen das Dokument, sie fachsimpeln, sie wollen nicht unterschreiben.

»Was ist mit der Entschädigung für unsere Leute?« fragen sie. Und sagen: »Wir wollen unsere Waffen behalten.«

Zoellick platzt irgendwann der Kragen.

»Er fuchtelte mit den Armen in der Luft herum und brüllte«, sagt Nurrain Minnawi, der Mann vom *Justice and Equality Movement*: »Er rief immer: Ihr kommt vors Kriegsverbrechertribunal, wenn ihr nicht unterschreibt. Auch Obasanjo rief: Ihr kommt alle vors Kriegsverbrechertribunal. Sie schrieen und schimpften.« Auch der Engländer ruft, die Rebellen kämen alle vors Kriegsverbrechertribunal. Immerhin erkennt Großbritannien im Gegensatz zu den USA die Einrichtung in Den Haag überhaupt an.

Es geht ein bißchen zu wie bei einem Verhör in einem schlechten amerikanischen Film. Khalil Ibrahim sagt später, er sei sogar bedroht worden: »Sie sagten, sie würden uns umbringen, wenn wir nicht mitmachten.«

Die Führer der verschiedenen Fraktionen werden von Vertretern der Afrikanischen Union einzeln in ein Zimmer gerufen.

»Unterschreibst du?« fragt der AU-Mann.

Abd al-Wahid, der Fur, sagt: »Nein, ich muß mich erst mit meinen Leuten beraten. Dieses Abkommen, so wie es ist, bringt uns rein gar nichts.«

Khamis Abdullah, der Massalit, sagt: »Nein, ich unterschreibe so etwas nicht.«

Khalil Ibrahim, der Mann von der Jem, sagt: »Das geht nicht, das ist die Position Khartums.«

NUR MINNI ARKOU MINNAWI unterschreibt. Und wird, so soll es ihm zugesagt worden sein, von der Liste der Kriegsverbrecher gestrichen.

Kofi Annan zürnt den Rebellen, die das Abkommen ablehnen.

»Wenn die Tragödie wegen der Dinge, die sie taten, oder eben nicht unternahmen, weitergeht, wird die Geschichte hart mit ihnen ins Gericht gehen«, sagt er. Darfur sei immer noch weit von einem Frieden entfernt.

Es ist der 5. Mai 2006, als Minni den Vertrag mit Khartum unterschreibt, am selben Tag wird in Labado in Süd-Darfur sein Bruder Jussuf Arkou Minnawi von Regierungstruppen erschossen.

»Der 5. Mai scheint ein weiterer guter Tag voller guter Nachrichten für unseren Kontinent zu sein«, bemerkt Südafrikas Präsident Thabo Mbeki nachher kryptisch, »er zeigt, daß wir tatsächlich vorankommen, unser Ziel einer afrikanischen Rennaissance zu erreichen.«

Besonderer Dank gebühre ausgerechnet seinem nigerianischen Amtsbruder Obasanjo, fügte der Präsident hinzu, außerdem dem Vermittler der Afrikanischen Union, Salim Ahmed Salim, »und anderen« – aber natürlich auch Minni Arkou Minnawi, der mit seiner Gruppe den entscheidenden Schritt gegangen sei: Waffenstillstand, Integration, Machtteilung, Dialog und Versöhnung undsoweiter undsofort.

Pretoria ist fern. Man bekommt da unten nicht immer unbedingt alles mit, was im Busch vor sich geht.

IM SCHATTEN einer staubigen Veranda in N'Djamena sitzen die Männer von Massalitführer Khamis Abdullah zusammen und trinken Tee. Ein Wüstenwind treibt Sand herüber. Es ist fast 40 Grad heiß. Ab und zu knattert ein Moped vorbei. Die Männer auf der Veranda sprechen vom Krieg.

»Wenn sich Minnis Leute, wie es in dem Abkommen heißt, in Khartums Armee integrieren lassen und gegen uns kämpfen, kommt es zum Bürgerkrieg der Schwarzen in Darfur«, sagt der Wortführer Adam Ali Shogar: »Minni ist ein schwarzer Dschandschawid geworden.«

Shogar glaubt nicht, daß die Regierung in Khartum überhaupt in der Lage ist, die Dschandschawid zu entwaffnen: »Der Tiger ist aus dem Käfig gelassen worden, der kommt nicht freiwillig zurück.«

WESHALB ALSO HAT Minni den Pakt mit dem Scheitan geschlossen?

Schon seit langem wird gemutmaßt, daß der Saghawa-Führer auf einer Liste mit 51 Darfur-Kriegsverbrechern steht, die Kofi Annan bereits Anfang April 2005 dem Haager Chef-Ankläger Luis Moreno-Ocampo höchstpersönlich in einem braunen Briefumschlag übergeben hatte.

Minni sei, so soll aus den Unterlagen hervorgehen, für die Morde an mehreren Intellektuellen verantwortlich. Den Saghawa-König Abdrrahman Ali Muhammadain habe er im Mai 2004 im Dorf Shiqué Karo in Darfur zu Tode foltern lassen. »Minni hat dem König Hände und Füße zusammenbinden lassen und ihn daran dann kopfüber an einen Baum aufgehängt; sie nennen diese Foltermethode Take-Off; der König blieb so lange hängen, bis er tot war«, erzählt Shogar: »Und das war kein Einzelfall. Minni wußte, warum er unterschrieb.«

So sollen seine Spießgesellen mittlerweile auch für etliche Vergewaltigungen und Plünderungen verantwortlich sein. »Sie haben die gleichen Verbrechen begangen wie die sudanesische Regierung«, sagt ein westlicher Diplomat, der das Treiben seit Jahren aus unmittelbarer Nähe beobachtet: »Es gibt keine Good Guys in diesem Konflikt.«

Und die Beobachterin Julie Flint, die für die Menschenrechtsorganisation *Human Rights Watch* einen umfassenden Darfur-Bericht angefertigt hat, bemerkt, daß die Vereinbarung in Darfur weitgehend als »ein Frieden zwischen zwei kriminellen Elementen betrachtet wird: der sudanesischen Regierung und Minni Arkou Minnawi«.

Am 20. Mai läßt Minni einen seiner internen Kritiker, den SLA-Koordinator für Humanitäre Hilfe, Suleyman Jamous, verhaften. Als besorgte Stammesbrüder sich nach seinem Wohlergehen erkundigen, wird ihnen beschieden, man könne Jamous auch kurzerhand erschießen. Die ungebetenen Gäste werden erst einmal verprügelt, gefesselt und mit Zigaretten versengt.

* * *

KEINE VIER WOCHEN nach dem zweifelhaften Agreement läßt Minni Arkou seinen von rivalisierenden Rebellen gehaltenen Heimatort Bir Maza in Darfur einnehmen. Eine nicht bekannte Zahl von Kämpfern auf beiden Seiten stirbt bei diesem internen Gefecht der *Sudan Liberation Army.* Fünfzehn junge Männer werden von Minnis Truppe verschleppt und erst Tage später übel zugerichtet freigelassen. Die ganze Zeit über waren sie gefoltert, mit Stricken gefesselt und mit Brandeisen wie Vieh markiert worden. Die Afrikanische Union präsentiert zwar die Bilder von den Grausamkeiten; nur will sie nicht wissen, wer sie begangen hat. Wie so oft spricht sie davon, die Täter müßten erst identifiziert werden.

Es ist natürlich ungünstig, wenn die übelsten Verbrechen von denjenigen begangen werden, die vom Westen und der Afrikanischen Union öffentliche Anerkennung für ihre angebliche Friedensliebe erfahren, und es ist skandalös, daß über die von ihnen verübten Kriegsverbrechen generös hinweggesehen werden soll, nur weil ein paar Staaten dringend irgendeinen Erfolg vorweisen müssen, und sei er noch so schäbig.

Nairobi

IN EINEM KALKWEISSEN Bürokomplex in Nairobis vielbefahrener Lenana-Road hat David Mozersky sein Büro. Mozersky, ein kanadischer Jude, ist der Sudanexperte des Think Tanks *International Crisis Group* und vielleicht aufmerksamste Chronist des Staatszerfalls in Kenias nördlichem Nachbarland. Seit Jahren schon verfaßt Mozersky unermüdlich Berichte über das sudanesische Chaos, doch in zunehmendem Maße mischt sich in die Expertisen der Krisenforscher ein kaum zu überhörender Alarmton.

»Den Frieden im Osten erhalten« heißt einer der letzten Sudan-Berichte der Nichtregierungsorganisation, »Darfur blutet – die jüngste grenzüberschreitende Gewalt im Tschad« ein weiterer. »Wenn wir nicht aufpassen, fliegt uns der ganze Sudan um die Ohren«, sagt Mozersky, ein immer etwas schüchtern wirkender Intellektueller: »Die Gemetzel in Darfur gehen unvermindert weiter und weiten sich bereits zu einem Krieg mit dem Nachbarland Tschad aus. Und im Osten des Sudan befürchten wir einen Aufstand der Rebellen der *Eastern Front.*«

Im Süden des Landes sieht es nur wenig besser aus. Die Rebellen der südsudanesischen *Sudan People's Liberation Army* (SPLA) haben zwar mit der Regierung in Khartum bereits im Januar 2005 ein sogenanntes *Comprehensive Peace Agreement*, ein umfassendes Friedensabkommen, geschlossen, dennoch wird zwischen verschiedenen Milizen immer noch gekämpft. Wie Ende Mai 2006 in den Bundesstaaten Jonglei und Upper Nile, als es zu bewaffneten Auseinandersetzungen zwischen der SPLA und einer Truppe namens *White Army* und anderen Milizen kam und allein in der Nähe des Flusses Sobat 31 Menschen niedergemetzelt wurden.

Im restlichen Landesteil feiern derweil Korruption und Mißwirtschaft fröhliche Urständ. Mit Riesenschritten marschiert der Südsudan zudem in eine Sezession und droht dann Afrikas nächste Diktatur zu werden. Unter bereitwilliger Mitwirkung ausländischer Freiwilligenkorps, die sich derzeit überall im Süden breitmachen.

Juba

ES IST NICHT LEICHT in diesen Tagen, im südsudanesischen Juba eine Unterkunft zu finden. Stolze achtzig Dollar nehmen die hemdsärmeligen Briten vom *Mango Riverside Camp* und bieten dafür eine Pritsche in einem südafrikanischen Armeezelt und immerhin eine warme Mahlzeit mit Blick auf den Nil.

Doch, leider, leider, ist alles ausgebucht, schon seit Tagen, und auch in den nächsten Wochen sind die Chancen gering, hier eine Bleibe zu finden. Nicht anders sieht es nebenan bei *African Expeditions* aus, keine einhundertfünfzig Meter entfernt, oder im Zeltlager von *Bros*, vor dessen Eingangstor eine ganze Armada schneeweißer Landcruiser parkt.

Drum campieren wir in unseren mitgeschleppten Zelten auf dem Gelände einer Hilfsorganisation, die sich *Women's Self Help* nennt, das verblichene Kürzel der staatlichen deutschen *Gesellschaft für Technische Zusammenarbeit* findet sich noch auf einem Schild. Abends lärmt nebenan der Polizeichef des Ortes mit seinen trunkenen Kumpanen. Doch ist es hier immer noch besser, als es Leni Riefenstahl 1963 in Juba ergangen sein muß; damals existierte noch das berüchtigte »Rasthaus von Juba«: »Es war mehr als primitiv, mit Wanzen in der Matratze.«

IN JUBA muß vor kurzem eine fremde Macht eingefallen sein und erst einmal alle Betten belegt haben, bevor sie dicke Geländewagen einflog. Die weißen Autos sind hier jetzt überall zu sehen und scheinen ihren Herren mindestens so wichtig, wie es der Rapphengst Rih für »den berühmten und unbesiegbaren Emir Hadschi Kara Ben Nemsi Effendi aus Germanistan« gewesen war – Karl Mays Sudanheld und Alter Ego, der Urvater des deutschen Wohltäters gewissermaßen, der vor über hundert Jahren bereits den »fieberstinkenden Sumpf des Nils« durchquert hatte, um die Segnungen der abendländischen Zivilisation ins Reich der Menschenjäger und Sklavenkarawanen zu tragen.

Die PS-starken Toyota-Geländewagen befördern von früh bis spät die Kara Ben Nemsis von heute – meist etwas blasse, hohlwangige junge Männer und Frauen in ausgewaschenen Jeans – mitsamt ihren Laptops und Walkie-Talkies von einem Meeting zum nächsten und danach zu anderen Veranstaltungen, von denen man bisher in diesem Teil der Welt wenig gehört hat: zu Brainstormings und Seminaren, Briefings, Workshops und abends dann zur Fanta unterm Mangobaum am Nil. Danach trifft sich die Gutmenschenkolonne an der Gulaschkanone.

Manchmal nehmen auch baumlange, pechschwarze Sudanesen an den merkwürdigen Versammlungen teil; aber nur, wenn sie von den Sandalenträgern dafür mit einem stattlichen Sitzungsgeld bedacht werden. Meistens jedoch hetzen diese wenigen Einheimischen, die fließend Englisch sprechen, verständnislos und etwas devot ihren Wohltätern hinterher; sie übersetzen, steuern die teuren Wagen und stehen sich vor den Behörden die Beine in den Bauch.

Gelegentlich tragen sie die gleiche Baseballkappe wie der Boß – auf der steht dann *Action Aid* oder *Peace Corps*. Doch die Philantropenhelme gibt's nur für besondere Dienste – genauso wie die Werbekugelschreiber mit dem Logo der Hilfsorganisationen oder andere bedruckte Gimmicks.

Oft kommt es zu Verwechslungen, denn in den Augen der sudanesischen Betrachter sehen sich die weißen Wagenbesitzer allzu ähnlich, und deren Autos auch. Damit man alle auseinanderhalten kann, tragen diese deshalb bedruckte Hemden und jene bunten Sticker mit seltsamen Abkürzungen. Für Außenstehende sind sie unverständlich: FSD, DED, WFP, WHO, IRC, CRS, VSF, ICRC, IOM, NPA, LWF/DWS oder SSOM (um nur einige wenige zu nennen).

JEDES DIESER KÜRZEL steht für gute Taten und eine aufrechte Gesinnung: Schweizer Entminungsgesellschaft, Deutscher Entwicklungsdienst, Welternährungsprogramm und -gesundheitsorganisation, Internationales Schutzkomitee, Katholischer Hilfsdienst, Veterinäre ohne Grenzen, Internationales Komitee des Roten Kreuzes, Internationale Organisation für Migration, Norwegische Volkshilfe, Lutherischer Weltverband/Abteilung für weltweite Dienste oder Südsudan Operation Gnade.

Juba, die neue Hauptstadt des Südsudan, befindet sich nun schon seit einigen Wochen in der Hand dieser Freischärler des Altruismus, die die Stadt zum Schlachtfeld erwählt haben: zum Labor und Modellversuch mit echten Menschen. Im »Neuen Sudan« soll Gutes entstehen – »gender based«, »community based« und »nachhaltig«, wie es im oft schwer zu verstehenden und kaum zu übersetzenden Kauderwelsch der Szene heißt.

Immerhin gibt es noch kein »Gender Centre«. Da haben es die burundischen Flüchtlingsfrauen in Tansania besser, wo sie sich die Zeit im »Geschlechterzentrum« vertreiben dürfen, während extra eingeflogene amerikanische Spielpädagoginnen mit ihrem Nachwuchs irgendetwas tun, das sich »the right to play« nennt und dessen Sinn selbst dem an und für sich wohlmeinenden Mitarbeiter der Gesellschaft für Technische Zusammenarbeit verborgen bleibt. »Was soll das?« lacht Alpha Oumar Diallo aus Guinea recht herzlich über die Entwicklungshelferkollegen.

Doch trotz aller Gleichstellungsarmutsreduktionsversöhnungs- und Integrationskonfliktverarbeitungsprogramme bietet die Stadt am Nil eher das traurige Bild einer Müllkippe als eines Ortes der Verheißung. Am Stadtrand stapeln sich die Reste des Kriegs zu kleinen Bergen. Schwedische Vierundachtzig-Millimeter-Karl-Gustav-Panzerfäuste liegen da herum und Granaten chinesischer, russischer oder jugoslawischer Bauart, Panzer- und Personenminen.

»Vieles stammt noch aus der Zeit vorm Zweiten Weltkrieg«, sagt der Schweizer Minenräumer Martin Barmettler. Um den gefährlichen Schrott zu sprengen, fehlt im Moment noch die Munition. Drum hat man den ganzen Kram erst einmal nur zusammengekehrt. Ein paar Kinder kommen täglich vorbei, um hier den Krieg nachzuspielen: SPLA gegen Regierungstruppen, sie stehen stramm wie die Preußengarde Friedrichs des Großen und salutieren.

Damit die fremden Experten nicht ganz aus der Übung kommen, trainieren sie derweil auf einem abgesperrten Feld unweit der Ausländercamps mit ein paar Schäferhunden die Minensuche. Und damit nicht das gleiche geschieht wie auf dem Abenteuerspielplatz vor der Stadt, baumeln wenigstens hier kaum zu übersehende rote Aufkleber mit Totenköpfen am Zaun. Groß ist die Hoffnung, daß sie bald loslegen können und die Südsudanesen keine Schwierigkeiten machen.

DAS IST NICHT AUSZUSCHLIESSEN. In Somalia war es einmal passiert, daß deutsche Minenräumer voller Tatendrang angerückt waren, aber die Dorfältesten erklärten, diese Minen, die da herumliegen, gehörten ihnen und bildeten einen unverzichtbaren Bestandteil ihres Verteidigungssystems, und die ließen sie sich nicht so einfach wegnehmen von den Deutschen. Was die hier überhaupt wollten? Man könne aber ins Geschäft kommen, na klar. Am Ende waren alle glücklich. Die Deutschen durften entminen. Und die Somalis freuten sich darüber, daß die Helfer für jede entschärfte Mine einen schönen Betrag lockermachten, der dann später in Kat umgesetzt werden konnte – jenes Kraut, das viele Somalis immer schon ab mittags so zudröhnt, daß man sich vor jedem Händel mit ihnen hüten sollte.

ÜBER JUBA liegt schwer der Gestank von Fäkalien und Verwesung. Ein Panzerfriedhof unmittelbar neben den Zeltlagern der Helfer dient hier als monumentale Kloake, und dennoch hat niemand Lust, Latrinen zu errichten, nicht einmal die Kadaver verendeter Rinder werden aus dem Weg geräumt. Über die Gräber auf Jubas Hay-Malakal-Friedhof fliegen Plastiktüten und Papierfetzen. Regenfälle spülen den Unrat durch die Straßen.

Kein Wunder, daß sich seit Tagen die Krankenhäuser der Stadt füllen. In Juba grassiert die Cholera, und nur die Rebellenregierung will davon nichts wissen und spricht euphemistisch von »wässrigem Durchfall«. Über 14 000 Erkrankte zählt die Weltgesundheitsorganisation bis Anfang Juni, und täglich kommen Dutzende dazu. Mehr als fünfhundert Menschen sollen bereits an den Folgen der Schmierinfektion gestorben sein, die einen Menschen innerhalb von vierundzwanzig Stunden dahinraffen kann, wenn sie nicht behandelt wird. Nach den Städten Yei und Juba hat die Seuche nun auch Malakal erreicht, kurze Zeit später sind bereits zehn sudanesische Bundesstaaten betroffen, auch im Ibn-Sina-Krankenhaus in der Nähe Khartums werden Fälle behandelt.

Der südsudanesische Morast bietet günstige Voraussetzungen für die Entstehung und Ausbreitung solcher Epidemien: Zwei Drittel aller Menschen hier sollen unsauberes Wasser trinken. Immer mehr verzweifelte Mütter tragen ihre bis aufs Skelett abgemagerten, dehydrierten Kinder vor das Al-Sabah-Krankenhaus und warten auf die Hilfe der *Kawadsch*, wie die Weißen im Sudan genannt werden.

»Niemand hat daran gedacht, Toiletten zu bauen«, sagt der deutsche Mediziner Volker Lankow, der hier arbeitet. Von einem Patienten zum nächsten hetzend, kümmert er sich um die Fälle dieses Tages: neben der Cholera noch Malaria, Unterernährung, Guinea-Wurm und Atemwegserkrankungen.

Lankow war schon in Somalia tätig und wird demnächst einen Posten in Liberia antreten; soviel Dreck wie in Juba hat er noch nicht gesehen. Selbst die ja aus ihrer Heimat einiges gewohnten Bangladeschi-Blauhelme fahren seit Tagen nur noch mit Mundschutz durch die heruntergekommenen Straßen der Stadt.

Zum Glück gibt es einige wenige, die so etwas wie Eigeninitiative entwickeln. Von früh bis spät braust Sultan Ismail Jambo mit seinem klapprigen, zitronengelben Peugeot durch die Gegend und brüllt in das Megaphon, dessen Lautsprecher er auf dem Dach seines Wagens montiert hat. Man solle sich bitte die Hände waschen; nur sauberes Wasser trinken; jeder, der über Durchfall klage, möge sich in einem Gesundheitszentrum melden, und: Vorsicht vor Gemüse – in einer Stadt, in der die Mehrheit der Bewohner Analphabeten sind, können Jambos Durchsagen Leben retten.

* * *

DIE NEUE ELITE des Landes interessiert sich für das Elend ihrer Untertanen weniger. Vor dem Regierungsgebäude wartet ein gutes Dutzend nagelneuer Sechszylinder-Landcruiser mit dunklen Scheiben und dem Kennzeichen der neuen Gebieter: GOSS – *Government of South Sudan.* Jedes einzelne dieser rund 50 000 Dollar teuren Fahrzeuge ist mit großen Transportmaschinen aus Khartum eingeflogen worden, um die Rebellen, die jetzt Teilhaber der Macht sind, zu ihren vielen Versammlungen chauffieren zu können.

Bei soviel Trubel haben die neuen Herren natürlich nicht mehr Zeit für jeden Bittsteller; Botschafter Stephan Keller, der Gesandte des Geberlands Deutschland, jedenfalls wartet vergeblich auf eine Audienz beim Vize der *Sudan People's Liberation Army*, Riek Machar Teny-Dhurgon.

Machar ist seit Tagen schwer beschäftigt. Er muß jetzt den neuen Staat repräsentieren und den aus Rom eingeflogenen Kardinal Crescenzio Sepe empfangen. Der Katholik wird in der Santa-Theresa-Kathedrale etwas über die Wichtigkeit von Frieden und Versöhnung sagen. Das ist ein angenehmerer Termin, als sich um den Latrinenmangel und die Beseitigung von Munition zu kümmern; irgendwann wird sich ohnehin schon irgendeine Hilfsorganisation des Toilettenbaus annehmen. Und bis dahin versorgt Volker Lankow ja die Kranken.

Riek Machar hatte jahrzehntelang – mal auf der Seite der Islamisten, mal auf der der Rebellen – im Busch Krieg geführt und fleißig Minenfelder gelegt. Nun genießt er sichtlich das neue Leben. Und es trifft sich natürlich gut, daß seine Erstfrau Angelina Teny ebenfalls Karriere machen durfte und von ihrem Tukul in Western Upper Nile gleich ins richtige Ressort wechselte: Die Guerillagattin ist Stellvertretende Ministerin für Mineralien und Bodenschätze des Öllandes geworden.

Und darf nun gemeinsam mit der Frau des vor einem Jahr bei einem Hubschrauberabsturz ums Leben gekommenen SPLA-Gründers, John Garang, in Khartum dafür sorgen, daß alles schön in der Familie bleibt. Rebecca Garang hat sich das Ministerium für Transport ausgesucht und sitzt als stolze Ministerin damit gleich an einer schier unerschöpflichen Geldquelle. Diese Sippenwirtschaft ist eher eine der kulturellen Eigentümlichkeiten afrikanischer Regentschaft als eine Ausnahme und läßt für den neuen Staat bereits jetzt Schlimmeres befürchten.

Schon besitzt Rebecca Garang, die öffentlich gern im olivgrünen Soldatenkostüm mit Rangabzeichen auftritt, die einzige Mercedeslimousine des ganzen Südsudan, eines Landstrichs, in dem es kaum eine Straße gibt. Und wo es eine gibt, da sorgen tiefe Schlaglochkrater dafür, daß die schwäbische Präzisionsarbeit nach möglichst kurzer Zeit in einen Haufen Schrott verwandelt wird. Doch wer will so etwas im Moment schon wissen, da allerorten das Entstehen eines neuen Staats gefeiert wird? Es kommt ja auf ein paar Euro auch nicht an.

DENN WIE NILWASSER nach den äthiopischen Monsunregen wird in den nächsten Jahren westliches Steuergeld in den Sudan fließen. Seit auf einer Geberkonferenz im vergangenen Jahr in Oslo 4,5 Milliarden US-Dollar Aufbauhilfe für den Sudan verabschiedet wurden, herrscht das ganze Jahr über Geldregenzeit am Sudd und Partystimmung in Juba. Lustig flattern seitdem die blauen Wimpel der Uno im Wind und schnarren die Funkgeräte von Motorola durch die Einöde.

Als eine der ersten hat die *Kenya Commercial Bank* den Braten gerochen und eine Filiale in Juba eröffnet. »Wir wollen in erster Linie Hilfs- und Nichtregierungsorganisationen bedienen«, erzählt Martin Oduor-Otieno, der Vizechef der Bank, stolz einem Reporter der kenianischen Tageszeitung *Daily Nation.* Demnächst soll eine weitere Zweigstelle in Rumbek aufgemacht werden. Die Hoffnung, daß die Südsudanesen ihre Ölmillionen in Afrika anlegen könnten, äußert der Herr von der Bank übrigens nicht. Warum sollten sie auch? Sie schaffen ihr Geld lieber nach London oder Zürich.

Warum aber strömen dann all die vielen Helfer statt zu den bedürftigen Kriegsopfern aus Darfur so zahlreich in diesen Südsudan, der sich mit etwas Anstrengung gut selbst ernähren könnte? Wo die Böden gut sind, weil sich der Nil durch das Land »wie eine heilige Schlange altägyptischer Gottheiten windet«, wie der sudanesische Schriftsteller Tajjib Salich schreibt: »ein sattgetrunkenes, glattes Land« mit »fruchtbarem, endlich gelabtem Boden«.

Wenn die Südsudanesen Eigeninitiative entwickelten, statt alles ihren Entwicklungshelfern zu überlassen, könnte dieses Land blühen und müßte nicht in Trägheit und Verfall versumpfen – eine Möglichkeit, die den Menschen in Darfur, seit Jahren nun schon zu Zehntausenden in Lager gepfercht, vorenthalten ist.

Ein paar Marketender sind natürlich auch schon da. Brauseexporteure aus Uganda wittern jetzt ein gutes Geschäft mit dem Durst der Weißen und karren tonnenweise Zuckerwasser und Bier heran; lokale Fluglinien reiben sich die Hände und erhöhen flugs die Preise – fast neunhundert

Dollar kostet ein Flug vom nicht allzu fernen Nairobi bereits. Und indische Automechaniker aus der kenianischen Hauptstadt offerieren ihre Dienste, schließlich verspricht der monströse Wagenpark der Vereinten Nationen den größten Reibach seit Jahren.

Da mag selbst der Eisenbahnbauer Klaus Thormälen aus dem meerumschlungenen Schleswig-Holstein nicht abseits stehen. Den Südsudanesen will er für ein paar Milliarden Euro eine mehrere Tausend Kilometer lange Eisenbahn durch ihr Land aufgeschwatzt haben – wen die Bahn ausgerechnet hier, »in der tiefsten Wildnis, in der schauerlichsten Wüste, in der Abgeschiedenheit des fernsten Erdwinkels« (Karl May), befördern soll, bleibt vorerst sein Geheimnis. Dinkas treiben Kühe durch die Gegend, sie fahren nicht Bahn.

Der Goldrausch in Afrikas vermeintlichem Eldorado vernebelt offensichtlich kollektiv den Blick fürs Machbare und Notwendige; aber solange der Rubel der Entwicklungshilfe rollt, stört es niemanden. Kaum ein Projekt, das sich jetzt keine Hoffnungen machen darf, von eifrigen europäischen Entwicklungshilfeministern oder -ministerinnen finanziert zu werden.

EINEN NEUERLICHEN »Kampf um den Sudan« vermeldet da bereits das Monatsmagazin *Business in Africa* eine Spur zu euphorisch und vergleicht den Wettlauf um Bodenschätze und Hilfsgelder bereits mit einer »Stampede«.

Es hat sich eben schnell herumgesprochen, daß die Karawane des Guten weitergezogen ist. Jahrelang hatte sie in Lokichokio, im extremen Norden Kenias, gehaust, dann schlug sie ihr Quartier im südsudanesischen Rumbek auf, doch seit im verheerten Südsudan eine neue Verwaltung und bald womöglich auch ein neuer Staat entstehen soll, als dessen Hauptstadt Juba vorgesehen ist, gibt es kein Halten mehr.

»Im Südsudan kommt die Hilfe schon, bevor überhaupt nach ihr gerufen wird«, wundert sich angesichts des Trubels selbst der Gründer der Hilfsorganisation Cap Anamur, Rupert Neudeck, der nur noch Projekte in Asien unterstützt, seit weite Teile Afrikas von der Hilfsindustrie eher lahmgelegt als aufgebaut würden. Statt die Menschen Eigeninitiative entwickeln zu lassen, verwandelten sich ganze Landstriche Afrikas in Wallfahrtsorte für unternehmungslustige Reisekader: »Es ist natürlich auch einfacher, sich im Südsudan einzurichten, als sich in Darfur oder im Kongo, wo Kriege toben, in wirkliche Gefahr zu begeben.«

Als »Karrieristen, Abenteurer, Seeräuber und Piraten, und im schlimmsten Fall Söldner, immer auf der Suche nach Action«, begrüßt sogar das afrikanische Magazin *Insight Sudan* die Mitarbeiter von der »NGO-Meute« und fragt, wohl mehr rhetorisch, ob das fürs Land eher »Segen oder Fluch« sei. Und die *Neue Zürcher Zeitung* erkennt mit Sorge »falsche Anreize durch den Geldsegen der Hilfswerke«: »Statt sich selber zu helfen, warten die Rebellen lieber auf die versprochenen Gelder der Geberländer.« Überall mache sich Faulheit breit und die Gewißheit, daß der reiche Westen es schon richten werde. *Let's pray to God for rain in Canada*, ist ein beliebter Slogan in einer Region, die schon seit langem von Lebensmittellieferungen aus Übersee abhängt.

Wer den Forderungen der örtlichen Bevölkerung nicht schnell genug nachkommt, wird mitunter recht ruppig daran erinnert, weshalb er hier ist. Mittlerweile habe der Fluß der Devisen in den Sudan mehr mit Schutzgelderpressung als mit reiner Wohltätigkeit oder gar einem Wirtschaftsaustausch zu tun, sagen leidgeprüfte »Investoren«.

Einigen Geschäftsleuten, unter anderen den Betreibern der Camps von *Africa Expeditions* und *Bros*, ist deshalb nun der Kragen geplatzt. In einem offenen Brief fordern sie von der Regierung des Südsudan, sie möge ihren »Bürgern, Privatpersonen oder Regierungsmitgliedern abgewöhnen, private Unternehmer zu belästigen, zu bedrohen, einzuschüchtern, körperlich anzugehen oder um Geld zu erpressen«. Eine Antwort der Regierung steht, wie nicht anders zu erwarten, noch aus.

Mit einer gewissen Distanz beobachtet deshalb auch der Holzhändler Peder Skov, der im ugandischen Kampala lebt, den Auftrieb in Juba. »Niemand will abseits stehen, wenn es an die Entwicklungshilfemillionen geht«, sagt der Däne und widmet sich im *Mango's* kopfschüttelnd seinem ugandischen Bell-Bier, »da kommt es auf Sinn und Unsinn der einen oder anderen Aktion nicht mehr an.« Er selbst wartet seit Tagen ergebnislos auf seine sudanesischen »Geschäftspartner«.

* * *

NIRGENDWO IST DER Umbruch des Sudan sichtbarer als hier in der Provinz West-Äquatoria am Ende des Nilbeckens. Jahrelang war die 300 000-Einwohner-Stadt Juba nur eine heruntergekommene Garnisonsherberge im Süden des Sudan, von den Truppen der Islamistenregierung in Khartum beherrscht und aus der Luft umständlich versorgt von den

Antonow-Transportmaschinen der Armee, weil die Rebellen der SPLA alle Wege blockierten.

Ein Brückenkopf der Araber in schwarzafrikanischem Feindesland war die Soldatenstadt am Nil. Hier galt das eiserne Gesetz der Scharia, während im Busch »Negerhäuptlinge« ihr Regiment führten. Von den Minaretten schrieen die Muezzine ihre monotonen Gebete in die Stadt, während draußen, in der Finsternis des dichten Walds, die Buschtrommeln dröhnten. Durch die staubigen Straßen marschierten Soldatenstiefel, und in den Hauseingängen kauerten barfüßige Flüchtlinge in Lumpen.

Insgesamt 38 Jahre lang herrschte im Sudan, der sich spätestens in den Achtziger Jahren in einen islamistischen Kommandostaat verwandelte, Bürgerkrieg zwischen dem muslimischen Norden und dem christlich-animistischen Süden.

Es war einer der blutigsten Kriege in der blutigen Geschichte des Kontinents. Rund zwei Millionen Menschenleben soll er gefordert haben, und vier Millionen Südsudanesen verloren ihre Heimat, irrten jahrelang von einem Teil des großen Landes in den nächsten oder in Flüchtlingslager in Khartum, Kenia, Uganda oder Äthiopien.

Es war auch ein »Kampf der Kulturen«, wie der südsudanesische Politologe Isaac Wel Majak schreibt, ein Krieg zwischen hellhäutigeren Arabern und tiefschwarzen Afrikanern, zwischen Kameltreibern und Ackerbauern, zwischen Muslimen und Christen, zwischen Menschenjägern und ihren Opfern: »Für die Araber sind die schwarzen Afrikaner dazu geboren, *abid*, also Sklaven, zu sein.«

Zwar heißt es in Paragraph I der Verfassung, der Sudan sei »ein multilinguales, multirassisches, multiethnisches und multireligiöses Land, in dem diese Unterschiede nebeneinander existieren«. In der Praxis ist von Gleichberechtigung allerdings kaum etwas zu spüren; es herrschen die Araber, es gilt die Scharia, das Geld bleibt im Norden. Das war bislang Gesetz im Land, so unumstößlich wie jenes, daß es keinen Gott gibt außer Allah und Mohammed sein Prophet ist.

DOCH DER NORD-SÜD-KRIEG zwischen Arabern und Schwarzen soll endlich der Vergangenheit angehören. Im Januar 2005 einigten sich die Kriegsparteien im kenianischen Nairobi unter massivem amerikanischen Druck und unterzeichneten ein 240seitiges Friedensabkommen, das nach drei Jahren freie Wahlen und nach sechs ein Referendum über die Zweiteilung des Landes vorsieht.

Die Einnahmen aus den Ölfeldern des Südens sollen in Zukunft geteilt werden, zwei parallel existierende Armeen die Einhaltung der Abmachung garantieren. Präsident bleibt, zumindest bis zur Wahl, der Moslem Umar Hassan al-Baschir von der Nationalen Kongreß-Partei, sein Vize ist SPLA-Mann Salva Kiir Mayardit.

Seitdem wird eifrig der Zerfall von Afrikas größtem Staat geprobt und am Südstaat gewerkelt, der dann »New Sudan« heißen soll. Daß sich dabei südlich des Gazellenflusses Goldgräberstimmung breit macht, ist kaum ein Wunder angesichts der rund 500 000 Barrel Öl, die im *Balad al-Sudan*, im Land der Schwarzen, täglich gefördert werden. Wenn in Zukunft das Ölfeld Melut erschlossen sein wird, könnte diese Menge gar auf 800 000 Barrel steigen.

DOCH ES IST DER TANZ auf dem Vulkan. Und die nächste Eskalation der Gewalt droht im Osten des Sudan. Wenn, wie im Friedensabkommen zwischen Nord und Süd vereinbart, die Truppen der SPLA den von ihnen kontrollierten Teil des Ostsudan verlassen müssen, droht hier ein Machtvakuum, das einen neuen Bürgerkrieg provozieren könnte. Neben der Jem scheinen auch in Eritrea ausgebildete und finanziell gut ausgestattete Guerilleros nur darauf zu warten, daß die Zone in der bitterarmen Region demilitarisiert wird.

Wann es hier knallt, scheint nur eine Frage der Zeit. Das weiß auch die Regierung in Khartum. Bereits im Januar 2005 kamen in der Hochburg der Ostrebellen, Hamesh Koreb, bei regierungsfeindlichen Protesten über zwanzig Menschen ums Leben, als die Armee mit scharfer Munition in die Menge der mit Steinen und Stöcken bewaffneten Demonstranten schoß und später auch noch Granaten in Wohnhäuser warf. Vorsorglich wurden damals bereits siebzehn Mitglieder der oppositionellen Beja-Kongreß-Partei monatelang ohne Anklage eingesperrt, und auch ein Jahr später rollten hier wieder Panzer der Armee durch die Straßen und drohten, die 3 500 bis 5 500 dort stationierten Soldaten der SPLA zu vertreiben. Seitdem herrscht Chaos, und »niemand weiß mehr, wen er vor sich hat: Regierungssoldaten oder Milizionäre«, wie ein Uno-Mitarbeiter voller Sorge der Nachrichtenagentur *Reuters* mitteilt.

Wie ein Steppenbrand breitet sich der Krieg im ganzen Land aus – kaum ist eine Region befriedet, brechen anderenorts neue Kämpfe aus. Und so droht der Sudan ungebremst in ein kaum noch zu überblickendes Chaos zu schlittern – trotz des Friedensschlusses zwischen den Rebellen

des Südens und der Regierung im Norden. Vielleicht aber auch gerade wegen dieses Abkommens.

DIE MÖGLICHE SEZESSION des Sudan jedenfalls stellt nicht nur eine »Zeitenwende« (*Frankfurter Allgemeine*), sondern einen riskanten Paradigmenwechsel in der Geschichte afrikanischer Politik dar. Ein Land mit 32 Millionen Einwohnern und rund 600 verschiedenen Ethnien droht zu zerbrechen.

Dabei hatten bislang sämtliche Organisationen afrikanischer Staaten ein Antasten der von den Kolonialmächten auf der Berliner Konferenz 1884/85 gezogenen Grenzen gemieden wie der Teufel das Weihwasser. Zwar lamentieren die Afrikaner gerne darüber, wie arrogant und rücksichtslos sich die Vertreter der damaligen Weltmächte mit dem Lineal daran gemacht hätten, das »Herz der Finsternis« zu zerlegen.

Eine Revision der kolonialen Aufteilung kam indes aus gutem Grund nie in Frage – und nur das kleine, kulturell aber weitgehend homogene, Eritrea erlangte nach einem drei Jahrzehnte währenden Bürgerkrieg 1993 die Unabhängigkeit von Äthiopien.

Zu groß ist stets die Angst vor sezessionistischen Kriegen gewesen, die überall auf dem Kontinent drohen: im bevölkerungsreichen Nigeria, dem gewaltigen Kongo mit seinen gigantischen Rohstoffvorkommen oder in der vergleichsweise wohlhabenden Elfenbeinküste. »Mit der Sezession des Sudan haben wir die Büchse der Pandora geöffnet«, befürchtet Mozersky nun.

* * *

UND DIE BLUTIGEN EREIGNISSE in Darfur, im Westen, scheinen ihm recht zu geben. Glaubt man der Nichtregierungsorgansiation *Coalition For International Justice*, sind in den vergangenen dreieinhalb Jahren dort bei den Auseinandersetzungen zwischen Rebellen auf der einen und Regierungstruppen und bewaffneten Reiterbanden auf der anderen Seite bis zu 400 000 Menschen ums Leben gekommen.

Die Aufstände in der kargen Steppe Darfurs – über die der amerikanische Afrikareisende John Gunther in den 50er Jahren bemerkte, sie sehe »wie ein versteinerter Ozean aus« – begannen im Februar 2003; ausgerechnet genau in jenem Moment, da sich bei den Verhandlungen zwischen der Regierung aus Khartum und den Rebellen des Südens abzeichnete, daß eine Teilung des Landes bevorsteht.

Als klar wurde, daß der Süden die Unabhängigkeit erlangen würde, wenn bei einem Referendum eine Mehrheit der Menschen dafür votierte, griffen in Darfur, in dem rund sechs Millionen Menschen aus fünfzig bis neunzig verschiedenen Stämmen leben, die Desperados der *Sudan Liberation Army* und des islamischen *Justice and Equality Movement* zu ihren Kalaschnikows und überfielen achtzig Polizeistationen, diverse Kasernen und Regierungsgebäude. Mindestens acht Antonowmaschinen sollen damals zerstört und 685 sudanesische Polizisten von den Rebellen getötet worden sein. Doch es war nur der Beginn eines noch weitaus grausameren Gemetzels.

Denn die Reaktion der Regierung in Khartum war panisch und erinnerte an die Kriegsstrategie, die schon im Süden angewandt wurde. Ein westlicher Beobachter mit engen Kontakten zum Präsidenten al-Baschir berichtete, wie der islamistische Machthaber »aus allen Wolken fiel, als plötzlich in Darfur der Krieg ausbrach«.

»Den Zerfall befürchtend, hat die Regierung von Umar al-Baschir, die noch einen anderen Aufstand im Ost-Sudan bekämpft, bösartig reagiert«, so der britische *Economist.*

Die Folgen waren verheerend für die Zivilbevölkerung im Westen: Lokale Banden wurden bewaffnet und auf ihren grausamen Beutezügen von Kampfhubschraubern und Kriegsflugzeugen der Armee unterstützt. Den apokalyptischen Reitern der Dschandschawid war der Auftrag erteilt worden: »Tötet die Sklaven!«

SEITDEM HAT SICH DARFUR in ein Horrorkabinett entfesselter und von außen kaum zu kontrollierender Banden verwandelt. Einen »himmeltraurigen Irrsinn« nennt die Schweizer *Weltwoche* das Blutbad, ein »Ruanda in Zeitlupe« der amerikanische Konfliktforscher John Prendergast. Denn der staatliche Aufruf zum Mord fand allzu willige Vollstrecker in einer Region, in der schon seit langem eine permanente Auseinandersetzung um Wasser und Weideland zwischen schwarzen Kamelnomaden vom Stamm der Saghawa und schwarzen Ackerbauern, die hauptsächlich Kolbenhirse anbauen, und arabisierten Kamel- oder Rindernomaden tobt.

»Nach dem Abkommen von Nairobi war klar, daß Darfur explodieren würde«, sagt die Sudanexpertin Marina Peter von der deutschen Sektion des ökumenischen Netzwerks *Sudan Focal Point.* Und wie Mozersky hält es auch Marina Peter für möglich, daß als nächstes im Osten des Landes Kämpfe ausbrechen: »Die Gegend dort ist extrem unterentwickelt –

dagegen geht es selbst den Menschen in Darfur noch vergleichsweise gut.«

Die fatale Lektion des Friedensabkommens sei eben gewesen: »Nur mit Gewalt erreichst du im Sudan dein Ziel.« Und da war es auch nur folgerichtig, daß in Darfur die Lage außer Kontrolle geriet. Massenmorde, systematische Vergewaltigungen und die Vertreibung von mehr als zwei Millionen Menschen haben bereits vor über einem Jahr zu einem Zustand geführt, den das Washingtoner State Department Völkermord nennt. Angesichts der Gemetzel forderte der holländische Leiter des Uno-Flüchtlingshilfswerk UNHCR, Ruud Lubbers, im September 2004 gar eine Autonomie Darfurs.

Auch während die Kriegsparteien in Nigerias Hauptstadt Abuja endlos um ein Friedensabkommen feilschen und die Afrikanische Union ein 6898 Mann starkes Häuflein unmotivierter und versprengter Beobachter, die wohl hauptsächlich wegen der 100-Dollar-Tagesgage in den Sudan gekommen sind, durch eine schwer zugängliche Halbwüste von der Größe Frankreichs hetzen läßt, geht der Terror gegen die Zivilbevölkerung unvermindert weiter.

An Heftigkeit hätten Kämpfe und Gewalt noch zugenommen, meldeten die Vereinten Nationen noch im Mai 2006 – »trotz der anhaltenden Friedensgespräche« in Westafrika und obwohl Minni Arkous Rebellenfraktion den von der Afrikanischen Union ausgearbeiteten Friedensplan »unter Vorbehalt« unterschrieb.

DOCH ES GEHT nicht recht voran. Ungeachtet des großen internationalen Drucks und der persönlichen Anwesenheit von Robert Zoellick weigern sich die zwei verbleibenden SLA-Abteilungen und die Islamistentruppe Jem beharrlich, das umstrittene Abkommen mit Khartum zu unterschreiben. Zu tief sitzt das Mißtrauen gegen den Präsidenten al-Baschir, der nach dem Vorschlag der AU die Entwaffnung der Dschandschawid auf den Weg bringen und kontrollieren soll und damit, aus Sicht der Aufständischen, vom Bock zum Gärtner gemacht würde.

Seit Wochen fordert US-Präsident George W. Bush deshalb, daß das weitgehend wirkungslose Mandat der Afrikanischen Union auf die Vereinten Nationen übertragen wird, damit Blauhelme endlich das Gemetzel stoppen können und die Bevölkerung besser versorgt werden kann.

Die Durchführung dieser Sisyphosarbeit werde allerdings »eine Verwaltung der Nato erfordern«, erkannte Bush: »Planung, Durchführung, Orga-

nisation, wahrscheinlich die doppelte Anzahl Peacekeeper, um damit zu beginnen, eine gewisse Sicherheit zu etablieren.«

Für die vielen Sudanesen, die nun schon seit Jahren in Camps dahinvegetieren, statt ihre Felder zu bestellen, könnte das die lang ersehnte Rettung bedeuten, droht sich doch die Lage in den hoffnungslos überfüllten Flüchtlingslagern dramatisch zu verschärfen.

Doch die Informationen über das Massensterben fließen nur spärlich – wo es geht, wurde bisher die Arbeit von Journalisten in Darfur erschwert. »Terroristen« nennt Sudans Verteidigungsminister Abdel Rahim Mohammed Hussein die ausländischen Reporter. Seine Botschaft an die Presse: »Alle ausländischen Journalisten, verschwindet! Wir wollen euch hier nicht!«

Die sudanesische Regierung behindere außerdem in zunehmendem Maße die Versorgung der Zivilbevölkerung, klagt Jan Egeland, der Koordinator der UN-Nothilfe, Ende April 2006 bei einem Treffen mit Vertretern von 15 Mitgliedsstaaten: »Der Trend begann im letzten August, als sich die Sicherheitslage wieder verschlechterte, und hat sich kürzlich auf alarmierende Art und Weise verschärft.«

Seitdem befinde man sich nur noch »in der Defensive« – 500 000 der rund drei Millionen Darfur-Flüchtlinge lebten schon »außerhalb der Reichweite der Hilfslieferungen«. Angesichts der Bedrohung seiner Mitarbeiter durch Banditen hat das Internationale Komitee des Roten Kreuzes seine Arbeit gar vorübergehend eingestellt.

* * *

DABEI GEHT die Gewalt gegen die ausländischen Helfer keineswegs nur von der Regierung und ihren Handlangern aus. »Bewaffnete Raubüberfälle und Entführungen durch die Rebellen der SLA bedrohen die Mitarbeiter der Humanitären Hilfe«, sagt Kofi Annans Sonderrepräsentant für den Sudan, Jan Pronk. Vier nigerianische AU-Soldaten sollen von Milizionären des Fur-Führers Abd al-Wahid hinterrücks erschossen worden sein.

El Obeid, Kordofan, fünfter März 1912

»Ja, da sind wir und – schwimmen einmal wieder im Glück! ›Wilde‹ Nuba im Süden, hammitische ›Araber‹ rund herum und im Westen königliche Foraner.«

Der deutsche Forschungsreisende Leo Frobenius
in einem Brief

Allah il Allah

Khartum, Sudan, im März 2006

»Da das Wort Sudan, allerdings schon im Mittelalter gebräuchlich, ein jetzt so viel gehörtes ist, so dürfte eine kurze Bemerkung über dasselbe am Platze sein. Beled es Sudan, das ist der vollständige Name. ›Beled‹ heißt Land, und ›es‹ ist der Artikel. Sudan ist der gebrochene Artikel von ›aswad‹ = schwarz (Plural ›sud‹). Beled es Sudan heißt also das Land der Schwarzen. Der Ton wird nicht, wie man oft hört, auf die erste, sondern auf die zweite Silbe gelegt; man sagt also nicht Suhdan, sondern Sudahn.«

Karl May, *Im Lande des Mahdi II*

DER SUDAN ist ein großes Land, flächenmäßig das größte Afrikas, das Gebiet umfaßt 2 505 813 Quadratkilometer. Darin fänden Deutschland, Dänemark, die Niederlande, Belgien, Frankreich, Monaco, Spanien, Andorra, Österreich, die Schweiz, Liechtenstein, Italien, Vatikanstadt, San Marino, Großbritannien, Irland, Griechenland, Bulgarien, Kiribati und St. Lucia Platz. Zusammen. Und zwar bequem.

Das Bruttoinlandsprodukt des Sudan betrug im Jahr 2004 16,8 Milliarden Euro.

Das Bruttoinlandsprodukt Hamburgs betrug im Jahr 2005 79,9 Milliarden Euro.

Das Bruttoinlandsprodukt der Bundesrepublik Deutschland betrug im selben Jahr 2 245 Milliarden Euro.

DER SUDAN ist eine negride christliche oder animistische Welt. Die Welt der SPLA. Der Missionare. Der Naturgötter. Der stinkenden Stadt Juba. Der korrupten neuen Herrscher mit ihrem Geltungsdrang. Der großen

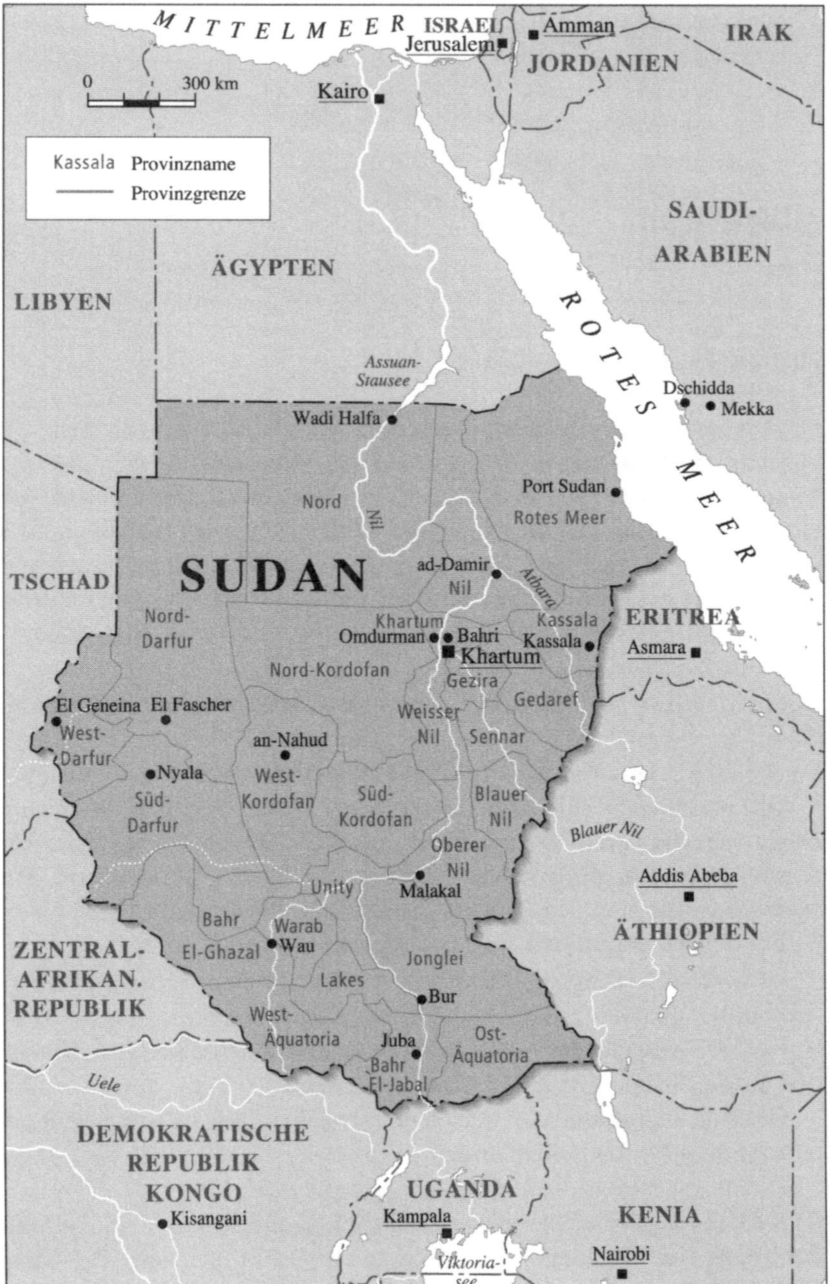
MITTELMEER
ISRAEL
Jerusalem
Amman
IRAK
JORDANIEN
0
300 km
Kairo
Kassala Provinzname
Provinzgrenze
SAUDI-
ARABIEN
ÄGYPTEN
LIBYEN
ROTES MEER
Assuan-
Stausee
Dschidda
Mekka
Wadi Halfa
Port Sudan
Nord
Rotes Meer
Nil
TSCHAD
SUDAN
ad-Damir
Nil
Atbara
Nord-
Darfur
Khartum
Omdurman
Bahri
Kassala
Kassala
Khartum
ERITREA
Asmara
Nord-Kordofan
Gezira
Gedaref
El Geneina
El Fascher
West-
Darfur
Weisser
Nil
Sennar
an-Nahud
Nyala
West-
Kordofan
Süd-
Darfur
Süd-
Kordofan
Blauer
Nil
Blauer Nil
Oberer
Nil
Addis Abeba
Unity
Malakal
Bahr
El-Ghazal
Warab
Wau
ÄTHIOPIEN
ZENTRAL-
AFRIKAN.
REPUBLIK
Jonglei
Lakes
Bur
West-
Äquatoria
Juba
Bahr
El-Jabal
Ost-
Äquatoria
Uele
DEMOKRATISCHE
REPUBLIK
KONGO
Kisangani
UGANDA
Kampala
KENIA
Nairobi
Viktoria-
see

Wälder und des gewaltigen Nilsumpfes, in dem Ebola und Schlafkrankheit, Malaria und Denguefieber wüten. Des Grüns. Der Schwüle. Der Moskitos. Runder Reisighütten. Der baumlangen Dinka und Nuer, die stundenlang, ein Bein angewinkelt wie Flamingos, in der Ebene stehen können und Kühe beobachten, die sie – keiner weiß, warum – züchten, aber nicht essen. Der Ölfelder, die dem Land unermeßlichen Reichtum bescheren könnten, und ihrer bewaffneten Sicherheitsfirmen. Der Sklavenkinder. Des Sorghumbreis.

Dickbäuchiger weißer Transportmaschinen der Vereinten Nationen, die die Menschen mit Pflanzenöl und Sojabohnen bombardieren. Und unendlich vieler Kalaschnikows.

DER SUDAN ist eine negride muslimische Welt. Die Welt der Dschandschawid. Die Welt der turbantragenden Rebellen. Mohammeds. Der Gebetsteppiche. Der von Rebellen belagerten Garnisonsstädte. Der Scharia. Des Muezzins. Der mit Koransuren gezeichneten Amulette. Der Weite. Der trocknen Hitze. Des Lichts. Der unzähligen Brauntöne. Der Fliegen. Der weiten, weißen Umhänge. Des Staubs der Wüste. Der dornigen Akazien. Der Kamele und Ziegen. Der riesigen Flüchtlingslager. Der Zeltstädte. Verendeter Esel. Des Klagens der Kinder. Der Massengräber irgendwo in der Steppe. Der G3-Sturmgewehre. Der kaputten Pick-Ups und kaputten dattelschnapstrinkenden Typen darauf. Des Zwistes. Der Mittagshitze und Trägheit.

Dickbäuchiger weißer Transportmaschinen der Vereinten Nationen, die die Menschen mit Pflanzenöl und Sojabohnen bombardieren. Und unendlich vieler Kalaschnikows.

DER SUDAN IST die Welt der Nuba. Steinzeitlich nackter Menschen, die schwarzen Körper mit Asche geweißt. Ekstatischer Tänze und Ringkämpfe. In die Berge geduckter Hütten und burgähnlicher Steinhaussiedlungen. Ausgezehrter Frauen, Kalebassen mit kostbarem Wasser auf den Köpfen balancierend. Des Durrabreis und gekochter Bohnen. Kilometerweiter Ödnis, die nie ein Auto gesehen hat. Der übers Geröll marschierenden SPLA-Rebellen in ihren zerfetzten Stiefeln. Und norwegischer Militärbeobachter auf komisch aussehenden Mondfahrzeugen. Der Bilder von Hitlers Muse Leni Riefenstahl. Der Sklavenjäger und Raubnomaden.

Dickbäuchiger weißer Transportmaschinen der Vereinten Nationen,

die die Menschen mit Pflanzenöl und Sojabohnen bombardieren. Und unendlich vieler Kalaschnikows.

Doch es gibt nur nicht zwei, drei; es gibt viele Sudans.

DER SUDAN IST arabisch, der Sudan ist Khartum.

KHARTUM BEDEUTET »Elefantenrüssel« und stammt aus dem Arabischen, aber selbst das scheint nicht restlos geklärt. Es könnte auch vom Nilotenwort *karatum* stammen, und das heißt Treffpunkt, Sammelplatz – dort, wo Weißer und Blauer Nil zusammenfließen. Behauptet zumindest der äthiopische Geschichtsprofessor Kinfe Abraham.

* * *

MAN HAT DEN Eindruck, die Stadt wolle allein sein. Sie empfängt den Fremden nicht besonders herzlich. Die ersten Sudanesen am Flughafen tragen blaue Uniformen und gucken dir mißtrauisch in den Paß; sie suchen das Visum, sie finden es nach einer kleinen Ewigkeit, und sie beäugen es, als sei es ganz unmöglich, daß es nicht gefälscht ist; dann begutachten sie fachmännisch das Paßfoto, sie halten dafür das Dokument gegen das Licht, kratzen mit dem Fingernagel ein bißchen auf der rauhen, den Paß angeblich fälschungssicher riffelnden, Plastikoberfläche herum und stecken es in irgendein unter ihrem Resopaltresen verstecktes Gerät; schließlich unterziehen sie den müden Inhaber des Reisepasses einer ausgesprochen kritischen Prüfung. Ist das wirklich der Herr auf dem Foto? Er ist alt geworden, hat wohl auch zugenommen, oder er war beim Friseur. Es ist auf jeden Fall schwer zu glauben, daß das der rechtmäßige Eigentümer dieses wertvollen Dokuments ist. Doch, doch, er muß es sein, er hat da diesen Leberfleck. Drehen Sie sich mal ein bißchen zur Seite. Dann sind sie gnädig und sagen: Registrier dich innerhalb der nächsten vierundzwanzig Stunden! Im Hotel, bei der Polizei, beim Ministerium für Information, beim Tourismusministerium. Danach im Alien's Registration Office des Innenministeriums, beim Außenministerium und beim Geheimdienst.

Was willst du mit einem Fotoapparat? Mach keine Fotos von hochgeheimen Anlagen wie Kasernen, Flughäfen und Brücken, aber knips auch keine strategisch hochwichtigen Gebäude wie Ministerien oder Friedhöfe; fotografier am besten gar nicht. Und stell keine Fragen. Sie sagen nicht danke und nicht bitte. Danach gucken dir ihre Kollegen mißmutig ins

Gepäck. Sie zeigen herablassend mit dem Finger auf die Tasche. Wortlos signalisieren sie: Öffnen, Giaur – Ungläubiger! Durchwühlen die Wäsche, quetschen an der Zahnpastatube herum, durchblättern die Bücher. Brehms *Reisen im Sudan*, Fürst Pücklers orientalische Reisen und Georg Schweinfurths *Im Herzen von Afrika*. Ist das erlaubt? Wer liest denn sowas? fragen ihre Blicke. Hat sich denn nirgends ein Bier versteckt? Ein *Playboy*? Ein Propagandaheft, das das Gift der Demokratie, des Christentums oder des Imperialismus enthalten könnte?

Kein Wunder, denkt der Fremde, daß der Khartum International Airport ungefähr so aussieht wie der von Paderborn. Außer Air France und Lufthansa landen hier keine europäische Fluglinien; dafür allerdings die Bruchpiloten von Ethiopien Airlines.

In der *Dschumhurriyyat as-Sudan* hängen auch keine bunten Poster, auf denen steht, hier sei die Welt zu Gast bei Freunden.

Kein Wunder wohl auch, daß Khartum in einer Rangliste, in der die Lebensqualität von 215 Städten gewürdigt wird, auf dem erbärmlichen 212. Platz rangiert. Vor Khartum liegt sogar das kongolesische Sumpfloch Pointe Noir, und danach kommen nur noch Bangui, Brazzaville und Baghdad, wo jeden Tag Bomben explodieren.

DAS DEUTSCHE AUSWÄRTIGE AMT jedenfalls macht auch nicht gerade Werbung für den Sudan. Reisen außerhalb Khartums seien »wegen mangelnder Infrastruktur und aufgrund von Sicherheitsgefährdungen nur eingeschränkt möglich«, warnt es auf seiner Homepage: »Ohne Einschränkungen bereist werden dürfen neben dem Großraum Khartum nur die nördlichen Bundesstaaten und die Landesmitte.«

Von Reisen in andere Regionen müsse es leider eher abraten, denn da herrschten Mord und Totschlag.

> *Im Westen nichts Neues.* »In den Darfurprovinzen kommt es weiter zu Überfällen auf Transporte von Hilfsorganisationen, auch bewaffnete Auseinandersetzungen zwischen Regierungstruppen und Rebellengruppen sowie Brandschatzungen von Reitermilizen unter der Bevölkerung halten an.«
>
> *Im Süden nichts Neues.* »Im Südsudan bestehen außerhalb der größeren Städte vielerorts Gefahren durch gewaltsam ausgetragene Stammeskonflikte, Landminen und – insbesondere im Grenzgebiet zu Uganda – marodierende Bewaffnete der ›Lord's Resistance Army‹.«

Im Zentrum nichts Neues. »Wegen des ungeklärten Grenzverlaufs ist von einer Reise in die zwischen der sudanesischen Zentralregierung und derjenigen im Südsudan umstrittenen mittelsudanesischen Region Abyei abzuraten.«

In den Bergen nicht viel Neues. »Die Sicherheitslage in dem ehemaligen Konfliktgebiet Nubaberge hat sich zwar etwas entspannt, nicht zuletzt wegen Landminengefahr ist die Gegend aber kein sicheres Reiseziel.«

Im Osten nichts Neues. »Reisen im Ostsudan außerhalb des Gebiets der Hafenstadt Port Sudan unterliegen potentiellen Gefährdungen durch die in der ›Eastern Front‹ vereinigten Rebellenbewegungen, insbesondere in der Region um Hamesh Koreb in der Provinz Kassala.«

Überall im Land müsse mit »Bandenüberfällen, aber auch mit willkürlichen Maßnahmen der Polizei oder anderen Sicherheitsorganen gerechnet werden«.

Kurz und gut, es sei ratsam, »einen Auslandskrankenversicherungsschutz mit Rückholversicherung abzuschließen«.

Mit Rückholversicherung!

HAT DER FREMDE den Flughafen in Khartum verlassen, schlägt ihm Hitze entgegen wie ein Fausthieb. »Höllengeboren« hat der polnische Schriftsteller Ryszard Kapuściński sie einmal genannt und berichtet, wie sie ihn nach wenigen Minuten fast niedergestreckt hätte, »vom Himmel strahlte eine Glut, die mich an den Asphalt nagelte«. 40 Grad, 45 Grad, 50 Grad sind schnell erreicht. Viele Stunden des Tags kann man nur müßiggehen.

»WER JEMALS in heißen Ländern gelebt hat, weiß wie leicht dort auch der fleißige Europäer träge wird«, schreibt, ein wenig tröstlich, Alfred Eduard Brehm in den Aufzeichnungen zu seiner Sudanreise, die er 1847 angetreten hatte. »Die Hitze der Tropen – welche ich in Chartum bei elektrischem Winde oder Samum im Schatten bis auf +40° R ansteigend beobachtet habe, wirkt lähmend auf den Körper ein.«

Warum ist der junge Forscher – Brehm ist gerade achtzehn Jahre alt, als er sich, vom Baron und Vogelkundler Johann Wilhelm von Müller zur Mitreise ermuntert, in das Abenteuer stürzt – dann nur so ungnädig mit den Sudanesen?

Diese seien »sinnlichen Genüssen ergeben, faul, arbeitsscheu, liederlich und leichtsinnig«, schreibt er. Daß der Sudanese

> »faul ist, liegt in seinen Verhältnissen; wenn er wirklich arbeitet, geschieht es nur, um sich und den Seinigen den Lebensunterhalt zu sichern. Aber er braucht so wenig, und sein Vaterland ist so gesegnet mit Fruchtbarkeit und Erzeugungskraft, daß er das wenige ohne Mühe erringt. Warum soll er sich also mit Arbeit quälen, warum etwas tun, was ihm nicht einmal durch seine Religion geboten wird? Diese erlaubt es ihm, sein Leben nach seiner Art und Weise zu genießen, denn sie sagt ihm: ›Allah kerihm‹, Gott ist barmherzig und will es euch leicht machen«.

IN EINEM TAXI geht die Fahrt vom Flughafen über breite, staubige Straßen; die ganze Stadt gleicht einem Schachbrett. Der Fahrer muß sein klappriges Fahrzeug durch dichten Verkehr quälen. Öllländer sind Autoländer; am schlimmsten ist das in Nigeria, aber auch Khartums Innenstadt ist meistens verstopft. Der Ruf »La il laha il Allah«, der aus tausend Winkeln durch die Stadt echot, vermischt sich mit dem Hupen der Autos und der fünftonalen Musik aus dem Radio zu einer enervierenden Kakophonie. Steckt der Wagen im Stau fest, recken sich bettelnde Hände durchs offene Fenster. Viel zu selten sieht man am Straßenrand ein paar Dumpalmen, Akazien oder ausladende und schattenspendende Tamarinden.

Direkt am Nil nimmt ein futuristisch aussehendes Gebilde langsam Gestalt an. Die Libyer bauen hier ein riesiges Hotel, es hat die Form eines Footballs. »Ghaddafis Ei«, sagt der Taxifahrer. Auch sonst ist rege Bautätigkeit zu beobachten. Und neben jeder Baustelle, buchstäblich an jeder Ecke wachen Gendarmen über die Einhaltung der strengen Gesetze, deren Übertretung nicht selten noch mit der Peitsche geahndet wird.

Khartum scheint über eine besondere und wirklich unausrottbare Tradition in der scheußlichen Disziplin »Kontrolle und Langeweile« zu verfügen. Schon den Abenteurer Sir Wilfred Thesiger – zwischen 1935 und 1940 im Dienst der Krone im Sudan tätig – betäubte die Ordnung dieser freudlosen Stadt derart, daß er mit Entzücken seine Verbannung ins Ödland Darfurs vernahm. »Nachdem ich fast die Hälfte meines Lebens in Afrika verbracht hatte, fühlte ich mich mitten in den Geräuschen und Gerüchen des Marktes von Addis Abeba ebenso wohl wie im Chaos seiner vollen Straßen, in denen nachts Hyänen nach Aas suchten. Hier in Khartum jedoch kam ich mir wie betrogen vor; in Khartum regelten Polizisten den Verkehr in sauberen und geraden Straßen, hatten Beamte feste Bürozeiten, luden die Damen der Gesellschaft zu formellen Dinnerpartys ein. Glücklicherweise wurde ich nach Kutum in Nord-Darfur versetzt.«

AUCH BREHM KÄMPFT noch mit Anpassungsschwierigkeiten, aber anderer Art. »Die Sudanesen lügen, betrügen und stehlen, wo sie nur können«, notiert er über das Wesen dieser »durch eine für ihre Umstände ganz vortrefflichen Religion schon einigermaßen veredelten Völkerschaften«. Sie seien zwar »kerngute Menschen, gastlich und zuvorkommend«, aber eben auch »heftige, leicht reizbare Menschen und durch Kultur und Gesittung noch wenig bearbeitete Kinder der Natur; ihr Zorn flammt wie Strohfeuer auf und läßt sie ohne Bedenken Exzesse begehen, welche sie wenige Augenblicke nachher bereuen. Früher war der Mord etwas ganz Gewöhnliches, jetzt hat die Regierung ihnen durch furchtbare Strenge Zaum angelegt.«

* * *

AFRIKA IST ZUR ZEIT Alfred Brehms eine Terra incognita. »Die Geographen füllen auf den Karten Afrikas ihre Lücken mit wilden Zeichnungen und malen in unbewohnbare Flächen aus Mangel an Städten Elefanten ein«, lästerte der britische Schriftsteller Johnathan Swift. Die Karte des französischen Geographen Brué, 1828 in Paris erschienen, zeigt die Küsten und etwas von den großen Flüssen des Kontinents; Kairo, Dongola und Sennar; Darfur, Kordofan und die Nubaberge. Danach mäandert der Nil ins Unbestimmte. Den Abschluß bilden im Süden die *Monts de la Lune*, die Mondberge, grotesk überschätzt in ihrer Größe; der Kongo und die Weite Zentral- und auch Ostafrikas verlieren sich in einem abstrakten *Plateau Ethiopien*, dem Südland, so nannten die alten Griechen das Herz Afrikas; das Zentrum dieser Karte bildet, immerhin, *Lac Tchad*, der Tschadsee.

Das wenige, das über das Innere Afrikas bekannt ist, verdankt die Welt hauptsächlich dem schottischen Arzt Mungo Park, der den Lauf des Niger in Westafrika erkundet hatte, und seinem exzentrischen Landsmann James Bruce, der dem Blauen Nil bis zu seiner Quelle in Abessinien gefolgt war.

Vermutlich hat Brehm auch das Buch *Aus Mehemed Ali's Reich* im Gepäck, den 1844, also drei Jahre zuvor, erschienenen Ägypten- und Sudan-Reisebericht des tollkühnen Dandys, Gartenarchitekten und Schriftstellers Hermann Fürst von Pückler-Muskau.

Ein dritter Schotte, der Missionar David Livingstone, ist zu dieser Zeit vierunddreißig Jahre alt und irgendwo im südlichen Afrika unterwegs; er hat bereits die Gegend des heutigen Simbabwe gesehen und den Angriff eines Löwen überlebt. In Europa kennt ihn allerdings zu diesem Zeitpunkt kaum jemand, und der angloamerikanische Reporter Henry Morton Stanley wird erst 1871 für den *New York Herald* in Sansibar aufbrechen, ihn zu finden. Gerhard Friedrich Rohlfs aus Vegesack bei Bremen macht sich erst 1865 auf den Weg zum Tschadsee, und drei Jahre später beginnt der Rigaer Botaniker Georg Schweinfurth, den Sudan zu durchqueren und den Nil bis ins finstere Reich der menschenfressenden Niamniam hinabzureisen. Hans Meyer aus Hildburghausen jedoch, der 1889 als erster den Kilimandscharo besteigen wird, ist noch gar nicht geboren.

DER NIL, natürlich, hat immer schon Abenteurer angelockt. »Der Nil entspringt aus Quellen, die noch unerforscht sind, da er öde, glühendheiße Landschaften und einen Raum von ungemessener Länge durchströmt«, weiß Plinius der Ältere (23 bis 79 n. Chr.).

Ein anderer römischer Chronist, Lukan (39 bis 69 n.Chr.), will gar von einem Gelage Cäsars bei Kleopatra erfahren haben, bei dem der Imperator verkündet habe: »Doch da in meinem Herzen ein so großer Geist, eine so große Liebe zur Wahrheit leben, gibt es nichts, was ich lieber erfahren möchte als die Herkunft des Stroms, die so viele Jahrhunderte lang verborgen blieb, und seinem noch unerforschten Ursprung. Wenn ich wirklich hoffen darf, die Nilquellen zu sehen, lasse ich vom Bürgerkrieg ab.« Wie man weiß, war dies Glück weder Cäsar noch seinen Zeitgenossen vergönnt. Und auch Kaiser Nero, der ein Jahrhundert später zwei Zenturionen in die Wildnis entsandte, konnte keinen Erfolg verbuchen beim beliebten *caput Nili quaerere*, dem Suchen nach der Quelle des Nil.

Die Welt mußte noch 1800 Jahre warten, ehe John Hanning Speke am 28. Juli 1862 den Viktoriasee als solche identifizierte. Und, natürlich, sechs Jahre später steht ganz verzückt der deutsche Arzt Richard Kandt an der in 2440 Meter Höhe gelegenen Quelle des Rukurara, dem entferntesten Zufluß des Sees: »ein kleiner feuchter Kessel am Ende einer Klamm, aus deren Boden die Quelle nicht sprudelnd, sondern Tropfen für Tropfen dringt: Caput Nili … Quelle des Nils.«

Als Alfred Brehm am 6. Juli 1847 seine Afrikareise beginnt und in Triest den Postdampfer *Mamuhdi* besteigt, ist Speke gerade zwanzig Jahre alt, kämpft als Kadett der britischen Kolonialtruppen im Pandschab und hat keine Ahnung vom Innern Afrikas.

* * *

UND DER SUDAN? Der befindet sich unter dem Joch des in Mazedonien geborenen, albanischstämmigen Khediven Mohammed Ali, der Ägypten seit 1805 beherrscht. Das ist ein machthungriger Herrscher, der eine nicht nur für damalige Verhältnisse riesige Streitmacht unterhält, der mächtigste Statthalter des Osmanischen Reichs, von dem er sich mehr und mehr abnabelt. Er hat die aufmüpfigen Wahhabiten in Arabien geschlagen und seiner Herrschaft Syrien einverleibt. Als er 1811 die heimlichen Herrscher Ägyptens – die Mitglieder der mameluckischen Militärkaste, Nachfahren in die Freiheit entlassener kaukasischer Sklaven – in einen Hinterhalt lockt und fünfhundert ihrer Führer ermorden läßt, hat er bereits 20000 Mann unter Waffen, später verfünffacht sich diese Zahl. Und er träumt offenbar den Traum von einer Einheit des Niltals unter seinem Regiment: von der Mündung bis zu den Mondbergen im heutigen Uganda, wo man den Ursprung des Flusses vermutet.

Südlich von Ägypten liegt Nubien, das sagenumwobene Goldland. Von hier fließen Ströme des Edelmetalls nach Ägypten, doch die großen Karawanen bringen auch Elfenbein und Sklaven, Gummiarabikum und Straußenfedern, Rhinozerosleder und Kamele und bilden die Grundlage für den Reichtum Mohammed Alis.

Doch die Reiche der Schwarzen wanken.

»Die Machtverhältnisse im Sudan«, behauptet der Historiker Helmut Arndt, »luden einen weitsichtigen und ehrgeizigen Eroberer nachgerade ein.« Seit den Tagen, als Sultan Selim I. das Königreich Fundsch 1520 in der Schlacht bei Hannak geschlagen hatte, war das obere Niltal von Fremdherrschaft unbehelligt geblieben. Unternubien, zwischen Assuan und Wadi Halfa, ist türkisches Einflußgebiet. Zwar befindet sich das riesige Gebiet zwischen dem dritten und sechsten Katarakt unter der Herrschaft der Fundscher, doch seit in Dongola die vor Mohammed Ali aus Ägypten flüchtenden Mamelucken aufgetaucht sind, schwindet deren Einfluß merklich. Das dreihundert Jahre alte Reich Fundsch – dessen Bewohner gehören zu den Schillukvölkern – zerfällt entlang diverser Stammesgrenzen, der König von Sennar herrscht in Wirklichkeit über kaum mehr noch als sein Stammesgebiet zwischen Blauem und Weißem Nil.

UND NICHT VIEL anders sieht es in Darfur, dem mohammedanischen Sultanat im Westen, aus, das sich unter der Herrschaft Mohammed al-Fadl ibn Abd al-Rahmans im Niedergang befindet. Einige Jahrhunderte lang war Darfur ein mächtiges Königreich am Knotenpunkt zwischen Nord und Süd, Ost und West: Hier trafen sich die wichtigen Handelswege vom Niger zum Nil mit der Sklavenstraße *Darb al Arba'in* und der Libyenroute über Mursuk und das Tibestigebirge nach Süden.

Fundsch und Darfur, das sind zu dieser Zeit die »östlichsten Perlen der langen Kette afrikanischer Reiche, die sich vom Senegal bis zum Roten Meer spannte«, so der Ethnologe Bernhard Streck. Doch sie werden es nicht mehr lange bleiben.

Denn in Kairo rüstet Ägyptens Herrscher Mohammed Ali zur großen Schlacht. Fünftausend Soldaten schickt er nach Sennar, zur Hauptstadt des Fundsch-Reichs, und dreitausend Mann marschieren Richtung Darfur. »Entlang der uralten Wasser- und Handelsstraße des Nil zogen mächtige Heeressäulen von Fußvolk, Arnauten und irreguläre Beduinen sowie ein Detachment Artillerie unter Leitung eines Amerikaners aus Massachusetts; die Herrscher einiger Nubierstämme lieferten weitere Zuzüge und die nötigen Führer«, schreibt Arndt. Sie plündern, morden und brandschatzen. Sie unterwerfen die sudanesischen Völker und versklaven die Bevölkerung.

Am vierzehnten Mai 1820 erreichen sie den Zusammenfluß von Blauem und Weißem Nil, wo drei Jahre später, 1823, die Stadt Khartum aus ein paar Fischerhütten und einem Militärlager entstehen wird.

* * *

BIS ZUM DORF AABDUHN, zwischen dem dritten und vierten Katarakt südlich von Dongola, ist der Nil bequem schiffbar, dort aber muß Brehms Reisegruppe am 25. Dezember 1847 auf Kamele umsatteln, am sechsten Januar 1848 schließlich erreicht sie Khartum.

Was sich dem Pfarrerssohn Brehm aus dem thüringischen Unterrenthendorf im Sudan bietet, ist ein Bild des Grauens: »Verlassene Städte, verödete Felder und zugrunde gerichtete Völker. Die Häuptlinge der Mamelucken waren gefallen, meuchlings gemordet«, schreibt er, das ganze Land habe sich in ein »trübes Blutmeer« verwandelt. »Greise, Frauen und Kinder dieses unglücklichen Volkes« seien massakriert worden: »Die Greueltaten sind nicht zu beschreiben und machten auf das Volk einen fürchterlichen Eindruck.«

Von Augenzeugen läßt sich Brehm schildern, wie Dorf für Dorf der Mordlust zum Opfer fällt, und liefert dabei nebenbei einen präzisen Kriegsbericht.

Nur einmal noch nach dem Einfall der Türken war die Schlacht für eine kurze Zeit hin und her gewogt, als die Sudanesen sich nämlich gegen die Terrorherrschaft auflehnten und – wie sollte es anders sein? – nicht minder grausam Rache nahmen. Brehm notiert: »An der brennenden Hütte, welche den Pascha und fünfzig seiner Offiziere einschließt, beginnt der Vernichtungskampf. Wer herausflieht, wird niedergestochen; die Bleibenden frißt das Feuer, keiner entkommt.«

Doch dann sind die sudanesischen Königreiche Fundsch östlich von Kordofan und Darfur endgültig unterworfen, das »Land der Schwarzen« ist für lange Zeit das Sklavenreservoir Ägyptens. Die Gier nach den Reichtümern des Südens lockt nun immer mehr Glücksritter und Hasardeure in die Wüste. Die tollsten Geschichten von sagenhaften Schätzen machen die Runde. Die Kunde dringt nach Kairo, von dort in die Levante, nach Konstantinopel, Paris, London, Berlin: »Die das Land durchreisenden Sklavenhändler brachten vom oberen Laufe des blauen Flusses Goldkörner und Goldringe, vom *Bahr el abiadt* [dem Weißen Nil] vorzügliches Elfenbein in großer Menge mit sich. Sie erzählten, daß die Sudanesinnen schwere Goldringe in der Nase trügen, daß der König der Fungi zu Sennar, der Hauptstadt seines Reiches, eine Seriba von Elefantenzähnen um seinen Strohpalast gezogen habe, wie man sich dasselbe noch heute vom Sultan Dar-Furs erzählt.«

Wer sollte diesem Lockruf widerstehen? Wie die brandschatzenden Konquistadoren weiland durchs Reich der Inkas und Azteken, zogen Horden geldgieriger Europäer aus aller Herren Länder nun ins Land der Kannibalen und wilden Tiere, die Reichtümer Afrikas zu plündern. Und so nimmt die blutige Geschichte des Sudan ihren Lauf. Die Gemetzel sind dem Land bis heute treue Begleiter geblieben.

»Hierzulande wird eben nicht nur geraubt und geplündert, sondern auch ruiniert und verwüstet, gerade so wie bei uns in Europa – Krieg bleibt immer Krieg«, notiert nicht zu unrecht der Sudanreisende und Zeitgenosse Alfred Brehms, Georg Schweinfurth.

DIE HAUPTSTADT des Sudan macht auf Brehm keinen sonderlichen Eindruck. »Wenn ich eine Straße Chartums schildere«, spottet er, »schildere ich auch alle übrigen. Die Straßen sind während der trockenen Jahreszeit staubig und sandig, während der Regenzeit eine ununterbrochene Reihe von Pfützen und Kothaufen. Der in ihnen zu jeder Jahreszeit herrschende Gestank und ihre Hitze sind über alle Begriffe zivilisierter Menschen erhaben.« Die Häuser seien durchgehend aus Lehm und einstöckig, freie Plätze selten und hätten, »wo sie sich finden, gewöhnlich keinen Zweck«. Die Zimmer erinnern ihn an Viehställe, Kasernen an Schweineställe. Überall Aas und Unrat und »Skorpione, Taranteln, Vipern, häßliche Eidechsen, Hornissen und andere schlimme Gäste«. Einmal entgeht der angehende Tierfreund (*Brehms Tierleben*) nur um Haaresbreite einer Schlangenattacke: »Ich trat einmal in einem dunklen Gange auf eine sehr giftige Viper, welche aber zum Glück gerade beschäftigt war, ein von ihr getötetes, harmloses Schwalbenpaar zu verschlingen und nicht beißen konnte.«

Die Einwohnerzahl schätzt Brehm auf 30 000, »wovon vielleicht 3 000 auf das Negermilitär kommen«. Ansonsten herrscht Multikulti in der Stadt, in der sich »Türken, Europäer, Griechen, Juden, Ägypter, Nubier, Sudanesen, Abessinier, Gallas und vier oder fünf verschiedene Negervölker, als z. B. Dar-Fur-Neger, Schilluk, Dinkha, Neger aus Takhale und vom oberen Laufe des blauen Flusses« tummeln. Doch es herrschen Sodom und Gomorrha in der schnell wachsenden Stadt.

Und besonders schlimm wüten offenbar die Europäer, »denn diese sind mit wenigen Ausnahmen der Abschaum ihrer Nationen«. Ein Völkchen, dem es nicht vergönnt ist, lange in dem ungesunden Klima zu überleben, denn die meisten rafft schnell das Wechselfieber dahin. Die noch leben jedoch, treiben es besonders schändlich, lassen sich jeden Abend mit Branntwein vollaufen; singen *Allons enfants de la patrie!*, die Marseillaise, auch wenn sie keine Franzosen sind; handeln mit Elfenbein und Sklaven; huren herum, morden und stehlen. Es ist eine »Chronique scandaleuse«, die »ganze europäische Gesellschaft fast ohne Ausnahme aus Schurken, Betrügern, Gaunern, Mördern zusammengesetzt«.

Und über der ganzen Mischpoke, das entgeht dem Zoologen natürlich nicht, kreisen hungrige Bartgeier, Würgfalken und Schreiadler.

DER KARL-MAY-BIOGRAPH Fritz Maschke hat 1971 übrigens als erster darauf hingewiesen, daß Alfred Brehm neben dem österreichischen Afrikaforscher Ernst Marnodas eines der Vorbilder für Mays Sudanheld Kara

Ben Nemsi ist. Seitdem haben sich Generationen von Germanisten dieser Verbindung angenommen. »Ohne Brehms ›Reiseskizzen‹«, schreibt May-Forscher Helmut Lieblang, »hätte Mays Einstieg in den Orient als einem der wichtigsten Handlungsräume seiner Reiseerzählungen mit ziemlicher Sicherheit völlig anders ausgesehen: und nicht nur der Einstieg, sondern auch die sich daraus ergebenden späteren Exotica seiner orientalischen Abenteuer.«

Wenn Brehm schreibt: »Die Araber und noch mehr die Türken haben Schimpfwörter, die so anstandverletzend und grauenvoll sind, daß man sie unmöglich übersetzen kann. Vorzüglich verstehen es die Weiber, sie in einer ununterbrochenen Reihenfolge herauszustoßen. Dabei ist beachtenswerth, daß das nachfolgende Schimpfwort das vorangegangene steigert. Ich will hier die Steigerung des sehr gebräuchlichen Schimpfwortes ›Kelb‹, Hund, anführen: ›Du Hund, du Hund des Hundes, dessen Ahnen Hunde waren und dessen Urahnen von Hunden gezeugt wurden, eine Hündin hat dich gesäugt, deren ganzes Geschlecht von Hunden abstammt, deine Kinder werden Hunde sein und Hunde bleiben.‹«

Dann fluchen und schimpfen sie bei May erst recht wie die Rohrspatzen: »›Hamdulillah, Allah akbar, Preis sei Gott, der Herr ist groß!‹ erscholl es aus allen Kehlen. ›Hassa nessieb, das hat Gott geschickt, der kelb, der Hund, der Sohn von einem Hunde, der Enkel von einem Hundesohn ist todt.‹«

Der Sachse weiß sogar derart beredt von Sprache und Gewohnheiten der Morgenländler Kunde zu geben, daß der österreichische Heimatpoet Peter Rosegger schwärmt: »Seiner ganzen Schreibweise nach halte ich ihn für einen vielerfahrenen Mann, der lange Zeit im Orient gelebt haben muß.«

Was Mays Kara-Ben-Nemsi-Geschichten, von denen die 1896 zum ersten Mal erschienene Mahdi-Trilogie im Sudan spielt, so authentisch mache, behauptet Lieblang, seien neben fremdsprachigen Ausdrücken »vor allem Standardrequisiten wie zum Beispiel die Jagd auf den Herdenwürger, der in der Wüste unvermeidliche el Büdj, der mächtige Bartgeier, die Bastonnade und schließlich die Person des Ich-Erzählers selbst, die May mit Merkmalen seines Gewährsmannes Brehm ausstattet, der wohl – zumindest was seine ›Reiseskizzen‹ betrifft – in mancher Hinsicht dem Wunsch-Ich Karl Mays entsprach. Charakteristische Züge Brehms führen schließlich zu Kara Ben Nemsi, Mays Über-Ich, einem Rollen-Konglomerat aus Merkmalen realer Personen, die May seiner jeweiligen Vorlage entnahm.«

Er setzt, so scheint es, Brehm sogar ein verstecktes Denkmal in der Figur Ohmar-Arha Ben Afradins. Zwar nannten die Araber den Naturforscher Brehm *Chalil*, Gottesfreund, aber erst nachdem dieser etliche Verballhornungen seines Vornamens ertragen mußte, aus Alfred »Aafrihd« geworden war, »was entweder ›den Gottseibeiuns‹, ein Gespenst oder einen verschmitzten, listigen Menschen bedeutet« oder auch »elfafriht (tausend Teufel)«, und so wollte der Reisende nun gar nicht genannt werden.

* * *

VOM KRIEG IST IN Khartum nicht viel zu spüren im Frühjahr 2006.

Ein paar Busse chauffieren die letzten müden Demonstranten nach Hause, die dem Aufruf ihres Präsidenten und Vorsitzenden des Revolutionären Kommandorats, Umar Hassan al-Baschir, gefolgt sind, allen potentiellen ausländischen Invasoren den Tod zu wünschen. Sie haben ihre Transparente ordentlich genug eingerollt, um sie bei der nächsten Mobilmachung wiederverwenden zu können. Ein paar verschleierte Frauen von der Gewerkschaftssektion der Omdurman Islamic University stehen mit ihrem, wahrscheinlich für die erwartete Weltpresse in englisch abgefaßten Spruchband (»No for Re-Colonization«) an der Bushaltestelle Schlange und trällern fröhlich Lieder, die wohl von der Heimatverteidigung handeln. Einige wenige Wüteriche recken dem Fremden mürrisch die Fäuste entgegen und rufen etwas auf arabisch. Und die Zeitungsjungen schwenken Blätter, in denen Kopfgelder auf Uno-Leute ausgesetzt werden und zum Dschihad aufgerufen wird.

Aber sonst?

Ein paar Plakate, die Versöhnung mit dem Südsudan propagieren. Keine Truppentransporter, keine zerschossenen Häuser, keine Kriegskrüppel. Nicht einmal Flüchtlingsmassen, die sich durch die Straßen wälzen, Panzer- oder Straßensperren.

Dafür Blicke, die den Fremden überall hin verfolgen. An jeder Straßenecke, aus jedem Torbogen, hinter jeder Glastür. Man kann schnell paranoid werden in dieser Stadt. Wenn man seinen Fotoapparat zückt, dauert es garantiert keine drei Minuten, ehe ein treuer Diener seines Staats kommt, um sich brüllend und wild gestikulierend nach der nötigen Legitimation zu erkundigen. Ein Wahnsinniger, wer es wagt, an einer Brücke oder Polizeistation zu lange zu verweilen.

Dafür viel Business. Im noblen Hilton-Hotel trudeln langsam die türkischen Geschäftsleute ein, die hier eine türkisch-sudanesische Wirtschaftstagung abhalten. Ein paar Ölchinesen sitzen noch an der Saft-Bar und trinken Beck's alkoholfrei. Ganz viele Ölchinesen sitzen schon im *Panda Chinese Restaurant* und essen laut schmatzend Ente süßsauer mit Stäbchen und schlürfen dazu genußvoll Wan-Tan-Suppe.

UND IM ACROPOLE-HOTEL an der Sharia Zubeir Pasha, mitten in der Innenstadt, rotiert der griechische Inhaber George Pagoulatos, um ein paar langhaarigen Offroadtouristen die nötigen Reisegenehmigungen zu organisieren. Ansonsten ist das Hotel des Griechen, ein zweistöckiges weißes Eckhaus mit hellenisch-blau gestrichenen Balkonen, beliebter Treffpunkt ausländischer Politbeobachter. Die Focal-Point-Frau Marina Peter sitzt mit Crisis-Group-Mann David Mozersky im Foyer zusammen; sie hat später noch Termine mit einem Dschandschawid-Führer und einer christlichen Reisegruppe aus Deutschland, aber vorher kommt noch Angelina Teny auf einen Freundschaftsbesuch vorbei, die Frau des früheren Süd-Rebellen Riek Machar, die jetzt stellvertretende Ölministerin ist. Einsam und etwas übellaunig stochert Professor Doktor Richard Rottenburg oben im Restaurant in seinem Salat, zu dem es als Beilage trocknes Brot und, beim Barte des Propheten!, ungesalzene Lurpak-Butter aus Dänemark gibt – dem Land der Mohammedwitzeleien. Der Ethnologe von der Martin-Luther-Universität in Halle-Wittenberg wartet auf die Erlaubnis, in die Nuba-Berge zu reisen. Er ist Experte für die Nubaberge. Er veröffentlicht Bücher, die *Die Feste von Ndemwareng* heißen oder *Wirtschaft und Gesellschaft in den Morobergen*. Der Titel seines aktuelles Uni-Projekts lautet »Umstrittene Autochthonie. Land- und Wasserrechte und das Verhältnis von Nomaden und Seßhaften in Süd-Kordofan«. Der Mann ist eine Koryphäe auf seinem Gebiet. Doch das sudanesische Wissenschaftsministerium läßt ihn, wieder einmal, zappeln. Morgen, sagen sie, kann es endlich losgehen. Inscha allah. Rottenburg aus Almanja wartet aber schon seit über einer Woche und verliert langsam die orientalische Geduld.

Auch Doktor Elke Grawert, eine Politologin und Frauenbeauftragte von der Universität Bremen mit feuerroten Haaren und orangegrünem Afroshirt, wartet auf ihre Genehmigung, in die Nuba-Berge zu reisen. Auch sie ist eine große Sudan-Expertin, Spezialgebiet: die Gleichstellung sudanesischer Frauen, natürlich, aber auch interessante Themen wie der Westsudan und die Dürre von 1984. Sie hat einmal eine Studie über Frauen und Wanderarbeiter in Darfur verfaßt. Jetzt will sie in die Nuba-Berge. Dort werden eine Menge Konfliktlösungsworkshops veranstaltet, sagt sie. Neben ihr steht ihr kohlschwarzer Mann, ein Südsudanese, doch der interessiert sich nicht für Politik. Er ist Businessman, sagt er.

Gelegentlich schauen die beiden im *Acropole* vorbei und suchen den akademischen Austausch mit anderen Wissenschaftlern.

DAS HOTEL ist bekannt dafür. Es ist das älteste der Stadt, und es hat eine bewegte Vergangenheit.

1955 eröffnete Vater Pagoulatos das Hotel. Die griechische Kolonie war die größte in der Stadt, fast zwölftausend Hellenen lebten damals in Khartum, es gab Souflaki und importierten Rotwein, Ouzo und Metaxa. Und abends verwandelte sich der Dachgarten in ein Freiluftkino. Es wurde getanzt und gelacht. Doch die Zeiten änderten sich. Immer mehr Griechen verließen die Stadt, bis es irgendwann nur noch knapp hundert waren. Es wurde immer seltener getanzt und gelacht. Und als der Militärdiktator Gafaar Numeiri 1983 die Scharia-Gesetzgebung einführte, war es ganz aus mit den feuchtfröhlichen Abenden. 1988 sprengte dann ein Hamas-Kommando den Laden der Giaur mitsamt dem verruchten *Sudan Club* in die Luft. Und nur dem nicht ermüdenden Elan der Brüder George, Mike und Thanasis ist es zu verdanken, daß das Hotel auf der anderen Straßenseite wiedereröffnet wurde. Gleich nebenan liegt übrigens der Elektroladen *OHM Electronics.* Er gehört Musa Hilal, dem berüchtigten Dschandschawid-Führer aus Darfur. Manchmal sitzt er höchstpersönlich in seinem Laden und fummelt an irgendwelchen Geräten herum, während nebenan beratschlagt wird, wie man seine Banden am besten vom Massenmorden abbringen kann.

KHARTUM ist längst nicht mehr nur Khartum. Es gibt noch Omdurman und Bahri. Die drei Städte verschmelzen miteinander. Khartum hat jetzt zwei Millionen Einwohner, Omdurman fast drei und Bahri 1,6 Millionen. Und in den Elendsvierteln am Stadtrand lebt, als sei das noch nicht genug, ein gewaltiges südsudanesisches Lumpenproletariat. Vermutlich mehr als eine Millionen Menschen sollen es schon sein, vom Krieg in der Heimat entwurzelt und ausgerechnet an der Peripherie der Hauptstadt des Feinds gestrandet. Ein Moloch, diese Ansammlung von Hütten und Häusern am Zusammenfluß der magischen Flüsse.

Schöner ist Omdurman, abwechslungsreicher, orientalischer, mit dem Verwaltungs- und Geschäftszentrum Khartum durch zwei Nil-Brücken verbunden. Die alte Bogenbrücke brachten die britischen Kolonialherren einst aus Indien an den Nil; die Shambatbrücke verbindet Omdurman mit Bahri. Eine Wohn- und Basarstadt ist Omdurman heute, die wild wuchert, sich in engen, verwinkelten und unüberschaubaren Gassen verliert. Der Mahdi, Mohammed Ahmed ibn as Sayyid Abd Allah al-Mahdi, ließ sie als religiöses Zentrum seiner Bewegung, als »Stadt der Gläubigen«, errichten. Hier liegen der Suq, Sudans größter Markt, und das Grab des Mahdi, ein gelber Quader mit versilberter, von einem Halbmond gekrönter Kuppel; ein paar Kinder spielen auf dem weiten, staubigen Platz davor Fußball. Daneben befindet sich das Hauptquartier der islamischen Umma-Partei, die über das Erbe des Auserwählten wacht, und, nicht weit entfernt vom Weißen Nil, die moderne Nilein-Moschee, die Moschee der zwei Nile.

NATÜRLICH GIBT ES OMDURMAN noch nicht, als Alfred Brehm den Sudan bereist. Es wird erst knapp vierzig Jahre später errichtet. Der Markt befindet sich damals noch auf der anderen Seite des Nil, und er dient den Sudanesen nicht nur der Erbauung. »An den Brotmarkt reiht sich der Milch-, Frucht- und Gemüsemarkt, in dessen Mitte sich ein fatales Gerüst, der Galgen, erhebt. Es hat etwas Schauerliches, wenn sich hier die Menschen laufend herumtreiben, zumal wenn der Galgen behangen ist, was die Gärtner und Butterweiber keineswegs in ihren Geschäften stört.« Man kann Brehms Grauen leicht nachvollziehen.

Doch was sind Brot und Butter verglichen mit dem weißen Gold, dem Elfenbein? Das ist neben Sklaven der Stoff, der all die Ganoven hierherlockt. Es kommt »zum größten Teil vom weißen Fluß herab und gelangt entweder über Sauakim am Roten Meer in die Hände der Engländer oder geht über Kairo nach Europa. Früher lieferte auch Takhale und Dar-Fur viel Elfenbein nach Chartum«.

WIR FAHREN auf den Basar. Die schlimmste Mittagshitze ist vorbei. Es wirkt, als kröchen die Menschen langsam aus der Dunkelheit verborgener Höhlen ans Tageslicht. Vor einer Stunde noch war alles jenseits der Autostraßen menschenleer, jetzt verwandelt sich der freie Platz in Omdurman in ein einziges Gewimmel. Händler schieben Karren voller Obst und Gemüse vor sich her, Rolläden rasseln in die Höhe, Schilder werden aufgestellt und allerlei Krempel auf den Gehweg gepackt.

Plötzlich zerrt jemand einen Mann im Schwitzkasten aus einem Hinterhof; es ist einer der Händler, die gerade so geschäftig in ihren Läden herumwerkeln, und er scheint einen Dieb erwischt zu haben. Der Dieb, wohl genauer: der vermeintliche, ist schwarz wie die Nacht, der Händler etwas heller. Der Händler zieht den von ihm Ertappten auf die Straße, dann nimmt er einen Gehstock und drischt auf den Wehrlosen ein. Ein Freund des Händlers, aus einem Nachbarladen inzwischen hinzugeeilt, schneidet dem Unglücklichen den Fluchtweg ab, dann zieht er einen krummen Dolch. Der Dieb, er ist vielleicht zwanzig, nicht älter, trägt eine ausgewaschene Jeans und ein schmutziges Hemd; der Händler, um die vierzig, einen Kaftan. Der Dieb hält schützend die Hände vors Gesicht, er schreit nicht, er ruft nicht um Hilfe. Alles, was passiert, läßt er fast teilnahmslos über sich ergehen. Doch dieser Fatalismus beruhigt den Mann, der den Fluchtweg abschneidet, nicht im geringsten. Vielleicht macht es ihn sogar noch wütender. Er fängt unvermittelt an, herumzubrüllen; dann sticht er zu, während der andere noch immer seinen Stock schwingt. Blut läuft dem Opfer über die Wange. Ein weiterer Stich verfehlt es nur knapp; der Messermann hat jetzt alle Hemmungen verloren. Wieder und wieder holt er aus. Dann verschwinden die drei in einem Pulk von Menschen. Von überall drängeln, schubsen und schieben sie, die gerade noch apathisch im Schatten saßen. Alle wollen Zeuge der makabren Szene werden. Und niemand stoppt die Raserei.

Aus dem Halbdunkel vollgerumpelter Verkaufslöcher blinzeln Menschen in weißen Dschellabiyas in die tiefstehende Sonne. Sie lachen. »Come, looky, looky«, rufen sie, »ivory, ivory.« Und schon zerrt uns jemand in eine neonfahl beleuchtete Gasse, in der sich Laden an Laden reiht. Schlangenhäute hängen von den niedrigen Decken herab, ausgestopfte Babykrokodile und Leguane glotzen uns an, und überall Elfenbeinschnitzereien: Spazierstöcke, Schlüsselanhänger, Schachfiguren, kleine Elefantenstatuen, herzförmige Medaillons, Armreifen. »Very good quality«, sagt einer, der sich Mohammed nennt. Er rollt das R und kommt sofort mit einer Handvoll Elfenbeintinnef an. »Verrry good!«

* * *

GEORG SCHWEINFURTH, der seine dreijährige Reise ins *Herz von Afrika* 1868 beginnt, hat erlebt, wie im Sudan Elefanten gejagt werden. Ihn packt angesichts der Brutalität, mit der die Tiere zu Tode gehetzt werden, nachgerade das nackte Entsetzen.

»Tausende von Jägern und Treibern«, schreibt er, rotten sich zur großen Jagd zusammen und setzen flächendeckend den Busch in Brand. Ihr Halali gilt ganzen Horden von Elefanten, die das weite Land besiedeln – »ein Vertilgungskrieg, in welchem Alte und Junge, Männchen und Weibchen vernichtet werden«.

Was der deutsche Zoologe beobachtet, gleich einem Inferno. Schockiert beschreibt er in seinen Reiseaufzeichnungen den qualvollen Elefantentod.

> »Tausende von Jägern und Treibern versammeln die von Weiler zu Weiler durch den ganzen Distrikt sich verbreitenden Jagdsignale auf großen Holzpauken. Jeder waffenfähige Mann ist da Jäger, wie auch ein jeder in den Krieg ziehen muß, sobald der allgemeine Landsturm aufgeboten wird. Kein Entweichen rettet das Wild; überall vermittels Feuerbränden zurückgetrieben, scharen sich schließlich die Alten um die Jungen, bedecken sie mit Gras, pumpen Wasser aus ihren Rüsseln auf dieselben, solange es gehen will, um sie zu retten, bis sie, betäubt vom Rauch oder ohnmächtig von Hitze und Brandwunden, ihrem Schicksal erliegen, das ihnen der undankbare Mensch bereitet. Mit Lanzenstichen gibt man den armen Tieren den Rest, viele, wie das die eingehandelten Stoßzähne beweisen, müssen buchstäblich durch Feuer den Tod erleiden.«

Und »welchen Nutzen schafft eine solche Metzelei?« fragt er. »Die Antwort auf diese Frage geben unsere Stockgriffe, Billardkugeln, Klaviertasten, unsere Kämme und Fächer und hunderterlei derartiger Kram.«

DER UMSCHLAGPLATZ für die kostbare Ware, von den Arabern *Sin el fihl*, Elefantenzahn, genannt, ist Khartum, diese von allerlei gottlosem Gesindel bevölkerte Stadt. Brehm nennt sie »das reichste Warenlager Zentralafrikas«. Hier wird schwunghafter Handel mit Sklaven und Elfenbein betrieben, es gibt sogar französischen Champagner und Rheinwein, Tamarindenkuchen und Sennesblätter, Kaffee aus Abessinien und Ebenholz aus dem Innern des Kontinents. In umgekehrter Richtung werden von hier die Karawanen zum großen Elefanten-Massaker in die »Niamniamländer« geschickt. Noch zu seinen Lebzeiten, mutmaßt der empfindsame Schweinfurth, könne das »edle Tier« zur »Kategorie des Dagewesenen« gehören. 1850 gibt es im oberen Sudan und Darfur so wenig Elefanten, daß das Handelsmonopol wieder eingeführt wird. Gerade aus dem Sultanat im Land der Fur ziehen die Sklavenkarawanen meist voll beladen zum Marktplatz in Khartum.

Zum Glück hatte Schweinfurth zumindest in einer Hinsicht nicht recht behalten: Seine Aufzeichnungen stammen aus den Jahren 1868 bis 1871, und noch heute bevölkert *Loxodonta Africana*, der afrikanische Elefant, den Kontinent. Und doch hat sich im Sudan bis heute offensichtlich nicht allzuviel geändert: Noch immer gedeiht hier – wenn auch im Verborgenen – der Handel mit südsudanesischen Sklaven, und noch immer ziehen arabische Reiterhorden gen Süden, um Elefanten in Massen zu schlachten und das begehrte Elfenbein auf die Märkte der Muslime von Khartum zu schleppen.

* * *

WOCHENLANG HAT ESMOND MARTIN – ein etwas exzentrisch wirkender Brite mit zerzaustem, schlohweißem Haar und renommierter Experte für Schmuggel und Elfenbeinhandel – in Sudans Hauptstadt recherchiert. Sein Fazit ist schockierend: Der verbotene Handel mit Elfenbein findet nicht nur nahezu ungestört statt, er boomt.

Über 11 300 einzelne Stücke verarbeitetes Elfenbein fand Martin in fünfzig Souvernirshops von Khartum und Omdurman. In aller Öffentlichkeit werden die Schnitzereien dort zur Schau gestellt: überwiegend als Nippes wie Halsketten, Armreifen, Tierfiguren oder asiatische Eßstäbchen.

»Khartum«, sagt Martin, »ist mit Sicherheit einer der wichtigsten Umschlagplätze für Elfenbein« – und das gut sechzehn Jahre, nachdem der Handel auf der Washingtoner Artenschutzkonferenz Cites kategorisch verboten worden war: »Nirgendwo sonst auf der Welt wird so offen mit Elfenbein gehandelt.«

Hauptabnehmer sind jene Chinesen, die derzeit gemeinsam mit den Sudanesen die Rohölvorräte des großen afrikanischen Landes ausbeuten. Martin sah ganze Reisegruppen aus Fernost durch die Läden der sudanesischen Hauptstadt streunen; rund fünfundsiebzig Prozent der Aufkäufer, schätzt der Brite, seien Chinesen, gefolgt von Süd-Koreanern, Arabern aus den Golfstaaten und Saudis. Viele kaufen in aller Öffentlichkeit riesige Mengen Elfenbeinschnitzereien auf – für Martin ein deutliches Indiz, daß die Ware für den Handel in Asien bestimmt ist. »Hinter den Elefantenmassakern stecken chinesische Aufkäufer, die hier einen Handel im großen Stil aufziehen«, glaubt er.

Für Artenschützer ist gerade diese sino-sudanesische Zusammenarbeit so alarmierend, denn kaum ein Staat ignoriert internationale Bestimmungen so erfolgreich und ausdauernd wie China. Kaum sonst irgendwo findet Tierschutz so wenig Beachtung. Und mit dem Wirtschaftsboom im Reich der Mitte strömen immer mehr Chinesen nach Afrika, um sich die dortigen Bodenschätze nutzbar zu machen. Ist es mit den Sudanesen schon schlimm, bedeutet die gelbe Gefahr für Afrikas Elefanten schlicht eine Katastrophe.

Dabei wurde das Überleben der Dickhäuter vor kurzem noch als eine der wenigen afrikanischen Erfolgsgeschichten gefeiert. Mühsam konnte in den letzten Jahren der Patient ›Jumbo‹ wieder aufgepäppelt werden, nachdem er schon dem Tode geweiht schien. Allein in der Hochzeit der Elefantenwilderei zwischen 1979 und 1989 soll der weltweite Bestand mit Hilfe von Schnellfeuergewehren um fünfzig Prozent reduziert worden sein.

»Die Elefanten«, berichtet der Gründer des *Kenya Wildlife Service*, Richard Leakey, wurden sogar »in Sichtweite von Touristenhotels und entlang der Straßen niedergeschossen«. Tembo, wie er auf Kisuaheli genannt wird, dem weisen Häuptling aus unzähligen afrikanischen Fabeln, drohte ein schreckliches Ende im Kugelhagel.

Jedes Jahr verloren auf diese Weise 50 000 bis 100 000 afrikanische Elefanten ihr Leben; lebten um 1900 noch rund drei Millionen und 1979 immerhin noch rund 1,3 Millionen Elefanten in Afrikas Wäldern und Savannen, waren es 1989 gerade einmal 600 000. Immerhin: Verschlechtert hat sich die Lage seitdem nicht. Nach einer Schätzung der *International Union for Conservation of Nature and Natural Ressources* leben derzeit noch zwischen 461 000 und 660 000 graue Riesen in Afrika.

DAS KANN SICH nun ändern. Nicht nur im Sudan geht es den Elefanten ans Leder – zwischen dem sudanesischen Gazellenfluß und dem südafrikanischen Kap der Guten Hoffnung bahnt sich weitgehend unbemerkt eine panafrikanische Tragödie an.

»Zwischen Januar 2000 und Juni 2002«, schätzt das *Species Survival Network* (SSN), »wurden Berichten zufolge mindestens 1 059 Elefanten wegen ihres Elfenbeins gewildert, mindestens 14 648 bearbeitete Stücke Elfenbein, 2 563 Stoßzähne und 6,2 Tonnen Rohelfenbein beschlagnahmt.«

Länder wie Namibia, Botswana und Südafrika versuchen seit Jahren, die strengen Schutzbestimmungen aufzuweichen. Bereits im Jahr 2002 wurde den drei Staaten, die behaupten, unter einer Elefantenüberpopulation zu leiden, der Export von sechzig Tonnen Elfenbein gestattet.

Auf dem Cites-Treffen im Herbst 2004 in Bangkok wurde Namibia (geschätzte Elefantenpopulation: 11 000) nun zusätzlich erlaubt, verarbeitetes Elfenbein, Elefantenhaare und -leder zu exportieren. Für Artenschützer ein Spiel mit dem Feuer: Je mehr Ausnahmeregelungen erlassen werden, desto mehr Mißbrauch kann betrieben werden. Deshalb hält Richard Leakey gar jeglichen Elfenbeinhandel für »ein korruptes Geschäft – ganz gleich, wer es überwacht oder welches System man dafür einrichtet«.

Die namibische Skrupellosigkeit könnte dramatische Folgen für den ganzen Kontinent haben, denn die Befürchtungen der Kritiker scheinen sich längst bewahrheitet zu haben.

Im Juli 2003 werden fünfundsechzig Elefantenstoßzähne im Gewicht von eintausend Kilo und das Horn eines Nashorns in Thailand aufgefunden. Die Ware befindet sich an Bord einer Ethiopian-Airlines-Maschine.

Im Oktober 2002 werden in Hongkong fast zwei Tonnen Elfenbein beschlagnahmt. Es stammt aus Tansania und soll nach China geliefert werden.

Im Juli 2004 entdecken sambische Zollbeamte 691 Stücke Elfenbein, die nach Südafrika gebracht werden sollen.

Und im Juli 2004 werden in Madrid fast drei Tonnen Elfenbein von der spanischen Polizei sichergestellt.

INSGESAMT, so SSN, sind seit 2002 weltweit mehr als 16 000 Pfund Elfenbein konfisziert worden. Doch all die Funde sind nur Indizien für einen wachsenden Handel; welche Dimensionen er bereits angenommen hat, läßt sich nur erahnen.

Schlimm sieht es etwa in Kenia, einem der korruptesten Länder der Erde, aus. Im November 2004 erst warnte der Vorsitzende des *Samburu Wildlife Forum*, James Lenges, daß die Wilderei außer Kontrolle zu geraten droht und allein in seinem Bezirk rund einhundert Elefanten massakriert wurden.

»Wieder einmal ist der kenianische Elefant gefährdet«, klagt Nairobis Tageszeitung *The Standard*: »Die Wilderer sind in großer Zahl zurückgekehrt, um ihren illegalen Geschäften nachzugehen.« Der Staat macht ihnen die blutige Arbeit aber auch nicht allzu schwer: In Kenia ist es leichter, eine Kalaschnikow für die Elefantenjagd zu erwerben, als eine staatliche Lizenz für ein Kleingewerbe zu bekommen.

DA WAR ES schon ein kleines Wunder, als im Januar 2005 fünf Männer mit sechsunddreißig Kilo Elfenbein und Nashorn in die Fänge der kenianischen Ranger und Polizisten gerieten. Wohl ein Zufallsfund: Seit Monaten steigt die Zahl gewilderter Elefanten in dem ostafrikanischen Land an, während es der kenianischen Polizei oft schon an Benzin für die ordinäre Verbrecherjagd mangelt. In Aufzuchtstationen am Stadtrand Nairobis müssen die Waisen abgeschlachteter Elefanten mühsam am Leben erhalten werden.

Kaum verläßliche Zahlen gibt es auch über das Gemetzel in Kongos Schutzgebieten. Schätzungen zufolge sind allein im Garamba-Nationalpark, der mittlerweile der ugandischen Terrororganisation LRA als Rückzugsgebiet dient, über eintausend Elefanten Wilderern zum Opfer gefallen. Tendenz steigend.

»6 000 bis 12 000 Elefanten wurden in den letzten Jahren in Zentralafrika massakriert und nach Khartum oder Omdurman geschafft«, schätzt Esmond Martin. Betroffen sind seltene kongolesische Waldelefanten ebenso wie ihre größeren Verwandten, die Savannenelefanten des Südsudan, des Tschad oder der Zentralafrikanischen Republik.

Besonders in diesen Ländern steht das größte Landsäugetier der Erde vor dem Aussterben. Während sie sich in den menschenleeren Weiten Botswanas ungehemmt vermehren konnte, ist die Elefantenpopulation in den kriegsverheerten Regionen Zentralafrikas von 200 000 auf knapp 49 000 gesunken. Doch gerade ihr Elfenbein wandert derzeit tonnenweise zu Chopsticks verarbeitet nach China.

Martin: »Die Elefanten werden zum großen Teil von marodierenden sudanesischen Armeeangehörigen gejagt, dann nach Khartum gebracht und an die Chinesen verkauft.« Zwischen 44 und 148 US-Dollar kostet heute ein Kilo unbearbeitetes Elfenbein in Khartum – 1997 war es noch sehr viel billiger. Damals kostete das Kilo nur 15,50 bis 43,60 Dollar. Am Preisanstieg läßt sich die erhöhte Nachfrage ablesen.

ZWAR GELTEN nach wie vor auch Abidjan in der Elfenbeinküste, das äthiopische Addis Abeba oder Lagos in Nigeria als Umschlagplätze für das weiße Gold, doch hat ihnen die sudanesische »Chinatown«, in die seit den Neunziger Jahren mehrere tausend Petrochinesen gezogen sind, den Rang abgelaufen. »Chinesen sind längst die treibende Kraft im illegalen Elfenbeinhandel«, sagt auch Barbara Maas, die deutsche Geschäftsführerin der britischen Tierschutzorganisation *Care for the Wild,* und fordert, »Druck auf Peking auszuüben, um dem Handel Einhalt zu gebieten«. Das dürfte ein frommer Wunsch bleiben.

* * *

»LA IL LAHA IL ALLAH«, hallt es über den Friedhof Hamed al-Nil in Omdurman, es gibt keinen Gott außer Allah. Peitschen knallen, grüne Banner des Propheten werden geschwenkt, ein monotoner gutturaler Singsang ertönt aus hundert Kehlen; dazu dröhnen Trommeln in dumpfem Takt. Hunderte haben einen großen Kreis gebildet, sie sind in weiße Baumwollkleider gehüllt und verbeugen sich rhythmisch. In ihrer Mitte tanzen die Derwische in ihren grünen Flicken-Kutten, die Haare verfilzt wie die karibischen Jünger des Ras Tafari, kreiseln entrückt durch den Staub, sinken in spastischen Bewegungen nieder, die Augen geschlossen, Grimassen schneidend, als gelte es den Scheitan persönlich zu Tode zu erschrecken. Es ist Freitagabend; die Anhänger des Sufiordens *Qadiriyah* kreiseln sich, wie jede Woche, kollektiv in Ekstase.

* * *

IM 16. JAHRHUNDERT ist diese Muslim-Mode mit einiger Verspätung auch in den Sudan geschwappt. Entstanden war die Bewegung der Bettelmönche bereits im Jahr 622, als sich fünfundvierzig Bürger in Mekka zusammengeschlossen hatten und nach Medina gezogen waren. Dort schworen sie den Lehren des Propheten ewige Treue, gründeten einen Orden, den sie Sufi nannten, und verpflichteten sich, täglich bestimmte Rituale auszuüben. Später wurde dem Sufi noch der Zusatz Fakir hinzugefügt – eine Maxime, den Freuden der Welt zu entsagen, getreu Mohammeds Motto »Al-Fuqru Fakhri«, Armut ist mein Stolz.

Als mystische Alternative zur orthodoxen Strenge des Islam gewannen die asketischen Sektierer immer mehr Anhänger. Während ekstatischer Tänze versuchen sie eine individuelle Verbindung zu ihrem Gott aufzunehmen. Es ist eine liberale Bewegung, die sich bis weit nach Indien und Pakistan ausgebreitet hat. Und spätestens seit dem 18. Jahrhundert ist der Sufismus auch tief verwurzelt in der sudanesischen Kultur.

Es ist nicht ganz klar, woher der Begriff stammt. Vom arabischen Wort Suf, der Wolle, aus denen die Gewänder der enthaltsamen Mystiker gestrickt werden? Von Safu, der Reinheit? Von Sophia, der griechischen Weisheit? Von Sufa, dem Araberstamm, der sich in den Tempeldienst nach Mekka zurückzog?

DER SUFISMUS hat unzählige Sekten hervorgebracht, Derwisch- und Fakirorden. Doch sie alle befolgen ein paar Grundlehren: Nur Gott existiert, er ist in allen Dingen, und alle Dinge sind in ihm. Alles Sichtbare und auch alles Unsichtbare sind letztlich Teile Allahs. Religionen sind relativ unwichtig, es gibt nützliche wie den Islam und unnütze. Weil alles eins ist, gibt es eigentlich auch keinen Unterschied zwischen Gut und Böse – Gott hat dies alles erschaffen. Er bestimmt auch den menschlichen Willen. Die Seele existiert schon, bevor es den Körper gibt; sie wird in ihm wie in einem Käfig gefangengehalten. Erst im Tod wird sie frei und kehrt in die Göttlichkeit zurück. Durch diese Metamorphose werden diejenigen Seelen gereinigt, die noch nicht zur Wiedervereinigung mit der Göttlichkeit bereit waren. Ohne Gottes Gnade erreicht niemand diese spirituelle Einheit; intensive Gebete helfen aber, das Ziel zu erreichen. Die Zeit, die der Sufi in seinem Käfig gefangen ist, verbringt er mit Meditation über die Einheit Allahs, die Erinnerung an den Namen Gottes und das Fortschreiten auf der Reise des Lebens.

> »Die Mohammedaner üben eine religiöse Zeremonie aus, welche sie ›Sikr‹ nennen. Der Sikr wird auch in Ägypten abgehalten und gilt für ein höchst gottseliges Werk. Hohe und Niedere nehmen daran teil, vornehme Mohammedaner veranstalten die Feierlichkeit auf ihre eigenen Kosten. Bei keinem Religionsgebrauche zeigt sich der Fanatismus in einer so abschreckenden Gestalt als bei dem Sikr. Um einen Geistlichen (Fakhïe) oder Mönch (Derwisch), der mit lauter Stimme Gebete und *Koranstellen* rezitiert, sammelt sich ein Kreis von Männern jedes Standes, welche unter fortwährenden Kopf- und Kniebeugungen den Namen Gottes oder die Formel ›Allahu akbar‹ (Gott ist der größte)! ohne Aufhören ausrufen. Ihre Bewegungen und Worte werden so leidenschaftlich, daß ihnen zuletzt der Schaum vor dem Munde steht und sie wie ›berauscht‹ oder selbst ohnmächtig zusammenbrechen. Der Anblick einer solchen Schar wahnsinnig scheinender Männer hat etwas Abschreckendes und Schauderhaftes.«

Das schrieb Brehm, der präzise Beobachter.

Die Derwische drehen sich im Sudan. Die Zeit bleibt stehen.

AM FÜNFUNDZWANZIGSTEN FEBRUAR 1849, »der Wind war gut, das Wetter herrlich«, verläßt Alfred Edmund Brehm die Hauptstadt des Sudan auf einer Nilbarke.

Naga, Nubien, 1837

»Tödliche Ermüdung, fünfunddreißig Grad Hitze im Schatten des Tempels und ein brennender Kopfschmerz, von dem ich fast fortwährend geplagt wurde, dazu statt stärkender Nahrung nichts mehr als schwarzes Wasser aus den stinkenden Schläuchen und halb verschimmelter Zwieback müssen die Magerkeit dieser Beschreibung entschuldigen wie die Unmöglichkeit, in der ich mich befand, allein, wie ich war, hinreichende Kopien von den merkwürdigsten der genannten Gegenstände zu nehmen. Ich wage zu behaupten, daß wenige an meiner Stelle unter solchen Umständen mehr zu unternehmen imstande gewesen sein würden.«

Der deutsche Abenteurer Hermann Fürst von Pückler-Muskau – »Aus Mehemed Alis Reich«, 1844

Die Schwarzen Pharaonen

Naga und Meroë, Sudan, im März 2006

DIETRICH WILDUNG IST abends gelandet. Mit der Lufthansa aus Frankfurt. Im *Hotel Acropole* in Khartum herrscht große Freude deswegen, der Professor aus Berlin ist hier immer ein gerngesehener Gast. Anfang der Neunziger Jahre hatte der berühmte Ägyptologe begonnen, seinen Arbeitsschwerpunkt in den Sudan zu verlegen; seitdem widmet er sich hauptsächlich der Erforschung von Tempeln und Schädelstätten jener geheimnisumwitterten Schwarzen Pharaonen, die ihr Reich ein paar Autostunden nördlich der sudanesischen Hauptstadt gründeten.

»Der alte Sudan ist die afrikanische Wurzel ägyptischer Zivilisation«, sagt Wildung mit leichtem Pathos, ganz Medienmann; er hat eine etwas zerzauste Frisur und trägt einen markanten Schnauzbart unter einer wuchtigen Nase. Seine Brille ist außerdem viel zu groß und hängt ihm, damit er sie nicht irgendwo vergißt, an einer Kordel um den Hals.

Wie Professoren eben so sind.

Wildung weiß natürlich, daß so etwas wie der Satz vom Ursprung der ägyptischen Zivilisation auch in Khartum gern gehört wird, wo man sich sonst so desinteressiert an der Meinung der Welt gibt.

Der Professor, der daheim Direktor des Ägyptischen Museums und der Papyrussammlung ist, hat diesmal eine Einladung vom griechischen Club Khartum erhalten; er soll um zwanzig Uhr etwas über die Verbindung der hellenischen mit der ägyptischen und sudanesischen Kultur erzählen. So einer Einladung kommt er gern nach. Dafür zieht sich Wildung sogar einen dunklen Anzug an und bindet sich eine papageienbunte Krawatte um.

Er berichtet an diesem Abend davon, wie stark der griechisch-ägyptische Kulturaustausch gewesen ist, aber auch davon, daß die ägyptische Kultur eben auch sehr stark von schwarzafrikanischen Einflüssen geprägt

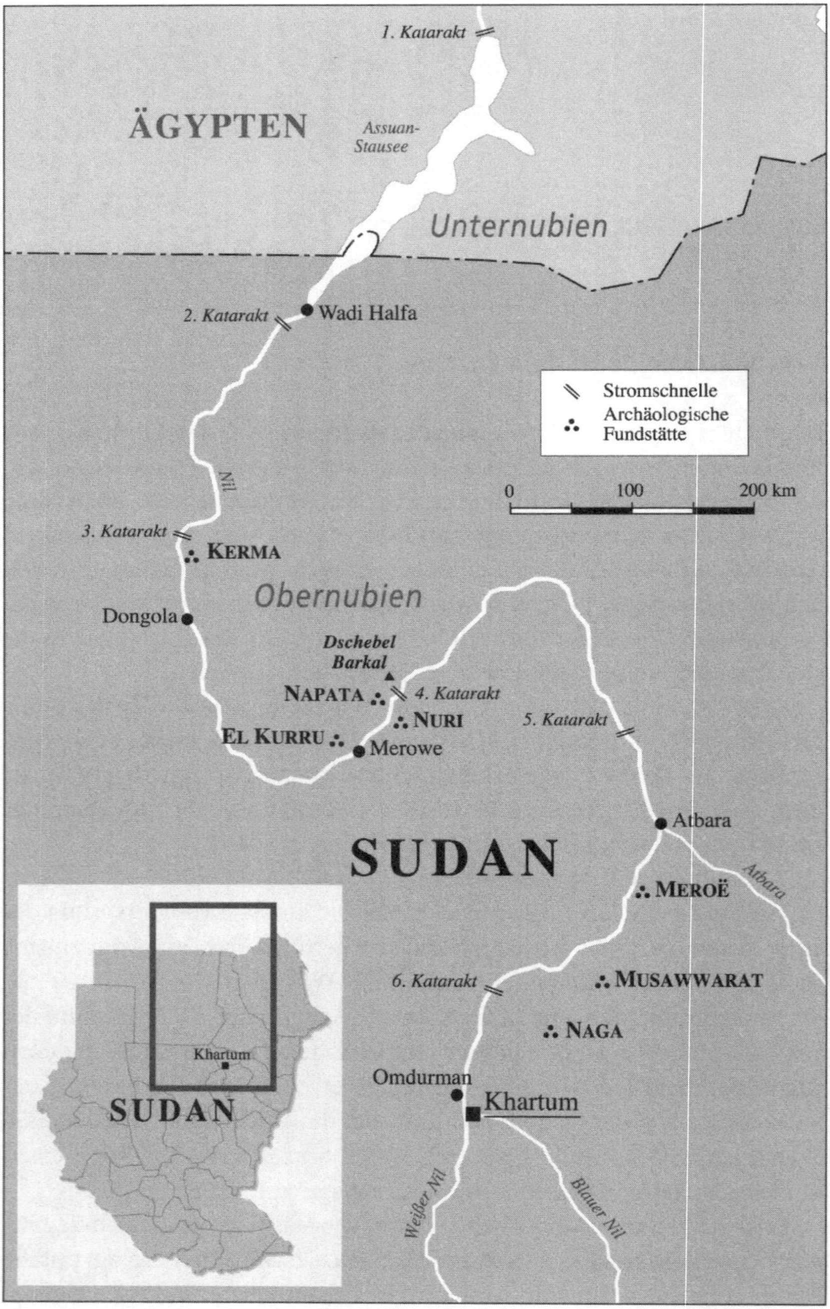

1. Katarakt
ÄGYPTEN
Assuan-
Stausee
Unternubien
2. Katarakt
Wadi Halfa
Stromschnelle
Archäologische
Fundstätte
0
100
200 km
Nil
3. Katarakt
KERMA
Obernubien
Dongola
Dschebel
Barkal
NAPATA
4. Katarakt
NURI
5. Katarakt
EL KURRU
Merowe
Atbara
SUDAN
Atbara
MEROË
6. Katarakt
MUSAWWARAT
NAGA
Omdurman
Khartum
Weißer Nil
Blauer Nil
Khartum
SUDAN

war. Daß der Widdergott ursprünglich aus Kusch oder Nubien, wie es genannt wurde, stammte – jenem Reich, welches sich dort befand, wo heute der Sudan liegt. Daß dort kürzlich Tonscherben aus dem 6. Jahrtausend vor Christus gefunden wurden – aus einer Zeit also, als man in Ägypten und andernorts noch gar nicht wußte, was ein Tontopf ist. Daß es einen regen Reiseverkehr von Nord nach Süd gegeben haben muß, und Kusch-Nubien-Sudan die Schnittstelle der Kulturen war. Daß man in Naga, etwas nördlich von Khartum, wo Wildungs Leute gerade graben, Tempel freilegen konnte, auf denen Nilgötter abgebildet sind, die aussehen wie Ägypter in afrikanischen Körpern, mit breiten Hintern und platten Nasen, aber auch eindeutig griechische Formen zu finden sind, etwa bei den Ornamenten einer klassischen Isis-Statue. Und daß in Nubien Dionysos nicht unbekannt war, der große Griechengott des Weins.

Der Professor spricht gern und geduldig über seine Forschung und vor allen Dingen voller Passion. Man nimmt ihm seine Begeisterung ab, wenn er schwärmt: »Dies hier ist atemberaubend. So faszinierend wie die Ägyptologie im 19. Jahrhundert. Wir sind Pioniere.« Wohl deshalb hat ihn auch das Hauptstadtblatt *B.Z.* voller lokalpatriotischem Stolz zum »Indiana-Jones von Berlin« (»über 40 Grad, keine Dusche, kein Kühlschrank«) gekürt.

Wie Boulevardzeitungen eben so sind.

* * *

VOR ÜBER 2500 JAHREN herrschten dunkelhäutige Pharaonen über Ägypten, das damals mächtigste Reich der Erde. Sie errichteten im Sudan 223 Pyramiden, mehr als die Ägypter jemals bauten. Sie verlegten ihren Regierungssitz nach Theben und kehrten erst zum Sterben zurück ins Reich Kusch. »Zopfträger, die sich in Tierfelle kleiden, mit Kraushaar und sonnenverbranntem Gesicht«, spotteten die hellhäutigen Ägypter über die Wesen mit den Wulstlippen, die da aus dem staubigen Süden gekommen waren. Doch die nubischen Könige verhalfen dem ägyptischen Reich auch zu einer letzten Blüte, ehe sie 660 vor Christus, nach fast einem Jahrhundert Herrschaft über Ägypten, von den Assyrern schließlich zurück in die Wüste geschickt wurden: »Jung und alt, nackt und barfuß, in schmählicher Blöße, zur Schande Ägyptens«, so steht es zumindest in der Bibel.

»Aus der Ferne des afrikanischen Kontinents gelangten Göttervorstellungen, aber auch Waren gen Norden, ohne die die altägyptische Kultur weder entstehen noch eine solche Blüte hätte erreichen können. Schon

Cheops ließ seine Pyramide aus kuschitischen Steinen erbauen; und das kuschitische Gold, ›das Fleisch der Götter‹, schmückte Ägyptens Tempel, erfreute seine Priester und bedingte dessen Reichtum des Landes«, meint der polnische Orientalist Piotr Scholz.

Nur: Woher waren diese sonderbaren Herrscher gekommen? Was hatten sie für eine Vergangenheit?

Im Vergleich zur ungleich genauer erforschten ägyptischen Geschichte steckt die Sudan-Archäologie in den Kinderschuhen.

»Von den großen Staatswesen am mittleren Nil tritt keines so unerwartet in die Geschichte ein, keines hatte einen so blitzartigen Zugriff auf sein historisches und politisches Umfeld, eroberte ein so riesiges Gebiet und konnte so lange überleben«, behauptet der Bostoner Ägyptologe Timothy Kendall, »wie das Königreich, das im 8. Jahrhundert vor Christus in der Stadt Napata entstand, unmittelbar unterhalb des Vierten Katarakts im Schatten des einsam aufragenden Tafelbergs, der heute Dschebel Barkal genannt wird.«

In assyrischen, ägyptischen und hebräischen Quellen wird das Königreich »Kusch« genannt, für Griechen und Römer leben dort, wie fast überall da unten, einfach nur »Aithiopier«, die mit den sonnenverbrannten Gesichtern.

* * *

»WIR KOMMEN JETZT nach Nubien. Die Natur wird ganz anders«, schwärmt der französische Schriftsteller Gustave Flaubert 1850 in Assuan, »die Landschaft ist von einer negerhaften Wildheit; den ganzen Nil entlang, der jetzt eingepreßt ist, sieht man Felsen; die Palmen haben wenigstens 50 Fuß Höhe, und Sandgebirge schimmern in der Sonne, als seien sie aus Goldstaub.« Doch daran, daß sich hier einst eine große Kultur entwickelt hat, muß sich die europäische Welt erst gewöhnen. Bislang hält sie die nubischen Tempel lediglich für steinerne Zeugen der hervorrragenden ägyptischen Kultur, für Bauten von Kolonisatoren. Doch in der »negerhaften Wildheit« entwickelte sich eine Kultur, die zwar maßgeblich von Ägypten beeinflußt wurde, von der aber auch, ausnahmsweise einmal in umgekehrter Richtung, ein Kulturexport nach Norden stattfand.

Das Alte Testament weiß vom »Land Kusch«, dem Gott folgende Botschaft schickt, eher Furchteinflößendes: »Weh dem Lande voll schwirrender Flügel, jenseits der Ströme von Kusch, das Boten über das Meer sendet und in leichten Schiffen auf den Wassern fährt! Geht hin, ihr schnellen Boten, zum Volk, das hochgewachsen und glatt ist, zum Volk, das schrecklicher ist als sonst irgendeins, zum Volk, das befiehlt und zertritt, dessen Land Wasserströme durchschneiden« (Jesaja 18, 1 und 2).

»Es ist eine karge Gegend«, berichtet der französische Ausgrabungsleiter Jean Lecant, »eingezwängt zwischen riesige Wüsten, der glühenden Sonne Afrikas ausgesetzt, zerschnitten von den Felsbarrieren der Katarakte, bildet das schmale nubische Niltal jedoch die wichtige Verbindung zwischen Zentralafrika und dem Mittelmeer und gewinnt aus dieser Funktion sein einzigartiges kulturelles Profil.«

* * *

ES DAUERT LANGE, bis Europa Notiz nimmt von diesem geheimnisvollen Land der Schwarzen und ihrer erstaunlichen Kultur. James Bruce, der schottische Exzentriker, kommt 1772 auf dem Rückweg aus Abessinien, wo er den Nilquellen nachgespürt hat, wohl als erster Europäer an den imposanten Pyramiden von Meroë vorbei. Doch erst mit Napoleons Ägyptenfeldzug 1798 wächst allgemein das Interesse an der Region.

Ironischerweise ist es ausgerechnet Mohammed Ali, dem Zerstörer der Königreiche Fundsch und Darfur, zu verdanken, daß erste detaillierte Berichte über die bis dahin nahezu unbekannte Hochkultur am Nil ihren Weg ins Abendland finden. »In Mohammed Alis Armee befanden sich auch unternehmungslustige Europäer, die sich für Archäologie interessierten und nun damit begannen, viele der Denkmälerstätten zu dokumentieren«, so Salah Mohammed Ahmed, der Direktor der Abteilung Feldarchäologie des *National Board for Antiquities and Museums* in Khartum. »Der bedeutendste dieser Pioniere der Archäologie ist der Franzose Frédéric Cailliaud, dessen Beschreibungen, Pläne und Zeichnungen bis heute unersetzlich sind. In derselben Zeit tätig sind Linant de Bellefonds, Waddington und Hanbury, Hoskins, vor allem aber der italienische Arzt Giuseppe Ferlini, der 1834 als Schatzgräber in Meroë mehrere Pyramiden zerstörte.« Dieser Vandale läßt nämlich in dem Irrglauben, im Innern der Pyramiden seien kostbare Grabbeigaben zu finden, reihenweise die Spitzen der Bauwerke abschlagen. Erst als es schon zu spät ist, dämmert ihm, daß die Pharaonen tief unter den Pyramiden ihre letzte Ruhe gefunden haben. Den Grabschatz der Königin Amanishakheto schmuggelt er nach Europa und verscherbelt ihn an den Bayernkönig Ludwig I. Diesem Plünderer folgt, zum Glück etwas vorsichtiger und mit wissenschaftlichem Eifer zu Werke gehend, der Vater der deutschen Ägyptologie, Karl Richard Lepsius, mit seiner Preußenexpedition, die zwischen 1842 und 1845 fast alle damals sichtbaren archäologischen Denkmäler zwischen der sudanesisch-ägyptischen Grenze und der Gegend südlich von Khartum erfaßt. Die Preußen hatten dem an kulturellen nubischen Schätzen eher desinteressierten Khediven einige Vasen aus der Königlich Preußischen Porzellanmanufaktur als Geschenk und ein persönliches Schreiben Friedrich Wilhelms IV. überbracht. Im Gegenzug erhielten sie eine Generalvollmacht zum Antikenexport; innerhalb von drei Jahren verschifften sie 1 500 Fundstücke – offiziell als Geschenke der Ägypter an den preußischen König deklariert – nach Berlin. Die Lieferungen aus der Wüste begründen den Aufstieg des Ägyptischen Museums in Berlin in den Kreis herausragender Sammlungen altägyptischer Kunst. Seit Napoleons militärisch mißglücktem, aber kunsthistorisch bedeutsamem Ägyptenfeldzug sind die Devotionalien aus dem Reich der Pharaonen in Europa der letzte Schrei. Bis heute konkurrieren die Berliner mit dem Louvre, dem British Museum und dem New Yorker Metropolitan Museum.

* * *

FEHLT NOCH DER Lebemann Hermann Fürst von Pückler-Muskau, der sogar noch einige Jahre vor den preußischen Kunstsammlern nach Naga und Meroë kommt. Der gilt nicht nur als liberaler Adliger mit einem Hang zu amourösen Abenteuern und schönen Künsten. Der Galan aus der Lausitz ist zudem chronisch klamm, erfolgreicher Landschaftsarchitekt, erfolgreicher Schriftsteller (sein Erstling *Briefe eines Verstorbenen* verkauft sich besser als Heinrich Heines Reiseskizzen), Günstling des alten Goethe und Saufkumpan E.T.A. Hoffmanns, und er geht bei den Schopenhauers in Weimar ein und aus.

Charles Dickens verewigt ihn in seinem Roman *Die Pickwickier* wenig schmeichelhaft als englisch radebrechenden »Graf Smorltork«, »einem stark bebarteten Individuum in fremdländischer Uniform«; und in E.T.A. Hoffmanns Novelle *Das öde Haus* erscheint er – mittlerweile war aus dem Freund ein Nebenbuhler um die Gunst von Pücklers Stieftochter Helmine geworden – in der Gestalt des Grafen P., dessen »Sonderbarkeit und Verschwendungssucht die Grenzen erreichen, die den Weltmann vom Dandy trennen«. Karl Leberecht Immermann dient er als Vorlage für seinen

Baron Münchhausen. Heinrich Heine sieht in ihm einen »Meister, der sein Handwerk versteht«.

Zudem reist er gerne um die Welt und nimmt dabei, was ihm anfangs keiner zutraut, klaglos alle Entbehrungen auf sich, die das Reisen im 19. Jahrhundert verlangt.

Goethe über den Fürsten: »Alle Witterungen sind ihm gleich; die schlechtesten Wege, die unbequemsten Mittel des Transports, Verfehlung des Wegs, Sturz oder Beschädigung, und was man sonst Widerwärtiges nur denken mag, rühren ihn keineswegs.«

Den so Beschriebenen zieht es nach ausgedehnten Aufenthalten in Frankreich und England in den Süden, er möchte »eine Zeit unter Afrikas Palmen wandeln«, wie er schreibt. Zudem macht er aus seiner Bewunderung für den »orientalischen Napoleon« Mohammed Ali, den er in seinen späteren Reiseaufzeichnungen Mehemed Ali nennen wird, keinen Hehl.

»Der für so barbarisch von vielen geachtete Pascha möchte, bei Licht betrachtet, sich aufs Regieren besser verstehen als gar viele unsere freisinnigsten und allzeit fertigen Gesetzgeber«, meint er und handelt sich dafür schwerste Kritik in seinen freisinnigen Kreisen ein; aber das dürfte den Provokateur eher gereizt als verstört haben.

AM ERSTEN JANUAR 1837 holt auf Weisung des Khediven eine ägyptische Brigg den verschrobenen Adligen (korrekter Titel: Hermann Fürst von Pückler-Muskau, Baron von Groditz und Erbherr zu Branitz) in Kreta ab und bringt ihn nach Alexandria, wo er willkommen geheißen wird wie ein König. Die gesamte ägyptische Flotte schießt Salut. Später empfängt ihn Mohammed Ali höchstpersönlich in Kairo – eine eher enttäuschende Erscheinung, die in einen schlichten braunen Pelz gekleidet ist statt in orientalischen Pomp, wie der Fürst sich das so vorgestellt hatte.

Er bleibt nur kurz in der ägyptischen Hauptstadt, dann nimmt er dankbar das Angebot an, den »Schlächter der Mamluken« auf einer Reise den Nil aufwärts zu den Pyramiden zu begleiten. Sie machen nicht allzuviel Eindruck auf den Hallodri, der sich selbst als »sonderbare Seifenblasenexistenz » charakterisiert.

WENIG SPÄTER wird er sich aufmachen in den Sudan, tiefer in den Süden, was damals gerne das Innere Afrikas genannt wird. Doch zunächst, »um die Langeweile einer so weiten Wasserreise etwas weniger monoton zu machen«, ersteht er auf dem Sklavenmarkt ein zwölf- bis dreizehnjähriges Mädchen, das vorgibt, eine äthiopische Prinzessin zu sein. Es heißt Machbuba und wird schnell die Mätresse des Reisenden. Schwärmerisch schreibt er in seinen Erinnerungen an die afrikanische Reise:

> »Den Charakter dieses originellen Mädchens zu studieren, an der die Zivilisation noch nichts hatte verderben noch verbessern können, war im Verfolg der Reise eine unerschöpfliche Quelle von Vergnügen für mich, und es tat diesem Studium durchaus keinen Abbruch, daß der Gegenstand desselben zugleich an Schönheit der Formen die treueste Kopie einer Venus von Tizian war, nur in schwarzer Manier. Als ich sie kaufte und aus Furcht, daß mir ein anderer zuvorkommen möchte, ohne Handel den geforderten Preis sogleich auszahlen ließ, trug sie noch das Kostüm ihres Vaterlandes, d.h. nichts als einen Gürtel aus schmalen Lederriemen mit kleinen Muscheln verziert.«

EINE WEILE geht es mit dem Schiff nilaufwärts, dann wird auf Dromedare umgesattelt. Am 11. Mai 1837 macht sich Pücklers illustre Reisegruppe auf zu den meroitischen Tempeln von Naga. Der Troß ist mittlerweile bereits leicht angeschlagen; die rauhe Natur der Wüse fordert ihren Tribut. Sein Naturkind muß er, der Gefährlichkeit der Reise wegen, im Harem zurücklassen. Und außerdem konnte der Fürst bislang vornehmlich mit Wasser verdünnten Champagner trinken oder sich mit leichten Rhein- oder Moselweinen erfrischen, doch seit bei einem Mißgeschick all die mitgeführten Tonbehälter zerbrachen, leidet er. Champagner, Likör und deutscher Wein tränken nun die Wüste, und dem armen Fürsten bleibt nur ein wenig Wasser, »faul und brackig«. Dabei seien die »Gespritzten« (zwei Drittel Wasser, ein Drittel Champagner) seiner Gesundheit bisher ausgesprochen zuträglich gewesen, behauptet er, »denn der Hauptgrund der klimatischen Krankheiten, welchen Fremde hier ausgesetzt sind, ist fast immer Relaxion der Verdauungswerkzeuge, die aber nicht durch heftige, sondern nur die gelindesten tonischen Mittel verhindert werden muß. So erzählte mir ein ein geschickter deutscher Arzt in Kahira, daß er seine Erhaltung in dem mörderischen Klima Jemens nur dem bitteren bayerischen Biere verdanke«. Fieberanfälle kuriert er mit grünen, zitronenartigen Früchten, die mit Jamaika-Rum heruntergespült werden. Der Fürst würde entsetzlich gelitten haben, hätte er seine Sudanreise zur heutigen Zeit der religiösen Strenge unternommen. Denn auch beim Alkohol versteht der Mohammedaner hier keinen Spaß.

Ganz anders übrigens als seine weisen Ahnen, die, um sich gesund zu halten, mit Vorliebe Palmwein tranken, der, wie der Schweizer Johann Ludwig Burckhardt auf seiner Nubienreise bereits im Jahr 1813 findet, »im Geschmack nicht unangenehm ist, obwohl er zu süß und zu dick ist, als daß man ihn in großer Menge trinken könnte«. Er wird übrigens aus reifen Datteln gewonnen, die in irdenen Gefäßen zwei Tage lang mit Wasser gekocht und dann durchgeseiht werden, bevor man sie zum Gären vergräbt und erst nach zehn Tagen wieder ausbuddelt.

DER GRAM über den Verlust der mitgeführten Getränke stellt natürlich nicht die einzige Herauforderung während der schweren Reise dar. Die Reisegruppe gerät in Sandstürme, begegnet Sklavenkarawanen und kämpft mit der »Masse der Fliegen, von denen man den ganzen Tag über gequält wird, bis sie in der Nacht von den Mücken abgelöst werden«. Zur Zeit der Mücken wird gereist, weswegen das Frühstück auch erst abends eingenommen wird, zur Fliegenzeit gerastet und etwa über das Wesen der Sklaverei, deren Gegner Pückler ist, und die Zustände im Europa der beginnenden Industrialisierung philosophiert. »Übrigens liegt in dem Verhältnis des Sklaven zu seinem Herrn hier wirklich mehr Poesie für beide Teile, als es unsre modernen, oft sehr prosaischen Weltverbesserer recht innezuwerden imstande sind, denen meistens nur die Idee vermehrter Industrie durch freie Sklavenarbeit vorschwebt«, stellt der Adlige aus der Lausitz zu seiner Verblüffung fest und macht noch eine andere interessante Beobachtung, daß sich kaum irgendwo die Völker derart vermischt haben wie hier im Sudan:

> »Bei den häufigen Einwanderungen, Eroberungen und Religionsveränderungen, welche in ganz Nubien und Äthiopien zu so verschiedenen Perioden stattfanden, mag es wohl sehr schwer, wo nicht unmöglich sein, irgend etwas über den wahren Ursprung so mannigfaltig gemischter Rassen unwidersprechlich festzusetzen, obgleich so viel aus dem Äußeren derselben erhellt, daß sie zwar schwarz, aber keine Neger sind, denn ihre Gesichtsform ist kaukasisch und ihr Haar nur gelockt, aber keineswegs wollig.«

ANGENEHME ABWECHSLUNG verschafft dem reisenden Pückler ein Zusammentreffen mit einem »Doktor Holroy«, der, aus Kordofan kommend, abenteuerliche Geschichten aus El Obeid erzählt, wo es damals schon so ähnlich zugeht wie in Juba heute. »In Lobeid wird nicht nur alles tote Vieh, sondern selbst die gestorbenen Sklaven zum ruhigen Verfaulen in der Luft auf die Straßen der Stadt geworfen. Der dadurch entstehende gräßliche Gestank scheint für die Eingeborenen weniger Unannehmlichkeiten zu haben als die Mühe, die Kadaver fortzuschaffen.« Auch sonst steht nicht alles zum besten, denn

> »üble Nachrichten brachte Herr Holroy von der abessinischen Grenze, wo die Truppen des Vizekönigs bei der jährlichen Sklavenjagd das fremde Territorium nicht respektiert und große Exzesse begangen hatten. Als nun die Beschwerden der Abessinier kein Gehör fanden und dieses Jahr von neuem 2000 Mann der Truppen des Gouverneurs von Khartum ihr gewöhnliches Geschäft begannen, kam ihnen eine Armee von 30 000 Abessiniern entgegen, massakrierte 1200 der ägyptischen Soldaten und nahm die übrigen nebst dem Kommandierenden und dem Rest der Offiziere gefangen. Sie haben jetzt eine Liste aller Gefangenen eingeschickt und den Auslösungspreis für jeden bestimmt, widrigenfalls sie drohen, in einer angegebenen Zeit die Unglücklichen sämtlich zu Eunuchen zu machen. Dies ist hier überhaupt sehr in Mode. So befindet sich infolge einer früheren Revolution in Darfur ein Bruder des dortigen Kaisers als Flüchtling in Lobeid, wo er auf Kosten Mehemed Alis zu einer passenden Gelegenheit aufgehoben und so lange standesgemäß ernährt wird. Außerdem aber treibt dieser Prinz noch einen sehr einträglichen Handel mit – jungen Eunuchen. Seine Hoheit geruhen sogar, nebst seinem Herrn Sohne, zu ihrem besondern kaiserlichen Zeitvertreib den größten Teil der dazu nötigen Operationen selbst zu verrichten.« Nur wenig besser ergeht es den Sklaven, denen werden bei Fluchtversuchen, ganz unpoetisch, die Nasen abgeschnitten. Aber es gibt auch gute Nachrichten aus Afrika: »Herr Holroy war noch entzückt von den gemachten Jagden, von denen er mehrere Trophäen mitbrachte. Außerdem führte er auch mehrere Sklaven, ein Mädchen und fünf Knaben, mit sich sowie sechs merkwürdige Ziegen aus Kordofan, den Steinböcken ähnlich und so bunt wie Ostereier, rot, schwarz, weiß und rehfarben gesprenkelt oder marmoriert, graziöse Tiere, viel hübscher in ihrer Art als ihre menschlichen Kameraden.«

AUCH SONST SIND die Begegnungen zwischen Schwarzen und Weißen schon zu jener Zeit von Intoleranz und gegenseitigen Verständnisschwierigkeiten geprägt. »Die Neger sind alle fest davon überzeugt, daß die weiße Hautfarbe die Folge von Krankheiten und ein Zeichen von Schwäche sei, und es ist nicht der geringste Zweifel, daß sie einen Weißen für ein Wesen halten, das weit unter ihnen steht«, beobachtet Burckhardt enttäuscht: »Das vorherrschende Gefühl, das mein Anblick erregte, war Ekel.«

* * *

IN KHARTUM macht sich am 9. März 2006 auch Dietrich Wildung in Begleitung des deutschen Botschafters Stephan Keller, seiner Gattin und einem befreundeten Ehepaar aus Deutschland auf den Weg zu den nubischen Kultstätten. Die Gruppe hat sich mit Quellwasser in Plastikflaschen und Weißbrot eingedeckt und braust mit einem Geländewagen nach Norden. Ungefähr drei Stunden Fahrt benötigen sie für die zweihundert Kilometer auf einer Straße, die vergessen läßt, daß sie durch Afrika führt: kein Schlagloch weit und breit. »Die ebene Asphaltstraße, die den Nil entlang von Khartum aus nordwärts führt, macht die Reise in diesem Teil des Sudan schnell und angenehm«, lobt der Reiseführer von Bradt, einer der ganz wenigen, die es vom Sudan gibt. Doch Touristen sind heute keine unterwegs.

DIE NACHRICHTEN VOM 9. März sind aber auch alles andere als erbaulich. Die *Lord's Resistance Army*, die LRA, »terrorisiert die Gegend von Yei«, meldet die *Juba Post*. Sechs Menschen hätten die Terroristen im Dreiländereck von Kongo, Sudan und Uganda entführt und einen getötet, bevor sie plündernd Richtung Kongo weitergezogen wären.

Außerdem wird im Süden immer noch gerätselt, wo die ehemalige Guerillatruppe der SPLA die vielen Millionen aus dem Ölgeschäft gelassen hat. Der Abgeordnete Abuk Payiti vermutet nun, daß die Regierung des Südens ungefähr 350 Millionen Dollar den Regierungsvertretern des Südens als Gehälter ausgezahlt hat. Also sich selbst. Zum Glück teilt die französische Regierung in einer Presseerklärung, die im *Khartoum Monitor* am selben Tage abgedruckt wird, mit, sie wolle bis zum Jahr 2007 fünfunddreißig Millionen Euro direkt und einhundertundzwanzig Millionen über die Europäische Union für den darbenden Sudan bereitstellen. Das ist immerhin etwas, wenn auch angesichts der Gehälter ihrer Protegés nur ein Tropfen auf den heißen Stein. Aber eine Entwicklungshilfedelegation der französischen Regierung ist schon auf dem Weg nach Khartum, und da hat sie dann auch Gelegenheit, über eine Erhöhung des bescheidenen Betrags zu beraten.

Weil in Juba immer noch niemand die Kadaver beseitigen mochte, hat die Cholera leichtes Spiel und gerade 5634 Menschen befallen.

In Darfur wird weiter gemordet. Im Südsudan auch. Zehn SPLA-Soldaten sind von einer regierungsnahen Miliz in Abiyei, 750 Kilometer südlich von Khartum, getötet worden, meldet der *Monitor*.

ZUM GLÜCK ist es auf der Straße nach Norden ruhig.

1994, 150 Jahre nach den Forschungen von Karl Richard Lepsius, erhielt das Ägyptische Museum der Staatlichen Museen Preußischer Kulturbesitz in Berlin die Grabungslizenz für die Tempelanlagen in Naga, seitdem sind nahezu ununterbrochen Mitarbeiter des Museumsdirektors Dietrich Wildung hier vor Ort. Penibel markieren sie jeden Stein, notieren Größe und Lage, fertigen Skizzen an, graben aus, legen frei. Sie arbeiten mit Kameras und Stiften, Schaufeln und Pinseln. Und wenn sie etwas freigelegt haben, dann schütten sie es nachher bisweilen wieder zu. Der stete Sand, der um die alten Tempel pfeift, könnte die Kultstätten innerhalb von ein paar Jahren bis zur Unkenntlichkeit abschleifen. Sudanesen helfen beim Abstauben, kommen gelegentlich aus Neugierde vorbei und staunen und danken den Deutschen dafür, daß sie ein wenig Licht in die sudanesische Hochkultur bringen. Dietrich Wildung beobachtet »zauberhafte, reizende Szenen«, zum Beispiel, wie ein stolzer sudanesischer Arbeiter statt seines Lohns einen Stein aus der Grabungsstätte mit nach Hause nehmen will, »um sich davorzusetzen«.

Selbst als der Sudan Terroristen wie Osama bin Laden beherbergt und als Schurkenstaat international geächtet wird, graben die Deutschen weiter und pflegen, wie Wildung es nennt, »gute Beziehungen: Archäologen waren zu dieser Zeit die einzigen Bindeglieder zwischen der westlichen Welt und dem Sudan«.

* * *

DAS ERSTE KÖNIGREICH im Lande Kusch entwickelte sich bereits im Jahr 2500 vor Christus in der Stadt Kerma und existierte bis ins vierte Jahrhundert nach Christus, ehe es verschwand. In seiner Blüte reichte es vom ersten Katarakt bei Assuan bis zu der Stelle, an der heute Khartum liegt: am Zusammenfluß von Weißem und Blauem Nil.

Doch es dauert lange, ehe die kuschitischen Könige ihre Macht festigen können.

Immer wieder werden sie Opfer der nach Süden vordringenden Ägypter, die voller Verachtung auf die Schwarzen blicken, und die ein Sprichwort haben, das lautet: »Lieber schneide man mir die Zunge ab oder schicke mich nach Kusch.« Dennoch zieht es sie nach Süden, denn Kusch birgt große Schätze; hier kreuzen sich wichtige Handelswege, auf denen Ebenholz, Elfenbein und Leopardenfelle, mit denen sich die Pharaonen so gerne schmücken, nach Norden gebracht werden, doch wichtiger noch: Kusch hat Gold, so viel Gold, daß sich in Ägypten die Bezeichnung Nubien einbürgert – das Goldland, denn *nub* heißt Gold.

Wie schamlos die Ägypter ihr Eldorado im Süden ausbeuten, läßt eine Inschrift ahnen, in der sich Setau, Nubiens Vizekönig unter Ramses II., rühmt: »Ich brachte jede Abgabe des Landes Kusch doppelt ein und zog die Lieferungen ein wie Sand am Meer.«

Auf einem anderen Stein wird von einem Feldzug berichtet, den der Pharao Snofru, der Vater des posthum durch seine Pyramide berühmt gewordenen Cheops, befahl. Schon damals ging es nicht gerade zimperlich zu da unten: »Das Land Kusch zerhackt, als Gefangene 7000 Männer und Frauen und 200 000 Rinder und Schafe fortgeführt.« Geradezu diebische Freude macht den ägyptischen Chronisten die Erniedrigung der Nubier, die ja schon deshalb verachtet werden, weil sie noch nicht einmal eine eigene Schriftsprache haben. Sie zeigen die dunkelhäutigen Nachbarn mit niedriger Stirn und Wulstlippen, am liebsten auf dem Boden winselnd, mit auf dem Rücken gefesselten Händen, während über ihnen stolze Ägypter mit idealisierten, ebenmäßigen Gesichtszügen thronen. Der Rassismus geht so weit, daß unter den Spitzen ägyptischer Spazierstöcke Nubier abgebildet sind. Und sogar in der Gruft Tutanchamuns finden Archäologen Sandalen, in deren Ledersohlen Bilder von Kuschiten geprägt sind, auf denen der Pharao nach Lust und Laune herumtrampeln konnte.

DOCH MIT DER ZEIT verschieben sich die Machtverhältnisse. Die Könige von Kerma haben von ihren nördlichen Nachbarn gelernt, sie übernehmen viel von der ägyptischen Kultur, und dringen, so Dietrich Wildung, »weit über Assuan nach Norden vor«. Von 1850 bis 1550 vor Christus ringen die Herrscher Kuschs mit den zu dieser Zeit geschwächten ägyptischen Pharaonen um die Kontrolle Unternubiens. Dann machen die ägyptischen Pharaonen die Königsstadt Kerma dem Erdboden gleich. Die wachsende Größe Kuschs mußte von ihnen als Bedrohung empfunden worden sein. Drum segeln sie auf dem Nil nach Süden, überwinden die Stromschnellen des Dritten Katarakts, stehen vor Kerma und wüten dort wie die Barbaren: »Die Bogenschützen von Nubien, im Gemetzel gefallen, liegen in den Ebenen; ihre Eingeweide – der König hat mit ihnen ihre Täler gefüllt, ihr Blut strömt wie ein Platzregen; die Aasgeier sind über das Schlachtfeld gekommen. Raubvögel schleppen Leichenteile davon, und das Krokodil stürzt sich auf die Fliehenden, die sich vor dem wachsamen Horus verborgen hatten.« So schildert eine ägyptische Wandinschrift aus jener Zeit das Ende Kermas und die Ausweitung ägyptischer Herrschaft über das Land der Schwarzen. »In der königlichen Ikonographie des Neuen Reiches begegnet uns häufig das Bild des Pharao, der sich anschickt, ein ›Bündel‹ von Feinden Ägyptens zu erschlagen«, schreibt Jean Lecant, »unter ihnen ist der Neger als Symbol des Südens leicht zu erkennen. Anschließend werden diese Feinde gefesselt der Göttertriade von Theben vorgeführt. Die Namen zahlreicher afrikanischer Stämme sind in den Listen unterworfener Völker in seltsamen Schreibungen erfaßt.«

Nach der Unterwerfung Kermas besetzen die Ägypter Nubien bis zum Vierten Katarakt. Was aus den Königen des einst mächtigen Reichs geschieht, ist unbekannt. Es gibt keine Spur von ihnen. Man vermutet, daß sie damals nach Süden ausgewichen sind.

EIN PAAR HUNDERT Jahre später taucht dann plötzlich ein neues Reich auf, daß sich selbst den Namen Kusch gibt und von einigen heute, im Unterschied zum Königreich von Kerma, als das eigentliche Reich Kusch bezeichnet wird.

Es hat seinen Mittelpunkt in Napata, unterhalb des Dschebel Barkal, eines 91 Meter hohen heiligen Bergs, dessen Plateau die Nubier als den Sitz eines widderköpfigen Wüstengotts und die Ägypter als den ihres Staatsgottes Amun betrachten. Dieses Reich Kusch wird mächtiger werden als alle anderen »kuschitischen« Reiche vor und nach ihm und, zumindest für eine kurze Zeit, auch Ägypten unterwerfen.

ÄGYPTEN BEFINDET SICH um das Jahr 1000 vor Christus in einer tiefen Krise. Das einst mächtige Reich ist in zahllose kleine Stadtstaaten und Fürstentümer zersplittert. Allmählich übernehmen sogar libysche Eindringlinge die Herrschaft über die einstige Weltmacht, die über keine zentrale Verwaltung und nicht einmal einen Pharao mehr verfügt.

Zur gleichen Zeit erstarkt jedoch im Süden ein neues nubisches Reich, dessen Könige sich ziemlich ägyptisch gebärden. In den Tempeln der Schwarzen werden dem ägyptischen Gott Amun Opfer dargebracht, und es werden ägyptische Verwaltungsstrukturen aufgebaut. Mit den Worten Timothy Kendalls: »Ursprung und Aufstieg dieses Reiches aus einem unbekannten nubischen Stammesverbund zu einem Staat nach ägyptischem Zuschnitt, der in seiner Blütezeit ein Reichsgebiet vom Zusammenfluß des Weißen und Blauen Nils bis zum Mittelmeer umfaßt, bleibt eines der geheimnisvollsten Phänomene in der Geschichte des Niltals.«

DENN ES DAUERT nicht lang, da werden sich die schwarzen Herrscher ihrer Überlegenheit über das zerfallende Ägypten bewußt und streben nach Norden. Sie haben die Vision von einem Großreich am Nil. Und sie haben eine fromme Mission. Die Ägypter hatten den Dschebel Barkal zum Sitz ihres Gottes Amun erklärt, um auf diese Weise auch spirituell ihre Herrschaft über Nubien zu begründen.

Nun drehen die Herrscher von Kusch den Spieß einfach um. Weil ihr Berg die Heimat des Gottes der mächtigen Ägypter ist, sagen sie, entstammen sie folglich dem heiligen Boden, sind die wahren Söhne Gottes, rücken also in Ägypten nicht als fremde Eroberer, sondern als die rechtmäßigen Herrscher über Amuns Land ein. So kommen sie nicht als Rächer für die Schmach vergangener Zeiten nach Theben und Memphis, sondern als Einiger von Amuns Reich – symbolisiert durch zwei Königsschlangen, eine für Kusch, die andere für Ägypten. Und vollstrecken damit Gottes Willen.

Fürst Kaschta ist der erste Schwarze, der 750 vor Christus im Chnum-Tempel in Elephantine als legitimer Herrscher des Oberen und Unteren Nubien, als Sohn des Re, anerkannt wird. Ihm folgen als Nachfolger sein Sohn Pije, der erste Schwarze Pharao, dessen Bruder Schabaka, Pijes ältester Sohn Schebitku und schließlich Taharqa, Pijes jüngster Sohn. 667 v. Chr. fallen die Assyrer in Ägypten ein, und Taharqa flüchtet nach Nubien. 664 v. Chr. erklimmt ein letzter Schwarzer Pharao den Thron: Tanutamun, Schabakas Sohn. Er erobert Ägypten ein letztes Mal. Doch 662/661 v. Chr. findet die Zeit der Schwarzen Pharaonen ein Ende. Die Assyrer haben nicht zuletzt dank ihrer eisernen Waffen endgültig die Herrschaft über Ägypten, das sich noch in der Bronzezeit befindet, an sich gerissen.

ZUVOR ALLERDINGS erlebt das Reich ausgerechnet unter der schwarzen Knute eine letzte ägyptische Blütezeit. Die frommen nubischen Pharaonen nämlich geben sich ausgesprochen orthodox, sie führen traditionelle Feste wieder ein, setzen auf bewährte ägyptische Verwaltungsstrukturen und vermeiden es, sämtliche Posten mit Nubiern zu besetzen. Ihren Anspruch auf die Herrschaft über das Niltal sehen sie bestätigt, als sie überall in Ägypten Widderfiguren begegnen. »Sie dürften nicht schlecht gestaunt haben, als sie in das Land im Norden kamen und ihre Götter bereits da waren«, ist Dietrich Wildung überzeugt: »Spätestens da hatten sie an der Rechtmäßigkeit ihrer Herrschaft keinen Zweifel mehr.« Und auch die Ägypter dürften mit ihrem Los nicht allzu unglücklich gewesen sein. Bereits Pije »vermied unnötiges Blutvergießen, war milde zu seinen Feinden und erwies den Göttern der eroberten Städte besondere Verehrung«, so Kendall: »Der ›Äthiopier ohne Fehl und Tadel‹, den die klassisch-antike Tradition kennt, ist hier vorgeprägt.« Umso größer ist der Schreck, als sich plötzlich die Assyrer über Ägypten hermachen und es in Schutt und Asche legen. Kendall: »Die entsetzliche Niederlage Taharqas und die Verwüstung Ägyptens durch die Assyrer waren traumatische Erlebnisse, wie sie Ägypten nie zuvor gesehen hatte. Für die Unterlegenen ließ sich diese Katastrophe nicht anders erklären als durch die Wiederholung mythischer Ereignisse längst vergangener Zeiten; die Kräfte des Chaos schienen in den beiden Ländern wieder zum Leben erwacht zu sein, und der Tod Taharqas wurde zum Jüngsten Tag, der Ermordung des Osiris.«

Noch rund dreihundert Jahre existiert die »napatanische Dynastie«, ohne jemals wieder die Kontrolle über Ägypten zu erlangen, dann verschwindet dieses, nach Kerma, zweite große nubische Reich und ein drittes entsteht in Meroë, ungefähr auf der Höhe des sechsten Katarakts, noch weiter südlich also als seine Vorgänger. Es sollte von ungefähr 300 vor Christus bis ins Jahr 350 nach Christus bestehen und mit einer Ausdehnung von den Küsten des Roten Meeres im Osten, Sennar im Süden, Kordofan und Darfur im Westen und Hiera Sycaminos im Norden die größte Ausdehnung erreichen, die jemals ein Reich des Altertums in Afrika erlangte.

* * *

MEROË LIEGT auf einer Art Insel zwischen dem Blauen Nil, der aus dem Tanasee gespeist wird, und dem Atbara-Fluß, der seine Quelle in den äthiopischen Bergen hat. Es spricht einiges dafür, daß hier, an dem Knotenpunkt zwischen Niltal, äthiopischem Hochland und der Rotmeerregion schon seit langer Zeit Siedlungen bestanden. »Es mußte bald der Mittelpunkt alles inländischen Handels für das östliche Afrika werden; denn wo fand sich ein anderer Ort mit gleichem Schutze für die niedergelegten Waren des Kaufmanns?«, fragt der deutsche Historiker Konrad Mannert, »wo konnte er sich mit gleich getrostem Muthe den ruhigen Absatz des Mitgebrachten, den Erwerb seiner Bedürfnisse versprechen? Alles floß daher endlich hier zusammen; und erst durch dieses allgemeine Zusammenwirken erwuchs Meroë unter der Leitung seines Heiligtums zur großen und wichtigen Stadt.«

Die »Insel« wird zum Zentrum des Reichs, hier liegen auch die Königsnekropolen, Sammlungen steiler, dreißig Meter hoher Pyramiden, die dicht aneinandergereiht stehen und nicht, wie es in Ägypten üblich ist, weit voneinander entfernt. »Auch hier vermischen sich schwarzafrikanische und ägyptische Einflüsse«, sagt Dietrich Wildung, »die Idee der Pyramiden stammt selbstverständlich von den Ägyptern, doch daß sie dicht zusammenstehen, läßt eindeutig typisch afrikanische Stammestraditionen erkennen.«

Erst zur Zeit Meroës entwickeln die Nubier eine eigene Schrift, achthundert ägyptische Hieroglyphen werden durch dreiundzwanzig Kursivbuchstaben ersetzt. Nur in Ansätzen ist diese Schrift bereits entziffert, das meiste gibt den Gelehrten immer noch Rätsel auf. Aus diesem Grund auch stammt das meiste Wissen über die Kultur der Nubier aus den Aufzeichnungen der Assyrer, Griechen und Ägypter, also keineswegs neutraler Chronisten. »Wir haben Kusch lange Zeit durch fremde Augen gesehen«, so Wildung, »in Afrika hat eben die orale Überlieferung einen größeren Stellenwert.« Sehr zum Leidwesen der Historiker, die erst nach und nach ein neues Bild von der Geschichte zeichnen können.

EIN BESONDERES VERDIENST um die Pyramiden von Meroë haben sich die Ägyptologen von der Berliner Humboldt-Universität erworben. Jahrzehntelang hatte deren Professor, Friedrich W. Hinkel, hier gewirkt, Pyramiden detailgenau vermessen, Reliefs aufgenommen und deren Inschriften aufgezeichnet. Einige der verwitterten und teils zerstörten Pyramiden ließen die Ostberliner rekonstruieren und neben den Ruinen aufbauen. Das ist lange Zeit umstritten gewesen, aber es gibt einem eine ungefähre Vorstellung davon, wie die Nekropole einmal ausgesehen hat.

Heute stromern nur ein paar Souvenirhändler um die Pyramiden herum, sie versuchen Plastikpyramiden und Stoffkamele zu verscherbeln. Touristen, sagen sie, kämen kaum, aber gelegentlich ein paar Leute von der Uno aus Khartum, die auf den Gräbern herumklettern und sich gegenseitig dabei knipsen. In der Nähe gibt es ein schlichtes Zeltlager für die Besucher. Es ist meistens leer und wird von einem Italiener geführt. Er will bald fort. Nach Indonesien, sagt er. Dort sei mehr los.

NAGA, vielleicht einhundert Kilometer südlich von Meroë gelegen, war zwischen 100 vor und 350 nach Christus eine wichtige Handelsstadt zwischen dem Sitz der Könige und dem Zusammenfluß von Weißem und Blauem Nil. Doch es war auch eine Stadt der Heiligtümer. Majestätisch erheben sich die Ruinen des Löwen- und des Amuntempels aus dem Wüstensand empor. Der Wind pfeift uns hier kräftig um die Ohren. Auch Wildungs deutsche Mitarbeiter, überwiegend Studenten aus Berlin, haben sich Turbane vors Gesicht gezogen, dennoch dringt der Staub in alle Poren. Nur Wildung scheint das rauhe Klima nicht im mindesten zu stören. Munter stürmt er zwischen verwitterten Widderfiguren und Reliefs vorbei, die eine nubische Königin in pharaonischer Pracht zeigen. Eine Mischung übrigens aus ägyptischer Noblesse und afrikanischer Drallheit, vor der demütig Gestalten kriechen, die wie Karikaturen von Südsudanesen aussehen: Unterworfene aus dem Grenzgebiet des Reichs. Als der Autor Paul Salopek das uralte in Stein gemeißelte Bild sah, glaubte er ein »politisches Plakat« vor sich zu haben, das die Unterdrückung der »Minderwertigen« aus dem Süden glorifiziert.

* * *

1837 ERREICHT FÜRST PÜCKLER die Kultstätte. Besonders imponiert ihm der Löwentempel und seine Kunde von königlicher Macht.

> »Auf der linken breiten Vorderseite der Pylonen neben dem Tore sieht man das bekannte, sich fast auf jedem ägyptischen Monumente wiederholende Bild des Riesen, gewöhnlich einen Herrscher in der Gestalt des siegenden Osiris darstellend, mit der einen Hand das

Schwert erhebend und in der anderen Gefangene am Schopfe haltend. Hier aber übertrifft die Kollektion von Köpfen, die der Riese gepackt hat, an Quantität alle ägyptischen Darstellungen dieser Art, die ich gesehen habe. Es gleicht dies seltsame Gebilde völlig einem unserer Stammbäume in Form eines aufsteigenden Kandelabers und enthält zuerst oben drei gigantische Häupter, die mit langen Hälsen eins aus dem anderen hervorwachsen und von denen sich unförmig lange Arme nach beiden Seiten horizontal ausstrecken; in den Zwischenräumen dieser sechs Arme aber finden noch fünfundzwanzig kleinere Köpfe Raum, und diese ganze Maschine hält der Riese an dem langen Haarbüschel des obersten Kolossalhauptes mit der linken Hand und schwingt in der rechten, statt des Schwertes, hier eine vernichtende Keule.«

Zum Beweis seiner Anwesenheit läßt der Fürst seinen Namen in eine der heiligen Wände gravieren, gleich neben den des Doktors Holroyd. Zumindest lautet die Gravur »Holroyd 1837«, der Fürst nennt ihn in seinen Aufzeichnungen vermutlich nur versehentlich Holroy.

DIESE GRAFFITI sind damals übrigens ziemlich in Mode. In Musawwarat, einer Tempelstätte nur einige Kilometer von Naga entfernt, stolpert Pückler über die eingekerbten Botschaften der vor ihm dort gewesenen Reisenden Frédéric Cailliaud und Louis Linant: »Im Jahre des Herrn 1822 hat Frédéric Cailliaud diese berühmten Ruinen besucht; er ist im Auftrag Frankreichs hierhergekommen. Vom Prinzen Ismaël-Pascha begünstigt, ist er zehn Breitengrade weit bis über Fazole hinaus in das Land vorgedrungen und hat dort heidnische Völker besucht.« Und: »Im Jahre des Herrn 1822 hat Louis Linant diese Ruinen besucht; er ist im Auftrag Englands hierhergekommen und ist, dank der Eroberungen von Ismaël-Pascha, General der Armeen seines Vaters Mehemet Ali, Vizekönig von Ägypten, bis zum Königreich des Sennar vorgedrungen.« Über soviel Pathos kann der Lebemann Pückler jedoch nur lachen. Spöttisch berichtet er:

»Ich glaubte ein Recht zu haben, als der dritte Europäer, der Mesaorat besucht hat, einen Ehrenplatz zwischen diesen beiden Herrn einzunehmen, und ließ, da ich nicht so hohen Mandaten als sie auszuführen habe (denn mein Vaterland, weit entfernt, mir Aufträge zu geben, lehnte sogar meine desfallsigen Anerbietungen ab), nur die nachstehenden Worte durch meinen Dragoman einmeißeln. ›Im Jahre 1837 unserer christlichen Zeitrechnung hat ein deutscher Reisender … diese Ruinen besucht, gesandt durch seinen *spiritus familiaris* und mit der Absicht, so weit vorzudringen, als es ihm Vergnügen machen wird.‹«

* * *

ES IST EIN eigentümliches Gefühl, das einen überkommt, wenn man in Naga steht. Dieser Ort mitten in der Wüste birgt Zeugnisse hervorragender afrikanischer Zivilisation, und kündet doch hauptsächlich von Krieg und Unterwerfung. Wildung spürt die »sakrale Wirkung, die von dem Ort ausgeht«.

IN DER MITTE NAGAS, auf halber Strecke vielleicht zwischen dem Löwentempel und dem zu Ehren Amuns, befindet sich ein achtzig Meter tiefer Brunnen. Die Nomaden kommen hierher, um das Vieh zu tränken, danach verschwinden sie mit ihren Herden im Sandsturm.

Wissen sie, daß dies ihren Vorfahren ein heiliger Ort war?

Wildung sagt, ab und zu käme jemand vorbei und danke ihm, daß er mit seinen Leuten den Sudanesen etwas von ihrer Geschichte zurückgeben würde. Daß sie stolz seien auf ihre Vergangenheit.

Am liebsten würde der Professor seine Grabungen nach Süden und Südwesten ausdehnen, dorthin, wo die Gestalten leben, die auf den Bildnissen in Naga als Minderwertige verunglimpft werden. Die Dinka, Nuba und Fur. Die in einem Sudan leben, in dem immer noch Krieg und Völkermord toben.

»Wenn wir nur ein paar Jahre Zeit hätten, könnten wir beweisen, daß es auch dort im Süden eine große Kultur gegeben hat«, sagt Wildung. Er steckt in einem Dilemma. Er hat den Nordsudanesen gezeigt, daß sie stolz auf ihre Geschichte sein können. Daß sie zu den überheblichen Ägyptern mit ihrem zivilisatorischen Reichtum nicht nur aufblicken müssen. Daß sie selbst eine hohe, eigenständige Kultur produziert haben. Doch genau das kann jetzt von den Nordsudanesen dazu mißbraucht werden, eine Überlegenheit gegenüber den Südvölkern zu behaupten.

WILDUNG MÖCHTE diesen Irrsinn beenden helfen. Er hat den Traum von einer Archäologie, mit deren Hilfe kulturelle Gemeinsamkeiten entdeckt und Identitäten begründet werden können und nicht Über- und Untermenschen produziert werden.

»Ein paar Jahre nur«, seufzt er.

Er weiß, daß er sie nicht bekommen wird.

Togadindi, Nubaberge, März 1963

»Die Sonne brannte wieder erbarmungslos von dem blauen Himmel, ich bekam unerträglichen Durst. Vergeblich suchte ich das Haus, in dem ich übernachtet hatte, um dort Wasser zu finden. Ich fand es nicht, ich konnte auch niemanden danach fragen, ich kannte kein einziges Wort in Korongo-Nuba. Entmutigt setzte ich mich auf einen Stein. Eine Frau, die mich beobachtet haben mußte, deutete auf ein Haus. Erleichtert ging ich hinein und hatte nur den einen Wunsch – zu trinken. Alipo suchte in allen Ecken der Hütte, aber die Töpfe waren leer. Ich wischte mir das salzige Wasser aus den Augen – der Durst war qualvoll.«

Die deutsche Fotografin Leni Riefenstahl –
»Memoiren«, 1987

Krieg in den Nubabergen

Lokichokio, Kenia, im Juli 2002
Kauda, Kordofan, Sudan, im Juli 2002

DIE MASCHINE hat sich schwerfällig in die Luft gehoben. Daß sie nicht überladen sein möge, war unsere erste Sorge. Nun hoffen wir, daß uns die sudanesische Luftabwehr nicht entdecken wird. Wir haben rund 2 500 Kilometer vor uns, von Lokichokio in Kenia bis zur Buschpiste in Kauda, versteckt in den Nubabergen gelegen. Und das Gebiet, das wir überfliegen, befindet sich seit fast zwanzig Jahren im Krieg. Immer noch kommen täglich die Antonow-Transportmaschinen der sudanesischen Armee und werfen tonnenweise Bomben und brennende Benzinfässer über Dörfern aus Reisighütten ab. Nur die wenigen größeren Städte unter uns werden von der Armee kontrolliert; in den riesigen, fast menschenleeren Savannen, in den Wäldern und Sümpfen verstecken sich die Rebellen John Garangs. Sie schleppen verrostete Panzerfäuste durch die Gegend, jugoslawische Kalaschnikows und Panzerminen, und wenn sie Glück haben, gelingt ihnen ein Überfall auf einen Armeekonvoi. So geht das nun schon seit vielen Jahren, und die Leidtragenden sind wie immer in diesen Auseinandersetzungen die Zivilisten, von denen in dieser Tragödie bereits ungefähr zwei Millionen gestorben sein sollen, während schätzungsweise fünfzigtausend Soldaten beider Seiten ihr Leben ließen.

Zwei Millionen tote Zivilisten. Fünfzigtausend tote Soldaten.

Das ist ein Verhältnis 40:1.

(Wobei man berücksichtigen muß, daß diese Zahlen erstens natürlich nur geschätzt sind und zweitens auch diejenigen einschließen, die an Kriegsfolgen wie Krankheiten oder Hunger gestorben sind.)

* * *

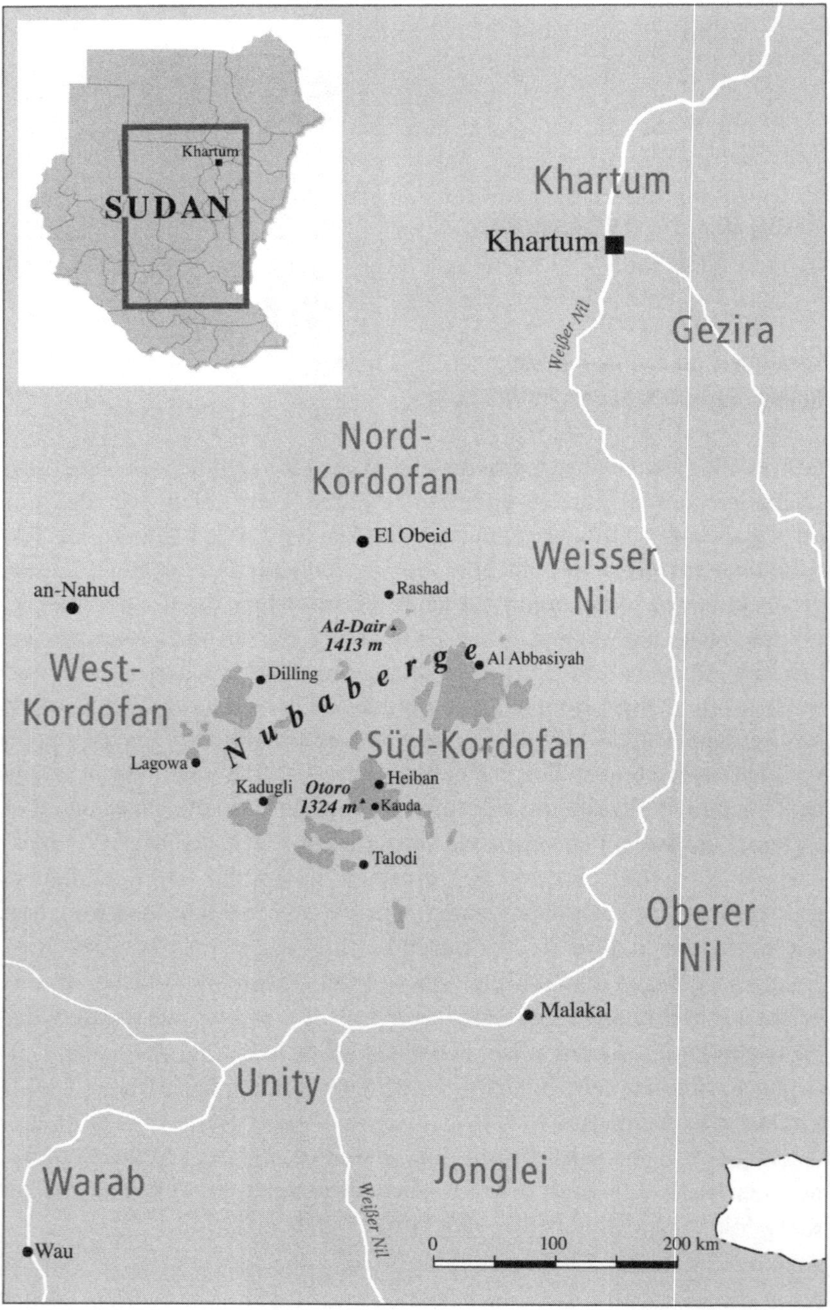

Khartum
SUDAN
Khartum
Khartum
Weißer Nil
Gezira
Nord-
Kordofan
El Obeid
Weisser
Nil
an-Nahud
Rashad
Ad-Dair
1413 m
Al Abbasiyah
West-
Kordofan
Dilling
Nubaberge
Süd-Kordofan
Lagowa
Heiban
Kadugli
Otoro
1324 m
Kauda
Talodi
Oberer
Nil
Malakal
Unity
Warab
Jonglei
Weißer Nil
Wau
0
100
200 km

WIR WAREN AUS NAIROBI gekommen, weil wir uns dort bei der SPLA akkreditieren mußten. Die Guerillatruppe unterhält in der kenianischen Hauptstadt nämlich ein richtiges kleines Büro in der Nähe der Ngongroad, mit Sekretärin und lauter Funktionären, wie damals in der DDR. Man stellt sich vor, sagt, was man will, dann rennt man von einem Schalter zum nächsten und erhält am Ende der Prozedur einen richtigen blauen Ausweis mit Paßfoto, Stempel und Unterschrift; das alles muß man natürlich in Dollars zahlen, von denen die SPLA später Waffen kaufen kann. Ein Krieg ist schließlich nicht umsonst. Dafür darf man dann in den Südsudan und die Nubaberge, die geographisch zwar im Norden liegen, aber von Schwarzen bewohnt und zu einem großen Teil von den Rebellen kontrolliert werden.

SCHON FÜRST PÜCKLER hatte tolle Geschichte über die Bewohner dieser Berglandschaft gehört:

> »Südlicher am Dschebel-Kadro wohnen die Nuba-Neger, von schönem nervigen Bau und wohlgeformtem Antlitz. Beide Geschlechter gehen ganz nackt. Sie sind pechschwarz, häufig an Armen, Brust und Bauch tätowiert und durch regelmäßige Messerschnitte gezeichnet, die Sonne, Mond und Sterne darstellen gleich den Bewohnern von Darfur und selbst eines Teiles des niederen Nubiens. Sie bedienen sich vergifteter Wurflanzen mit eisernen und hölzernen Spitzen, bemalen zuweilen Teile ihres Körpers mit roter Farbe und tragen Sandalen aus Elefantenhaut, aus welcher auch ihre Schilde gefertigt sind.«

ALS WIR DEN PASSIERSCHEIN der Volksbefreiungsarmee endlich hatten, mußten wir weiter nach Lokichokio fliegen. Dieses Nest an der sudanesischen Grenze wird von ein paar Turkana bewohnt, einem Volk von verwegen aussehenden Kriegernaturen und Viehdieben, und ziemlich vielen Wohltätern aus der reichen Welt, die hier überall Lagerhäuser mit Lebensmitteln für den Sudan hingestellt haben und ein paar kleine Unterkünfte, in denen man abends eine warme Mahlzeit bekommt und ein kaltes White-Cap-Bier aus der Flasche. Früher lebten einmal zweihundert Menschen in Lokichokio, aber seit der Weiße Mann hier seine Zelte aufgeschlagen hat, sollen es schon dreißigtausend sein, die zum Teil von den Abfällen der Helfer leben und einfache Arbeiten für sie verrichten. 1989 hatte die Uno den Ort nämlich zum Zentrum ihrer *Operation Lifeline*

Sudan gemacht – einer der gewaltigsten Hilfsaktionen in der Geschichte der Mildtätigkeit.

Mehr als 150 000 Tonnen Lebensmittel werden von hier aus jedes Jahr in riesigen Hercules-C-130-Transportmaschinen losgeschickt, um ihre Fracht aus dem Himmel über dem Südsudan abzukippen. Über einhundert Millionen Dollar jährlich kostet die Versorgungsaktion, die rund fünfzehn Jahre lang andauern soll – bis die Helferkarawane im November 2005 schließlich ins Gelobte Land weiterziehen wird, in die Rebellenhauptstadt Juba. Es ist die pure Verschwendung, die hier betrieben wird.

»Was tun denn diese Flugzeuge?« fragt Rupert Neudeck vom Notärztekomitee Cap Anamur, mit dem ich hier unterwegs bin: »Sie fliegen zu verschiedenen Zielen im Südsudan, nach Abiey, nach Agok, nach Paryand, nach Turalei – alles Orte in Bahr al-Ghazal – und werfen ab. Sie machen die Klappe auf und lassen die vierzig bis fünfzig Kilogramm schweren Sorghumsäcke herausfallen. Doch dieses Airdropping ist die pure Verlegenheit, die falsche Methode: Man müßte die Alten, Kranken und Kinder erreichen. Aber die kommen am allerwenigsten in den Genuß dieser ›Hilfe‹.«

LOKICHOKIO muß für Entwicklungshelfer das Paradies auf Erden sein. Mitten in der Wüste gelegen, verirren sich kaum von den Lastern des Kapitalismus oder Tourismus befallene Ignoranten in dieses Barackendorf. Schon lange hat das fernab passierbarer Routen gelegene Kaff keine Offroadreisenden mehr gesehen, für die Afrika statt eines interessanten Problems nur eine sportliche Herausforderung darstellt. Nüchterne Blechcontainer verleihen dem Ort außerdem die nötige klösterliche Aura. Es ist wie auf einem Kirchentag: Überall schweben einem entrückte Christen entgegen, die milde in die Gegend schauen; Charityroadies, die unermüdlich Container mit Medikamenten vollpacken und sich Pfadfinderutensilien wie Leathermans, Mini-Maglights und Motorolas an ihre Gürtel gehängt haben; Uno-Praktikanten in Bluejeans und Schlabberhemden mit Sinnsprüchen drauf: Fight Aids, Polio, Sleeping Disease, Malaria, Guinea Worm. Abends diskutieren sie über die jüngsten Hilfsmarotten. Im Moment ist das »Gendermainstream« – Geschlechterverhältnishauptrichtung. Damit kann man sich stundenlang die Zeit vertreiben, denn hinter den Nonsenswörtern verbirgt sich nichts als Leere. Trotzdem strahlen alle diese schier unerträglich gute Laune aus, die nur diejenigen innerlich erleuchtet, denen ein erfülltes Leben nicht nur die Gelegenheit gegeben hat, anderen zu helfen, sondern sich dessen auch ständig bewußt zu sein. Der kenianische Ökonom James Shikwati schätzt die Zahl der Ausländer, die sich auf diese Art in Afrika die Zeit vertreiben, auf 40 000.

Die meisten scheinen aus Norwegen zu kommen und arbeiten für *Norwegian People's Aid*, eine Hilfsorganisation, die offenbar eine Art Patenschaft für den Befreiungskampf der Südsudanesen übernommen hat. Immer wieder wird den sonst bestimmt ganz friedlichen Aktivisten aus dem Land der Fjorde vorgeworfen, Geldbeschaffer der Kriegspartei SPLA zu sein.

ES IST SCHON interessant zu beobachten, wie die Bürgerkriegsbegeisterung Menschen ergreifen kann, die ihre Kinder zu Hause noch nicht einmal mit einem Holzgewehr Räuber und Gendarm spielen lassen und ihre Mitgliedschaften in Friedensgrüppchen kaum noch zählen können. Sie würden ihre klammheimliche Freude am Krieg gegen Khartum allerdings nie zugeben, sondern etwas von ihrer Pflicht, den Menschen zu helfen, erzählen, und daß sie nur deshalb ständig ins Elendsgebiet reisen, weil sie Zeugen der Greuel sein müssen und in der Nacht der Zivilisation den Elenden beistehen.

Diese sich meist etwas keusch gebärdende Kriegslust braucht ein paar Zutaten:

Die Dritte Welt mit ihren armen Menschen.

Ein möglichst interessantes Terrain: Dschungel, Wüste, Savanne.

Einen Schurkenstaat mit üblen Verbündeten und einem gemeinen Diktator.

Eine Truppe, die sich zum Beispiel Revolutionsbefreiungsvolksbewegungsfront nennt und einen diesmal wirklich ganz gerechten Sozialismus, besser aber noch: einen dritten Weg, ohne Bonzen und Folterzellen einzuführen verspricht.

Wieder mal eine Truppe mit Kürzel, das nur Eingeweihte dechiffrieren können: Swapo, SPLA, FSLN, FMLN, SLA, RPF etc.

Dazu ein paar Kalaschnikows, Revolutionslieder, Cheguevarakostüme, Lagerfeuer, Buschtrommeln.

Wenn man unsere Hilfsrevoluzzer auf die vielen Millionen Toten anspricht, die diese von ihnen cofinanzierte und munter angeheizte »Volksbefreiung« produziert, erntet man im besten Fall verständnislose Blicke: Die Genozide werden schließlich immer von den anderen verübt, während die Rebellen bloß gerechte Kriege begonnen haben. Die Dinkafurtutsis wurden zuvor schließlich wahnsinnig »marginalisiert«, wie das Modewort der diesjährigen Kriegssaison lautet.

Dahinter steckt die sozialdemokratisch-protestantische Überzeugung, daß jedes Unrecht aus Prinzip bekämpft werden muß, egal in welchem Blutbad das Experiment endet, heißt: Weil die Südsudanesen benachteiligt werden, muß die SPLA für ihre Rechte kämpfen und einen Krieg beginnen: zwei Millionen Tote. Weil die Darfuris benachteiligt werden, muß die SLA für ihre Rechte kämpfen und einen Krieg beginnen: 400 000 Tote. Weil die Tutsis benachteiligt werden, muß die RPF für ihre Rechte kämpfen und einen Krieg beginnen: 800 000 Tote. Undsoweiter. Als sei es eine Bürgerpflicht, das faschistische Gesicht des Staats hervorzubomben.

Wenn das dann geglückt ist und das Land im Blut versinkt, wird anklagend auf die Mörder gezeigt, und der Aufrührer legt sich ganz erschöpft auf die Couch seiner Sympathisanten aus der politisch-korrekten Volksbefreiungsschickeria und formuliert gemeinsam mit ihnen schlaue Aufsätze über das finstre Wesen des Kriegs und daß es kein richtiges Leben gibt im falschen. Da liegt er dann, der Volksbefreier, und kann nicht anders, und seine Landsleute liegen im Massengrab. Und der Aktivist sagt: Wir haben eine ganz besondere Verantwortung für diese Menschen in Afrika, jetzt erst recht. Er sagt: Wir! Er meint aber nicht sich und seine Helferkolonne, sondern er meint jene, die sich aus dem Volksbefrein bisher herausgehalten haben und nur zufällig vom selben Stamm sind wie er selbst. Die sollen jetzt gefälligst zahlen. Für Schulen und Straßen und den nächsten Krieg. Und dafür, daß sie bislang so tatenlos waren, als sich die anderen für Afrika abgerackert haben. Und dann kommt Mia Farrow vorbei, die nach ihren vielen Woody-Allen-Filmen ohnehin schon ganz verwirrt ist, und denkt, sie ist im falschen Kriegsfilm, und befiehlt einen Uno-Angriff. Im Fernsehen.

FRÜHER, ZU ZEITEN der zwischenstaatlichen, »konventionell« genannten Kriege, mußten sich die Feldherrn und Generale, bevor sie ihren Nachbarn überfielen, überlegen, ob sie eine Chance hatten zu gewinnen. Sonst wurde es meistens nichts mit dem Waffengang. Der Bürgerkrieg von heute verzichtet vermutlich aus ethischen Gründen auf derart kleinkarierte Einwände. Wo es um große Gerechtigkeit geht, da soll nicht lang gefackelt werden. Dabei sollten die Revoluzzer vorm Revoluzzen ruhig einmal Clausewitz lesen: »Der Krieg ist ein Akt der Gewalt, und es gibt in der Anwendung derselben keine Grenzen.«

Basta. Mit Krieg spielt man nicht.

Es hat ja kaum eine dieser Rebellenbanden heute eine vernünftige Chance, die von ihr begonnenen Kriege siegreich auch wieder zu beenden. Die SLA in Darfur am allerwenigsten.

Sollte sie ein Kalkül haben, kann dies nur sein, nach der perfiden Terroristenparole den sudanesischen Staat dahin zu treiben, möglichst viele ihrer darfurischen Landsleute zu ermorden.

Es könnte ja dadurch ein Aufschrei des Entsetzens in der zivilisierten Welt ausgelöst werden.

Es könnten sich schließlich Uno oder Nato oder EU gezwungen sehen einzugreifen.

Die »Welt«, in diesem Fall eigentlich: die amerikanische Regierung, könnte ja Druck auf den Kriegsgegner ausüben und »Gerechtigkeit« für die Rebellen und das von ihr vertretene Volk herstellen.

Auf diese Art und Weise hat die SPLA »ihren Staat« im Südsudan bekommen. Auf diese Art und Weise wurde die SLA ermuntert, ihr in Darfur nachzueifern. Das Resultat dieser Art der Kriegsbeilegung kann in den Massengräbern im Westen des Sudan besichtigt werden.

Es ist Wahnsinn, doch er hat Methode. Und erfunden wurde das Ganze auf dem Balkan.

DER KANADISCHE HISTORIKER Michael Ignatieff hatte bereits Mitte der Neunziger Jahre – nach den traumatischen Erfahrungen mit den Völkermorden in Bosnien und Ruanda und dem Scheitern der Amerikaner in Somalia – davon gesprochen, daß der »liberale Internationalismus mit seinem Latein am Ende« ist. Er hat auf deprimierende Weise recht behalten.

Und es kam alles noch viel schlimmer.

Der liberale Internationalismus hatte von der Weltgeschichte in Wirklichkeit nie eine faire Chance bekommen, und er wurde in eine Zeit geboren, die förmlich raste: in die Neunziger Jahre.

1990 wurde der Kalte Krieg beendet.

1990 besetzte Saddam Hussein Kuweit und wurde 1991 von amerikanischen Truppen von dort vertrieben.

1991 begann der Jugoslawienkrieg in Slowenien und Kroatien.

1992 eskalierte er zum Bosnienkrieg, der bis zum November 1995 rund 250 000 Menschen das Leben kostete, somit immerhin fast jeden zehnten Bosniaken dahinraffte.

1993 scheiterten die Amerikaner in Somalia, wo sie im Gegensatz zur landläufigen Meinung keine wirtschaftlichen Interessen verfolgten.

1994 wurden Hunderttausende in Ruanda abgeschlachtet wie Vieh, ohne daß irgend jemand einschritt.

Im Herbst 1995 bombte die Nato unter dem Eindruck der Massenerschießungen von Srebrenica in Bosnien endlich Frieden herbei.

Die humanitäre Intervention wurde zur vagen Hoffnung im Zeitalter des genozidalen Staatszerfalls. Und schon wurde sie mißbraucht.

1996 begehrten urplötzlich die Kosovaren auf: völlig chancenlos gegen eine hochgerüstete serbische Armee und Polizeitruppe; chancenlos insbesondere, nachdem Slowenien, Kroatien und nun auch Bosnien bereits befriedet waren. Die kosovarischen UÇK-Rebellen hatten sich ziemlich zurückhaltend verhalten, solange der Krieg in Bosnien-Herzegowina tobte; als sie ihre Glaubensbrüder und Leidensgenossen hätten unterstützen können. Das war ungewöhnlich, denn hätten sie Belgrad militärisch wirklich bekämpfen wollen, hätten sie während des Bosnienkriegs, als die Truppen des Feinds also gebunden waren, eine zweite Front aufmachen müssen.

Was wollten sie ausgerechnet nun erreichen, wo der Krieg vorbei war? Der Verdacht liegt zumindest nahe, daß sie gar nicht auf einen Sieg in der Auseinandersetzung mit einem übermächtigen Gegner spekulierten. Wie hätten sie das auch tun sollen? Spekulierten sie nicht vielmehr darauf, daß die Serben ein Blutbad unter den Kosovaren anrichten würden, wie sie es zuvor ja schon an anderen Orten getan hatten: in Vukovar und Osijek, in Bihać und Sarajevo, in Goražde und Srebrenica? Und rechneten sie nicht mit der moralischen Not des »internationalen Liberalismus«, der sich gezwungen sehen würde, gegen dieses Morden einzuschreiten?

Beide taten ihnen den Gefallen.

Paramilitärische serbische Kommandos killten Tausende von Albanern, und der militärische Flügel des internationalen Liberalismus bombardierte Belgrad.

Die Rechnung der »Rebellen« ging auf. Und: Ihr Beispiel machte Schule. In Afrika.

* * *

»ES GEHÖRT zu den deprimierenden Erkenntnissen, daß die Südsudanlösung die Aufständischen in Darfur offenbar erst motiviert hat, ebenfalls zu kämpfen«, sagt Gerhart Baum, der Uno-Sonderberichterstatter für den

Sudan war, »sie sahen, daß man auch auf diesem Weg zum Ziel kommen kann: Mit Krieg.«

Humanitäre Interventionen wären nur dann ein geeignetes Mittel, die Welt zu befrieden, wenn es lediglich eine überschaubare Zahl von Konflikten gäbe, die aus sich selbst heraus entstehen, also mehr oder weniger unvermeidlich sind. So scheint es aber leider nicht zu sein. Die humanitäre Intervention scheint mittlerweile die Genozide, die sie aus der Welt schaffen will, erst auszulösen. Wenn die Uno in Darfur einrücken und den Konflikt im Sinne der Aufständischen beilegen würde, ist es sehr wahrscheinlich, daß Aufstände im Osten des Landes ausbrächen. Es kann aber auch jederzeit in so bevölkerungsreichen Staaten wie Nigeria, wo 90 Millionen Menschen, oder Äthiopien, wo 75 Millionen Menschen leben, losgehen.

Es ist ein Spiel mit dem Feuer, aber offensichtlich ist das den Beteiligten nicht bewußt. Anders ist der etwas penetrante Stolz nicht zu erklären, mit dem westliche Politiker ihrem ungläubig staunenden Publikum verkünden, wo sie noch überall aktiv zu werden beabsichtigen. Der deutsche Verteidigungsminister Franz Josef Jung etwa schwärmte schon vom Sudan, bevor seine Landser im Kongo das erste Mal ihre Knobelbecher geschnürt haben. Die Idee, daß die eigentliche Gefahr derartiger Einsätze nicht in einer unerfreulichen Begegnung mit Kindersoldaten oder Anophelesmücken liegt, kommt dem Minister überhaupt nicht. Sonst würde er sich nicht so spreizen mit seinen Friedenskriegen. Und selbst in den Libanon sollten deutsche Soldaten schon in Marsch gesetzt werden.

ES IST KEIN ZUFALL, daß die Möchtegerntyrannenmörder von heute mit ihren Aufständen nur selten einen Tyrannen, sehr häufig aber eine große Zahl ihrer eigenen Leute ins Grab bringen. Und es sind, wie immer, zuerst die Schwachen, die zugrunde gehen. Längst ist der Hunger eine Waffe in diesem »totalen Bürgerkrieg« geworden. Und von dieser Waffe machen alle Seiten Gebrauch. Die Regierung in Khartum untersagt Hilfsorganisationen, in die Elendsgebiete in den Nubabergen zu fliegen, die Armee plündert die Getreidespeicher ihrer Opfer und setzt deren Felder in Brand, Rebellen plündern Hilfskonvois ihrer Gönner.

NATÜRLICH STEHEN auch die Mitarbeiter von der staatlich-amerikanischen Hilfsorganisation USAID im Verdacht, nicht nur Säcke mit Maisüberschuß aus dem Mittleren Westen in die Rebellengebiete zu transportieren.

Aber seltsame Allianzen sind in Afrika keineswegs ungewöhnlich.

In diesem Fall geht es für die Amerikaner um den Kampf gegen den Schurkenstaat der Islamisten und Terroristenverstecker; sie haben in John Garang lediglich einen nützlichen Niloten gefunden.

Und für die Sandalistas geht es um ein bißchen Revolutionsromantik, seit sie ihre Filialen in El Salvador und Nicaragua wegen Erfolglosigkeit dichtmachen mußten.

Die christlichen Fundis feuern die Garangrebellen an, weil sie einen Religionskrieg wittern und man heutzutage nirgendwo sonst mehr ungestraft an Kreuzzügen teilnehmen kann.

Und die Helfer helfen halt, wo einer Hilfe ruft.

Nun treffen sie sich alle hier in der Halbwüste, an der Mautstelle der Bürgerkrieger aus dem Süden, und wenn sie nicht in die Gegend strahlen, zanken sie sich um das richtige Konzept der Gabenverteilung.

»Die stolzen Niloten-Krieger ihrerseits betrachten die spendable Versorgung mit Gütern aller Art als eine Pflichtübung der weißen Industrienationen. Sie nehmen diese Gaben huldvoll wie einen Tribut entgegen und erheben zusätzliche Finanz- oder Zollabgaben von ihren Wohltätern«, wie der weitgereiste Peter Scholl-Latour einmal recht zutreffend über diese »Humanität als Selbstzweck« lästerte. Jedenfalls hat das fruchtbare Zusammenwirken von Buschkriegern und den professionellen Menschenfreunden im Sudan eine ziemlich lange Tradition und zu liebgewonnenen Gewohnheiten geführt. Die einen haben keine Lust mehr, ihre Felder zu bebauen, und die anderen keine, sich ein neues Betätigungsfeld zu suchen.

Und indirekt zumindest haben die Kenianer auch etwas von diesem für einen neutralen Beobachter absurden Zusammenwirken. Ein Teil der im Sudan verteilten Gaben landet nämlich umgehend auf dem Schwarzmarkt von Lokichokio, wo sich die bedürftigen Empfänger nun als Tante-Emma-Läden-Betreiber betätigen und den Kenianern billig Lebensmittel verkaufen, was niemanden stört außer die kenianischen Händler, die nun auf ihren teureren Produkten sitzenbleiben und sich selbst in Hilfsbedürftige verwandeln.

Die kenianische Regierung hingegen macht sich gar nicht erst die Mühe, ihre Absichten zu verschleiern. Give me money am Flughafen. Give me money an der Grenze. Give me money beim Zoll. Give me money bei der Polizei. Give me money beim Bürgermeister. Give me money überall. Und da die Leute aus dem Schlaraffenland ja immer was auf Tasche haben, und es zum Glück nicht ihr eigenes ist, bekommen die kenianischen

Staatsdiener und Politiker genug davon ab, um sich auch mal ein schönes Auto kaufen zu können.

DER STRASSENBAUER der deutschen Gesellschaft für Technische Zusammenarbeit, Friedhelm Zirkuli, tat mir irgentwie leid. Ein netter Kerl mit einem großen Herzen; seit einer kleinen Ewigkeit schon in Afrika. Er trägt ein Ho-Chi-Minh-Bärtchen und meistens ein etwas schalkhaftes Lächeln im Gesicht. Manchmal treffe ich ihn im Einkaufszentrum in Nairobi, dann trinken wir einen Kaffee. Vor ein paar Jahren habe ich ihn aber einmal auf seiner Baustelle besucht, die lag damals ein paar Kilometer von der südsudanesischen Stadt Kapoeta entfernt. Der kommerzielle Flügel der GTZ, International Services genannt, baute dort im Auftrag des Welternährungsprogramms an einer Straße, die einmal Kenia, also Lokichokio, mit diversen sudanesischen Städten, einschließlich Juba, verbinden soll. Friedhelm wohnte also die ganze Woche über in einem staubigen Zelt in der Einöde, um die Straßenbauarbeiten dort zu leiten. Einmal in der Woche fuhr er nach Lokichokio auf der anderen Seite der Grenze, um zu duschen, ein White Cap oder Tusker zu trinken und eine Pizza zu essen. Dort kaufte er regelmäßig auch eine Kiste Bier ein, die er mitnahm, und die für eine ganze Woche im sudanesischen Staub reichen mußte. Wir sind zusammen zwischen Lokichokio und dem Lager hin und hergefahren. Als erstes hielten die Kenianer an der Grenze die Hände auf, Ausfuhrmoney, dann hielten die Sudanesen an der Grenze die Hände auf, Einfuhrmoney, hinter der Grenze begehrten dann zwei Südsudanesen mit geröteten Augen und einer Schnapsfahne ziemlich selbstbewußt eine Mitfahrgelegenheit. Sie mußten sich gegenseitig stützen, schleppten schwer an zwei Kalaschnikows und lallten etwas von Schutz, den sie mit ihren Schießgewehren garantieren würden; Friedhelm und ich zahlten, ohne lang mit ihnen zu verhandeln, Leibwachenmoney. Dann kam irgendein Volkskommissar oder Revolutionswächter von der SPLA und murmelte etwas davon, daß er jetzt mit dem Geländewagen der GTZ ganz schnell irgendwohin gefahren werden müsse. »Drive me!«

ES IST JA SO, daß diese Autos normalerweise von den Ausländern gekauft und später dem »sudanesischen Volk« geschenkt werden. Aber bevor die Ausländer die Autos übereignen dürfen, müssen sie noch ein südsudanesisches Kennzeichen auf das Auto kleben, wo putzigerweise »New Sudan« draufsteht, obwohl es den überhaupt nicht gibt. Ordnung muß sein. Aber so ein Schild, das kostet natürlich. Und alles andere auch, und das Leben ist schwer, und der Krieg ist teuer, und euch geht es gut.

Natürlich zahlt der Wohltäter, warum ist er sonst auch hier?

So kommt es, daß der ausländische Straßenbauer eine Straßennutzungsgebühr für die Straße zahlt, die er mit seinem eigenen Geld im Südsudan bauen darf, und eine Art Fahrzeugnutzungsgebühr für ein Fahrzeug, das er dem Gebühreneinzieher später schenken darf. Auch wenn der Gebühreneinzieher sich heute schon so benimmt, als gehöre es ihm bereits.

Nun braucht der Fremde aber, um im finstersten Afrika weitere Hilfsmaßnahmen für die Armen koordinieren zu können, ein Funkgerät.

Ein Funkgerät? Was wollen sie denn hier mit einem Funkgerät? fragt sich dann natürlich der mißtrauische Sudanese erst einmal. Soso. Sie wollen helfen? Das geht aber nicht so ohne weiteres. Funken kann schließlich nicht jeder.

Am Ende beschäftigt der Wohltäter einen »professionellen« südsudanesischen Funker von der SPLA, jeden Tag, jede Woche, das ganze Jahr. Und der macht von dem kostbaren Gerät fleißig Gebrauch, indem er von morgens bis abends mit seiner Guerillatruppe kommuniziert. (Er darf natürlich nicht nur nach Lust und Laune funken, sondern bekommt noch ein schönes Gehalt von der Hilfsorganisation, Funkermoney.)

Solidarität ist die Zärtlichkeit der Völker, sagt der Revolutionär, benehmen tut sie sich aber wie eine Hure.

WIE LANGE SO EINE STRASSE eigentlich hält, wenn sie – das könnte ja theoretisch sein, druckse ich herum – nicht so richtig instandgehalten wird, nachdem die Fremdarbeiter weg sind?

Ein Jahr, meint der Experte aus Almanja. Höchstens.

* * *

DER FLUG NACH KAUDA dauert in der kleinen DC-6, in der wir unterwegs sind, ungefähr dreieinhalb Stunden. Solange also muß man hoffen, daß die sudanesische Armee einen nicht bemerkt und der eigene Pilot den Weg kennt. Man muß zum Besipiel im Bogen um die von Regierungssoldaten gehaltene Stadt Malakal fliegen. Und es kommt durchaus vor, daß einer der jungen Australier oder Briten, die solche Jobs hier für eine begrenzte Zeit übernehmen, sich in dem unbekannten Terrain verfliegt; und das kann dann äußerst unangenehm enden. Von Kenia aus in die Nubaberge zu fliegen, ist natürlich illegal. Eigentlich müßte man nach Khartum und dort eine Genehmigung beantragen. Doch die wird einem dann nicht erteilt, und man kann wieder nach Hause fahren. Zumindest ist das im Sommer 2002 so. Uns befördert eine kleine Airline, die sich *748* nennt und Erfahrung mit Trips nach Kordofan hat. Rupert Neudeck, Chef und Gründer von Cap Anamur, hat das Flugzeug gechartert. Seine Organisation betreibt seit ein paar Jahren ein kleines Lazarett in den Nubabergen. Jetzt sitzen wir nebeneinander in der kleinen Propellermaschine, deren Laderaum vollgestopft ist mit Medikamenten, und blicken hinaus in die südsudanesische Weite. Unter uns erstrecken sich riesige ockerfarbene Flächen, die nur dann und wann von verstreut liegenden Kraals mit ihren runden Tukuls unterbrochen werden und manchmal von gewaltigen Rinderherden, die durch die Savanne stampfen und die rote Erde dampfen lassen.

Ich muß an meine erste Begegnung mit Neudeck denken.

ICH HATTE RUPERT im Frühjahr 1991 in der südostanatolischen Stadt Şırnak, nahe der irakischen Grenze, kennengelernt. Er kam gerade aus den Flüchtlingslagern der Kurden im Niemandsland zwischen dem Irak und der Türkei, ich war mit einem Kamerateam von *Spiegel TV* auf dem Weg dorthin. Mit Rupert war der Journalist Egon Scotland von der *Süddeutschen Zeitung* unterwegs. Er wirkte noch ziemlich geschockt vom Anblick der Hunderttausenden, die dort in Schmutz und Kälte vor sich hinvegetierten und von denen jeden Tag einige tausend starben. Scotland meinte, es seien alttestamentarische Zustände, die uns erwarten würden. Und er hatte recht. Ich habe seither nie wieder derart erbärmliche Zustände in Flüchtlingslagern gesehen: Die Menschen, die vorher teils wochenlang auf der Flucht gewesen waren, trugen nur noch zerfetzte Lumpen. Nachts wurde es naß und bitterkalt, doch die Türken riegelten dies Todeslager einfach mit einem Haufen Soldaten ab und ließen niemanden durch. Bläuliche, dichte Rauchschwaden zogen über die Menschenmassen, und der beißende Gestank verbrannten Plastiks mischte sich mit dem von Fäkalien und Verwesung. In ihrer Verzweiflung verfeuerten die Kurden alles, was nur halbwegs brennbar war. Am Morgen verscharrten sie die Leichen derjenigen, die die Nacht nicht überlebt hatten. Es waren viele. Überall an den Rändern wuchsen Friedhöfe. Mithilfe einer Patrouille kurdischer Guerilleros gelang es uns, von dort in einem neunstündigen Fußmarsch über die Berge zur irakischen Stadt Sakho zu gelangen. Die Straßen dort waren gesäumt von Leichen, Tierkadavern, Tausenden stehengelassener Autos, die aus der Luft zu Wracks geschossen worden waren, Kinderspielzeug, Kleidung, zerfetzten Fotoalben. Abends loderten überall Feuer. Die Peschmerga, bei denen wir übernachteten, baten mich, den Fotografen Nick Vogel zu benachrichtigen, daß es ihnen gut ging und sie der irakischen Armee entkommen waren. Sie hatten ihn vorher auf ihrem Weg getroffen und befürchtet, er würde sich um sie sorgen. Ich konnte Nick gerade noch sprechen und ihm die erfreuliche Nachricht mitteilen. Wenige Tage später wurde er auf dem Flughafen von Ljubljana von einer Panzerfaustrakete getroffen, und wenige Wochen später starb Egon Scotland durch eine Kugel serbischer Freischärler in Kroatien. Der Jugoslawienkrieg hatte begonnen. Ich traf Rupert danach immer mal wieder in Sarajevo, wo wir uns in irgendwelchen Kellern verkriechen mußten, wenn draußen zu viele Granaten fielen, und einmal auch im Kosovo. Irgendwann schwärmte er von seinem Krankenhaus in den Nubabergen, das er mir zeigen wolle. Und so kommt es, daß wir nun gemeinsam in einer Propellermaschine sitzen. Auf dem Weg nach Kordofan.

* * *

IM GEPÄCK habe ich Leni Riefenstahls Memoiren. Die Regisseurin, Fotografin und Hitlermuse hatte die Nuba in den sechziger Jahren mehrmals besucht und mit ihren Fotos berühmt gemacht. »Blut und Hoden« frotzelte der *Spiegel* damals.

Am 25. 12. 1962 schrieb sie aus den Nubabergen an ihre Mutter.

»Liebste Mutter,
gestern am Heiligen Abend waren meine Gedanken bei Dir, Du kannst Dir nicht vorstellen, wie einfach wir hier leben, aber Du kannst mir glauben, daß dieses Leben, unbelastet von allen Einrichtungen unserer Zivilisation, etwas Befreiendes hat. Herrlich ist es, daß wir Tag und Nacht in der frischen Luft zubringen, daß wir weder durch Post noch Telefon gestört werden und keine Zeit mit unserer Garderobe verlieren. Aber das ist nicht alles. Die Schwarzen hier, unter denen wir leben, sind so lustig, daß ich keinen Augenblick Langeweile verspüre. Gestern abend, das hättest Du sehen sollen, was sich da bei uns abgespielt hat. Wir saßen zum Abendessen auf Kisten, konnten uns aber nicht rühren, weil sich auf jeder Kiste die Nuba so dicht neben uns gesetzt haben.

Einige hundert Nuba waren um uns im Kreis versammelt. Der Grund der Anziehung war unser Radio, mit dem wir versuchten, die deutsche Afrikawelle zu empfangen. Für die Nuba war das etwas Fremdes, was ihnen aber sehr zu gefallen schien. Im Hintergrund standen Männer mit Speeren, im Vordergrund waren es mehr die alten Leute. Die Halbwüchsigen und die ganz kleinen Kinder saßen vor uns auf dem Boden. Es war ein seltsames Gefühl, so tief im afrikanischen Busch die Weihnachtslieder zu hören – sorge Dich nicht um mich – ich bin glücklich und gesund

Deine Leni.«

Der amerikanische Journalist Gabriel Meyer hatte beschrieben, wie er von seiner ersten Reise aus den Nubabergen zurückkehrte und in Lokichokio von der Mitarbeiterin einer Menschenrechtsorganisation freundlich ermahnt wurde.

»Don't romanticize the Nuba. – Everyone romanticizes the Nuba.«

* * *

SIE MÜSSEN so etwas wie die Apatschen des Sudan sein, denke ich und wundere mich, daß Karl May sie noch nicht für sich entdeckt hatte. Aber vielleicht leben sie selbst für den großen Sachsenromancier zu zurückgezogen in ihrer unzugänglichen Bergwelt. Und auch sein großes Vorbild, Alfred Edmund Brehm, schafft es schließlich nicht bis in die Berge. Er reist zwar nach Kordofan und hält sich auch in El Obeid, der heutigen Hauptstadt der Provinz Nord-Kordofan, auf, die Nuba lernt er dort jedoch nur als Sklaven kennen. Denn unter der Türkenherrschaft entwickelt sich El Obeid zum Handelszentrum, zur zweitgrößten Stadt des Sudan. »Mit den Negern der umliegenden Länder betreibt man einen ziemlich regen Tauschhandel. Aus den Ländern der Nuba-Neger tauscht man Gold und Sklaven, aus Dar-Fur Sklaven, Elfenbein, Straußenfedern usw. gegen Glasperlen, Schießpulver – obgleich dieses auszuführen streng verboten ist –, Baumwollzeug usw. ein. Das Gold kommt, wie überall im Sudan, in Ringen, welche die Neger in Tonformen gießen, in den Handel und soll nach Untersuchungen sachverständiger Männer mit das beste der Erde sein und dem venezianischen Dukatengold an Reinheit nicht nachstehen.« Sonst herrschen lockere Sitten in der Provinz; doch Brehm, schenkt man seinen Aufzeichnung Glauben, bleibt keusch: »Die Frauen unterscheiden sich in ihrem Betragen von den öffentlichen Mädchen Ägyptens oder Chartums, welche dem Fremden unverhohlen ihre Gunstbezeugungen anbieten, wenig oder nicht. Deshalb ist die Hauptstadt Kordofahns dem sinnlichen Nubier stets ein Ort der Freude; dem gebildeten Europäer erscheint Obeïd als das, was es ist: als die unerträglichste, langweiligste Stadt von ganz Nordostafrika.«

LENI RIEFENSTAHL entdeckt ihr Herz für die Nuba hundert Jahre später, 1956, im *European Hospital* in Nairobi; und das eher durch Zufall. Auf der Fahrt in den Norden Kenias ist die Fotografin mit dem Wagen verunglückt. Der Fahrer war beim Versuch, einer Zwergantilope auszuweichen, von der Straße abgekommen, und der Wagen hatte sich daraufhin mehrmals überschlagen. Nun liegt die berühmte, aber nach dem Krieg geächtete Regisseurin der Olympiafilme und des Reichsparteitagsopus *Triumph des Willens* mit mehreren Rippenbrüchen und einer klaffenden Kopfwunde in der kenianischen Hauptstadt darnieder. Um sich abzulenken, bekommt die Rekonvaleszentin eine alte Ausgabe des *Stern* zu lesen. Und in der ist ein Foto des englischen Fotografen George Rodger abgebildet. Die Aufnahme zeigt einen schwarzen Athleten, den sein Freund auf der Schulter trägt. Unter dem Foto steht: »Die Nuba von Kordofan.« Der Körper des Schwarzen sieht aus wie eine Skulptur von Rodin oder Michelangelo, denkt Leni Riefenstahl. Wahrscheinlich denkt sie auch: von Arno Breker. Aber das behält sie für sich.

Sie will nun etwas mehr erfahren über diese athletische Rasse aus dem *Stern*. Doch viel bekommt sie über das steinzeitlich zurückgezogene Bergvolk anfangs nicht heraus. Allein die »Nuba Hills« auf einer englischen Landkarte zu finden, war schon mühselig. Daß die Berge im Süden Kordofans liegen, bringt sie noch in Erfahrung, und daß Kordofan eine Provinz des Sudan ist. Wie sie dorthin kommen soll, konnte ihr bisher kein Reisebüro verraten. Doch weil die Riefenstahl Dinge, die sie sich in den Kopf setzt, auch verwirklicht, gelingt es ihr ein paar Jahre später, sich einer deutschen Expedition anzuschließen, die im Sudan unterwegs ist. Und deren Teilnehmer dirigiert sie, obwohl die ursprünglich eigentlich ganz woanders hinfahren wollten – in die Nubaberge. So beginnt eine spannende Reise, der die Welt einzigartige Bilddokumente zu verdanken hat. Ich lese das alles in den *Memoiren* nach, einem fast tausendseitigen Schinken, noch während wir auf dem Weg nach Kauda sind.

»Unsere Wagen zwängten sich durch hohes Gras, und oftmals mußten wir tiefe Gräben und ausgetrocknete Flußbetten durchfahren. Steinblöcke und uralte Bäume gaben der Landschaft einen fast mythischen Charakter. Das Tal wurde schmäler, die Berge schienen näher zusammenzurücken, und der Weg wurde immer steiniger. Wir waren in diesem Tal schon Stunden unterwegs – nirgends Wasser, Menschen, auch keine Tiere.

Plötzlich erblickten wir kleine Rundhäuser an den Berghängen, die wie Vogelnester an den Felsen klebten – es konnten nur Nuba-Häuser sein. Auf einem Felsblock saß ein junges Mädchen, das eine Rute schwang. Es war unbekleidet, nur eine rote Perlenschnur schmückte den schwarzen Körper. Erschreckt schaute es uns an und verschwand wie eine Gazelle im Gebüsch.

Unsere Müdigkeit verschwand, es kam Bewegung in unsere Gruppe. Im Schrittempo fuhren wir langsam weiter. Große Stille umgab uns, die Sonne begann sich zu verfärben, das Tal war wie ausgestorben, Steine und Wurzeln versperrten uns die Weiterfahrt. Wir wollten schon umkehren, da sahen wir in der Ferne eine Gruppe seltsam geschmückter Menschen. Wir ließen die Wagen stehen und folgten ihnen vorsichtig zu Fuß. Die Schwarzen wurden von mehreren schneeweiß eingeaschten Männern angeführt, die, unbekleidet, einen merkwürdigen Kopfputz trugen. Ihnen folgten andere, deren Körper mit weißen Ornamenten bemalt waren. Am Ende des Zuges gingen Mädchen und Frauen, ebenfalls bemalt und mit Perlen geschmückt. Kerzengerade, auf dem Kopf Kalebassen und große Körbe tragend, folgten sie leichtfüßig der Männergruppe. Kein Zweifel, das konnten nur die von uns gesuchten Nuba sein. Sie stiegen steil über Geröll und schräge Felsplatten bergauf, dann waren sie plötzlich verschwunden. Ein Felsblock versperrte uns die Sicht. Als wir um ihn herumgingen, sahen wir ein überwältigendes Schauspiel.

Tausend oder zweitausend Menschen wogten im Licht der untergegangenen Sonne auf einem freien, von vielen Bäumen umgebenen Platz. Eigenartig bemalt und seltsam geschmückt, wirkten sie wie Wesen von einem anderen Stern. Hunderte von Speerspitzen tanzten gegen den glutroten Sonnenball. In der Mitte der Menge hatten sich große und kleine Kreise gebildet, in denen sich Ringkampfpaare gegenüberstanden, die sich lockten, kämpften, tanzten und als Sieger auf den Schultern aus dem Ring getragen wurden, wie ich es auf dem Rodgerbild gesehen hatte. Ich war wie betäubt und wußte nicht, was ich zuerst fotografieren sollte. Nicht nur das Optische erzeugte eine erregende Spannung, sondern auch das Akustische. Ein pausenloses Trommeln, darüber das helle Trillern von Frauenstimmen und die Schreie der Menge. Es war wie ein Traum oder ein Spuk. Meine Begleiter hatte ich längst verloren. Ich befand mich mitten unter den Nuba. Hände streckten sich mir entgegen, Gesichter lachten mich an, bald spürte ich, daß ich unter guten Menschen war.

Ich hatte keine Ahnung, wann wir nach Kadugli zurückkamen. Dieses unglaubliche Erlebnis ließ mich jedes Gefühl für Zeit verlieren. Aus meinem Tagebuch ersehe ich, daß dieses Nuba-Ringkampffest am 16. November 1962 stattfand und wir am 22. Dezember unser Lager in der Nähe einer Nuba-Siedlung, sie hieß Tadoro, aufschlugen. Dort fanden wir unter einem Baum mit einer fast 30 Meter ausladenden Laubkrone einen idealen Platz. Ich konnte es kaum glauben, daß ich hier war. In wundersamer Weise hatte sich nach einem Zeitraum von sechs Jahren mein Wunsch erfüllt, ›meine‹ Nuba zu finden.«

UNSER EMPFANG ist prosaischer. Die Maschine setzt scheppernd und rumpelnd auf der Sandpiste auf, kommt zum Stehen, es öffnet sich die Klappe und Hitze schlägt uns entgegen. Am Ende dieser »Rollbahn« kündet das Wrack eines zerschellten Flugzeugs von den Schwierigkeiten, die der Landeanflug auf dieses Bergkaff bereiten kann. Kinder spielen darin, doch sie werden von einem mürrischen Alten mit zerfurchtem Gesicht vertrieben, der in den Trümmern offenbar sein Zuhause gefunden hat.

Dann kommt ein schwitzender, etwas dicklicher Weißer mit krebsroten Pausbacken und rotblondem Haar auf einem seltsamen gelben Gefährt mit Treckerreifen angebraust. Das komische Fortbewegungsmittel sieht ungefähr so aus wie das Mondfahrzeug, das vor ein paar Jahren für die Amerikaner Bilder vom Mars machen sollte, aber unglücklicherweise in irgendein Planetenloch stürzte. Er heiße Tore, sagt der Mann. Und müsse hier den Flugverkehr überwachen. Tore trägt eine schicke khakifarbene Wüstenuniform und sieht so aus, als sei er über ein wenig Abwechslung nicht unglücklich.

Tagsüber sitzt er meist mit seinen Kumpanen unter einem Affenbrotbaum und schwitzt lauwarmes Heineken, während der batteriebetriebene Weltempfänger Nachrichten aus dem interessanteren Rest der Welt bringt. Das schlimmste ist die Langweile, sagt Tore, dessen Heimat normalerweise die Lofoten, oben am nördlichen Polarkreis, sind. Ein halbes Jahr muß der Norweger an diesem desperaten Ort noch ausharren. Wie oft er den Moment schon verflucht hat, an dem er sich entschied, an dieser sogenannten *Joint Military Commission* mitzuwirken, weiß er selbst nicht mehr. Ach, in Norwegen träumt man halt schon einmal von der Sonne, aber hier?

Seine Truppe soll den vor einem guten halben Jahr beschlossenen Waffenstillstand überwachen. Man hat die Nubaberge dafür in fünf Sektoren eingeteilt, drei Sektoren, in denen Regierungssoldaten stehen, zwei unter der Kontrolle der Rebellen. Doch was gibt's da schon groß zu überwachen? Tore guckt in den babyblauen Himmel, den eine einsame Antonow auf ihrem Weg nach Süden durchkreuzt, um dort ihre tonnenschwere Bombenlast über Gebieten abzuwerfen, für die noch kein *ceasefire agreement* geschlossen wurde.

Am meisten Spaß macht es ihm noch, mit dem Mondfahrzeug durch die Kraterlandschaft der Nubaberge zu brettern, sagt er. Durch's wilde Kordofan! Man sieht das dem kleinen Wagenpark allerdings bereits an. Vier der sechs amerikanischen *All Terrain Vehicles* stehen kaputt vor Tores Haus, einem ehemaligen Verwaltungsgebäude der britischen Kolonialherren.

Das Bier ist warm wie Pisse, und scheißen muß ich in die Sickergrube, sagt Tore.

Wenigstens wird die Arbeit gut bezahlt. Es ist drei Uhr nachmittags, und Deputy Sector Commander Tore Christian Jenssen öffnet das nächste Bier.

MANCHMAL macht sich der Soldat im Mann natürlich auch so seine militärischen Gedanken. Der Nachteil dieses Waffenstillstands, sagt der Reserveoffizier, ist nämlich folgender: Die SPLA sitzt hier in den Bergen und kommt da auch nicht herunter. Aber die Regierung, die die Berge umzingelt, kommt mit Leichtigkeit aus ihren Kasernen. Also zieht die Regierungsarmee ihre Leute aus den Nubabergen ab und schickt sie zum Kämpfen an andere Frontabschnitte. Ein schöner Waffenstillstand, lacht Jenssen bitter und rülpst, er nützt nur der Regierung.

Neulich erst sei er auf die andere Seite gefahren und habe sich die Kasernen angeschaut: alle leer bis auf den letzten Mann. Das ist frustrierend, sagt Jenssen. Krieg ist immer frustrierend. Besonders gehe es ihm an die Nieren, wenn er die jungen Leute mit den Kalaschnikows herumlaufen sehe: 16-, 17jährige, die keinen anderen Zustand als den des Krieges kennen.

Mit seinem Pessimismus steht Jenssen derzeit nicht allein: US-Geheimdienste berichten, daß die Regierung Soldaten aus den Nuba-Bergen in die Regionen Wahda und Westlicher Oberer Nil im Süden des Landes verlegt hat. Zehntausende sind dort vor den Angriffen der Regierungssoldaten in die riesigen unwegsamen Sümpfe geflüchtet. Eine Gruppe ausländischer Menschenrechtler hatte Gelegenheit, dort mit Bauern und Hirten zu sprechen. Kampfhubschrauber würden auf »alles schießen, was sich bewegt«, hätten die Befragten berichtet. Viele, die Schutz im Wasser suchen mußten, seien aber auch dort unter Feuer genommen worden. Und auch Verbrechen der SPLA an der Zivilbevölkerung werden von den Menschenrechtsorganisationen dokumentiert.

FÜRST PÜCKLER weiß Abenteuerliches zu berichten. Die Nuba, schreibt er,

> »sind tapfer, kriegerisch und von wildem Charakter. Mustapha Pascha, der viel harte Gefechte mit ihnen zu bestehen hatte, fand, wie er mir sagte, nie einen Feigen unter ihnen und war selten imstande, andere als Schwerverwundete zu Gefangenen zu machen, da sie sich selbst gegen die größte Übermacht stets bis auf den letzten Mann verteidigten. Auf manchen Bergen, zum Beispiel am Dschebel-Njucker und Turban, sollen sie Menschenfleisch fressen. Delikat sind sie jedenfalls in ihrer Nahrung keineswegs: frisches wie verfaultes Fleisch, Ratten, Schlangen, Kröten und Ungeziefer aller Art wird von ihnen nie verschmäht.«

* * *

WAHRSCHEINLICH stimmt wieder einmal nur die Hälfte – es kursieren die wüstesten Geschichten über das Bergvolk, das da zurückgezogen im Süden Kordofans lebt. Eine Legende besagt, daß die Nuba Nachfahren jener Kuschiten sind, die einst in Nubien ihre Reiche gegründet hatten. Aber dafür gibt es keinen Beweis. Nach und nach sollen sie demnach von dort nach Süden ins geographische Zentrum des heutigen Sudan gezogen sein und sich auf ihrer Wanderung mit anderen afrikanischen Stämmen vermischt haben – vielleicht hatte sie der Hunger in fruchtbarere Gebiete getrieben, vielleicht waren es Feinde. Bis zum 16. Jahrhundert besiedelten sie den größten Teil dessen, was heute als die »Provinz Kordofan« bekannt ist. Dann fielen arabische Rindernomaden, Baggara genannt, in die Siedlungsgebiete der Schwarzen ein und zwangen die Nuba zum Rückzug in die Abgeschiedenheit der steil aufragenden, schwer zugänglichen Nubaberge – eine 500 bis 1325 Meter hohe Gebirgslandschaft mit schroffen Felswänden, die zum Teil 500 bis 1000 Meter steil aufragen und Schutz bieten wie Burgmauern. Hinter diesem natürlichen Wall liegen teils karge, teils außerordentlich fruchtbare Böden. Und auch an Wasser herrscht kein Mangel im Gebirge; natürliche Hungersnöte sind den Nuba weitgehend unbekannt.

»Die Bergbauern Südkordofans bilden eine ›Rückzugsbevölkerung‹«, schreibt der Nubaexperte Richard Rottenburg, »die Außenwelt nehmen sie von jeher als Bedrohung wahr.« Zwischen den Königreichen Fundsch und Darfur gelegen, »war ihr Land geeignete Beute für die beiden überlegenen Nachbarn, die vor allem an Sklaven und Gold (das man bei Tira Mandi, Sheibun, Talodi, Tegali und Tungur fand) interessiert waren«.

Auch nach dem Untergang der beiden afrikanischen Reiche sollte sich an dem Schicksal der Nuba als Sklavenvolk der Araber nichts ändern – bis in die heutige Zeit übrigens nicht.

Rottenburg: »Die türkisch-ägyptische Kolonialregierung (1820–1881) zeigte sich besonders in diesem Teil des Sudan von ihrer schlimmsten Seite. Die Nubaberge blieben außerhalb ihres Verwaltungsgebietes und galten offiziell als Sklavenreservoir, in dem regelmäßige Raubzüge durchgeführt wurden. Damals konnten die Nuba häufig nur zwischen zwei Alternativen wählen: entweder selbst versklavt zu werden oder andere, notfalls die eigenen Kinder, in die Sklaverei zu verkaufen.«

Die Sklaven, die nach Ägypten verkauft worden seien, hätten nicht notwendigerweise die heutige nubische Sprache gesprochen, meint der britische Ethnologe Douglas Johnson, dennoch hätte sich das Synonym »Nubier (Nuba)« für sie eingebürgert: »Die Begriffe ›Nubier‹ (Nubi), ›Nuba‹ (Nubawi) und ›Sudanese‹ (Sudani, das heißt schwarz) haben sich in der arabischen Umgangssprache des Niltals als Synonyme für ›Sklave‹ durchgesetzt.«

Um die Verwirrung komplett zu machen, gibt es auch noch die Theorie, daß »Nuba« in einer der »Negersprachen« ursprünglich schon »Sklave« hieß, und sich der altägyptische Begriff *nub* für »Gold« erst später eingebürgert hat: Das Metall kam aus dem Sklavenland, Nuba, folglich wurde Gold *nub* genannt.

* * *

ZU SEINER ZEIT hätten in Ägypten bereits 40 000 Sklaven gelebt, schätzt der Schweizer Patriziersohn Johann Ludwig Burckhardt, der Nubien 1813/14 als indo-arabischer Kaufmann verkleidet bereist,

> »wovon ein Drittel männlich und zwei Drittel weiblich sind. Es gibt kaum ein Dorf, wo man sie nicht findet, und jeder Mann von Vermögen besitzt wenigstens einen Sklaven. Während der Pest im Frühjahr 1815 starben nach den Berichten an die Regierung in Kairo allein gegen 8 000. Ich habe jedoch Grund anzunehmen, daß die Anzahl der Sklaven, die aus dem Sudan nach Ägypten und Arabien eingeführt wird, sehr klein ist gegen diejenige, die die Mohammedaner der südlichen Gegenden selbst behalten, d. h. im Vergleich zur Anzahl, welche man jährlich durch Kauf oder mit Gewalt von den Nationen im Innern Afrikas bekommt. Zu Berber und Shendi gibt es kaum ein Haus, das nicht einen oder zwei Sklaven hat; ja man bekommt oft fünf bis sechs in einer Familie zu sehen, die mit der Feldarbeit, dem Hüten des Viehs usw. beschäftigt sind; die Großen und die Häuptlinge halten sie sogar zu Dutzenden. Dasselbe System herrscht nilaufwärts bis Sennar sowie westwärts bis nach Kordofan, Darfur und von da nach Bornu. Auch sind alle Beduinenstämme, die diese Länder umgeben, reichlich mit Sklaven versehen. Nach meinen eigenen Beobachtungen zu Berber und Shendi nehme ich an, daß sich die Sklaven an den Ufern des Nils von Berber bis nach Sennar auf nicht weniger als 12 000 belaufen. Da die Bevölkerung von Darfur bei Browne 200 000 beträgt, so befinden sich in diesem Reiche wahrscheinlich 20 000 Sklaven«.

KEIN WUNDER, daß die Nuba auch während der Mahdiyya nicht von ihrem Schicksal erlöst wurden. Im Gegenteil: Der Gesandte Gottes füllte seine Heere mit »Negersklaven« auf, und die Baggara waren ihm nach Kräften dabei behilflich. Sie führten regelrecht Treibjagden auf Nuba durch, die sie später dem Erleuchteten schenkten, um auf diese Weise ihre Frömmigkeit unter Beweis zu stellen und sich der Gunst des Mahdi zu versichern.

Bis heute ist das Verhältnis zwischen den »afrikanischen« und »arabischen« Bevölkerungsgruppen in den Nubabergen getrübt. »Die muslimischen Nomaden blicken mit ethnozentrischer Überheblichkeit auf die Schweine essenden, Bier trinkenden, im Alltag spärlich bekleideten, unbeschnittenen und heidnischen Bauern herab. Diesen hingegen erscheint das Nomadenleben als frevelhafter Tagediebstahl, und auch manches andere aus der Baggara-Welt – wie zum Beispiel das Beschneiden der Frauen – finden sie unsinnig oder unmenschlich«, hat Professor Rottenburg aus Halle-Wittenberg bei seinen Feldstudien in den Nubabergen beobachtet.

Sie züchten Rinder, Ziegen, Hühner und, zum Leidwesen der Muslime, auch Schweine. Das Fleisch wird gegessen und manchmal auch den Göttern geopfert. Im Vergleich zu den riesigen Rinderherden der Baggaranomaden sind die Herden klein, dennoch kommt es auch in Friedenszeiten immer wieder zu Reibereien mit den arabischen Nachbarn, wenn die ihre Herden durch die Getreidefelder der Nuba treiben oder ihre Rinder die Wasserlöcher der Nuba leersaufen lassen.

ES GIBT EIN GEDICHT von einem Nuba aus Kadugli, Kamal al-Nur Dawud, über das Lebensgefühl der Schwarzen in dieser Gegend. Es ist in englisch abgefaßt, und es heißt:

The Land of Kush.
From your sky, Oh Sudan, comes the name of generations
Land of Kush, in which two rivers run
In the name of God, creator of the people of Sudan
History will go on, and the future will be made
False identitiy and nationality were imposed on us
The cause of humanity does not accept scepticism or denial
Sudan is known to be the land of blacks
Those who lack ambition don't deserve to have land
Why is land changed from African origin to Arab one?
From the boundary of Kush arise two lions
Our grandfathers, Baankhi and Tihraga, then came their descendants
History is said to have started from that time onwards
We have a say in our land, using both our hands and our tongue
Those who retreat deserve to be branded as cowards
Our rights are just, and those of our enemy are not
From your sky, Oh Sudan, comes the name of generations
I still remember you, Karmal, the land of brides
Nabta and Dongola El Ajuz reflect two faces
That's Saoba, a weapon with two blades
And that's Maggarat represented by two lions
From now onwards, Baggat treaty will be broken
There will be no injustice, no slavery in the arena

On you who live in caves, paying no attention
The day has come to teach the enemy a lesson.«

[Von deinem Himmel, oh Sudan, kommt der Name der Menschenalter/ Land von Kusch, in dem zwei Flüsse fließen/Im Namen Gottes, Schöpfer der Völker des Sudan/die Geschichte wird weitergehen und die Zukunft gestaltet/Die Sache der Menschlichkeit erträgt keine Zweifel und kein Leugnen/Der Sudan ist das Land der Schwarzen/Jene, denen der Ehrgeiz fehlt, verdienen kein Land/Warum wird Land afrikanischen Ursprungs in arabisches verwandelt?/ Von der Grenze Kuschs erheben sich zwei Löwen/ Unsere Urväter Baankhi und Tihraga, dann kamen ihre Kinder/Man sagt, hier habe die Geschichte begonnen/Es gibt ein Sprichwort in unserem Land, wir benutzten beides, Hände und Zunge/Jene, die zurückweichen, verdienen, als Feigling gebrandmarkt zu werden/Unsere Rechte sind gerecht, und die unseres Feindes nicht/Von Deinem Himmel, oh Sudan, kommt der Name der Menschenalter/Ich denke immer noch an Dich, Karmal, das Land der Bräute/Nabta und Dongola el Ajuz spiegeln zwei Gesichter wider/Das ist Saoba, eine Waffe mit zwei Klingen/Und das ist Maggarat, durch zwei Löwen dargestellt/Von nun an wird die Baggat-Übereinkunft gebrochen/Es wird keine Ungerechtigkeit, keine Versklavung auf dem Kampfplatz geben/Auf Euch, die Ihr in Höhlen lebt, achten wir nicht/Der Tag ist gekommen, den Feind das Fürchten zu lehren.]

* * *

DIE BRITEN, die den Sudan 1896 ihrem Kolonialreich einverleibt hatten und ihn 1956 als erstes afrikanisches Land in die Unabhängigkeit entließen, führten die Nubaberge, die von den Arabern *Dschebel an Nuba* genannt werden, anfangs als eigenständige Provinz. 1929 jedoch wurden die Berge ins größere Kordofan integriert, aber als *closed district* weitgehend von der Außenwelt abgeschottet. Im westlichen Teil der Bergwelt durften jedoch christliche Missionare tätig werden, die Osthälfte wurde den muslimischen Fakhiren überlassen. Eine halbwegs präzise Volkszählung der Ethnien führten zuletzt die Engländer durch; danach lebten 1955/56 rund 570000 Nuba in den Bergen, was 61 Prozent der Population Kordofans entsprach. Allerdings berücksichtigte diese ethnische Zählung nicht die vielen Wanderarbeiter, die bereits damals die Berge verlassen hatten und überwiegend im Norden des Landes lebten; die Nubapopulation dürfte

Mitte der Fünfziger Jahre ungefähr um fünf Prozent höher gewesen sein als nach der britischen Berechnung. Ausgehend von diesen Zahlen dürften 1989, als der Krieg zwischen der SPLA und der Regierung in den Nubabergen eskalierte, die Zahl der Nuba 1,5 Millionen betragen haben. Die SPLA gab zuletzt an, daß 350 000 bis 400 000 Menschen im von ihr kontrollierten Teil der Berge lebten. Die Zahl der Nuba im regierungskontrollierten Gebiet wurde auf rund eine Million geschätzt.

Doch diese Zahlen schwanken und werden natürlich von allen Seiten für Propagandazwecke manipuliert. SPLA-Nubakommandant Abd al-Asis al-Hillu sagte mir, im SPLA-Gebiet lebten rund 420 000 Menschen, im Regierungsgebiet rund 600 000 und als Flüchtlinge im Norden rund anderthalb Millionen.

HEUTE STELLEN DIE NUBA die größte nichtarabische Bevölkerungsgruppe im Norden des Sudan. Der Nuba-Anthropologe Siegfried Nadel berichtete einmal von dem Sprichwort, daß es »soviele Nuba-Sprachen gebe wie -Berge«. Der Linguist Roland Stevenson kommt auf fünfzig verschiedene Nubasprachen und Dialekte aus zehn verschiedenen Sprachgruppen.

Eine dieser Sprachgruppen entspricht interessanterweise der westafrikanischen Bantusprache, eine andere ist mit dem Nubischen des ägyptisch-sudanesischen Grenzgebiets verwandt. Mitten durch die Berge verläuft zudem eine Sprachgrenze, nach der die afrikanischen Sprachen in niger-kordofanische und nilo-saharische getrennt werden. Die Nubaberge scheinen für verschiedene schwarzafrikanische Völker ein Rückzugsgebiet vor Feinden gewesen zu sein.

Vertrieben, versklavt, als minderwertige »Neger« von einer zum Hochmut neigenden arabischen Nachbarschaft mißachtet. Am Schicksal der Nuba hat sich über die Jahrhunderte kaum etwas geändert. Die Isolation in den Bergen führte überdies dazu, daß jahrhundertealte Bräuche, von denen Leni Riefenstahl, aber auch einige Anthropologen und Ethnologen berichteten, bewahrt wurden.

* * *

ES IST eine »der abgelegensten Gegenden der Welt«, wie Mende Nazer sagt, eine junge Nuba, die noch 1992 als ungefähr 12jährige von Arabern verschleppt und versklavt wurde und später ihren Peinigern in London entkommen konnte, wo sie heute lebt und von ihrem Martyrium berichtet.

In dem Buch *Sklavin* schildert sie eindrucksvoll ihre Gefangennahme in den Nubabergen. Arabische Banden hatten nachts ihre Heimat, »ein Lehmhüttendorf, das sich in eine Senke schmiegte«, überfallen und in Brand gesetzt und machten Jagd auf alles, was sich bewegte: Kinder wurden gefangengenommen, Männer ermordet, Frauen vergewaltigt, Tiere gestohlen, die Ernte vernichtet:

»Der Nachthimmel war hell erleuchtet, weil so viele Hütten brannten. Frauen und Kinder eilten in alle Richtungen davon und weinten und schrien voller Panik. Ich sah, wie die Angreifer Kinder gewaltsam aus den Armen ihrer Eltern rissen.

›Halt dich an mir fest, so gut du kannst, Mende!‹, rief mein Vater.

Ich sah, wie die Männer den Leuten die Kehle durchschnitten. Ihre gekrümmten Dolche blitzten im Feuerschein. Ich kann niemandem beschreiben, was für Dinge ich sah, als wir durchs Dorf rannten. Niemand soll je Zeuge solcher Greueltaten werden müssen, wie ich sie in dieser Nacht erlebte.

Durch Rauch und Flammen hindurch konnte ich erkennen, daß mein Vater auf die Berge zuhielt. Doch kaum hatten wir den Saum der Hügel erreicht, bemerkten wir vor uns eine lange Reihe weiterer Angreifer zu Pferd. Von weitem schon sah ich ihren wilden, durchdringenden Blick, die langen Bärte und ihre abgerissenen, schmutzigen Kleider. Sie sahen völlig anders aus als die Männer unseres Stammes. Mit erhobenen Waffen schnitten sie uns den einzigen Fluchtweg ab.«

ALS 1983 DIE SPLA einen Aufstand gegen die Regierung in Khartum beginnt, dauert es nicht lange, bis sich die Nuba den Rebellen anschließen. 1986 tobt auch in den Nubabergen der Krieg. 2002 wird er beigelegt. Es ist ein Krieg zwischen Schwarzen im Süden und etwas hellhäutigeren Arabern im Norden; zwischen denen, die immer schon versklavt wurden, und denen, die ihre menschliche Ware auf Märkten verkauften wie Vieh; zwischen denen, die nach christlichem Glauben leben oder Naturgötter anbeten, und denen, die die Scharia anwenden. Und es ist ein Krieg um Öl, das dem Land Reichtum bescheren könnte und es doch in den Abgrund stößt. Mit einer Förderung von über 200 000 Barrel täglich hat der Sudan mittlerweile Beobachterstatus bei der Opec. Ausländische Firmen haben im Süden des Landes, wo das Öl hauptsächlich gefördert wird, über zwei Milliarden Dollar investiert, und besonders die Chinesen und auch Kanadier machen dort gute Geschäfte.

DOCH GANZ FREIWILLIG ziehen die Nuba nicht in den Krieg der SPLA. Zumindest nicht alle. Die Rebellen, die in die Nubaberge einfallen, benehmen sich wie Besatzungstruppen. Sie stehlen den Nuba das Vieh und leeren ihre Kornspeicher. Sie kommen aus militärischen Trainingscamps in sozialistischen Staaten wie Äthiopien und Kuba. Sie sehen auf die halbnackten Eingeborenen der Berge herab, wie die Araber auf sie herabsehen. Das Dorf Fungor greifen sie, wie der Schweizer Ethnologe Oswald Iten berichtet, kurzerhand an, als sich dessen Bewohner nicht befreien lassen wollen. Bei der Attacke sterben vierzehn Dörfler. Andere suchen daraufhin bei der sudanesischen Regierung Schutz, die sich immer schon Stammeskonflikte zunutze gemacht hat, und den Bittstellern prompt 260 Schnellfeuergewehre aushändigt. Wieder andere unterwerfen sich den einrückenden Rebellentruppen aus dem Süden, die gekommen sind, um den ganzen Sudan zu befreien, wie sie behaupten. Einige schließen sich freiwillig an.

Schon der »arabischen« Regierung unter dem demokratisch zum Premierminister gewählten Urenkel des »Erlösers«, Sadiq al-Mahdi, gibt der Krieg in den Nubabergen die günstige Gelegenheit, ihre Islamisierungsbestrebungen unter dem Deckmantel des Antiterrorkriegs aggressiver fortzusetzen und unter den »Negern« Ordnung zu schaffen – »dabei waren wir keine Wilden, sondern stolz auf unsere Kultur« (Nazer). Schon immer waren die Gebirgsheiden den Mullahs aus Khartum ein Dorn im Auge. »Genozid durch Zermürbung« nennt eine Menschenrechtsorganisation den nun folgenden Massenmord an den Nuba. Systematisch werde die Nubagesellschaft ökonomisch und kulturell »zermalmt«, bis sie aufhöre zu existieren. Natürlich machen die Mörder in ihren Kriegsflugzeugen keinen Unterschied zwischen Männern, Frauen und Kindern. Hunderttausende Nuba werden umgesiedelt und in sogenannte »Friedenslager«, in der Nähe von Armeestützpunkten gelegen, gepfercht, während zur gleichen Zeit Lebensmittelkonvois, mit denen die Hungernden versorgt werden sollen, blockiert werden.

Im Gefolge der überwiegend christlichen Südsudanesen von der SPLA kommen zugleich immer mehr Missionare aus Kenia oder Uganda, die es auf die ungläubigen »Hinterwäldler« abgesehen haben. Die Nuba sehen sich völlig unvermittelt nicht nur in einen Bürgerkrieg, sondern zugleich auch in einen Kulturkampf zwischen islamischen und christlichen Eiferern hineingezogen. Sie werden ihn verlieren.

»Der Verlust ihrer Kultur muß als radikal bezeichnet werden – mit weitreichenden sozialen, wirtschaftlichen und politischen Folgen«, behauptet Iten. Die Dörfer Kao, Niaro und Fungor, einst berühmt für die spektakulären Ringkämpfe und Körperbemalungen, seien muslimische Orte mit je sechstausend Einwohnern geworden: »Wo einst die Art der Körperbemalung und des Haarschnitts die Altersklasse der Männer widerspiegelte, ist heute die weitverbreitete sudanesische Tunika männliche Standardbekleidung. Und wo die Narbentätowierung der Frauen deren Reifestatus signalisierte und der Ton der Ockerbemalung die Klanmitgliedschaft markierte, verhüllen sich nun bereits die Mädchen züchtig mit farbigen Schleiern.«

* * *

JEDEN MORGEN um sieben Uhr – gerade wenn die Sonne aufgeht in den Bergen – hallt das immer gleiche Lied durch das Tal. »Doktor Garang, narfa alam al-Sudan al-dschadid, dscheischuna wassal, moral dscheischina faudsch.« Begleitet wird die kriegerische Weise vom rhythmischen Aufschlagen mehrerer Dutzend Marschstiefel. Eine Stunde ungefähr geht das so. Manchmal aber auch länger: »Doktor Garang, wir hissen die Flagge des neuen Sudan, unsere Soldaten sind angekommen, die Moral der Kämpfer ist groß.«

Das kleine Krankenhaus von Cap Anamur ist keine fünfhundert Meter vom Hauptquartier der SPLA entfernt. Wie Burgen hängen die Bauernhöfe hier an den Hängen. Nun werden wir permanent Zeuge des militärischen Mummenschanz, der dort aufgeführt wird. War Leni Riefenstahl noch in den Genuß archaischer Ringkämpfe gekommen, müssen wir mit Soldatengesängen vorlieb nehmen. Beim Herumhopsen werden fleißig Panzerfäuste und Kalaschnikows geschwenkt und Grimassen geschnitten, als hätte der Feind einen Späher auf dem nächsten Hügel postiert.

Von seiner Lehmhütte aus verfolgt Gouverneur Abd al-Asis al-Hillu zufrieden den Aufmarsch der rund fünfzig grün uniformierten Männer, die im Kreis martialisch um das Hauptquartier herumtanzen. »Wir werden siegen, denn wir träumen einen großen Traum«, verkündet der Kommandeur des Trupps in seinem weißen Kaftan pathetisch: »den Traum von einer eigenen Regierung, von Frieden und Gerechtigkeit.«

Dann zieht er sich mit seinem Hofstab zur morgendlichen Lagebesprechung zurück. Die Soldaten verschwinden in ihre Rundhütten. Es dauert nicht lange, dann ist in der staubigen Ebene niemand mehr zu sehen als dann und wann ein paar Hirten, die ihre ausgemergelten Rinder zum kilometerweit entfernten Markt treiben, und Frauen, die schwere, mit Wasser gefüllte Kalebassen auf dem Kopf balancieren.

Kommandant Hillu nennt sich »Gouverneur des freien Nuba-Landes«; in Wirklichkeit herrscht er über einen ziemlich desperaten Flecken Erde, der mit seinen 80 000 Quadratkilometern zwar doppelt so groß ist wie die Schweiz, wo allerdings kaum eine Straße existiert, eine staubige Piste Flughafen heißt und es noch nicht einmal Strom gibt.

Seit einem halben Jahr herrscht hier ein brüchiger Waffenstillstand, ausgehandelt in der Schweiz zwischen Vertretern der Regierung des islamistischen Putschistengenerals Omar al-Baschir aus Khartum und SPLA-Mann Hillu, und seit beide Parteien am 4. Juli 2002 den Vertrag um ein halbes Jahr verlängert haben, keimt in den Bergen Hoffnung, daß daraus ein Zustand entstehen könnte, der einem Frieden nahe kommt.

Zustande gekommen war das Abkommen auch durch die Vermittlung des amerikanischen Sondergesandten für den Sudan, John Danforth. »Ein Sudan, zwei Systeme« heißt das Konzept der US-Regierung, die das Land vor nicht allzu langer Zeit noch in die Reihe der »Schurkenstaaten« einordnete. Der neue Plan sieht eine Übergangszeit vor, in welcher ein säkularer Staat im Süden und ein islamischer im Norden parallel existieren sollen.

* * *

WAS SICH IM JAHR 2002 in den Nubabergen anbahnt, wird ein paar Jahre später zum Friedensschluß zwischen den verfeindeten Parteien führen. Doch jetzt, wo wir zwischen den singenden Kriegern in ihren kampfgrünen Lumpen stehen, und über uns Kriegsflugzeuge der sudanesischen Luftwaffe hinwegdröhnen, erscheint ein Ende dieses unbarmherzig geführten Kriegs noch halbwegs unvorstellbar. Kurz vor der Abreise, noch in Deutschland, war mir eine Flugschrift der *Gesellschaft für Bedrohte Völker* in die Hände gefallen. Ich trage den mittlerweile reichlich zerknitterten Zettel bei mir. Die Menschenrechtler aus Göttingen sprechen immer noch von einem »Völkermord im Südsudan«:

> »30 Jahre Krieg im Südsudan:
>
> Nahezu drei Millionen Schwarzafrikaner starben durch Hunger, Krieg, Flucht, Massaker oder Massenvertreibungen. Der Vernichtungsfeldzug der Regierungen des arabischen Nordsudan gegen die schwarzafrikanischen Völker des Südens, die zu einem Drittel christlichen

Glaubens und zu zwei Dritteln Anhänger traditioneller Religionen sind, ist eines der schlimmsten Völkermordverbrechen der Gegenwart.

[…]

Genozidverbrechen an Nuba-Völkern.

Schwarzafrikanische Völker werden nicht nur im Südsudan, sondern auch im Nordsudan vernichtet: So wurden mehr als eine Million Nuba von der sudanesischen Armee und ihren Milizen seit 1987 vertrieben, verschleppt oder ermordet. Nuba wurden willkürlich verhaftet, gefoltert und vergewaltigt.

[…]

Die jahrtausendealte Kultur der Nuba soll vernichtet werden, um die Arabisierung und Islamisierung des Sudan fortzusetzen. Die Nuba gehörten einer Vielzahl kleinerer Gemeinschaften mit deutlich zu unterscheidenden ethnischen, religiösen, kulturellen und linguistischen Merkmalen an. Etwa 55 Prozent waren Anhänger des Islam, 30 Prozent bekannten sich zum Christentum und 15 Prozent gehörten traditionellen Religionen an. Als Schwarzafrikaner lebten sie in den Nuba-Bergen umgeben von arabisch-muslimischen Bevölkerungsgruppen. Welches Ausmaß der Rassismus der fundamentalistisch-islamischen Junta gegenüber der schwarzafrikanischen Bevölkerung angenommen hat, wird daran deutlich, daß auch muslimische Nuba planmäßig vernichtet werden.«

»Diese Menschen haben in diesem 20. Jahrhundert fast ausschließlich Mord, Ausrottungsängste, Kriege der Sklavenhändler und ihrer Verbündeten mitbekommen«, sagt Rupert.

* * *

KOMMANDANT HILLU ist ein gemütlich wirkender, etwas rundlicher Mann, der für einen Nubakrieger etwas zu verwestlicht wirkt und gerne Baseballkappen trägt und in seiner Lehmhütte ein ziemlich raumfüllendes Poster von den Lofoten hängen hat. Das muß ihm Tore geschenkt haben oder einer von *Norwegian People's Aid*; Leni würde sich im Grab umdrehen, wenn sie das sähe. Abd al-Asis – *Abd* heißt übrigens Sklave – stammt ursprünglich aus Darfur, und hat Anfang der Neunziger Jahre schon einmal mit einem kleinen Trupp SPLA-Kämpfern versucht, dort zu zündeln und den Westen des Sudan in den Krieg der Südsudanesen hineinzuziehen. In Darfur war er mit seinem Versuch, Aufruhr zu stiften, kläglich gescheitert. Doch seine Rebellenfeste in den Nubabergen konnte er gegen die Regierungsarmee halten. Jetzt hockt er vor seinem Tukul, einer kleinen Rundhütte aus Lehm und Mimosengras, schlürft Tee und empfängt Besucher mit komischen Anliegen.

HEUTE MORGEN sitzt da ein junger Mann. Er heiße Thomas Jenatsch, sagt er, und komme von der Militärbeobachtermission, aber eigentlich von weit her, aus einem Land, in dem es ebenfalls sehr viele hohe Berge gebe, und in dem ebenfalls sehr viele Sprachen gesprochen würden, und wo die Bergbauern Kühe züchteten, an die sie kleine Glöckchen hängten. Das Land heiße Schweiz, aber es sei viele Tagesreisen entfernt.

Hillu guckt mürrisch.

Wie oft er solche Geschichten schon gehört hat! »Da haben wir neulich unseren Friedensvertrag unterschrieben«, knurrt er, »auf dem Bürgenstock, am 26. Januar.«

Er hätte gerne ein paar Nubamusiker mit Percussions, fährt Herr Jenatsch dennoch unbeirrt fort, um Frieden zu stiften. Ihm schwebe ein gemeinsames Konzert mit Arabern und Nuba vor. Alle trommeln und musizieren und lachen in die Nacht hinein. So ein Versöhnungsfest. Und ein Theaterstück. Mit Tanz; alle sollen tanzen. Die Nuba hätten da doch ganz berühmte Tänzer, habe er gehört, aber auch auf Fotos gesehen, kennen Sie Leni Riefenstahl? Schlimme Vergangenheit, sicher. Aber für die Nuba ein ganz großes Herz. Also, um noch einmal drauf zurückzukommen: Wenn man sich erst einmal richtig kennengelernt habe, dann könne man sich doch nicht mehr gegenseitig ermorden. Was er, Hillu, davon halte. Nur ein paar Percussions.

Hillu winkt ab. Er will mit den Arabern nichts zu tun haben. Und Jenatsch trollt sich zurück zu Tore und Heineken. »Wir haben mit den Arabern nichts gemein«, sagt Hillu: »nicht die Hautfarbe, nicht die Sprache und nicht die Kultur. Die glauben doch, sie sind was besseres und plündern unser Öl.« Wenn das nicht bald aufhöre, ginge der ganze Krieg sowieso wieder los.

DER KONFLIKT sei außerdem das Resultat absurder Grenzziehungen. Als die Briten 1956 das Land endgültig in die Unabhängigkeit entließen, sei als Erbe ein Staat geblieben, dessen Grenzen lediglich den Interessen der Kolonialmächte gedient hätten.

Überhaupt redet Hillu mehr vom Krieg als vom Frieden. Er wolle das jetzt einmal ganz genau beobachten sagt er. Ob die Araber auch ihre Verpflichtungen einhielten, bisher jedenfalls sei kaum etwas von den versprochenen Hilfslieferungen bei ihm eingetroffen. Nur ein paar Airdrops, dabei würden seine Leute hungern, weil die letzte Ernte schlecht ausgefallen sei und die Menschen dringen Saatgut bräuchten, die Regenzeit beginne demnächst.

Die Grenzen seien auch noch nicht in alle Richtungen offen. Dabei sei in der Schweiz vereinbart worden, daß ab sofort freier Verkehr herrsche. Und wenn sich das nicht ändere, na, dann zöge er eben wieder mit seinen Leuten in den Krieg: »Ein gerechter Krieg ist besser als ein schlechter Frieden.« Auch wenn dieser Krieg gegen die ganze arabische Welt geführt werden müsse. Denn die stehe hinter dem Verbrecherregime in Khartum und finanziere deren Völkermord. »Wenn wir heute das von uns kontrollierte Gebiet für unabhängig erklären, stehen morgen zwei ägyptische Divisionen vor der Tür«, sagt er. Aber das mache ihm keine Angst. Auch er sei mit dem Krieg großgeworden, den gebe man nicht so mir-nichts-dir-nichts auf.

SEIN ZIEL sei ein laizistischer Staat für den gesamten Sudan: keine Scharia, dafür ein Sozialismus, wie er auch dem Guerillachef John Garang vorschwebe. In den Nubabergen sei man auf dem richtigen Weg.

Die Hauptsorge des SPLA-Kriegers im Sommer 2002 ist, daß der Sudan zerfallen könnte und der Südsudan ein eigener Staat wird. Dann wären die Nuba im Norden des Sudan isoliert, abgeschnitten von ihren schwarzen Brüdern und auch den Waffenlieferungen aus dem Süden. Es ist seine Horrorvision.

* * *

KEINE FÜNFHUNDERT METER vom Hauptquartier der Rebellentruppen entfernt ducken sich ein paar Lehmhütten in den Fels. Die deutschen Mitarbeiter des Notärztekomitees Cap Anamur haben hier ihr Krankenhaus errichtet. Es erinnert eher an ein Notlazarett, die Versorgung des Hospitals ist mühsam. Nur gelegentlich bringen Hilfsmaschinen aus dem kenianischen Lokichokio lebensrettende Medikamente über die Frontlinien.

»Wir sind hier eher symbolisch«, meint Cap-Anamur-Helferin Ina

Hammesfahr, 29. In den letzten Wochen war in der Region Kauda eine Meningitis-Epidemie ausgebrochen. Über sechshundert Menschen suchten Hilfe bei den Deutschen, und doch starben über dreißig in den Armen der Helfer. Es mangelt an fast allem. »Wir haben weder einen OP-Tisch noch einen richtigen Kreißsaal«, klagt die Hebamme, »ich habe schon Entbindungen mit der Taschenlampe unter dem Arm vorgenommen. Weit und breit gibt es keinen einheimischen Arzt, die Unterernährung ist das größte Problem, die Kindersterblichkeit ist hoch, rund zwanzig Prozent. Und wenn wir nicht vor Ort wären, sähe es noch schlimmer aus.« Doch was sollen die Helfer machen? Nachschub will partout nicht in ausreichender Menge kommen. Und auch an Ärzten, die freiwillig in der Abgeschiedenheit der sudanesischen Berge ihren Dienst an der Menschheit verrichten mögen, mangelt es. Im Moment ist Afghanistan der letzte Schrei in der Helferszene. Da ist die Action, da sind die Kameras. Man will ja nicht nur Gutes tun, sondern dabei nach Möglichkeit auch gefilmt werden. Wenigstens wird jetzt nicht geschossen. Erst vor ein paar Monaten noch fielen hier massenhaft Bomben, auch auf das Hospital. Und aus der Schule mußten sie die Leichen von Kindern ziehen.

* * *

THOMAS JENATSCH hat sich erstmal von der Brüskierung erholt. Keine Percussions also. Doch damit kann er leben. So leicht will er sich den Traum von der besseren Welt in den Nubabergen nicht zerstören lassen. Es gebe da ganz interessante Frauengruppen, mit denen man etwas aufbauen könnte, meint er nun. Vielleicht einen Austausch zwischen Nubafrauen und Araberinnen, damit sie sich kennenlernen können. Alles natürlich auf der Graswurzelebene, man darf da nichts überstürzen. Und das mit dem didaktischen Theaterstück will er auch weiterverfolgen. Er hat schon selbst ein Stück geschrieben: Es heißt *Krieg und Frieden.* Ihm schwebe jetzt ein fliegender Zirkus vor, dreißig Leute von beiden Seiten, unheimlich engagiert, Frauen und Männer gleichberechtigt. Das wird schon – Jenatsch kennt sich schließlich aus auf vermintem Gelände. Er war schon fürs Internationale Komitee des Roten Kreuzes tätig, in Kolumbien, Mazedonien, Bosnien und Palästina.

* * *

»SCHLIMM IST, daß auch Schwarze gegen Schwarze kämpfen«, meint Father George Otuma, ein katholischer Missionar aus Uganda, der in den Nubabergen eine Schule betreut. »Hier kämpfen sie auf der Seite der SPLA, und im Norden werden sie von der Regierungsarmee gezwungen, auf ihre Brüder zu schießen.« Keine zweihundert Meter von Otumas Pfarrhaus erinnert ein Steinhaufen an die Schule, die hier einmal stand, bevor sie am 8. Februar 2000 zu Schutt und Asche gebombt worden war. Dreizehn Schüler und ein Lehrer starben damals. Drei Jahre will der 31jährige von den *Apostles of Jesus* in den Nubabergen bleiben und die Lehre des Christentums in die Herzen der Heiden pflanzen, dann will er zurück ins christliche Uganda. Die Araber seien das ganze Übel, findet der Frömmler, »sie bringen die Scharia und gleichzeitig Aids, weil sie die Nubafrauen zum Sex zwingen«. Im Gegensatz zu Hillu jedoch findet er, man müsse das ganze große Land einfach in der Mitte durchschneiden: »Wie in Korea oder früher in Deutschland.« Die Religionen vertrügen sich eben nicht.

SO IST AUCH in der Welt der Nuba nichts mehr, wie es einmal war: trampeln staubige Soldaten mit Bazookas durch die Gegend, wo früher geschmeidige Leiber sich im Ringkampf übten; verkünden ugandische Missionare, sie wollten den Sudan einfach zweiteilen wie Korea oder Nachkriegsdeutschland; stromern Schweizer mit Graswurzeltheaterstücken über Stock und Stein; impfen Notärzte aus Almanja gegen Hirnhautentzündung; werfen Araber Bomben über Schulen ab; rumpeln Norweger in Allterrainvehicles durch die unberührte Natur; werfen Flugzeuge aus Lokichokio Sorghumsäcke ab; veranstalten Nichtregierungsorganisationen Konfliktbewältigungsworkshops.

DIE MASCHINE hat sich auf den Rückweg nach Lokichokio gemacht. Unter uns hüpfen kalaschnikowschwenkende SPLA-Männer herum und singen ein Lied vom Krieg und von John Garang und Flugzeugen, die Säcke mit Lebensmitteln abwerfen; Nubafrauen schleppen Kartons mit Pflanzenöl in ihre Rundhütten, die unser Flugzeug aus Kenia mitgebracht hatte; Thomas Jenatsch redet wild gestikulierend auf Kommandant al-Hillu ein, der uns zum Airstrip begleitet hatte. Er hat vermutlich ein neues Workshopprojekt ausgeheckt.

BEI DEN NUBA von Leni Riefenstahl mag die Welt vielleicht noch halbwegs in Ordnung gewesen sein, denke ich, und blättere in dem mittlerweile leicht angegriffenen Wälzer. Und ich frage mich, wie wohl eine Welt ohne Workshops und »nachhaltige Geschlechterverhältnishauptrichtung« aussehen würde. Die Ehrlichkeit der Nuba sei verblüffend gewesen, schreibt die Regisseurin:

> »Einmal hatte ich meine goldene Armbanduhr verloren. Ein Knabe, der sie im Gras gefunden hatte, brachte sie mir zurück. Diese Charaktereigenschaft habe ich nur bei den ›Masakin-Nuba‹ gefunden, und bei ihnen auch nur so lange, als Geld noch kein Zahlungsmittel war, und keine Türen ihre Häuser verschlossen. Groß war auch die Gastfreundschaft. Das Wertvollste, was sie ihren Freunden anbieten konnten, war eine Kalebasse mit Wasser und eine mit den raren Erdnüssen – für die Nuba eine Delikatesse. Die Jugend führte ein glückliches, freies Leben. Die Kinder spielten den ganzen Tag im Freien unter schattigen Bäumen und wurden von den älteren Geschwistern beaufsichtigt, gewaschen und gefüttert. Junge Mädchen schleppten die kleinen Babys, auf ihren Hüften tragend, herum, während die Knaben das Vieh hüteten. Nur die Kräftigsten kamen schon im Kindesalter in die Hirtenlager, wo sie zu Ringkämpfern erzogen wurden.«

NICHT ALLE IDEALISIEREN die Nubagepflogenheiten natürlich so, wie es Frau Riefenstahl tut.

Fürst Pückler zum Beispiel hat eher ein wenig Mitleid mit den »Menschenfressern« und ihren seltsamen Gebräuchen:

> »Außer den Ringen in Nasen und Ohren, die beide Geschlechter tragen, befestigen sie auch lange Stacheln des ›porc-épic‹ *(Stachelschwein)*, rechts und links herausragend, an ihre Nasen. Was ihnen aber ganz eigentümlich scheint, ist, daß sie von allen Teilen des Körpers die Genitalien am meisten zu schmücken suchen und man kaum begreift, wie sie die Masse der dort hängenden Verzierungen ohne Schmerz ertragen können.«

* * *

EIN GEO-AUTOR muß sich gar von Oswald Iten (*Fungor. Ein Nuba-Dorf wird ruiniert*) vorwerfen lassen, er betrachte »die Nuba als spinniges Kuriosum«. Er hatte über die Feste der Eingeborenen geschrieben und dort einen »Klub beschwingter Zirkusclowns« ausgemacht, die sich »exotisch wie Transvestiten in der Nordkurve des Volksparkstadions« benähmen:

»Die Nuba, die Nuba, die Nuba, ich kannte sie längst. Ein von seiner Schönheit besessenes schwarzes Volk. Lauter wilde Mirós und Picassos. So kannte ich sie, die nackten Nuba von Kao, Nyaro und Fungor: indianerrot oder gelb geschminkt die Mädchen, am ganzen Leib – oder senfbraun, wie die suksuksüchtige Hamilla –, federnd wie Damaszenerklingen, scheu, unberührbar. Abends tanzen sie. Undurchdringlich lächelnd feiern sie den Anbruch der Nacht und der Liebe. Unter der dörrenden Sonne putzen und schmücken sich die schwarzen Playboys. Von Zeit zu Zeit fallen die jungen Männer der drei Dörfer übereinander her, wie verzaubert. Nach dem strengen Ritual des Kampfspiels, des Zuar, schmettern sie sich mit doppelschneidigen Armreifen, hammerschwer und messerscharf, tiefe Wunden in die Schädeldecken – oft genug tödlich. Tänzelnd wie Boxchampions zerfetzen sie einander Arme und Schultern, staubgepudert, keuchend und blutend. Nachts stehen die leuchtenden Beauties Schlange. Und die zerlumpten Alten – von 30 aufwärts – betrinken sich mit Hirsebier, bis sie Alter, Häßlichkeit und Schwäche vergessen. In stummer Seligkeit lassen sie sich auf den Tod hintreiben.«

* * *

IN DER DEUTSCHEN HELFERSZENE in Lokichokio herrscht nach unserer Rückkehr erst einmal nachhaltige Besorgnis. Drei Helfer der christlichen Hilfsorganisation *World Vision* wurden nach einer Schießerei im Südsudan entführt. Und nur einer taucht unvermittelt auf. Als Steffen Horstmeier die Maschine der Vereinten Nationen verläßt, sind die blutig aufgerissenen Füße von dicken Bandagen umwickelt. Mühsam humpelt er über die staubige Landebahn des Flughafens in Lokichokio. Er werde in den Sudan zurückkehren, gibt sich der Mitarbeiter von *World Vision* einsilbig: »Die Menschen dort brauchen unsere Hilfe.« Dann verschwindet er und läßt sich in einem Lazarett notdürftig versorgen. Der Soziologe aus Berlin, der eigentlich von Nairobi aus Hilfe für die bitterarme Region koordiniert und nur vorübergehend im Sudan war, hat allen Grund zu öffentlicher Zurückhaltung: Zwei seiner Kollegen befinden sich immer noch in der Gewalt schwer zu berechnender sudanesischer Milizionäre –

der dreißigjährige Horstmeier konnte den Rebellen als Einziger durch Glück entkommen.

Der Horror für den Entwicklungshelfer begann um drei Uhr morgens; da fallen plötzlich in der Ortschaft Waat, in der die World-Vision-Leute einige Lehmhütten bewohnen, Schüsse. »Rebellen« stürmen ein Gefängnis, um inhaftierte Kombattanten zu befreien. In einer wüsten Schießerei wird der kenianische World-Vision-Mitarbeiter Charles Kibbe, 46, tödlich getroffen. Horstmeier sowie ein kenianischer und ein deutscher Mitarbeiter fallen den Milizionären in die Hände. Doch während seine beiden Kollegen an einen unbekannten Ort verschleppt werden, soll Horstmeier mit einer zweiten Gruppe erst später folgen. Eine Entscheidung, die ihm womöglich das Leben rettet.

DER BLUTIGE ÜBERFALL mit Geiselnahme zeigt einmal mehr, wie unkontrollierbar der Krieg im Sudan geworden ist. Kaum noch jemand weiß, wer gerade mit wem paktiert und auf wessen Geheiß brandschatzend durch die südsudanesische Wildnis streift. Wenige Tage nach der Entführung in der Region Westlicher Oberer Nil meldete sich eine *South Sudanese Liberation Movement* unter dem Kommando von Simon Gatwich zu Wort. Sie bekannte sich zu der Tat und gab vor, mit der Uno über die Verteilung von Lebensmitteln verhandeln zu wollen. Simon Gatwich, der dem Stamm der Nuer angehört, zählt zu den berüchtigtsten Warlords des Sudan. Als 1983 der Krieg zwischen dem islamisch-arabischen Norden und dem christlich-animistischen Süden begann, schloß er sich den SPLA-Truppen um John Garang an.

Später scherte er mit Rebellenkommandeur Riek Machar aus dem Bündnis aus. Aus dem Gemetzel im Süden des Sudan wurde ein Bruderkrieg zwischen den beiden großen Stämmen: den Dinka, denen John Garang angehört, und den Nuer unter dem Kommando von Machar, in dem Simon Gatwich eine untergeordnete Rolle spielte. »Eine schöne, athletische, würdevolle, vielleicht sogar etwas hochmütige Rasse« – wie der polnische Schriftsteller Ryszard Kapuściński befand – war nun bis aufs Blut verfeindet. 1997 einigte sich Machar mit der islamistischen Regierung in Khartum auf ein Friedensabkommen. Doch während Riek Machar später wieder den Schulterschluß mit SPLA-Führer Garang suchte, kämpfen Gatwichs Männer mit dem Segen der Regierung seither auf eigene Rechnung.

* * *

DAS VERNICHTUNGSWERK der Buschkrieger, die massiv von Khartum unterstützt werden, ist auch den World-Vision-Mitarbeitern nicht entgangen: Erst im April wurden sie vorübergehend aus Waat evakuiert, weil die Situation zu eskalieren drohte. »Wir hielten die Sicherheitslage danach für halbwegs kalkulierbar«, sagt Wolfgang Jamann, 42, Leiter der humanitären Hilfe bei *World Vision.* Doch daß das Risiko in diesem grausamen Krieg besonders groß ist, weiß auch er. Obwohl eine »Kultur der Gewalt« herrsche und selbst »alltägliche Händel nicht selten mit Waffengewalt ausgetragen werden«, habe man nie darüber nachgedacht, die eigenen Leute abzuziehen. Schließlich engagiere sich hier sonst niemand. »Es vagabundieren zu viele durchgeknallte Typen herum«, sagt Marina Peter von der Organisation *Sudan Focal Point:* »Kaum noch jemand hat in diesem Gebiet die Übersicht.« Ausgerechnet mangelndem Überblick der Entführer dürfte Steffen Horstmeier seine Freiheit verdanken. Nach einem dreitägigen Fußmarsch durch dorniges und teils vermintes Gelände des sudanesischen Buschs stießen die Marodeure mit ihrem Opfer nicht – wie erwartet – auf die eigenen Leute, sondern auf Kämpfer des ehemaligen Verbündeten Riek Machar.

Die übten Druck auf die Entführer aus, Horstmeier laufen zu lassen, und hatten Erfolg – diesmal sogar, ohne Blut zu vergießen.

* * *

UNTER DER ÜBERSCHRIFT »Araber gegen Nuba im Südlichen Kordofan« wird Oswald Iten am 30. März 2006 in der *Neuen Zürcher Zeitung* von neuen Kämpfen in den Nubabergen, die ihn an die Massaker in Darfur erinnerten, berichten.

> »Im sudanesischen Teilstaat Südliches Kordofan setzen arabische Stammesmilizen Nuba-Dörfer unter Druck, die sich von der Zentralregierung abgewendet haben. Der labile Frieden in diesem nordsudanesischen Teilstaat droht in manchen Dörfern zu kippen.
>
> Die Markthäuser am Jebel Werni sind niedergebrannt. Von den Schulgebäuden sind nur noch Aschenreste zu sehen. Das Bild der Verwüstung erinnert fatal an Darfur, doch dies ist ein Nuba-Dorf im sudanesischen Teilstaat Südliches Kordofan, wo ein Waffenstillstand 2002 zwischen der Sudan Peoples Liberation Army (SPLA) und der Regierung sozusagen als Testfall dem umfassenden Friedensabkommen zwi-

schen Khartum und dem Südsudan im Jahr 2005 vorausging. ›Hunderte von Arabern stürmten am 17. Februar unser Dorf‹, berichtet Lehrer Jacob. ›Sie brannten alles nieder. Sie erschossen zwei von uns und verschleppten weitere zwei.‹ Über 100 Häuser gingen in Flammen auf. Die Bewohner, nach Angaben des Dorfchefs Omda Ismail Abu Sharga 6 750 an der Zahl, vegetieren nun im Schutz der roten Granitfelsen. Sie graben täglich tiefer, um noch Reste von Wasser zu finden. ›Wir schreien nur um Hilfe für Wasser‹, sagt Jacob, ›wir beklagen uns nicht einmal über die geraubten Tiere und die verbrannten Hirsevorräte.‹ Doch Hilfe ist nirgends sichtbar.

[…]

Die jüngsten Ereignisse im Südlichen Kordofan erinnern an Darfur, und bereits verwenden Nuba öfters die Bezeichnung Janjawid für die arabischen Stammesmilizen, die auffallend gut und einheitlich bewaffnet sind. Der Unterschied zu Darfur besteht darin, dass die Bühne für ein Gemetzel zwar hergerichtet wird, aber von der islamistischen Regierung in Khartum noch kein Zeichen für ein grenzenloses Losschlagen ergangen ist. Sollte dieser die Kontrolle über das Südliche Kordofan entgleiten, könnte sich das rasch ändern.«

Serir el-Dschellabi, Wadai, 1873

»Durchgeweicht bis auf die Haut, von Schmutz bedeckt, die Sachen in demselben Zustande, die Thiere zitternd vor Furcht und Ermattung und der Regen unaufhörlich herunterrieselnd – es war eine schreckliche Nacht, an die ich mein ganzes Leben zurückdenken werde! – Von irgendwelcher Mahlzeit konnte nicht die Rede sein; das Holz wollte nicht brennen, und um die Qualen noch zu vervollständigen, überfielen uns Schwärme von Moskitos, die mit der diesen Thieren eigenen Energie uns auch nicht eine Minute Schlaf vergönnten. Am Morgen lagen unsere Beine im Wasser, unsere Oberkörper waren nahe dem Brunnen verhältnismässig trocken geblieben, – mein Angrêb war während der Sumpfpassage vorläufig völlig unbrauchbar geworden. Wohin man auch blickte, sah man nur Nässe, Schmutz, Kälte, Hunger und Verzweiflung. Ein furchtbarer Fieberanfall war für mich die nächste Folge.«

Der deutsche Forschungsreisende Gustav Nachtigal – »Sahara und Sudan«, 1889

Rebellenführer Minni Arkou Minnawi vom Saghawa-Flügel der SLA. Er unterschrieb als Einziger das Friedensabkommen mit der sudanesischen Regierung; Saganan, Nord-Darfur

Suleyman Jamous, »Koordinator für humanitäre Angelegenheiten« innerhalb der SLA mit seinem Satellitentelefon, Gubra, Nord-Darfur

Rebellenpatrouille in der Nähe des Stützpunkts; Saganam, Nord-Darfur

Ortschild auf der Hauptstraße von Yei, Südsudan; schon mit der Bezeichnung für den geplanten neuen Staat: NEW SUDAN

Panzerschrott, eine Erinnerung an die vergangenen Kämpfe; Juba, Südsudan

Kinder spielen Krieg im Krieg; Juba, Südsudan

Abgesperrtes, vermintes Gelände, das demnächst geräumt werden soll;
Juba, Südsudan

Eine Mutter bringt ihre unterernährten Kinder in die Krankenstation;
Juba, Südsudan

Blauhelm-Soldaten der Uno. Die Krieger aus Bangladesch tragen Mundschutz gegen die Cholera-Ansteckung; Juba, Südsudan

Kardinal Crescenzio Sepe wird mit großem Bahnhof bei den überwiegend christlichen Südsudanesen empfangen; Juba, Südsudan

Demonstranten protestieren gegen die Pläne der Uno, Blauhelme in Darfur zu stationieren; Khartum, Sudan

Der Präsidentenpalast in der Hauptstadt des Sudan; Khartum, Sudan

Trotz internationaler Verbote wird in Khartum ganz offen Elfenbein in großen Mengen zum Verkauf angeboten; Khartum, Sudan

Derwische des Sufiordens Qadiriyah kreiseln sich zum monotonen Klang der Trommeln in Ekstase; Khartum, Sudan

»Sie ermorden uns, weil wir schwarz sind.« Vier Monate Afrika. April bis Juli 2004.

Nairobi, Kenia, im Mai 2004
Abeché und Tiné, Tschad, im Mai 2004

ES GIBT ZWEI GESCHICHTEN über das Wesen des Kontinents. Afrikaner erzählen sie sich gelegentlich gegenseitig. Manchmal werden sie etwas variiert und spielen an verschiedenen Orten.

Die eine Geschichte geht so.

Es steht ein Skorpion am Ufer des Nils und würde gerne auf die andere Seite des Flusses gelangen. Er überlegt und überlegt, was er tun kann, und kommt nicht recht voran. Er kann nicht schwimmen, und das Wasser ist tief. Was soll er bloß machen? Da erscheint zum Glück ein Krokodil.

»Komm her, Krokodil!«, ruft der kleine Skorpion, »und bring mich auf die andere Seite des Flusses, ich habe da etwas zu erledigen.«

Doch darüber kann das Krokodil nur lachen: »Dich über den Nil bringen? Ich bin doch nicht lebensmüde, frag das nächste Nilpferd, das vorbeikommt.«

»Ach, zier dich nicht. Hier kommt so schnell kein Nilpferd vorbei, und ich hab' es eilig. Und außerdem: Was soll denn schon passieren?«

»Was passieren soll? Du stichst mich, und wir saufen beide ab. Ich kenne Typen wie dich.«

»Sei nicht albern. Warum sollte ich dich denn stechen?« fragt da der Skorpion. »Ich wäre doch verrückt: Wenn du untergehen würdest, ginge ich doch mit dir unter.«

Naja, denkt da das Krokodil, wo er recht hat, hat er recht, und kommt näher. »Na gut, spring auf, ich bring dich rüber.«

Und schon schwimmen die beiden los. Das Krokodil und auf seinem schuppigen Rücken der Skorpion. Die beiden haben es gerade bis zur

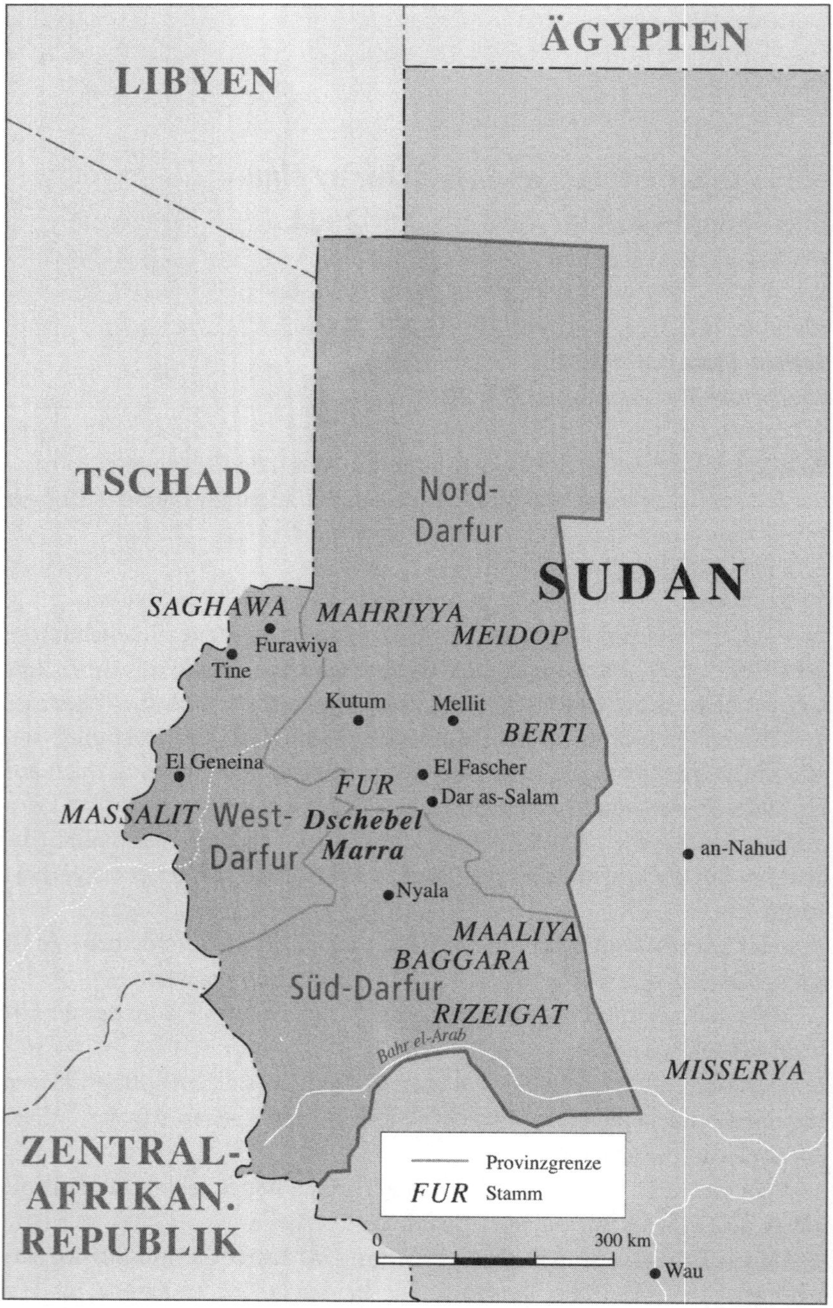

ÄGYPTEN
LIBYEN
TSCHAD
Nord-
Darfur
SUDAN
SAGHAWA
MAHRIYYA
MEIDOP
Furawiya
Tine
Kutum
Mellit
BERTI
El Geneina
El Fascher
FUR
Dar as-Salam
MASSALIT
West-
Darfur
Dschebel
Marra
an-Nahud
Nyala
MAALIYA
BAGGARA
Süd-Darfur
RIZEIGAT
Bahr el-Arab
MISSERYA
ZENTRAL-
AFRIKAN.
REPUBLIK
Provinzgrenze
FUR Stamm
0
300 km
Wau

Mitte des Flusses geschafft. Da sticht der Skorpion zu. Sein Gift breitet sich im Körper des Krokodils aus. Es zuckt und röchelt und hat weißen Schaum vor dem Mund.

»Du Idiot«, ruft jetzt das Krokodil in seinem Todeskampf, »jetzt gehen wir hier beide vor die Hunde. Warum tust du das?«

»Tja«, sagt da der Skorpion, »das ist Afrika.«

Ich kenne die Geschichte eigentlich aus dem Kongo, und auch Peter Scholl-Latour kennt sie von dort, aber Bob Geldof, der Sänger der Boomtown Rats und Organisator der Live-Aid-Konzerte, erzählt, er habe sie im Sudan gehört. Und passen tut sie mindestens auf beide Länder.

Die zweite Geschichte ist kürzer.

Kommt ein Nigerianer in den Südsudan.

»Was habt ihr eigentlich benutzt, bevor ihr Kerzen hattet?«

»Strom.«

* * *

OBWOHL DER KRIEG IN DARFUR nun schon seit über einem Jahr tobt – die Rebellen hatten sich im Februar 2003 erhoben –, ist er lange Zeit weitgehend ignoriert worden. Im Mittelpunkt der Berichterstattung hatten die Friedensverhandlungen zwischen der Regierung des Sudan und den Rebellen von John Garang gestanden, die im kenianischen Naivasha geführt werden. Seit geraumer Zeit zeichnet sich dort eine Lösung ab, die auf eine mögliche Sezession des Südens hinausläuft. Doch spätestens im Frühjahr 2004 kann das Leid der Darfuris nicht mehr übersehen werden. Hunderttausende flüchten ins Nachbarland Tschad, wo sich schnell riesige Elendslager bilden. Reisen nach Darfur unterbindet die sudanesische Regierung konsequent. Sie kann keine Zeugen der Verbrechen, die dort verübt werden, gebrauchen. Die ersten ausländischen Beobachter, denen es gelingt, nach Darfur zu gelangen, sind Mitarbeiter der Vereinten Nationen.

VERBRANNTE ERDE, so weit das Auge reicht: abgefackelte Hütten, totes Vieh, die Menschen wie vom Erdboden verschwunden. Selbst die letzten Habseligkeiten, Tonkrüge oder Kalebassen, haben die Marodeure zerschlagen.

Wo einst Menschen lebten, ragen jetzt die Skelette verschmorter Bettgestelle in die gleißende Sonne. Tagsüber wird es zweiundvierzig Grad heiß, der Wüstenwind treibt unbarmherzig Sand, dornige Sträucher und den Gestank verwesender Esel über die Felder. Darfur ist ein Trümmerfeld.

Für Euopäer war der Sudan immer schon eine etwas desperate Gegend. Ein Reisender des 19. Jahrhunderts, Ewart S. Grogan, berichtete, er habe »im Laufe eines sehr ereignisreichen Lebens viele ungesunde Landstriche kennengelernt, aber die gottverlassenste, ausgedörrteste und schmutzigste Wildnis ist das Gebiet am Oberen Nil. Dies ist das einsamste Wüstengebiet, eine infernalische Region, eine Einöde, die nur Unkraut, Moskitos, Fliegen und Fieber hervorbringt, eine jammervolle, wasserlose Wüste der Dorngestrüppe und Steine, die mit Sümpfen abwechselt. Ich habe sie durchquert und fürchte mich jetzt nicht mehr vor dem Jenseits«. Was jetzt, zu Beginn des 21. Jahrhundert hier geschieht, ist die mutwillige Zerstörung des Wenigen, was in dieser trostlosen Einöde überhaupt jemals aufgebaut wurde.

Marcus Prior vom Welternährungsprogramm der Uno hat diese Hölle gesehen. Zweitausend Kilometer fuhr er mit Kollegen durch den Westen des Sudan: durch jenes Darfur, das einst ein eigenständiges Königreich war und erst 1916 Teil des sudanesischen Nationalstaats wurde. Für ein paar Tage hatten ihnen die Islamisten aus Khartum gestattet, eine Bestandsaufnahme der Region vorzunehmen. Was die Uno-Vertreter zu sehen bekamen, übertraf ihre schlimmsten Erwartungen. In Darfur, dem abgeschotteten Westteil des Sudan, droht, fast unbemerkt von der Welt, eine Apokalypse.

Allein die nackten Zahlen sind furchteinflößend: Eine Million Menschen befinden sich innerhalb Darfurs auf der Flucht vor Regierungssoldaten und umherziehenden arabischen Milizen. Mindestens 130 000 haben sich in den benachbarten Tschad geflüchtet. Zehntausend sind bereits tot: abgeschlachtet und zur Abschreckung in der Steppe liegen gelassen oder in Massengräbern verscharrt. Von einer »Vernichtungs- und Vertreibungspolitik der sudanesischen Regierung« berichtet die *Neue Zürcher Zeitung*.

ZWISCHEN DEM 8. UND 12. MAI bereisen fünf Bundestagsabgeordnete vom *Ausschuß für Menschenrechte und humanitäre Hilfe* den Sudan. Eigentlich wollten sie auch Darfur besuchen, doch in Khartum werden sie plötzlich an der Weiterreise gehindert. Rudolf Bindig von der SPD: »Die Araber schrien uns an: Ihr unterstützt die Terroristen. Die Grausamkeiten werden an uns Arabern verübt, und zwar von Exilanten, die aus dem Tschad eindringen und von euch Geld bekommen. Verschwindet, oder ihr bekommt es mit uns zu tun.« Die Parlamentarier, zwei Sozialdemokraten, zwei Christdemokraten und eine Grüne, reisen deshalb wieder ab und über Nairobi weiter in den Südsudan. Für ein paar Tage in Afrika vergessen sie alle parteipolitischen Differenzen und berichten im großen Saal des Serena-Hotels von ihrer Reise.

»In Darfur *droht* keine Katastrophe«, sagt die grüne Auschußvorsitzende Christa Nickels, »in Darfur ist die Katastrophe bereits eingetroffen.« Ohne stärkeren internationalen Druck könnten weder die Versorgung der Bevölkerung noch die Einhaltung der Waffenruhe sichergestellt werden. Die Mitarbeiter der *Deutschen Welthungerhilfe*, mit denen die Politiker gesprochen hätten, seien verzweifelt: »Die Lebensmittel liegen fest. Khartum blockiert die Auslieferung.« In einigen Flüchtlingslagern lebten 12 000 Menschen ohne einen einzigen Brunnen. Überall in Darfur sei die Lage unverändert schlecht, hätten sie erfahren: »Marodierende Banden rauben, plündern und morden. Afrikanische Dörfer werden unbewohnbar gemacht. Und es ist offensichtlich, daß die Regierung den Konflikt anheizt, statt ihn beizulegen.« Die große Sorge gelte jetzt zudem möglichen Ausbrüchen von Seuchen wie der Cholera, jeden Tag könnten dann bis zu 10 000 Menschen sterben. Die Forderung der Politiker wie auch der Hilfswerke sei: Sofortige Waffenruhe; Schutz für die vielen Binnenflüchtlinge, die in großen Strömen durch das Land mäandern; sofortiger unbürokratischer Zugang für Hilfsorganisationen nach Darfur; unabhängige Untersuchungen der Menschenrechtsverletzungen. Dabei ist nach Nickels Einschätzung fraglich, ob die Regierung in Khartum überhaupt noch die Kontrolle über die in Darfur wütenden Milizen hat.

Eins sei klar, sagt dann noch ein Herr Esser von der SPD: »Wir werden nicht noch einmal wegschauen wie damals in Ruanda.« Und Herr Bindig sagt: »Der internationale Druck muß erhöht werden.« Dann reisen die wackeren Streiter aus dem Reichstag wieder heim, und man sieht sie eine ganze Zeit nicht mehr in Afrika.

Menschenrechtsorganisationen wie die *Gesellschaft für bedrohte Völker*, *Human Rights Watch* und *Amnesty International* tragen derweil hunderte von Fällen zusammen, in denen Männer abgeschlachtet, Frauen vergewaltigt und ganze Ortschaften dem Erdboden gleichgemacht werden.

* * *

Vier Monate im Jahr 2004.

April 2004: Der Friedens- und Sicherheitsrat der *Afrikanischen Union* trifft sich zu seiner fünften Sitzung in Äthiopiens Hauptstadt Addis Abeba, um die Lage in Darfur zu erörtern. Er kommt zu dem Schluß: »Seit Beginn der Feindseligkeiten in Darfur vor über einem Jahr hat sich die humanitäre Lage dramatisch verschärft.« So werde berichtet, daß seit Februar 2003 über 10 000 Zivilisten getötet worden seien, sich 750 000 als Binnenflüchtlinge im Sudan befänden und 110 000 als Vertriebene im Tschad. »Die Intensität des Konflikts hat zu einer Zerstörung der sozialen Infrastruktur geführt und die humanitäre Krise verschärft.« *Quelle: Afrikanische Union, 13. April 2004*

April 2004: Im Flüchtlingslager Kalma berichtet die 27jährige Frau Ajoiya von einem Dschandschawid-Überfall auf das Dorf Kaileik. »Sie kamen nachts. Sie zogen die Bettdecken von den Frauen, um zu sehen, ob unter der Decke ein Kind war. Wenn kein Baby bei der Frau war, wurde sie fortgeschleppt und vergewaltigt. Bis zu dreißig Frauen aus Kaileik wurden von einer Gruppe Dschandschawid verschleppt und jeden Tag vergewaltigt. Dann gelang es ihnen, ins Lager Kalma zu fliehen.« *Quelle: Integrated Regional Information Networks, 15. April 2004*

April 2004: Hilfskräfte im Lager Tiné im Tschad, wo 7000 Menschen Schutz gefunden zu haben glauben, berichten von vielen Kindern mit deutlichen Zeichen von Unterernährung. *Quelle: Al Jazeera, 15. April 2004*

April 2004: Das Dorf Tiertie wird von der sudanesischen Armee angegriffen und die Einwohner getötet und vertrieben. Joseph Mamat, 12, berichtet: »Auf einmal fing das Schießen an und es gab Hilfeschreie. Die Kugeln trafen meinen Bruder am ganzen Körper, und er starb direkt neben mir. Ich hatte Schmerzen in meinem Kopf, in meinen Beinen. Ich rannte in die Dunkelheit – und ich weiß nicht, ob meine Mutter und mein Vater noch am Leben sind.« *Quelle: British Broadcasting Corporation, 18. April 2004*

April 2004: Das Dorf Shatee wird von arabischen Milizen angegriffen. Die Dschandschawid bringen alle Männer und Jungen des Dorfes um. *Quelle: The Guardian, 8. Juli 2004*

April 2004: Der sudanesische Außenminister Mustafa Osman Ismail räumt ein, daß es zu Menschenrechtsverletzungen gekommen sei. Es seien jedoch nicht mehr als 600 Menschen in Darfur ums Leben gekommen, und es gebe glücklicherweise keine Hungersnot und keine Epidemien, wie Menschenrechtsorganisationen klagen. *Quelle: Neue Zürcher Zeitung, 26. April 2004*

April 2004: Bei einem Besuch der *United Nations Inter Agency Fact Finding and Rapid Assessment Mission* im Lager Kalma berichten Frauen, daß sie wiederholt nach dem Verlassen des Lagers vergewaltigt wurden. Zudem kämen nachts Gruppen von Dschandschawid ins Lager und verschleppten junge Mädchen, um sie zu schänden. *Quelle: Amnesty International, 19. Juli 2004*

April 2004: Sudans Präsident Umar Hassan al-Baschir besucht Darfur und spricht im Radio zu seinem Volk. Danach ist soweit alles in Ordnung im Westen: »Wir gehen jetzt in eine neue Phase des Friedens, der Sicherheit und der Ruhe für die gesamte Bevölkerung von Darfur.« *Quelle: Agence France Presse, 27. April 2004*

Mai 2004: In die 5000-Einwohner-Stadt Mornay in Darfur sind nach Informationen des österreichischen MSF-Mitarbeiters Stefan Pleger mittlerweile 70 000 bis 80 000 Menschen geflüchtet. Die gesamte lokale Infrastruktur sei zusammengebrochen: »Es geht um das Verhungern, das Verdursten, um das Nicht-Haben der simpelsten medizinischen Versorgung.« Er habe Angst, daß eine Hungersnot ausbreche. Bei den Flüchtlingen handele es sich fast ausschließlich um Frauen und Kinder, da die meisten Männer zum Militärdienst eingezogen worden seien. *Quelle: Tiroler Tageszeitung, 5. Mai 2004*

Mai 2004: In einem Flußbett in der Nähe der Stadt Kutum lagern rund 25 000 Vertriebene, die wegen der Kämpfe in ihrer Heimatregion geflohen waren. Bis zu 90 Prozent der Bevölkerung Darfurs sollen schon in normalen Jahren unterhalb der Armutsgrenze leben, behaupten Helfer. Nationale Untersuchungen gehen von 50 Prozent aus. *Quelle: Frankfurter Rundschau, 5. Mai 2004*

Mai 2004: Eine »Expertengruppe« der Vereinten Nationen kommt nach einem sechstägigen Darfur-Besuch zu dem Schluß, viele Greuel könnten als »Kriegsverbrechen und/oder Verbrechen gegen die Menschlichkeit« eingestuft werden. *Quelle: Süddeutsche Zeitung, München, 5. Mai 2004*

Mai 2004: Ein Bauer aus dem Dorf Deleij in der zentral gelegenen Region Wadi Saleh berichtet von einem Massaker an 71 Afrikanern in Darfur, das er selbst als einziger überlebt habe: »Sie brachten uns mit Armeefahrzeugen in ein Tal zwei Kilometer südlich von Deleij. Dort mußten wir uns in einer Reihe aufstellen, uns hinknien und den Kopf senken. Dann schossen sie uns ins Genick. Ich habe nur überlebt, weil sie mich für tot hielten.« Am selben Tag seien weitere 65 Männer vom Stamm der Fur in der Region Mugjir, östlich von Deleij, umgebracht worden. Neun Stammeshäuptlinge seien in Gefängnissen in Mugjir und Garsila, in der Nähe von Deleij, füsiliert worden. Im Dorf Tullus wurden Frauen und Kinder erschossen. Der Überlebende Hussein Da'afallah, 12: »Sie sagten: Du bist ein Rebell und der Sohn von Rebellen.« *Quelle: Die Zeit, Hamburg, 6. Mai 2004*

Mai 2004: Die Vereinten Nationen glauben, die sudanesische Regierung setze Hunger als Waffe im Krieg gegen die Bevölkerung ein; Vertriebene würden »systematisch und vorsätzlich ausgehungert«, steht in einem Report des Uno-Hochkommissariats für Menschenrechte. *Quelle: Süddeutsche Zeitung, München, 8. Mai 2004*

Mai 2004: Obwohl ein Waffenstillstandsabkommen unterzeichnet wurde, geht das Morden weiter. In einem Dorf in Süd-Darfur sollen 56 Menschen massakriert worden sein. *Quelle: Roger Winter, United States Agency for International Development, in einer Anhörung des Senats der Vereinigten Staaten von Amerika, 15. Juni 2004*

Mai 2004: Der Chef der UN-Menschenrechtskommission, Bertrand Ramcharan, berichtet auf der Tagung des Weltsicherheitsrats in New York über die Lage in Darfur: »Erstens gibt es in diesem Gebiet eine Terrorherrschaft, zweitens gibt es eine Politik der verbrannten Erde, drittens gibt es wiederholte Kriegsverbrechen und Verbrechen gegen die Menschlichkeit, viertens geschieht dies vor unseren Augen. Die Regierung hat die Milizen unterstützt und organisiert, und dies findet mit dem Wissen, der Unterstützung und der aktiven Mittäterschaft der Regierung statt.« Die Grüne Staatssekretärin im Auswärtigen Amt, Kerstin Müller, sagt in New York: »Der Sicherheitsrat muß der sudanesischen Regierung ein klares Signal geben, daß Angriffe von Milizen auf die Zivilbevölkerung sofort aufhören müssen.« Und James Morris, der Chef des *World Food Programme*: »Es besteht die reale Möglichkeit einer humanitären Katastrophe mit erheblichen Implikationen für Frieden und Sicherheit in der Region und der Perspektive zehntausender Toter.« *Quelle: Die Tageszeitung, Berlin, 10. Mai 2004*

Mai 2004: Dschandschawid überfallen das Dorf Disa in West-Darfur. Die Angreifer entführen Dutzende Mädchen und vergewaltigen sie nachts mehrfach. Während der drei Tage ihrer Gefangenschaft erhalten sie keine Nahrung. *Quelle: Amnesty International, 19. Juli 2004*

Mai 2004: Das Dorf Djangar im Tschad, sieben Kilometer von der Stadt Birak entfernt, wird von sudanesichen Milizen angegriffen. Viele Lastwagen mit Hilfsgütern erreichen die Bedürftigen nicht, weil sie im Sand der Halbwüste steckenbleiben. *Quelle: United Nations High Commissioner for Refugees, 12. Mai 2004*

Mai 2004: Auch im Südsudan toben wieder Kämpfe. SPLA-Mann Lam Akol sagt, mindestens 36 Stammesangehörige der Schilluk seien getötet worden. Die Uno schätzt, daß im Süden 50000 Menschen durch Kämpfe zwischen SPLA-Rebellen und der Regierungsarmee in den vergangenen Wochen aus ihren Dörfern vertrieben wurden. *Quelle: Daily Nation, Nairobi, 12. Mai 2004*

Mai 2004: SPLA-Sprecher George Garang spricht von insgesamt 204 toten Zivilisten, die in den letzten Wochen bei Kämpfen im Süden des Landes getötet worden seien. *Quelle: The Reporter, Addis Abeba, 12. Mai 2004*

Mai 2004: Die Deutsche Welthungerhilfe wird von der sudanesichen Regierung daran gehindert, den Binnenflüchtlingen in Darfur zu helfen. »Seit Anfang Mai warten wir auf die notwendige Genehmigung, um in der Umgebung der Stadt Kutum über 100000 Menschen zu versorgen«, sagt Projektleiter Rüdiger Erler. Seit längerem stünden rund 1100 Tonnen Nahrungsmittel, darunter Sorghum, Bohnen und Speiseöl zur Verfügung. *Quelle: Deutsche Welthungerhilfe, 12. Mai 2004*

Mai 2004: Sudan-Außenminister Mustafa Osman Ismail behauptet, die Dschandschawid-Aktivitäten seien weitestgehend eingestellt worden: »reduced by 80 per cent«. Nun werde die Regierung versuchen, die Reitermilizionäre in nützliche Mitglieder der Gesellschaft zu verwandeln: »Wir müssen sie registrieren und versuchen, ihre Waffen einzusammeln und sie ins normale Leben zu integrieren. Wenn sie arbeitslos werden, sind sie eine Zeitbombe.« *Quelle: The Guardian, London, 13. Mai 2004*

Mai 2004: Regierung und SPLA stehen kurz vor einer Einigung im Friedensprozeß. Sudans Vizepräsident Ali Osman Taha und Rebellenchef John Garang »seien sich in allen Schlüsselfragen einig«, berichtet ein Vermittler in Kenia. *Quelle: The Monitor, Kampala, 13. Mai 2004*

Mai 2004: Flüchtlinge in Tiné berichten von Massenvergewaltigungen. Ein Junge sagt: »Sie ermorden uns, weil wir schwarz sind.« *Quelle: The Economist, London, 15. Mai 2004*

Mai 2004: Was sich in Darfur ereigne, erinnere an den Genozid in Ruanda, sagt das *U.S. Committee for Refugees.* US-Präsident George W. Bush solle nicht den Fehler seines Amtsvorgängers Bill Clinton wiederholen, der 1994 nichts gegen das Morden in Afrika unternommen habe: »Die Welt wußte damals über Ruanda Bescheid, und sie weiß heute über Darfur Bescheid.« *Quelle: Reuters, 13. Mai 2004*

Mai 2004: Mitte Mai bricht im Lager Abu Shoak in Nord-Darfur eine Bakterienruhr aus. Bis zum ersten Juni werden elf Tote und 1340 Erkrankte gezählt. *Quelle: World Health Organization, 14. Juli 2004*

Mai 2004: Auf der Straße zwischen den Orten Zalengi und Mornei in West-Darfur wird ein Lastwagen mit Lebensmitteln des Welternährungsprogramms von Dschandschawid angegriffen. Der Wagen ist eindeutig als ein Fahrzeug der Vereinten Nationen zu erkennen und wird zudem von zwei Regierungswagen eskortiert, als sich der Überfall ereignet. Zwei Säcke mit Lebensmitteln werden geplündert, der WFP-Fahrer ausgeraubt und krankenhausreif geschlagen. Auch die Chauffeure der Regierungsfahrzeuge werden ausgeraubt und verprügelt, einer zudem angeschossen. *Quelle: UN News Service, New York, 17. Mai 2004*

Mai 2004: Flüchtlinge im Mahamata-Camp im Osten des Tschad berichten, arabische Kamelreiter, die afrikanische Dörfer überfielen, trügen sudanesische Armeeuniformen. Der Flüchtling Abaker Ismail Ahmad: »Wenn du schwarz und gleichzeitig gebildet bist, halten sich dich für einen Rebellen und erschießen dich.« *Quelle: Time, New York, 17. Mai 2004*

Mai 2004: Helfer müssen teils wochenlang, manchmal monatelang warten, um in die Region gelassen zu werden. Diese Verzögerung scheint Taktik der Regierung in Khartum zu sein, um Hilfsmaßnahmen zu sabotieren. *Quelle: Integrated Regional Information Networks, 18. Mai 2004*

Mai 2004: Der Brüsseler Thinktank *International Crisis Group* fordert die Vereinten Nationen auf, dem Sudan mit militärischer Intervention zu drohen. *Quelle: Daily Nation, Nairobi, 18. Mai 2004*

Mai 2004: Im Südsudan eskaliert ein Bruderkrieg unter den Dinka. 8000 Menschen wurden bereits obdachlos gemacht. Die Dinka sind ein Schwarzenstamm im Südsudan. Man könne bereits von einem »regelrechten Krieg« zwischen den Dinka-Subklans der Agar von Rumbek und der Atuot von Yirol sprechen, so die *Diakonie Katastrophenhilfe.* Es habe massenhaft Morde und Plünderungen gegeben. *Quelle: Integrated Regional Information Networks, 19. Mai 2004*

Mai 2004: In der Grenzstadt Bahay im Tschad spitzt sich die Lage zu. »Die Flüchtlinge müssen umgesiedelt werden«, sagt der Bezirkschef des Orts, Bechir Heker, »hier gibt es viel zu wenig Wasser und viel zu wenig Essen.« Schon zu normalen Zeiten sei nicht genügend für die 20000 Einwohner da, und jetzt seien zusätzlich 14000 Sudanesen gekommen.« *Quelle: Süddeutsche Zeitung, München, 19. Mai 2004*

Mai 2004: Die Vereinigten Staaten von Amerika nehmen den Sudan von einer Liste mit Staaten, die sich »im Krieg gegen den Terror unkooperativ« verhielten. Auf der Liste der vermeintlichen Terrorfreunde bleiben: Kuba, Iran, Nordkorea und Libyen. *Quelle: Associated Press, 19. Mai 2004*

Mai 2004: Arabische Milizen wüten auch im Südsudan. Gerade in der Provinz Upper Nile seien die Häuser von 23000 Menschen verwüstet worden, berichtet der Generalsekretär der *All Africa Conference of Churches*, Bischof Hamilton Mvume Dandala: »Der Sudan verkörpert, wie Sie wissen, alles, was Schmerzen bereitet. Er ist ein Hexenkessel, ein Kochtopf, und alles schmerzt zur gleichen Zeit.« *Quelle: East African Standard, Nairobi, 21. Mai 2004*

Mai 2004: Die *Ärzte ohne Grenzen* warnen, alle sechs Millionen Einwohner Darfurs würden »am Rande einer Hungerkatastrophe taumeln«. Es sei ein gefährliches Maß an Unterernährung und eine hohe Sterblichkeit in den Lagern zu beobachten. *Quelle: The Monitor, Kampala, 21. Mai 2004*

Mai 2004: Nach Aussagen des SLA-Kommandanten Khamis Abdullah sind zwischen der sudanesisch-tschadischen Grenze und der Stadt Nyala »praktisch sämtliche Dörfer zerstört«. Selbst östlich von Nyala soll es einen dreißig bis vierzig Kilometer breiten Streifen der Verwüstung geben, erst dahinter beginne das unversehrte Siedlungsgebiet der arabischen Rizeigat. Die Rebellen befinden sich überall im Westen auf dem Rückzug. Ihre Waffen sind steinalt, die Munitionsvorräte beschränkt, ein Großteil der Kämpfer soll sich im Marra-Gebirge befinden. *Quelle: Neue Zürcher Zeitung, 22. Mai 2004*

Mai 2004: Umar Hassan al-Baschir besucht gemeinsam mit westlichen Diplomaten und Uno-Vertretern Darfurs zweitgrößte Stadt Nyala und tanzt ausgelassen zur Willkommensmusik. Ethnische Säuberungen gebe es nicht, behauptet Sudans Präsident. Auf dem Marktplatz der Stadt sagte er: »Derjenige, der sagen kann, wer von diesen vielen Menschen hier Araber und wer Afrikaner ist, möge unseren fremden Gästen das erzählen. Wir danken Gott dafür, daß wir hier sein dürfen und in unserer Gesellschaft Augenzeugen aus dem Ausland haben, damit sie selber überprüfen können, was sie so über Darfur gehört haben. Daß es hier angeblich ethnische Säuberungen gibt, einen Genozid und die gegenwärtig größte humanitäre Krise der Welt. Wir aber sagen ihnen: Was ihr hier seht, sind alles Menschen aus Darfur. Nun sagt uns, wer hier ein Araber und wer ein Afrikaner ist.« *Quelle: Daily Nation, Nairobi, 22. Mai 2004*

Mai 2004: Endlich sollen Hilfsorganisationen leichteren Zugang zu den Elendslagern in Darfur erhalten. Sudans Außenminister Mustafa Ismail erklärt, ab sofort sei keine Sondererlaubnis der Regierung mehr erforderlich. Ein Visum, das jede diplomatische Vertretung Sudans ausstellen könne, reiche aus. Außerdem sollen Hilfsflüge in die Region nicht mehr länger behindert werden. »In letzter Konsequenz« müsse die Internationale Gemeinschaft bereit sein, Friedenstruppen nach Darfur zu entsenden, erklärt Entwicklungshilfeministerin Heidemarie Wieczorek-Zeul (SPD). *Quelle: Die Tageszeitung, Berlin, 22. Mai 2004*

Mai 2004: Die Bundesrepublik Deutschland stockt ihre Soforthilfe für den Westsudan auf fünf Millionen Euro auf. *Quelle: Süddeutsche Zeitung, München, 22. Mai 2004*

Mai 2004: Die Sudanexpertin von *Human Rights Watch*, Jemera Rone, fordert die Afrikaner auf, sich zu vereinigen, um Darfur zu helfen: »Kenia und der Rest Afrikas müssen sich nicht solidarisch mit einer angeblich zu Unrecht verleumdeten afrikanischen Regierung verhalten. Sie müssen das Leben afrikanischer Sudanesen schützen und sie vor Verbrechen gegen die Menschlichkeit bewahren, die ihnen von ihrer eigenen Regierung angetan werden.« *Quelle: East African Standard, Nairobi, 23. Mai 2004*

Mai 2004: Dschandschawid überfallen das Dorf Abga Rajil. Über fünfzig Menschen sterben. Abd al-Rahman Ritk, der den Überfall verletzt überlebt, sagt: »Sie schossen, und die Menschen flohen, und sie zündeten die Häuser an, und sie fingen die Leute ein, die aus den brennenden Häusern flüchteten.« *Quelle: Reuters, 23. Mai 2004*

Mai 2004: Die *International Crisis Group* rechnet angesichts des wachsenden Flüchtlingselends mit bis zu 350 000 Toten in den kommenden Monaten. Die meisten würden an Hunger und Krankheiten sterben, insgesamt sollen nach Schätzungen 1,2 Millionen Menschen auf der Flucht sein. *Quelle: Neue Zürcher Zeitung, 24. Mai 2004*

Mai 2004: Mindestens 45 Menschen sterben bei dem Überfall einer arabischen Reiterbande in West-Darfur. Die britische Hilfsorganisation *Oxfam* erklärt, sie werde ihre Operationen ausbauen: »Es darf sich nicht wiederholen, was sich fast zwanzig Jahre lang im Südsudan abgespielt hat, als zwei Millionen Menschen starben. Wenn ›nie wieder‹ jemals eine Bedeutung hatte, dann gilt ›jetzt oder nie‹ in Darfur.« *Quelle: British Broadcasting Corporation, 24. Mai 2004*

Mai 2004: Der Gouverneur von Süd-Darfur, Adam Hanid Mussa, klagt über etliche Überfälle auf Dörfer und Zivilisten, die von Rebellen begangen worden seien. So sei das Dorf Abga Rajil, fünfzig Kilometer südlich von Nyala, von Aufständischen angegriffen worden: »Die Outlaws haben diese Gegend angegriffen, geplündert und das Dorf niedergebrannt. Und als unsere Einheiten kamen, waren sie schon verschwunden.« Am 18. Mai hätten die Rebellen das Dorf Labarwa, sechzig Kilometer nordöstlich von Nyala, angegriffen und 28 Zivilisten entführt. Hauptsächlich würden Orte überfallen, die entlang der Straßen von Nyala in andere Provinzstädte Süd-Dafurs lägen, insbesondere an der Straße nach Dyeing und Bruam: »Die Outlaws greifen mit ihren schnellen Autos einen Ort an, und dann verschwinden sie, bevor wir eintreffen.« *Quelle: Associated Press, 24. Mai 2004*

Mai 2004: Abdal Rahman Rizk, der den Überfall auf das Dorf Abga Rajil überlebt hat, erklärt, es sei von Dschandschawid, nicht »Rebellen«, heimgesucht worden: »Sie haben geschossen, die Menschen flüchteten in alle Richtungen, sie zündeten Häuser an, Menschen, die aus den Häusern flüchteten, wurden angegriffen.« Ibrahim Adam, der den Überfall ebenfalls miterlebte: »Wir haben 56 Menschen beerdigt, 40 in einem Grab.« *Quelle: East African Standard, Nairobi, 25. Mai 2004*

Mai 2004: Vor dem Deutschen Bundestag spricht der Abgeordnete Hans Büttner (SPD) aus Ingolstadt über die Lage im Sudan. Es geht um einen möglichen Blauhelmeinsatz in Darfur. »Herr Präsident! Liebe Kolleginnen! Liebe Kollegen!«, sagt Herr Büttner: »Ich glaube, jeden von uns berührt es, wenn wir feststellen, daß in bestimmten Gegenden dieser Welt Menschen gefoltert, ermordet und getötet werden. Überall auf dieser Welt – auch das gehört zur Realität –, wo es Krieg gibt, gibt es auch massive Menschenrechtsverletzungen, Mord, Totschlag, Folterungen und Vergewaltigungen. Das entschuldigt diese Tatsache nicht; es ist nur eine ganz realistische Feststellung. Kollege Jüttner und Kollege Heinrich haben darauf hingewiesen: In diesem Land Sudan, das etwa die achtfache Größe von Deutschland hat, gibt es seit 1956 Krieg – unterbrochen nur durch elf Jahre zwischen 1972 und 1983. In diesem Land herrscht seit dieser Zeit ein Bürgerkrieg mit all seinen schrecklichen Folgen. Wenn wir jetzt darüber reden, wie wir handeln wollen und dazu beitragen können, einen solchen Bürgerkrieg zu beenden, dann täten wir bei aller Emotionalität, die auch ich habe, ganz gut daran, ganz realistisch mit unseren Forderungen und Möglichkeiten umzugehen … Hinsichtlich der konkreten Maßnahmen bitte ich darum, daß wir ehrlicher zu uns selbst sind. Es ist völlig richtig, daß nicht nur für den Sudan, sondern auch für die anderen beteiligten Länder ein Waffenembargo gelten soll. Aber wie lange reden wir schon darüber, um dann festzustellen, daß trotzdem Waffen in diesen Kontinent geliefert werden, egal ob wir ein Embargo fordern oder nicht? … Wenn man Lösungen in Zeiten eines Bürgerkrieges, der in diesem Land seit mehr als dreißig Jahren herrscht, herbeiführen will, dann erreicht man diese nicht dadurch, daß man sich nur auf eine Kriegspartei konzentriert und die andere außen vor läßt. Das ist der Punkt … Ich meine, wir sollten uns nicht nur dann damit befassen, wenn wir Bilder von Toten sehen und Berichte über menschliche Schicksale und fehlende Nahrungsmittel lesen, sondern auch im Vorfeld. Aber leider stelle ich fest, daß sich im Bundestag so gut wie niemand mehr dafür interessiert, wenn eine solche Situation vorüber ist. Das sage ich namens der wenigen ›Afrikaner‹, die hier sind und für die sich sonst kaum jemand interessiert.« *Quelle: Deutscher Bundestag, Protokolle der 15. Legislaturperiode, S. 10003 ff., 26. Mai 2004*

Mai 2004: Die meisten afrikanischen Staaten, allen voran Angola, Algerien und Benin, sind dagegen, Druck auf Khartum auszuüben. Sie befürchten eine Einmischung in die »inneren Angelegenheiten eines Mitgliedsstaats der Afrikanischen Union«. Hauptsorge der afrikanischen Regierungen ist, daß eine Mißachtung der »staatlichen Souveränität« des Sudan einen Präzedenzfall schaffen könnte und Forderungen nach Demokratisierung und der Achtung von Menschenrechten auch an die anderen Diktaturen, die sich in der Afrikanischen Union vereinigt haben, gerichtet werden könnten. *Quelle: East African Standard, Nairobi, 27. Mai 2004*

Mai 2004: Im kenianischen Naivasha sind sich die Parteien aus Nord- und Südsudan weitgehend einig über ein Friedensabkommen. Demnach sollen die Nordsudanesen zukünftig siebzig Prozent aller Posten in staatlichen Institutionen erhalten, die Südler dreißig Prozent. Die Darfurfrage spielt keine Rolle bei den Gesprächen über die zukünftige Machtteilung. *Quelle: East African Standard, Nairobi, 27. Mai 2004*

Mai 2004: Das *Deutsche Rote Kreuz* ruft zu Spenden für Darfur auf. »Es wird praktisch alles benötigt. Von Verbandsmaterialien bis hin zu Infusionen und Medikamenten. An technischem Gerät, wie Generatoren, um die Stromversorgung zu garantieren, fehlt es ebenfalls«, sagt Clemens von Heimdahl, der Delegationsleiter des DRK. Insgesamt benötige seine Organisation 49 Millionen Euro. *Quelle: Deutsches Rotes Kreuz, 28. Mai 2004*

Mai 2004: Die britische Hilfsorganisation *Oxfam* ruft ebenfalls zu Spenden auf, sie benötige eine Million Pfund »für Menschen, die aus ihren Häusern geflohen sind«. »Für unsere Wasseringenieure wird es ein Wettlauf mit der Zeit, in die entlegenen Gebiete zu kommen«, sagt die Regionaldirektorin des Hilfswerks, Caroline Nursey. *Quelle: Oxfam, 28. Mai 2004*

Mai 2004: In Addis Abeba einigt sich die sudanesische Regierung mit den Rebellen von der *Sudan Liberation Army* und dem *Justice and Equality Movement* darauf, Beobachter der Afrikanischen Union in Darfur zuzulassen; zudem soll eine Kommission eingerichtet werden, die ein am 8. April 2004 unterzeichnetes, aber von allen Seiten mehrfach gebrochenes Waffenstillstandsabkommen überwachen soll. *Quelle: African Union, 28. Mai 2004*

Mai 2004: Der 12jährige Flüchtling Adam Erenga berichtet über einen Überfall auf das Dorf Dilinges in West-Darfur. »Sie töteten meine ganze Familie. Viele Mädchen wurden gefangengenommen. Ich habe seitdem niemanden von ihnen wiedergesehen.« *Quelle: Mail and Guardian, Johannesburg, 28. Mai 2004*

Mai 2004: Im Dorf Tirti in West-Darfur stahlen Dschandschawid, nachdem sie alles niedergebrannt und viele Dorfbewohner getötet hatten, auch 3000 Rinder, berichtet Mariam Mohammed Adam, die sich rechtzeitig in Sicherheit bringen konnte. Der Angriff wurde von Hubschraubern der sudanesischen Armee eingeleitet. *Quelle: Der Tagesspiegel, Berlin, 28. Mai 2004*

Mai 2004: In Kenia herrscht Freude über die erfolgreichen Friedensverhandlungen zwischen Nord- und Südsudanesen: »Wenn die UN-Mission erst einmal eingerichtet ist, werden Millionen von Dollars mobilisiert für den Wiederaufbau, die Friedensbeobachtung, Demilitarisierung und Rehabilitierung von Kindersoldaten, Entminungsprogramme und vieles andere.« Der kleine Grenzort »Lokichokio wird immer weiter wachsen«. *Quelle: Daily Nation, Nairobi, 29. Mai 2004*

Mai 2004: Die Kämpfe der verfeindeten Darfur-Parteien werden immer weiter in den Tschad getragen. Regelmäßig greifen Dschandschawid Grenzposten des Tschad an. »Wir waren auf Patrouille, als sie uns attackierten«, erzählt ein schwerverletzter Soldat, der zwei Bauchschüsse erhalten hatte, in einem Krankenhaus nahe der Grenze. *Quelle: The Economist, London, 29. Mai 2004*

Mai 2004: Bei Überfällen auf mehrere Orte südlich der Stadt Nyala in Süd-Darfur werden 46 Menschen getötet. *Quelle: Justice Africa, 5. Juli 2004*

Mai 2004: Der Führer der SPLA, John Garang, ruft im *Kenyatta International Conference Center* in Nairobi alle SPLA-Kämpfer im Ausland dazu auf, in ihre Einheiten im Südsudan zurückzukehren: »Unsere Bewegung wird stärker und disziplinierter sein als 1983, als wir begannen.« Für den Süden bestehe trotz einer Einigung mit Khartum immer noch die Möglichkeit der Sezession. *Quelle: Daily Nation, Nairobi, 31. Mai 2004*

Mai 2004: Ein erster deutscher Hilfsflug verläßt den Flughafen Hahn im Hunsrück. An Bord der Antonow-Transportmaschine befinden sich zehn Lastwagen, Generatoren, Ersatzteile und Trinkwassertanks, die in die Hauptstadt des Tschad, N'Djamena, geflogen werden, von wo sie weiter zu den Flüchtlingen im Osten des Landes gebracht werden sollen. *Quelle: www.tagesschau.de, 31. Mai 2004*

Juni 2004: Anläßlich eines Besuchs von Uno-Generalsekretär Kofi Annan berichtet im Flüchtlingslager Samsam eine zwanzigjährige »Zahara« von einem Dschandschawid-Überfall: »Sie begannen zu schießen und Brände zu legen. Sie stahlen all unser Eigentum. Sie schnitten den Männern die Kehle durch. Sie nahmen die Frauen als Prostituierte mit.« *Quelle: Associated Press, 1. Juni 2004*

Juni 2004: Der UN-Verantwortliche für Humanitäre Hilfe, Jan Egeland, verliert die Hoffnung, die sich in Darfur anbahnende Katastrophe noch verhindern zu können. »Selbst wenn wir genug Geld zusammenbekämen, würden wir eine menschliche Krise enormen Ausmaßes bekommen«, sagt er auf einer Konferenz von »Geberländern« in Genf. *Quelle: Deutsche Presse Agentur, 3. Juni 2004*

Juni 2004: Die ersten sieben Gesandten einer Beobachtertruppe der Afrikanischen Union treffen in Khartum ein. AU-Vertreter Ghassim Wane erklärt, diese sollten weiter nach El Fascher, die Provinzhauptstadt Nord-Darfurs, reisen und dort ein Hauptquartier einrichten. Gleichzeitig berichten Jem-Rebellen von einem Überfall auf das Dorf Adjidji, in dem 24 Zivilisten von regierungstreuen Milizionären ermordet worden sein sollen. Zuvor sei das Dorf von Khartums Luftwaffe bombardiert worden. Viele Flüchtlingsfrauen seien mittlerweile von Dschandschawid gewaltsam geschwängert worden, berichtet Lo-Nita Fattic von der *Landeskoordination der Adventistischen Entwicklungs- und Katastrophenhilfe. Quelle: www.news.ch, 3. Juni 2004*

Juni 2004: Das Flüchtlingshochkommissariat der Vereinten Nationen geht davon aus, daß sich in Kenia 60 000 sudanesische Flüchtlinge, überwiegend aus dem Süden des Landes, befinden. Eine exakte Zählung soll in Kürze begonnen werden. *Quelle: East African Standard, Nairobi, 3. Juni 2004*

Juni 2004: Trotz des Friedens zwischen Garang und Baschir und einem Waffenstillstand für Darfur gehen die Gemetzel dort unvermindert weiter. Delegierte von *Amnesty International* berichten nach einer Darfurreise: »Unsere Untersuchungen bestätigen erneut das systematische und gutorganisierte Plündern und Zerstören von Dörfern, das zu erzwungenen Vertreibungen der ländlichen Bevölkerung Darfurs führt. Die Dschandschawid, oft in Militäruniformen und begleitet von Soldaten, griffen jedes Dorf nicht nur einmal, sondern oft zwei- oder dreimal an, bevor die Bevölkerung endgültig floh.« *Quelle: Amnesty International, 3. Juni 2004*

Juni 2004: In Khartum wirbt Präsident Umar al-Baschir für Verständnis, daß er mit den Südrebellen ein Friedensabkommen getroffen hat. Jetzt sei wenigstens allgemein akzeptiert, daß im Norden die Scharia-Gesetzgebung gelte, sagt er vor mehr als 500 Anhängern in der Halle der Freundschaft. Wiederholt wird die Rede von Allahu-Akbar-Rufen unterbrochen. *Quelle: Daily Nation, Nairobi, 3. Juni 2004*

Juni 2004: 45 Mitglieder des US-Kongresses schreiben einen Brief an Uno-Generalsekretär Kofi Annan, in dem sie ihn auffordern, mehr zu unternehmen, um den Krieg in Darfur zu beenden: »Die Welt wird in zehn Jahren aufwachen und sich fragen, warum nicht mehr getan wurde, um die Menschheit zu beschützen. Die Beweislage ist klar. Wir können nicht sagen, wir hätten es nicht gewußt.« *Quelle: United States Congress, 4. Juni 2004*

Juni 2004: Die Vereinten Nationen erarbeiten ein »90-Tage-Notprogramm«, um in Darfur »massives Sterben und Hungern zu vermeiden«. Wesentliche Punkte des Plans sind: eine Million Menschen zu ernähren; Wasserlöcher zu graben und Pumpen zur Verfügung zu stellen; Grundversorgung an Medikamenten für 90 Prozent der Binnenflüchtlinge bereitzustellen; den Vertriebenen zu helfen, Unterkünfte zu errichten; Saatgut und landwirtschaftliche Geräte für 78 000 Familien zu liefern; Beobachter für den Waffenstillstand und Menschenrechte einzusetzen. Für all das würden umgerechnet rund 128 Millionen britische Pfund benötigt. *Quelle: The Guardian, London, 5. Juni 2004*

Juni 2004: Amerikanische Nothilfeexperten befürchten eine Million Tote durch Hunger und Krankheiten in Darfur, wenn sich die Hilfe weiter verzögert. Selbst bei einem völlig reibungslosen Ablauf aller Aktionen sei mit mindestens 300 000 Toten zu rechnen, sagt Andrewa Natsios, Chef der *US Agency for International Development.* Eine Katastrophe im Grenzgebiet zwischen Tschad und Darfur sei nicht mehr aufzuhalten. *Quelle: Süddeutsche Zeitung, München, 5. Juni 2004*

Juni 2004: Der kenianische Präsident Mwai Kibaki ist glücklich über das Zustandekommen des »Peacedeals« in Naivasha. Kibaki: »Ich glaube, daß der Gigant Sudan bereit ist, in die Höhe emporzusteigen und seinen rechtmäßgen Platz unter den friedlichen und prosperierenden Staaten Afrikas und der Welt einzunehmen.« *Quelle: Daily Nation, Nairobi, 6. Juni 2004*

Juni 2004: Angesichts der anhaltenden Greuel, die von der sudanesischen Armee und ihren Verbündeten begangen werden, fordern zwei Berater des ehemaligen amerikanischen Präsidenten Bill Clinton einen Militärschlag gegen Khartum. »Eine militärische Aktion könnte zum Ziel haben, Airdrops zu ermöglichen, eine Flugverbotszone einzurichten, um Zivilisten vor Regierungsangriffen zu schützen, und die Schaffung von Sicherheitszonen«, schreiben die Politologen Susan Rice und Dayle Smith. *Quelle: The East African, Nairobi, 7. Juni 2004*

Juni 2004: Rebellen von der *Sudan Liberation Army* lassen 16 Hilfsarbeiter der Vereinten Nationen frei, die sie einige Tage zuvor in Darfur gekidnappt hatten. *Quelle: Daily Nation, Nairobi, 7. Juni 2004*

Juni 2004: Der Flüchtling Suad Omar Musa berichtet von einem Überfall auf sein Dorf: »Sie kamen am Morgen um vier Uhr. Sie kamen auf Pferden, Eseln, Kamelen und in Landcruisern. Sie brannten die Häuser nieder und töteten die Männer und viele der männlichen Kinder.« *Quelle: The Guardian, London, 8. Juni 2004*

Juni 2004: *Amnesty International* veröffentlicht einen Bericht, in dem davor gewarnt wird, »daß die Kämpfe schlimmer werden, wenn sofortige Maßnahmen, dies zu verhindern, nicht getroffen werden«. Was sich derzeit in Darfur ereigne, könne schnell zu »ethnischen Säuberungen« führen; »wir wissen aber noch nicht, bis zu welchem Grad es konkrete Pläne gab, Menschen auszurotten«, erklärt Amnesty-Mitarbeiterin Benedicte Goderiaux auf einer Pressekonferenz. *Quelle: Amnesty International, 8. Juni 2004*

Juni 2004: Eine sudanesische Zeitung berichtet über bewaffnete Überfälle von Viehdieben im Westsudan. Dabei sollen zwölf Menschen ermordet worden sein. *Quelle: Agence France Presse, 9. Juni 2004*

Juni 2004: Rebellen der SLA beschlagnahmen auf der Straße zwischen Nyala in Süd- und El Fascher in Nord-Darfur neun Lastwagen mit Hilfsgütern. Die Lebensmittel waren für die Bevölkerung vorgesehen, die die Rebellen von ihrem Joch befreien zu wollen vorgeben. *Quelle: Agence France Presse, 9. Juni 2004*

Juni 2004: Die fünfzehnjährige Aziza wird nach vielen Vergewaltigungen, die sich über Tage hinziehen, schwanger. Sie hat chronische Schmerzen, ihr psychischer und physischer Zustand ist labil. *Quelle: British Broadcasting Corporation, 10. Juni 2004*

Juni 2004: Der sudanesische Präsident Umar Hassan al-Baschir erzählt einem Kreis von ägyptischen und sudanesischen Intellektuellen in Kairo, daß die Krise in Darfur von der internationalen Gemeinschaft, insbesondere dem Westen, »künstlich geschaffen« worden sei. Diejenigen, die schon hinter dem Krieg mit dem Südsudan steckten, seien auch für die gegenwärtigen Gewalttaten verantwortlich. Außerdem warf er der Europäischen Union vor, 400 Millionen Dollar zurückzuhalten, die die Europäer eigentlich dem Sudan spendieren wollten. *Quelle: Agence France Presse, 10. Juni 2004*

Juni 2004: In West-Darfur sprechen immer mehr Frauen über ihr Martyrium. Die 35-jährige Khadija aus dem Dorf Kaileik, nahe der Stadt Kass, wurde mehrmals vergewaltigt: »Die Dschandschawid haben uns verfolgt, als wir versuchten zu flüchten … Sie trennten die Männer von den Frauen, dann suchten sich die Dschandschawid die hübschesten Frauen heraus … Vier Männer haben mich zehn Tage lang vergewaltigt … Jeden Tag wurden Frauen herausgesucht, in den Busch geschleppt, dort vergewaltigt und dann zurück nach Kaileik gebracht. Am nächsten Tag ging es von vorne los … Ich bin im dritten Monat schwanger. Das Kind ist von den Dschandschawid … Ich will mein

Baby behalten. Es wird später die Wahl haben, ob es Araber oder Fur sein will … Wenn es Araber sein will, wird es mit ihnen gehen; wenn es Fur sein will, bleibt es bei uns.« *Quelle: British Broadcasting Corporation, 10. Juni 2004*

Juni 2004: Die Europäische Union wird die AU-Beobachtermission für Darfur mit 12 Millionen Euro unterstützen. *Quelle: Reuters, 10. Juni 2004*

Juni 2004: »Darfur ist an sich kein Sonderfall«, sagt Annette Weber, Mitglied der Sudan-Koordinierungsgruppe von *Amnesty International*, »das Muster ist das gleiche wie im Südsudan: Die Regierung rüstet unterschiedliche Milizen auf. Das Besondere war die Rede von Kofi Annan am siebenten April zum zehnten Jahrestag des Völkermords in Ruanda. Er nannte Darfur und auch Ituri im Kongo als Beispiele dafür, wo Genozide drohen.« *Quelle: Die Tageszeitung, Berlin, 10. Juni 2004*

Juni 2004: Die 35jährige Hawa Hussein wird zehn Tage lang von vier Dschandschawid gefangengehalten und vergewaltigt. Die 15jährige Khadiyah Adam wird gemeinsam mit anderen Mädchen entführt, geschlagen, geschändet. *Quelle: Knight Rider Newspapers, 10. Juni 2004*

Juni 2004: Rebellen des *Justice and Equality Movement* haben nach Angaben ihres Sprechers Abu Bakr Hamid al-Nur 36 Männer getötet, die zu den Dschandschawid oder der Regierungsarmee gehörten. Bei den Gefechten sei ein Rebell getötet worden. *Quelle: Reuters, 10. Juni 2004*

Juni 2004: Die Vereinten Nationen bereiten die Entsendung einer Friedenstruppe vor. Auf Vorschlag Kofi Annans genehmigt der Sicherheitsrat der Uno die Entsendung eines Voraustrupps von Blauhelmen. *Quelle: Spiegel Online, 11. Juni 2004*

Juni 2004: In Großbritannien regt sich Kritik an dem Tempo, mit dem die Vereinten Nationen die Lage in Darfur befrieden. Der Tory-Abgeordnete John Bercow: »Mal angenommen, daß sich die Unfähigkeit und Passivität, die die Uno angesichts des Völkermords in Ruanda an den Tag gelegt hat, nicht im Sudan wiederholt – so müssen wir dennoch Druck ausüben, daß eine robuste Resolution des Sicherheitsrats die von der sudanesischen Regierung begangenen ethnischen Säuberungen verurteilt.« *Quelle: The Independent, London, 10. Juni 2004*

Juni 2004: Rebellen behaupten, im Marra-Gebirge in Zentral-Darfur seien bis zu eine Million Menschen eingekesselt, weiter südlich, in der Stadt Kailage, mindestens 10 000. »Kailage ist unser Srebrenica«, sagt ein Aufständischer, der sich Jamal nennt. Dschandschawid hätten rund

1 800 Stück Vieh gestohlen, gestohlenes Vieh werde geschlachtet und später auf dem Markt in Nyala verkauft. Es sei für den Export auf die Arabische Halbinsel bestimmt. *Quelle: Frankfurter Allgemeine Zeitung, 11. Juni 2004*

Juni 2004: In Darfur verhungern bereits hunderte Kinder. Im Lager Kalma allein seien 400 Kinder so unterernährt, daß sie keine Überlebenschance mehr hätten. *Quelle: The Monitor, Kampala, 11. Juni 2004*

Juni 2004: Rebellen der ugandischen *Lord's Resistance Army* ermorden im Südsudan 41 Menschen, berichtet der Pastor der anglikanischen Kirche von Lomega, Reverend Paul Yugusuk: »Und das ist kein Einzelfall. Es gibt andere Dörfer, von denen wir glauben, daß sie überfallen wurden. Sie sind aber so unzugänglich, daß wir keine genauen Informationen über die Lage haben.« *Quelle: East African Standard, Nairobi, 11. Juni 2004*

Juni 2004: Auf der Suche nach Feuerholz verlassen vierzig Frauen ein Flüchtlingslager in West-Darfur. Dabei werden sie von sechs Dschandschawid angegriffen. Drei Frauen werden gefangen. Während eine von ihnen vergewaltigt wird, werden die anderen verprügelt. *Quelle: Amnesty International, 19. Juli 2004*

Juni 2004: Der Hilfskoordinator der sudanesischen Regierung, Sulaf al-Din, spricht von einer »Schmutzkampagne« amerikanischer Medien gegen sein Land. Diese seien Freunde bewaffneter Banditen. Zur Unterstützung der Milizen durch seine Regierung erklärt er: »Wir haben alle Menschen Darfurs aufgefordert, sich selbst gegen diese Rebellen von der SLA zu verteidigen. Das ist die normale Praxis in unserem Land. Wenn eine Gemeinschaft angegriffen wird, bitten wir alle, sich an der Verteidigung zu beteiligen.« *Quelle: Integrated Regional Information Networks, 14. Juni 2004*

Juni 2004: Nach Schätzungen von USAID sind bislang zwischen 15 000 und 30 000 Menschen in Darfur ums Leben gekommen. 2,2 Millionen Menschen seien akut von den Verbrechen betroffen. *Quelle: Roger Winter, United States Agency for International Development, in einer Anhörung des Senats der Vereinigten Staaten von Amerika, 15. Juni 2004*

Juni 2004: Ein Augenzeuge berichtet USAID-Mitarbeitern von vierhundert vergewaltigten Frauen und Mädchen allein aus seinem Dorf. Einige der Opfer seien vor ihren Ehemännern vergewaltigt und später gebrandmarkt worden. *Quelle: Roger Winter, United States Agency for International Development, in einer Anhörung des Senats der Vereinigten Staaten von Amerika, 15. Juni 2004*

Juni 2004: Nach Informationen des Kinderhilfswerks Unicef wagen sich tausende von Sudanesen nicht in ihre Heimatorte zurück. *Quelle: Daily Nation, Nairobi, 15. Juni 2004*

Juni 2004: Mehr als 100 000 Flüchtlinge sind nun in den acht UNHCR-Lagern im Tschad untergebracht. 50 000 bis 90 000 weitere sind noch anderswo im Tschad unterwegs. *Quelle: United Nations High Commissioner for Refugees, 16. Juni 2004*

Juni 2004: Tschadische Soldaten töten 69 bewaffnete Dschandschawid und nehmen zwei fest, nachdem es in der Nähe der Stadt Birak im Grenzgebiet zu Gefechten gekommen ist. Die arabischen Milizen rekrutieren im Tschad Kämpfer für ihren Krieg im Sudan. *Quelle: Salzburger Nachrichten, 17. Juni 2004*

Juni 2004: Präsident Umar al-Baschir behauptet, die Entwaffnung der Milizen voranzutreiben; »alle kriminellen Gruppen, einschließlich der Rebellen und der Dschandschawid« seien ab sofort zu verfolgen. *Quelle: Evangelischer Pressedienst, 20. Juni 2004*

Juni 2004: Einer Studie von *Médecins Sans Frontières* zufolge überleben fünf Prozent der betroffenen Menschen die Dschandschawidüberfälle auf ihre Dörfer nicht. Allein zwischen November 2003 und Februar 2004 wurden in elf Dörfern Massenerschießungen durchgeführt. Vierzehn Prozent aller von *Médecins Sans Frontières* in den vergangenen neun Wochen behandelten Gewaltopfer waren Opfer sexueller Gewalt. *Quelle: Médecins Sans Frontières, 21. Juni 2004*

Juni 2004: Am 21. Juni finden in der Nähe der Stadt Golo in Darfur auf sechs Dörfer Überfälle statt. Die Siedlungen werden niedergebrannt. Mindestens sechs Zivilisten sterben. Armee- und Polizeieinheiten befinden sich in der Nähe, greifen aber nicht ein. *Quelle: Integrated Regional Information Networks, 24. Juni 2004*

Juni 2004: Epidemologen der Weltgesundheitsorgansiation warnen vor einem Polio-Ausbruch in Darfur, nachdem eine Untersuchung die Infektion eines Kindes in Darfur bestätigt hat. »Der Virus breitet sich mit alarmierender Geschwindigkeit aus«, sagt WHO-Arzt David Heymann. Leicht könne es zu einer Epidemie in den überfüllten Lagern kommen. *Quelle: World Health Organization, 22. Juni 2004*

Juni 2004: Uno-Generalsekretär Kofi Annan weist Kritik des britischen Staatssekretärs für Internationale Entwicklung, Hilary Benn, zurück. Annan: »Nur meinem Druck ist es zu verdanken, daß die sudanesische Regierung die Visabestimmungen gelockert hat, nicht nur für Uno-

Leute, sondern auch für Mitarbeiter der Hilfswerke. Und sie hat auch versprochen, daß deren Equipment ins Land gebracht werden darf.« Annan gilt als hauptverantwortlich für den Rückzug der Uno aus Ruanda 1994. *Quelle: Reuters, 22. Juni 2004*

Juni 2004: Mitarbeiter der Organisation *Physicians for Human Rights* gehen davon aus, daß in Darfur Vergewaltigungen von Frauen als »Waffe im Völkermord« systematisch eingesetzt würden. Eine 35jährige Flüchtlingsfrau berichtet: »Siebzig junge Mädchen wurden aus einem Dorf verschleppt und von den Dschandschawid vergewaltigt. Nach einigen Tagen erst kamen sie zurück.« Ein anderer Flüchtling bestätigt: »Es gibt Frauen, die vergewaltigt wurden. Wir haben versucht, sie in eine Klinik zu bringen, aber sie weigern sich, mit irgend jemandem zu sprechen. Sie wurden von vorn und hinten vergewaltigt. Soldaten hielten die Familien fern vom Geschehen. Die Mädchen schämen sich. Sie weinen. Sie sind sehr beschämt. Manche der Mädchen weinen die ganze Zeit. Dschandschawid und Regierungssoldaten vergewaltigen die Frauen. Sie vergewaltigen Frauen aller Altersgruppen, Fünfzehnjährige und Erwachsene.« *Quelle: Physicians for Human Rights, 23. Juni 2004*

Juni 2004: Eine Augenzeugin berichtet über einen Angriff auf ihr Dorf: »Es war früh am Morgen, und wir haben gekocht. Dann kamen die Dschandschawid-Milizen von einer Seite und Regierungstruppen aus einer anderen Richtung. Am Himmel tauchten Antonow-Bomber auf. Unsere Habseligkeiten wurden auf Lastwagen der Regierungsarmee geladen.« Die Frau verliert bei dem Angriff ihren Sohn, auf der Flucht wird sie noch dreimal überfallen. *Quelle: The Independent, London, 24. Juni 2004*

Juni 2004: Aufnahmen eines US-Spionagesatelliten zeigen die Zerstörung von mindestens 400 Dörfern in Darfur. Rund 56000 Häuser seien zerstört. *Quelle: Associated Press, 25. Juni 2004*

Juni 2004: Im Flüchtlingslager Riyad in West-Darfur berichtet die 15-jährige Nafisa Daoud, ihre Eltern und Geschwister seien bei einem Angriff auf ihr Dorf ermordet worden. Eine Mutter von zehn Kindern, Gamra Mohammed, sagt: »Sie haben meinen Mann umgebracht und meine Brüder. Meine Kinder sind am Verhungern, und ich weiß nicht mehr, was ich tun soll.« *Quelle: Agence France Presse, 25. Juni 2004*

Juni 2004: US-Außenminister Colin Powell kündet für die nächste Woche einen Sudanbesuch an. Über die Lage in Darfur sagt er: »Es ist eine Katastrophe.« *Quelle: East African Standard, Nairobi, 26. Juni 2004*

Juni 2004: Kofi Annan schließt eine Blauhelmmission in Darfur nicht aus. »Wenn Sudans Regierung nicht in der Lage ist, Zivilisten in Darfur zu beschützen, muß die Internationale Gemeinschaft darauf vorbereitet sein zu helfen«, erklärt er. *Quelle: Associated Press, 26. Juni 2004*

Juni 2004: Sudans ehemaliger Premierminister Sadiq al-Mahdi beschuldigt nach einem Darfur-Besuch die Regierung in Khartum, für »die miserablen Zustände« in den Flüchtlingslagern verantwortlich zu sein. Städte hätten sich in Darfur »in Kasernen verwandelt«. *Quelle: Agence France Presse, 27. Juni 2004*

Juni 2004: Im Flüchtlingscamp Adamata bei El Geneina werden innerhalb von zehn Wochen dreiundzwanzig Frauen beim Brennholzholen vergewaltigt. *Quelle: Frankfurter Rundschau, 28. Juni 2004*

Juni 2004: Die Unicef zieht auf einer Pressekonferenz in Berlin Bilanz: »Das größte Land Afrikas ist Schauplatz zweier Bürgerkriege. Im Westen der Region Darfur kämpfen über eine Million Flüchtlinge ums nackte Überleben. Der Süden steht kurz vor der Unterzeichnung eines Friedensabkommens. Aber nach über zwanzig Jahren Krieg zählen die Lebensbedingungen der Kinder zu den schlechtesten weltweit.« Unicef schätzt, daß eine halbe Million Kinder durch Mangelernährung und Krankheiten bedroht sind. *Quelle: Unicef, 28. Juni 2004*

Juni 2004: Die sudanesische Regierung bereitet sich auf Kofi Annans geplanten Besuch vor. »Wir begrüßen den Besuch des Generalsekretärs Kofi Annan«, freut sich Sudan-Außenminister Mustafa Osman Ismail. *Quelle: The Monitor, Kampala, 28. Juni 2004*

Juni 2004: Entwicklungshilfeministerin Heidemarie Wieczorek-Zeul und Staatsministerin Kerstin Müller fordern Sanktionen gegen den Sudan, sollte dessen Regierung nicht endlich ihrer Verpflichtung nachkommen, die bewaffneten Banditen außer Gefecht zu setzen. Auch Regierungskonten der Sudanesen im Ausland könnten eingefroren werden. *Quelle: Deutsche Presse Agentur, 28. Juni 2004*

Juni 2004: »Die Rebellion in Darfur stellt für die Regierung in Khartum eine größere Bedrohung dar als der lang andauernde Rebellenaufstand im Süden«, glaubt Charles Snyder, Afrika-Experte der Bush-Administration. Gerade die Verbindung von Islamistenführer Hassan al-Turabi mit dem *Justice and Equality Movement* könne für Baschir gefährlich werden. Diese Bedrohung sei auch der Grund für die Brutalisierung des Konflikts. *Quelle: The East African, Nairobi, 28. Juni 2004*

Juni 2004: Um Lebensmittel nach Darfur zu bekommen, verhandeln die

USA angeblich auch mit ihrem Erzfeind Muammar al-Gaddafi. In der Fernsehsendung *Fox News Sunday* sagt US-Sicherheitsberaterin Condoleezza Rice: »Wir arbeiten mit anderen zusammen, mit den Libyern, um eine dritte Route für Versorgungsgüter nach Darfur zu öffnen.« *Quelle: East African Standard, Nairobi, 29. Juni 2004*

Juni 2004: US-Außenminister Colin Powell reist nach Darfur und sagt: »Die Todesfälle in Darfur werden in den kommenden Monaten stark zunehmen.« *Quelle: NZZ Online, 30. Juni 2004*

Juli 2004: Kofi Annan besucht die Krisenregion. Bevor der Generalsekretär der Vereinten Nationen im vermeintlichen Flüchtlingslager Meshtel in Nord-Darfur eintrifft, wurden jedoch mehr als eintausend Flüchtlinge von der sudanesischen Regierung deportiert. »Wo sind all die Menschen geblieben?« fragt Annan seinen sudanesischen Begleiter, den Minister für Soziales in Nord-Darfur, Al-Nur Mohammed Ibrahim. »Die haben wir weggebracht, aber nicht, weil sich der Generalsekretär der Uno angekündigt hatte, sondern weil wir Menschen nicht unter solchen Bedingungen leben sehen möchten«, sagt der Sudanese. Daraufhin wird Annan in das Lager in Abuschouk geführt; es ist bekannt für seine guten Zustände und wird deshalb auch »Touristencamp« genannt. Insgesamt befinden sich derzeit nur dreihundert ausländische Helfer in ganz Darfur, fünfzig davon arbeiten für die Vereinten Nationen. Über 500 Flüchtlingslager sollen nach Schätzungen überhaupt keine Hilfe erhalten, so Jan Egeland, der Uno-Hilfskoordinator; schon in normalen Jahren stürben in Darfur 20 000 bis 30 000 Menschen an behandelbaren Krankheiten wie Malaria, Cholera und Durchfall. In diesem Jahr dürfte die Zahl sehr viel höher liegen. *Quelle: New York Times, 2. Juli 2004*

Juli 2004: Eine Miliz, die bislang auf der Seite der sudanesischen Regierung im Südsudan gekämpft hat, erklärt, sie werde ein sich anbahnendes Friedensabkommen zwischen der Regierung und der SPLA ignorieren. Major Al-Toam al-Nour Daldoum, der General der Truppe, die sich *National Popular Forces* nennt und über 50 000 Kämpfer verfügen will, erklärt: »Es ist nicht akzeptabel, daß die NPF ihre Stellungen und Waffen an die SPLA übergeben.« *Quelle: Agence France Presse, 19. Juli 2004*

Juli 2004: Die sudanesische Botschaft in Beirut erklärt, ein Bericht von *Amnesty International* habe zum Ziel, die Regierung des Sudan zu verleumden, die arabische Kultur zu verunglimpfen und einen Keil zwischen die Volksgruppen des Landes zu treiben. *Amnesty* hatte berichtet, daß »Vergewaltigungen als Waffe des Kriegs in Darfur« durchgeführt würden. Die Menschenrechtsorganisation wies darauf hin, daß die Schändungen auch von Rebellen ausgeübt würden. *Quelle: Spiegel online, 19. Juli 2004*

Juli 2004: Nach Informationen des Kinderhilfswerks Unicef sind 27 Prozent der Flüchtlingskinder, die es in die Lager im Tschad geschafft haben, »akut mangelernährt«. *Quelle: www.unicef.de, 19. Juli 2004*

Juli 2004: Der kenianische Planungs- und Entwicklungsminister Anyang Nyong'o erklärt, er glaube, ein deutsches Konsortium unter der Führung des schleswig-holsteinischen Eisenbahnbauers Klaus Thormählen werde sehr viel Geld in Kenia investieren und plane eine »237-Milliarden-Kenia-Schilling-Eisenbahn«, die den Sudan mit Kenia verbindet. Thormählen glaubt, er könne auf diese Weise Frieden im Sudan stiften. *Quelle: East African Standard, Nairobi, 19. Juli 2004*

Juli 2004: Ein sudanesisches Gericht in Nyala verurteilt zehn Mitglieder der arabischen Dschandschawid-Milizen zu Amputation und sechs Jahren Haft. Die Männer sollen in Darfur gemordet und geplündert haben. *Quelle: Reuters, 19. Juli 2004*

Juli 2004: Nach Angaben der sudanesischen Regierung überfallen Rebellen einen Hilfskonvoi in der Nähe der Stadt Ambru in Nord-Darfur und töten dabei 38 Menschen. Damit sollen die Aufständischen bereits 109-mal ein im April unterzeichnetes Waffenstillstandsabkommen verletzt haben. *Quelle: The Monitor, Kampala, 22. Juli 2004*

Juli 2004: Rebellen des *Justice and Equality Movement* behaupten, mehr als 6000 Dschandschawid-Milizionäre seien in die reguläre Polizei integriert und mit neuen Waffen und Uniformen ausgerüstet worden. *Quelle: Reuters, 23. Juli 2004*

Juli 2004: Mehr als fünfzig Zivilisten sollen nach Angaben der *Sudan Liberation Army* in Nord-Darfur getötet worden sein. SLA-Sprecher Omar Suleiman: »Regierungseinheiten griffen mit Unterstützung bewaffneter Banden Dörfer in Nord-Darfur an, und sie bombardierten diese aus sechzehn Antonow-Flugzeugen.« Der Regierungssender *Omdurman* berichtet von einem »großen Sieg« in der Nähe von Kutum. Dabei seien 350 Rebellen getötet und 300 verletzt worden. *Quelle: Agence France Presse, 28. Juli 2004*

Juli 2004: Eine Untersuchungskommission der Afrikanischen Union findet Belege dafür, daß »bei einem ungerechtfertigten und grundlosen

Angriff das Dorf Ehda vollständig niedergebrannt und verwüstet wurde, wobei nur wenige Männer überlebten«. Reiter, vermutlich Dschandschawid, hätten die Menschen angekettet, bevor sie den Marktplatz geplündert und danach alles in Brand gesetzt hätten. *Quelle: British Broadcasting Corporation, 28. Juli 2004*

Juli 2004: Dschandschawid suchen acht Dörfer in der Dschebel-Mun-Gegend in West-Darfur heim und töten 13 Dorfbewohner. *Quelle: Human Rights Watch, 22. Juli 2004*

Juli 2004: Dschandschawid greifen das Dorf Suleia an und verbrennen Zivilisten bei lebendigem Leib. *Quelle: Daily Telegraph, London, 28. Juli 2004*

Juli 2004: Nach Informationen der Menschenrechtsorganisation *Human Rights Watch* greifen die Milizen der Dschandschawid in der Regel an, nachdem zuvor Kriegshubschrauber der Armee zum Einsatz gekommen sind. Damit solle sichergestellt werden, daß möglichst wenig Menschen flüchten können. *Quelle: East African Standard, 25. Juli 2004*

Juli 2004: Bei Kämpfen zwischen verschiedenen Stämmen in Süd-Darfur werden 47 Menschen getötet und 24 verletzt. *Quelle: Associated Press, 6. Juli 2004*

Juli 2004: In der ersten Juliwoche kommen bei Kämpfen im Süden Darfurs mindestens 70 Menschen ums Leben. *Quelle: Cable News Network, 7. Juli 2004*

Juli 2004: Bei einer Dschandschawid-Attacke auf das Dorf Kenyu werden mehrere Menschen erschossen. *Quelle: Amnesty International, 19. Juli 2004*

Juli 2004: Im Lager Kass berichten sechzig Prozent aller Frauen, daß sie sexuell mißbraucht wurden. *Quelle: United Nations Office for the Coordination of Humanitarian Affairs, 19. Juli 2004*

Juli 2004: Sudans Außenminister Mustafa Osman Ismail sagt auf einer Pressekonferenz in Paris: »Der wachsenden Druck der Vereinigten Staaten und Großbritanniens ist ähnlich wie der Druck, den sie auf den Irak ausgeübt haben.« Und wie im Irak würden britische oder amerikanische Truppen auch in Darfur behandelt: »wie Besatzungstruppen«. *Quelle: Daily Nation, Nairobi, 23. Juli 2004*

Juli 2004: Die Zahl der Beobachter der Afrikanischen Union in Darfur beträgt 62, dreihundert afrikanische Soldaten sollen sie in Darfur vor Übergriffen beschützen, die Fläche Darfurs ist ungefähr so groß wie die Frankreichs. *Quelle: Mail & Guardian, Johannesburg, 23. Juli 2004*

Juli 2004: Auch der Papst macht sich mittlerweile Sorgen. »Der Heilige Vater hofft, daß die Stimmen der Menschen von Darfur gehört und verstanden werden und daß ihre fundamentalen Rechte eingehalten werden«, sagt Vatikan-Staatssekretär Kardinal Angelo Sodano. *Quelle: Daily Nation, Nairobi, 26. Juli 2004*

Juli 2004: *Médecins Sans Frontières* befragt 7 140 Vertriebene aus 179 Dörfern. Danach wurden in deren Dörfern zwischen Ende Oktober 2003 und Anfang Mai 2004 3,8 Prozent der Bevölkerung getötet. Hochgerechnet auf ganz Darfur kommen die Ärzte ohne Grenzen damit auf eine Zahl von 120 000 Todesopfern allein in sieben Monaten. Der Krieg tobt aber schon seit 17 Monaten. Weitere 1,9 Prozent der Bevölkerung seien Krankheiten und Unterernährung zum Opfer gefallen. *Quelle: Neue Zürcher Zeitung, 24. Juli 2004*

Juli 2004: Ein Rebellenführer aus Darfur erklärt, seine Gruppe werde nicht zu Gesprächen mit der Regierung in Khartum bereit sein, solange die arabischen Milizen nicht entwaffnet seien. *Quelle: Reuters, 26. Juli 2004*

Juli 2004: In den Vereinigten Staaten wird Darfur zum Wahlkampfthema. Während der Kongreß die Massaker im Sudan bereits als Völkermord einstuft, halten sich Präsident George W. Bush und sein Außenminister Colin Powell noch zurück. Vor der schwarzen Bürgerbewegung *National Urban League* in Detroit sagt er: »Wir haben gegenüber der Regierung in Khartum unsere Haltung sehr deutlich gemacht: Sie muß die Gewalt durch die Dschandschawid-Milizen stoppen und dafür sorgen, daß die Bevölkerung Zugang zu internationaler Hilfe erhält.« *Quelle: Welt am Sonntag, Hamburg, 25. Juli 2004*

Juli 2004: Ahmed Tugod Lissan, Sprecher des *Justice and Equality Movement*, erklärt in Addis Abeba, seine zu von der Afrikanischen Union vermittelten Friedensgesprächen angereisten Männer würden noch eine Nacht in der äthiopischen Hauptstadt bleiben und dann abreisen. »Wir haben die Regierung in Khartum so verstanden, daß sie es ablehnt, über eine Entwaffnung der Dschandschawid-Milizen zu reden. Diese führen in Darfur ethnische Säuberungen und einen Genozid an der afrikanischen Bevölkerung durch.« Damit gelten mögliche Verhandlungen um eine Beilegung der Konflikte vorerst für gescheitert. *Quelle: The Caprivi Vision, Katima Molilo, 26. Juli 2004*

Juli 2004: Der holländische Außenminister Ben Bot erklärt, es sei »fast sicher, daß die Internationale Gemeinschaft weitere Maßnahmen« gegen die Regierung in Khartum ergreifen werde, »wenn sich die Lage nicht bessert«. Sein deutscher Kollege, Joschka Fischer, erklärt im *Zweiten Deutschen Fernsehen* nach einem Gespräch mit dem amerikanischen Außenminister Colin Powell: »Die sudanesische Regierung hat die Pflicht, die Sicherheit der Menschen zu garantieren, und die Verantwortung, die Milizen vor Gericht zu bringen und deren Waffen einzusammeln, um die Gewalt zu beenden.« *Quelle: Daily Nation, Nairobi, 26. Juli 2004*

Juli 2004: Der britische Premierminister Tony Blair weist Berichte als »voreilig« zurück, nach denen er Pläne entwickelt habe, in Darfur militärisch einzugreifen. *Quelle: The Monitor, Kampala, 26. Juli 2004*

Juli 2004: In einem Communiqué erklärt die Afrikanische Union ihre »tiefe Sorge über die beunruhigende Lage, die immer noch in Sudans Darfurregion herrscht, besonders die fortgesetzten Angriffe der Dschandschawid-Milizen auf Zivilisten«. *Quelle: Afrikanische Union, 27. Juli 2004*

Juli 2004: In der sudanesischen Staatszeitung *Al Anbaa* warnt der Generalsekretär der regierenden Kongreßpartei, Ibrahim Ahmed Omar, vor einer militärischen Intervention in Darfur. »Jeder, der gewaltsam hier eindringt, wird Gewalt ernten. Jede Macht, die interveniert, wird ein Verlierer sein.« Gleichzeitig fordern Darfur-Rebellen die Welt auf, militärisch im Westen des Sudan einzugreifen. *Quelle: The Monitor, Kampala, 27. Juli 2004*

Juli 2004: Nach Informationen der Menschenrechtsorganisation *Human Rights Watch* wurden 38 Moscheen in Darfur niedergebrannt und die örtlichen Mullahs ermordet. *Quelle: Der Tagesspiegel, Berlin, 27. Juli 2004*

Juli 2004: Im Sudan wird weiter kräftig Öl gefördert. Derzeit liegt die Fördermenge bei 213 000 Faß Rohöl täglich, bis Ende 2005 soll sie auf 500 000 Faß steigen. Maßgebliche Akteure im Ölgeschäft sind *China National Petroleum Corporation*, der malaiische Konzern *Petronas*, die kanadische *Talisman Energy Inc.*, aus Qatar *Gulf Petroleum Corporation*, die schwedische *Lundin Oil AB* und die Franzosen von *TotalFinaElf*. *Quelle: Frankfurter Allgemeine Zeitung, 27. Juli 2004*

Juli 2004: »Die Vereinten Nationen schätzen die Zahl der Toten mittlerweile auf 50 000«, sagt Ben Parker, Unicef-Sprecher in Nairobi. *Quelle: Hamburger Abendblatt, 28. Juli 2004*

Juli 2004: Während eines Dschandschawid-Angriffs auf Kutum werden mehrere Mädchen im Alter von zehn bis fünfzehn Jahren verschleppt und als Sexsklavinnen gehalten. *Quelle: Amnesty International, 19. Juli 2004*

Juli 2004: Was sich in Darfur ereigne, sei kein Genozid, erklärt der sudanesische Außenminister Mustafa Osman Ismail, »es ist eine humanitäre Krise, die durch Kämpfe ausgelöst wurde, mit denen wir nichts zu tun haben«. *Quelle: This Day, Johannesburg, 27. Juli 2004*

Juli 2004: Die Aussage des britischen Generals Sir Mike Jackson, er könne 5 000 Soldaten zur Verfügung stellen, um den Flüchtlingen aus Darfur beizustehen, löst in Khartum heftige Proteste aus. Es wird gemutmaßt, die Briten könnten dabei eigene Ölinteressen verfolgen. *Quelle: Mail & Guardian, Johannesburg, 30. Juli 2004*

Juli 2004: Kofi Annan bittet die Welt, mehr Hilfsgelder für Darfur zur Verfügung zu stellen. Von den 349 Millionen US-Dollar, um welche die Uno im März 2004 gebeten hatte, seien bisher erst 158 Millionen eingetroffen. Die Vereinten Nationen nennen die Situation im Westen des Sudan die »schlimmste humanitäre Krise der Gegenwart«. *Quelle: East African Standard, Nairobi, 30. Juli 2004*

Juli 2004: Der Sicherheitsrat der Vereinten Nationen verabschiedet die *Resolution 1556* bei seinem 5015. Treffen am 30. Juli 2004 (*S/RES/1556*)«. Darin werden unter anderem verurteilt: »[...] alle Akte von Gewalt und die Verletzung von Menschenrechten und internationalem humanitären Recht durch alle an dieser Krise beteiligten Parteien, insbesondere die Dschandschawid, einschließlich der willkürlichen Angriffe auf Zivilisten, Vergewaltigungen, erzwungenen Vertreibungen, und Akte der Gewalt, besonders solche mit einer ethnischen Dimension«. *Quelle: United Nations Security Council, 30. Juli 2004*

Juli 2004: Ein Beobachterteam der Afrikanischen Union berichtet, in Darfur seien Menschen aneinandergefesselt und verbrannt worden. Bei den Tätern könne es sich um Dschandschawid gehandelt haben. *Quelle: Associated Press, 31. Juli 2004*

Juli 2004: Die US-Behörde für Internationale Entwicklung schätzt, daß in Darfur mittlerweile 80 000 Menschen an den Folgen von Hunger und Gewalt gestorben sind. 30 000 Menschen seien getötet worden, 50 000 an Folgen des Kriegs wie Krankheiten und Unterernährung gestorben. 350 000 Menschen seien akut gefährdet. *Quelle: Der Standard, Wien, 31. Juli 2004*

* * *

DOCH ALL DIESE OPFER sind nur die Vorboten einer noch viel größeren Katastrophe. In wenigen Wochen beginnt hier die Regenzeit, dann füllen sich die ausgedörrten Flußläufe mit Wasser. Reißende Ströme schießen über den erodierten Boden und schneiden riesige Flächen des Landes von der Versorgung durch Hilfsorganisationen ab. »Schon jetzt bedeutet die Flucht riesiger Menschenmengen, daß die Saat für die nächste Ernte nicht ausgebracht werden kann«, sagt der Exekutiv-Direktor des Welternährungsprogramms, James Morris, in seinem breiten Südstaatenslang, »was auch immer jetzt geschieht, es wird in den kommenden Monaten einen großen Mangel an Lebensmitteln geben. In einigen Wochen beginnt die Regenzeit. Dann werden die Straßen unbefahrbar und viele Menschen inmitten des Kriegsgebiets völlig isoliert sein.«

Je länger die Flüchtlinge in den gigantischen provisorischen Lagern hausen, desto größer wird zudem die Seuchengefahr. Unklar ist, ob die an dem systematischen Morden beteiligte Regierung gestatten wird, die ziellos umherirrende Bevölkerung auch nur notdürftig zu versorgen. Im Kampf gegen Aufständische war die Islamistendiktatur nie besonders zimperlich; niemand zweifelt daran, daß sie auch Hunger und Seuchen als Waffe einzusetzen bereit ist.

Seit Jahren kommt es hier schon zu Massakern an der afrikanischen Bevölkerung. Die Täter sind meist die gefürchteten arabischen Reitermilizen, unterstützt von der Regierung in Khartum.

Damit ist der Sudan de facto geteilt. Im Norden haben die arabischen Islamistengruppen um Präsident Umar al-Baschir ein grausames Scharia-Regime errichtet, im Süden herrscht vor allem die bisweilen nicht minder zimperliche Befreiungsbewegung SPLA um ihren Anführer John Garang. Eine Einigung scheiterte bisher immer an der Verteilung der Rohstoffe des ölreichen Landes. Doch während sich die beiden wichtigsten Kontrahenten unter enormem Druck der Vereinigten Staaten auf ein vages Friedensabkommen einigten, blieb die Region Darfur nahezu unbeachtet.

Der Krieg in Darfur brach nicht zufällig zu einem Zeitpunkt aus, als die Kriegsparteien aus Nord und Süd sich in Kenia zu einigen schienen. Er wird zwar mit einer unglaublichen Gewalttätigkeit durch die Regierung und ihr ergebene Milizen geführt. Begonnen wurde er aber von Rebellen, nicht von Khartum.

* * *

DIE AFRIKANISCHE UNION am 13. April 2004 zur Lage in Darfur: »Im Westen des Sudan gelegen, ist die Region Darfur Heimat von schätzungsweise sieben Millionen Menschen. In den vergangenen Jahrzehnten wurde die Gegend immer wieder Schauplatz von kleineren Konflikten zwischen den Bevölkerungsgruppen, die von Streitigkeiten um Weideland und Wasser zwischen Landwirten und Viehnomaden ausgingen; von Rivalitäten zwischen Gemeinschaften über deren Beteiligung an lokalen Regierungsämtern; und auch von der allgemeinen nationalen Entwicklung. Die Situation wurde verschlimmert durch die weitverbreitete Existenz von Kleinwaffen, die die Ausbreitung der Gewalt in der Region gefördert haben. Der gegenwärtige Konflikt begann im Februar 2003, als eine Gruppe, bekannt als *Sudan Liberation Army/Movement* (SLA/M), vorher: *Darfur Liberation Front*, einen Angriff auf Gulu durchführte und die Stadt einnahm. Die SLA forderte unter anderem sozio-ökonomische Entwicklung der Region und das Ende der Aktivitäten von Stammesmilizen. Darauf folgte eine Reihe weiterer Angriffe, insbesondere auf El Fascher und Mellit, die Hauptstadt und die zweitgrößte Stadt Nord-Darfurs. Als Antwort auf diese Angriffe haben Regierungstruppen eine Offensive gegen die SLA begonnen, inklusive Luftangriffe. Später im Jahr 2003 tauchte eine zweite Bewegung namens *Justice and Equality Movement* (Jem) auf und schloß sich der SLA bei bewaffneten Angriffen an.«

Mittlerweile habe sich der Sudan, »wo die Aussichten auf Frieden so vielversprechend waren«, schreibt die sonst eher zurückhaltende *International Crisis Group*, »zu einer potentiellen Horrorstory entwickelt«. Von einem drohenden Genozid ist die Rede, von »ethnischen Säuberungen« wie einst in Bosnien und der »größten humanitären Krise der Gegenwart« (Uno). Eine »Herrschaft des Terrors« nennt es der amtierende Uno-Menschenrechtsbeauftragte Bertrand Ramcharan.

Im Nairobi-Büro des Welternährungsprogramms hat sich Resignation ausgebreitet. Immer wieder blockiert die Regierung des Sudan die Versorgung der Menschen in Darfur. »Teilweise müssen Hilfsorganisationen wochenlang in Khartum warten, bis sie die Genehmigung erhalten, etwas zu tun«, klagt Laura Melo. Die resolute Italienerin sitzt in ihrem Büro Nummer 117, in Block B des Uno-Komplexes in Nairobi, unter Landkarten, auf denen Lager und Flughäfen und Wüsten eingetragen sind. Seit vor ein paar Jahren hier Al-Qaida-Terroristen die amerikanischen Botschaft in die Luft gejagt haben, verschanzen sich auch die Uno-Leute hinter Stacheldraht und Zäunen, Flutlichttürmen und etwas, das ein englischer Rasen sein könnte, aber auch eine freigemähte Schußfläche. Es herrscht eine Heimeligkeit wie früher an der innerdeutschen Grenze. Aber vielleicht muß das auch sein. Vielleicht verschafft diese Sterilität den Mitarbeitern der Vereinten Nationen einfach die Illusion, es könne sie vor dem Grauen, dem Schmutz und den Bakterien da draußen in Afrika bewahren. »Die Leute krepieren in ihren Exkrementen«, sagt Marcus Prior, der in Darfur war. »Sie verbrennen in ihren Strohhütten, sie werden erschossen und aufgeschlitzt, zu Tode vergewaltigt, und sie sterben auf dem langen Treck in den Tschad, bleiben einfach irgendwo liegen, weil die anderen selber zu schwach sind, noch jemanden mitzuschleppen durch die Wüste.« Es sei das Schlimmste, was er jemals gesehen habe, sagt Prior.

»Was sollen wir tun?« fragt Melo, »wichtige Geräte werden von den Sudanesen einfach im Hafen von Port Sudan festgehalten.« Die ohnehin schon schwierige Nothilfe in einem kaum zugänglichen Gebiet von der Fläche Frankreichs drohe nun vollends zu scheitern.

Wenn der große Regen einsetzt, bleibt nur noch die Versorgung aus der Luft. Doch die ist schwierig und teuer. Über den Hungernden würden Rosinenbomber kreisen und Pakete abwerfen, während es auf dem Boden zu Mord und Totschlag zwischen den ums Überleben Kämpfenden käme.

VIEL HOFFNUNG haben die Helfer nicht mehr. Entsetzt sah Marcus Prior entvölkerte Landstriche und Felder. Ein Desaster, denn nach drei Jahren der Dürre könnte endlich eine gute Ernte eingefahren werden. Gerade jetzt, so kurz vor der Regenzeit, müßte gesät werden. »Doch die Felder sind leer, die Märkte sind leer, und was es zu kaufen gibt, ist extrem teuer und für die meisten unerschwinglich«, sagt Prior. »Das einzige, was die Menschen dort zu essen haben, ist eine dünne Hirsesuppe.« Eigentlich bräuchten die Menschen bei den apokalyptischen Temperaturen in Darfur rund zwanzig Liter Wasser pro Kopf täglich, den Zurückgebliebenen stünden aber nur sechs bis acht Liter zur Verfügung.

Die meisten jedoch sind panisch geflüchtet. Und kaum jemand wagt sich mehr zurück in sein Heimatdorf.

Aus gutem Grund. In einem Lager in dem Ort Samsam traf Prior einen alten Mann, dessen Dorf von arabischen Milizen angegriffen worden war. Zwei seiner sechs Söhne wurden sofort getötet, mit den anderen vier konnte der Alte flüchten. Vier Wochen später kehrten die Jüngeren zurück, um ihre Felder zu bestellen und die Lage zu erkunden. Den Ausflug mußten auch sie mit dem Leben bezahlen: Angehörige der berüchtigten Dschandschawid-Milizen schlachteten sie einfach ab.

Die Menschenrechtsorganisation *Human Rights Watch* hat jetzt einen umfassenden Bericht verfaßt, in dem Hunderte solcher Fälle aufgelistet sind. Es ist ein Dokument des Schreckens. »Regierungstruppen haben an Massakern und Erschießungen von Zivilisten, einschließlich Frauen und Kindern, ebenso teilgenommen wie an dem Niederbrennen von Städten und Dörfern oder an Zwangsdeportationen.«

Daran, daß die sudanesische Regierung an den Grausamkeiten beteiligt ist, haben die Menschenrechtler keine Zweifel: »Offizielle Dokumente beweisen, was die Regierung abstreitet: daß die Dschandschawid ein integraler Bestandteil der Regierungsstreitkräfte sind und Teil der Strategie im Kampf gegen Aufständische, eine Streitmacht und Strategie, die für Kriegsverbrechen und Verbrechen gegen die Menschlichkeit verantwortlich sind. Human Rights Watch hat Kopien von sudanesischen Regierungs-Dokumenten eingesehen, welche die offizielle Politik der Unterstützung der Dschandschawid-Milizen beschreiben.« So dokumentierten Schriftstücke aus den Büros der zivilen Verwaltung von Darfur die »Verstrickung der staatlichen Bürokratie auf höchster Ebene in die Rekrutierung und Bewaffnung von Milizen und die Genehmigung von deren Aktivitäten, die in Kriegsverbrechen und Verbrechen gegen die Menschlichkeit mündeten«.

Mindestens »100 000 vom Krieg betroffene Menschen könnten allein in den nächsten zwölf Monaten an mangelnder Ernährung oder an Krankheiten sterben«, warnt darüber hinaus die *United States Agency for International Development.*

DABEI IST DER KONFLIKT IN DARFUR keineswegs neu; es ist der uralte Kampf zwischen arabisierten Nomaden und afrikanischen Bauern. Es ist ein Krieg um Wasser und um Weidefläche. Ein Kampf der Kulturen und ein Kampf um Bodenschätze.

»Man verübte dabei alle nur erdenklichen Grausamkeiten, peitschte die Armen bis aufs Blut, schlug sie mit Stöcken halbtot und hängte sie mit den Füßen an den Bäumen auf«, berichtete der Österreicher Rudolph Slatin über die Einnahme Darfurs durch die islamischen Truppen des Mahdi. Das war 1883.

»Seit Regenfälle den Zugang zu den Lagern erschweren, sind bereits mehr als fünfzigtausend Menschen gestorben, und diese Zahl wird dramatisch steigen,» schreibt Sudanexperte Peter Moszynski in einem Kommentar, der am dreißigsten Juli 2004 im südafrikanischen *Mail & Guardian* abgedruckt wird, »wenn man mehr als zwei Millionen Tote im Süden des Landes berücksichtigt, dann ist Präsident Umar Hassan al-Baschir für mehr Tote verantwortlich als Slobodan Milošević, Saddam Hussein und Pol Pot zusammen. Selten gab es eine klarere moralische Grundlage für eine Intervention.«

N'DJAMENA, das unter den Franzosen einst Fort Lamy hieß, befindet sich wieder einmal im Ausnahmezustand. Durch die staubigen Straßen rumpeln vollbesetzte, wüstenfarbene Mannschaftswagen der Polizei, rattern dschungelfarbene Panzer der Armee. Gestern hat es einen Putschversuch gegen Präsident Deby gegeben. Den wievielten eigentlich? Und ich bin froh, es überhaupt in die Hauptstadt des Tschad geschafft zu haben. Noch ist unklar, wer hinter dem Angriff auf den Präsidenten steckt, es wird gemutmaßt, der Sudan oder Libyen könnten das Chaos in der Region genutzt haben, sich des Diktators zu entledigen. Und noch weiß auch niemand, wieviele Verschwörer sich noch in der Stadt befinden. Es hat eine Schießerei in der Stadt gegeben, wispern die Menschen, in den frühen Morgenstunden.

Aus den Kasernen der Umgebung wurden Truppen zusammengezogen und in die Hauptstadt gekarrt; jetzt haben sich überall an den Straßenecken und Kreuzungen schwerbewaffnete Soldaten postiert und durchwühlen jeden Eselskarren. Gerüchte machen die Runde. Der Präsident habe seine Familie in Sicherheit gebracht. Der General der tschadischen Armee, Bechir Haggar, stünde hinter dem Aufruhr. *Agence France Presse* berichtet, eine Rebelleneinheit von rund achtzig Mann sei außerhalb der Stadt von der Armee eingekesselt worden. Andere behaupten, es handele sich um die Rebellion von Armeeangehörigen, denen der Sold vorenthalten worden sein soll. Menschen auf der Straße sagen, in drei Tagen hätte eine öffentliche Kundgebung der Opposition in den Straßen der Stadt abgehalten werden sollen. Kann das ein Zufall sein? Der Präsident versuche, seine Gegner mundtot zu machen.

DER CONCIERGE DES NOVOTELS sagt, man stellt hier besser keine Fragen. Ein Pastis vielleicht, Monsieur? Lächelnd wendet er sich nun der Bar zu. In der Nähe sitzt Hördur Karlsson in seinem Korbstuhl, ein freundlicher strohblonder Isländer, der sich nach Rom sehnt, wo er sonst mit seiner Familie lebt, und der hier für das Uno-Welternährungsprogramm die Flüge in den Osten koordiniert. »Natürlich nehme ich Sie mit nach Abeché«, sagt Hördur, »aber verplempern Sie hier keine Zeit. Wenn die Lage so angespannt bleibt, kann die Armee jederzeit den Flughafen dichtmachen; dann sitzen Sie hier fest.« Und man sitzt schnell irgendwo fest in Afrika, eigentlich sitzt man ständig irgendwo fest. Und wartet und wartet und wartet. Und darum hat man auch immer etwas Interessantes zu lesen dabei. Zum Beispiel: Gustav Nachtigals *Sahara und Sudan*, beziehungsweise Auszüge daraus, denn das Werk umfaßt ursprünglich drei dicke Bände mit mehreren Tausend Seiten. Dann kramt Hördur noch einen Zettel vom Flüchtlingshilfswerk, Stand: 10. Mai 2004, hervor, auf dem penibel vermerkt ist, wo genau sich im Tschad welche Flüchtlingsmassen sammeln: Tiné: 12000, Cariagi: 11000, Bahay: 14000, Ogona: 7000, Figuera: 18000, Adré: 40000, Adé: 8000, Mourrou: 6000, Aurine: 3000, Dagessa: 7000, Tissi: 15000. Das sind diejenigen, die sich in nicht organisierten Lagern befinden, wie es heißt. In »organisierten Lagern« wurden 47751 weitere gezählt.

WAS NACHTIGAL 1873 in Abeché übrigens besonders auffällt, ist die Verschwiegenheit der Menschen dort. »In der That wagte in Abesche niemand, das leiseste Gerücht über Krieg und Frieden, über die Verhältnisse der Nachbarländer und über Ereignisse im eigenen Lande, wenn ihm der Zufall davon Kenntnis gegeben hatte, einem anderen mitzutheilen.«

* * *

AUF DIE VEREINTEN NATIONEN ist ausnahmsweise einmal Verlaß. Der Flug am nächsten Morgen geht pünktlich um sieben Uhr. Ein paar Mitarbeiter von Hilfsorganisationen sitzen noch in der Maschine. Ein paar Leute von der Uno.

IM OSTEN DES TSCHAD herrscht Stille. Geradezu gespenstisch. Kein Wehklagen der Frauen, kein Kindergeschrei, kein Fluchen der Männer. Nur bisweilen leises Gewimmer.

Als hätten sie sich längst in ihr Schicksal ergeben, folgen die ausgezehrten Gestalten den Anweisungen. Sie raffen ihre letzten Habseligkeiten zusammen und stolpern auf die Ladeflächen bereitgestellter Lastwagen. In wenigen Stunden werden sie von der Grenzregion zum Sudan tiefer ins Landesinnere des Tschad transportiert. Vielleicht wird ihnen die Wüste dort für längere Zeit eine Zuflucht bieten. Niemand kann das sagen. Die sudanesischen Flüchtlinge wissen nicht, wohin die Reise geht.

Die vergangenen Monate haben ihnen die letzten Kräfte geraubt. Wochenlang harrten sie nahezu unversorgt im kargen Osten des Tschad aus, am Rande der menschenfeindlichen Sahara. Dort steigt das Thermometer tagsüber auf fünfzig Grad Celsius. Die Brunnen waren irgendwann erschöpft. Die ersten Alten und Kinder starben, auch die mitgeführten Esel und Ziegen verendeten. Ein süßlicher Verwesungsgeruch zieht immer noch über den Lagerplatz.

Während Sudans Regierung jetzt mit Rebellenführer John Garang von der *Sudanesischen Volksbefreiungsarmee* ein Abkommen unterschrieb, das den einundzwanzig Jahre dauernden Bürgerkrieg im Süden des Landes beenden könnte, bahnt sich in der Westregion von Darfur eine Katastrophe an. »Die Menschen sind am Ende«, klagt die Ärztin Natalie van Merwick. Die fünfundzwanzigjährige Belgierin versorgt in einem Zelt der Grenzstadt Tiné Notfälle und beobachtet seit Monaten den Horror der Vertreibung.

Das Elend hat sie in drei Etappen eingeteilt: »Zuerst, im Januar, kamen unzählige Kriegsverletzte zu uns. Dann folgte eine Meningitis-Epidemie. In der dritten Phase befinden wir uns jetzt: akute Unterernährung.« Dazu muß sie massenhaft Atemwegserkrankungen behandeln: »Der Sand! Er dringt in die Lungen, die Menschen können sich hier nicht vor diesem furchtbaren Wind schützen.« Demnächst setzt auch noch die Regenzeit ein. Dann werden Cholera-Epidemien und Tuberkulose-Ausbrüche folgen – ein Inferno in der Wüste. Aber sie ist ja schon froh, daß sie überhaupt arbeiten kann. Im Januar fielen hier noch Bomben. Dennoch sind die Reserven längst erschöpft. Vor einem halben Jahr wurden hier zuletzt Lebensmittel verteilt.

UND IMMER MEHR MENSCHEN versuchen, die Wüste zu überwinden und in den Tschad zu gelangen. Über eintausend Kilometer lang ist die Grenze zwischen dem Sudan und Tschad – länger als von Hamburg bis zum Bodensee. Es ist natürlich keine richtige Grenze mit einem Zaun oder ähnlichen fragwürdigen Errungenschaften der Zivilisation, es ist ein Wüstenstreifen, in dem giftiges Getier herumkreucht wie Skorpione oder Schlangen oder haarige Vogelspinnen.

»Die Lage ist katastrophal«, sagt auch Osman Ibrahim, 22. Er ist so etwas wie der Flüchtlingskoordinator von Tiné geworden, einer Stadt die aus Lehmhütten mit engen Fensterschlitzen besteht – kleinen Festungen gegen den alles durchdringenden Sand. Er sorgt dafür, daß die Sudanesen, die gerade auf die Lastwagen gepfercht werden, nicht allzu viele Fragen stellen.

8000 Menschen will Osman Ibrahim innerhalb der nächsten zwei Tage von hier deportieren. Er sagt, es sei in Tiné zu gefährlich. Und er hat nicht ganz unrecht, weil die Dschandschawid ja wirklich nur ein paar hundert Meter von uns entfernt unter einer Akazie sitzen und Tee trinken, und auch, weil das Flüchtlingswerk der Uno erst helfen mag, wenn die Menschen mindestens sechzig Kilometer von der Grenze entfernt sind. Aber der Begriff der Sicherheit ist in dieser Hölle vielleicht ein anderer als bei der Uno in New York oder Genf, jedenfalls ist fraglich, ob die Menschen an irgendeinem menschenleeren Platz im Landesinnern des Tschad überhaupt überleben können. Sie haben ja nicht nur Angst vor den Mordbanden, sondern auch vor der Hitze und dem Wassermangel.

Normalerweise hat die Grenzstadt rund zehntausend Einwohner, doch derzeit sind es mindestens doppelt so viele. Und darauf war hier niemand vorbereitet. Weit und breit läßt sich kein Fahrzeug des Welternährungsprogramms blicken, vom Flüchtlingshilfswerk der Uno ganz zu schweigen.

* * *

WIR WAREN IN ABECHÉ gelandet, und mit etwas Glück fand ich ein einfaches Quartier beim Missionar Joel, einem eremitischen Franzosen, der sich der wenigen versprengten Christen in dieser mohammedanischen Welt annimmt.

Die Stadt ist trostlos, und die Menschen haben Angst. Hunderttausend Einwohner soll Abeché haben und zwei Universitäten mit 1 400 Studenten. Jeden Sonntag findet ein Kamelmarkt statt, und in ein paar versteckten Kneipen kann man sogar ein Guiness trinken, aber das macht keine Freude, weil das Bier lauwarm ist und in diesen Kaschemmen bloß ein paar Christen herumlungern, die immer schon nachmittags besoffen sind. »Es wird Krieg geben zwischen dem Tschad und dem Sudan«, murmelt Abdul Suleyman, der Lehrer, »und davor fürchten sich die Menschen hier.« Mehr weiß er auch nicht.

»Nimm genug Wasser mit«, hatte mir Joel als guten Rat mit auf den Weg gegeben, »dort oben, wo du hinfährst, gibt es nichts mehr. Gar nichts.« Dann hatte mir Christine Decker, eine Mitarbeiterin des katholischen Hilfswerks *Caritas*, einen Fahrer beschafft. Und dann machten wir uns in einem Pickup, vollgepackt mit Quellwasser in Flaschen, auf den langen Weg nach Norden, durch die Geröllwüste, an Krüppelakazien vorbei, durch versandete Wadis. Wir sahen die ersten Lager des UNHCR, endlose Zeltreihen, die schon nach wenigen Tagen von einer feinen grauen Staubschicht verhüllt waren, und vor denen apathisch Kinder hockten. Wir fuhren an unzähligen Tierkadavern vorbei, die in der Sonner verfaulten und zu ledernen Zeugen des Todes verdorrten. Rochen den infernalischen Gestank von Verwesung und Fäkalien. Passierten die ausgebrannten Panzerwracks im Sand, Überbleibsel des Kriegs zwischen dem Tschad und den einfallenden Libyern des Oberst al-Gaddafi, der den Tschad arabisieren und von seinem schwarzen Präsidenten Hisséne Habré befreien wollte. Das war in den Siebziger Jahren; Kriege zwischen »Arabern« und »Afrikaner« finden hier ständig statt. Wir sahen auf der »anderen Seite« stolze Dschandschawid auf ihren Kamelen, Kalschnikows unter dem Arm und Panzerfäuste im Sattel, und nachts hörten wir den herüberdringenden Gefechtslärm. Und wir sahen in Tiné das Sterben der Darfuris, die sich unter Dorngestrüpp verkrochen und unter Müllbeuteln, weil es sonst nichts gab, das ihnen Schutz geboten hätte.

Weil die Würdenträger an diesem Schauplatz des Schreckens das Sterben, das beschleunigt einsetzen wird, ungern vor der eigenen Haustür mitansehen wollen, verfrachten sie die Unglücklichen aus Darfur einfach ins Landesinnere. Zumindest 125 Kilometer weit soll der Elendstransport gehen. Einige Dutzend Menschen kauern eng gedrängt auf den weißen Trucks mit dem Emblem des Tschadischen Roten Kreuzes.

AUCH SCHARIF HARI, 54, soll die Reise ins Ungewisse antreten. Seit fünf Monaten schon haust er in Tiné. Blickt er auf die andere Seite des ausgedörrten Wadi, kann er drüben, jenseits der Grenze, die sudanesischen Regierungssoldaten sehen. Sie hocken, gemeinsam mit den grausamen Dschandschawid-Milizen, unter schattenspendenden Bäumen und vertreiben sich die Zeit mit Kartenspiel und süßem Tee.

Elf Tage lang ist Hari mit neun Familienangehörigen vor diesen Banditen geflüchtet. Im Januar waren die in sein Dorf Karagha einmarschiert und hatten ein Gemetzel veranstaltet: Männer getötet, Frauen vergewaltigt, Vieh gestohlen. Auch Haris Bruder Abd al-Karim Hari, war unter den Toten, ihn selbst ließen sie laufen. Seitdem befindet er sich auf der Flucht.

»Alles war voller Leichen, voller Leichen«, sagt er monoton, »alles voller Leichen.« Und dann zeigt er hinüber, nach Osten, wo seine Freunde und Angehörigen gestorben sind, und seine Hand zittert dabei. »Sie liegen alle in kleinen Gräbern, unter Sandhaufen.« Ob er jemals in seine Heimat zurückkehren wird, ist ungewiß. Er ist schwach, er kann nicht mehr aufstehen, er hat sogar Mühe, die lästigen Fliegen zu verscheuchen.

ASISA AHMED ISSA hat ebenfalls alles verloren. Im März kamen die Dschandschawid, die »arabischen Reiter mit dem Gewehr«, in ihr Dorf und ermordeten ihren Vater, den Dorflehrer. Es war ein Uhr mittags, und es wurde ein Blutbad. Am Boden metzelten die Milizen, oben kreisten Hubschrauber und zwei Antonow-Bomber der Armee. Irgendwie schlug sich die Achtzehnjährige allein durch und erreichte den Tschad. Doch sicher ist sie auch hier nicht. Immer wieder stoßen Trupps arabisierter Nomaden in das Nachbarland vor und rauben den Vertriebenen das wenige, was diese noch besitzen. Asisa verbirgt ihr Gesicht unter einem blauen Seidentuch. Später möchte sie einmal Medizin studieren, sagt sie leise, helfen, Leben retten. Doch erst einmal muß sie selber dieser Hölle lebend entrinnen.

* * *

MAN HÖRT IN TINÉ viele Geschichten wie diese. Kaltuma Hasala Adan erzählt, wie sie mit ihrer Familie bei Ausbruch der Kämpfe in ihrem Dorf in Darfur bleiben wollte. Sie hatten Angst, alles zu verlieren, wenn sie mit den anderen flüchten würden. Wo sollten sie auch hin? In Darfur lagen die Äcker, die sie jedes Jahr bebauten und auf deren Ertrag die ganze Familie angewiesen war. Es war ein schwerer Entschluß zu bleiben, als die anderen in langen Kolonnen mit Eseln und Ziegen und großen Plastiksäcken mit all ihrem Hab und Gut vorbeizogen und riefen »Kommt mit, macht euch nicht unglücklich!«, und es war der falsche. Es dauerte nicht lange, da kamen Bomber der Armee und die apokalyptischen Reitermilizen auch zu Kaltuma ins Dorf.

Zuerst schossen sie aus der Luft alles in Brand, dann kamen die berittenen Knechte Khartums. Schon während der ersten Attacke wurde Kaltumas achtzehn Monate altes Baby Ali von einem Schrapnell zerfetzt. Dann wurden alle jungen Männer, derer die Banditen habhaft werden konnten, ermordet. Kaltumas ältester Sohn Issa mußte sich mit anderen Jungen in einer Reihe auf dem Boden niederknien, dann schossen sie ihm von hinten in den Kopf. Wenig später verschwand Kaltumas Mann. Irgendwie konnte sie entkommen. Irgendwie. Sie weiß selbst nicht mehr genau, wie sie es geschafft hatte. Nun hockt sie hinter einem Dornbusch, der ein bißchen vor dem scharfen Wind schützen soll.

OBENDREIN droht die Krise jetzt auch das Nachbarland zu erfassen. Wie die Flüchtlinge Issa und Hari gehört auch Tschads Präsident Idriss Déby dem Stamm der Saghawa an, der auf beiden Seiten der Grenze lebt. Während die Saghawa im Sudan grausam unterdrückt werden, tut Déby allerdings wenig, um seinen geknechteten Stammesbrüdern zur Seite zu eilen.

Mitte Mai gab es diesen Putschversuch und Schießereien in der Hauptstadt N'Djamena. Und obwohl die Hintergründe dieses mißlungenen Staatsstreichs unklar sind, wird vermutet, daß hinter dem Aufruhr Stammesgenossen des Präsidenten stecken, die eine klare Unterstützung der Sudan-Rebellen fordern.

Die nämlich stehen derzeit auf ziemlich verlorenem Posten. Vor über einem Jahr hatten sie zu den Waffen gegriffen, um für ihre Rechte zu kämpfen. Während das Islamistenregime aus Khartum mit den südsudanesischen Aufständischen von der SPLA einen Friedensvertrag aushandelte, fühlten sich die Stämme der Fur, Massalit und Saghawa ausgeschlossen und schutzlos dem Terror der Arabermilizen, Nachfahren der berüchtigten Sklavenjäger, ausgesetzt.

Anfangs errangen sie noch kleinere Geländegewinne. Doch spätestens, seit das Militär des Sudan mit den Dschandschawid-Reitermilizen gemeinsame Sache macht, sind die Stämme zum Freiwild der Banden geworden. Die nutzen den Auftrag zum Kampf gegen die Rebellen als amtlichen Freibrief zum Morden. Und zum Diebstahl, die ökonomische Dimension der Auseinandersetzung sollte nicht unterschätzt werden. Ein Rind kostet immerhin zwischen 200 und 280 Euro und ein Kamel zwischen 1 000 und 1 200 Euro. Was einmal ein Rebellenaufstand war und sich zu einem Bürgerkrieg gewandelt hat und dann in einen Massenmord, der von einigen schon als »ethnische Säuberung« und »Genozid« bezeichnet wird, ist eben auch ein gewaltiger Raubzug arabischer Banden, die längst nicht mehr nur aus Darfur selbst kommen, sondern aus allen möglichen Nachbarländern, aus dem Tschad, Libyen, der Zentralafrikanischen Republik und sogar aus Niger und Mali.

Auseinandersetzungen zwischen den arabisierten Nomaden und seßhaften Ackerbauern hatte es hier ständig gegeben. Doch selbst wenn die Regierung des einst von den Vereinigten Staaten als Schurkenstaat titulierten Landes immer schon die Araber in ihren Beutezügen gegen die Schwarzen unterstützte, war es nie zu derart systematischen Vertreibungen gekommen.

* * *

CHRISTINE DECKER vom katholischen Hilfswerk *Caritas* hat in den vergangenen Wochen mit vielen Flüchtlingen gesprochen. Fast immer ist von einem gemeinsamen Auftreten der sudanesischen Armee und der Reiterbanden die Rede. Und immer werden die Menschen ermordet oder vertrieben, die Dörfer nach Kräften unbewohnbar gemacht – eine Politik der verbrannten Erde.

»Was sich in Darfur ereignet, ist ein Genozid, und es ist fraglich, ob man überhaupt noch von einem Bürgerkrieg sprechen kann«, behauptet Decker. Um den Abschluß eines Friedensabkommens zwischen Regierung und SPLA nicht zu gefährden, werde der Konflikt im Westen des Landes heruntergespielt und zum Regionalkonflikt erklärt. Außerdem habe der Westen kein Interesse daran, den Menschen in Darfur beizustehen. Das hört sich angesichts der hektischen Betriebsamkeit zwischen Washington, Genf und Moskau eher nach einer der vielen Verschwörungstheorien an, die so gut gedeihen in diesem afrikanischen Tropenklima mit all seinen Putschen, Massenmorden und biblischen Flüchtlingszügen.

Zwar gebe es Rebellengruppen in Darfur, meint Decker, doch dem Staatsterror hilflos ausgeliefert sei vor allem die Zivilbevölkerung. Auch die Zahl der Flüchtlinge werde unterschätzt. Statt 140 000 hielten sich im Tschad derzeit mindestens 200 000 Menschen auf. »Die Menschen haben ihr Vieh geschlachtet, bevor es verenden konnte, sie haben von der Substanz gelebt«, sagt Natalie van Merwick, »nun haben sie nichts mehr.« Der Tod wird die Menschen jedoch nicht in Tiné treffen, dafür hat der Bürgermeister der Grenzstadt gesorgt. Es wird ein Verrecken sein ohne Hilfe und Zeugen, irgendwo in einem Lager, tief in der Wüste des Tschad.

* * *

»VOR ÜBER HUNDERT JAHREN«, so Rupert Neudeck, »beschrieb Salisbury den Süden des Sudan als ›Sumpf und Fieberland‹ – der französische Minister Hanotaux berichtete zur selben Zeit von einer Region, ›bewohnt von Affen und Schwarzen, schlimmer noch als Affen‹. Dieser Rassismus lebt womöglich in uns allen weiter. Er darf nicht der Grund sein, den Sudan sich selbst zu überlassen und die Menschen in Darfur der Grausamkeit der Regierungsmilizen.«

Torrah, Kordofan, 28. Februar 1849

»Ich unterlasse, um nicht zu ermüden, die Aufzählung der Reihe von Krankheiten, welche uns – auch der Baron bekam schon am folgenden Tage das sogleich mit Delirium beginnende klimatische Fieber – von nun an unablässig quälten, und schicke voraus, daß wir während der vier Monate unseres Aufenthaltes in dem Steppenlande Kordofahn das Fieber in seinen verschiedensten Gestalten und Arten gar nicht loswerden konnten.
Mehr als dreißig Tage mußten wir auf elendem Schmerzenslager zubringen; dreifach schwer wurden uns die Beschwerden, denen jeder Reisende in diesem Lande ausgesetzt ist, dreifach schwer alle Entbehrungen, welche er zu ertragen hat.«

Abu Dscherahd, Kordofan, 23. Juni 1849

»Ich war der Hitze der afrikanischen Tropensonne ausgesetzt, während das fieberglühende Blut mir alle Adern zersprengen zu wollen schien; ich hing, kaum meiner selbst bewußt, auf dem Rücken des Kamels, mußte meine ohnehin unsäglich geschwächten Kräfte noch zu sammeln streben, um nicht aus dem hohen Sattel zu stürzen, und der Fieberfrost, welcher derselben gluthauchenden Sonne Hohn zu sprechen schien, durchschüttelte mich! Für einen solchen Zustand, für die Qualen eines Fieberanfalls auf dem Kamel während der Mittagshitze in einer von der scheitelrecht stehenden Sonne durchglühten Einöde des inneren Afrikas gibt es keine Worte.«

Der deutsche Forschungsreisende Alfred Edmund Brehm –
»Reisen im Sudan«, 1853

Afrikas ewiger Krieg

Soroti und Gulu, Uganda, im Oktober 2003
New Site, Ost-Äquatoria; Rumbek, Lakes; Marial Bay, Bahr el-Gazal;
Pabuong, Unity, Südsudan, im Juli 2004
Nairobi, Kenia, Januar 2005

Krieg ohne Grenzen. Uganda 2003

COMMANDER MUSSA ECWERU ist ein zäher Bursche. Ende der Achtziger Jahre hat er den Aufstand gegen Ugandas neuen Staatschef Yoweri Museveni und einen erbitterten Buschkrieg angeführt. Er weiß nicht mehr, wie viele Kämpfe im Dickicht des zentralafrikanischen Regenwaldes er bestanden, wie viele Gegner er dabei getötet hat. Er flüchtete ins kenianische Exil und kehrte erst viele Jahre später zurück.

Ecweru, 40, kennt die Schrecken dieses dunklen Kontinents. Doch was er derzeit erlebt, erschüttert selbst einen hartgesottenen Mann wie ihn. Seit 17 Jahren terrorisiert eine vom Sudan finanzierte christliche Gruppe, die sich *Lord's Resistance Army*, also »Widerstandsarmee des Herrn«, nennt, die Bevölkerung im Norden Ugandas. Aber nie war es so fürchterlich wie jetzt.

Uganda fällt zurück in einen Zustand archaisch anmutender Stammesfehden, und deshalb hat der Offizier Heimatmilizen gegründet, bewaffnete Selbsthilfegruppen. Ihre Mitgliederzahl geht in die Tausende, die Freiwilligen werden von Musevenis Militär gedrillt und ausgerüstet. Wieder einmal zieht Ecweru ins Gefecht – diesmal allerdings auf Seiten des einstigen Gegners.

DER KRIEG IM NORDEN UGANDAS ist die wohl schlimmste Folge der gestörten bilateralen sudanesisch-ugandischen Beziehungen. Weil Ugan-

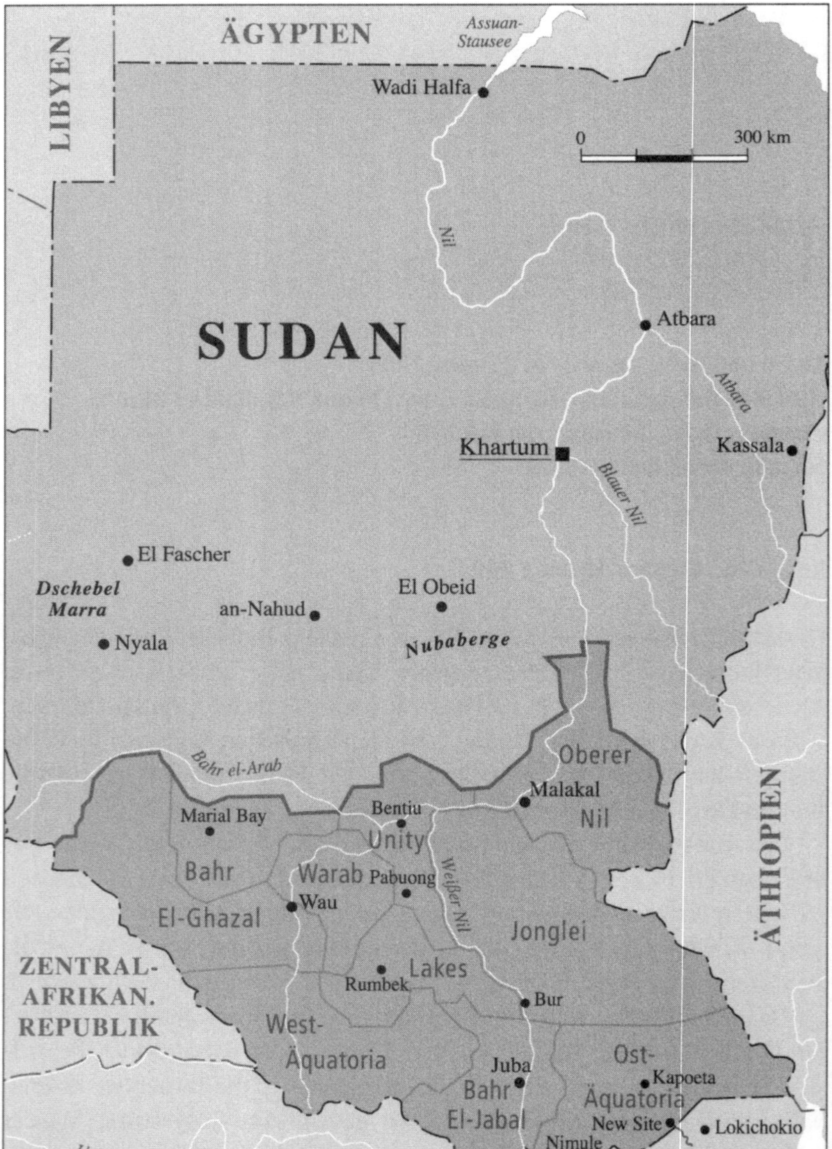
ÄGYPTEN
LIBYEN
Assuan-
Stausee
Wadi Halfa
0
300 km
Nil
SUDAN
Atbara
Atbara
Khartum
Kassala
Blauer Nil
El Fascher
Dschebel
Marra
El Obeid
an-Nahud
Nyala
Nubaberge
Bahr el-Arab
Oberer
Nil
Malakal
Bentiu
Marial Bay
Unity
Bahr
El-Ghazal
Warab
Pabuong
Wau
Weißer Nil
Jonglei
ÄTHIOPIEN
ZENTRAL-
AFRIKAN.
REPUBLIK
Rumbek
Lakes
Bur
West-
Äquatoria
Juba
Bahr
El-Jabal
Ost-
Äquatoria
Kapoeta
New Site
Lokichokio
Nimule
Uele
DEMOKRATISCHE
REPUBLIK
KONGO
Gulu
UGANDA
Soroti
KENIA

das Präsident Yoweri Museveni die südsudanesische Guerilla SPLA unterstützt – er hat mit deren Anführer John Garang gemeinsam an der Universität von Daressalam studiert –, unterstützt das Regime in Khartum nun seinerseits eine Truppe, die das Regime von Museveni in Kampala bekämpft. Einen Haufen irrer Christen, die regelmäßig Kinder verschleppen, Menschen verstümmeln und ganze Landstriche im Grenzgebiet zwischen Uganda und dem Sudan verwüsten. Waffen bekommen sie aus Khartum. Geld ebenfalls. Aber wohl am wichtigsten: In den von der sudanesischen Regierung kontrollierten Regionen des Südsudan hat die LRA ihre Basen, ihre Verstecke, ihre Rückzugsgebiete. Ohne Khartum würde es den Spuk im Norden Ugandas in dieser Form nicht geben.

Ecwerus Heimatstadt Soroti, im Herzen Ugandas, hat sich bereits in ein riesiges Flüchtlingslager verwandelt. Wo einst 80 000 Menschen lebten, drängen sich nun mehr als 200 000. Es sind überwiegend Kinder, die aus den umliegenden Dörfern kommen und Schutz suchen vor den marodierenden Rebellen.

Sie hausen zwischen Bergen von Unrat unter den Wellblechdächern der kleinen Läden. Sie schlafen auf der Straße oder finden Obdach in den Kirchen. Sie brauchen Medikamente und Lebensmittel. Immer mehr Unterernährte sterben in den Krankenhäusern eines Landes, das Winston Churchill wegen seiner Schönheit einst die »Perle Afrikas« nannte.

Es ist ein Kampf ohne Fronten, der Uganda, das noch im Juli 2003 als afrikanisches Musterland von US-Präsident George W. Bush eines Besuchs gewürdigt wurde, nun ins Chaos zu reißen droht. Allein im Bezirk Soroti, schätzt Ecweru, seien seit dem 15. Juni 2003, als die Gotteskrieger hier das erste Mal zuschlugen, mehr als 10 000 Kinder entführt und zu Sklaven gemacht worden – Mädchen und Jungen im Alter von 8 bis 15 Jahren, die einen als Mätressen der Buschkämpfer, die anderen als Soldaten.

»Kinder werden in Rekordzahlen von der LRA entführt«, heißt es in einem Bericht der Menschenrechtsorganisation *Human Rights Watch.* »Sie werden gezwungen, Überfälle durchzuführen, Häuser niederzubrennen, Zivilisten zu schlagen und zu töten und andere Kinder zu entführen.« Viele Mädchen, die als »Sexsklavinnen« gedient hätten, seien zudem HIV-infiziert.

DIE REGIERUNGSTRUPPEN stehen dem Treiben weitgehend machtlos gegenüber. 50 000 ugandische Soldaten sollen sich bereits im Anti-Terror-Krieg befinden, doch ein Ende des Mordens ist nicht in Sicht.

Deshalb bilden sich nun überall paramilitärische Trupps, sogenannte *Arrow Boys*, deren Anführer Ecweru ist. »Pfeiljungen« nennen sie sich, weil der Pfeil präzise und, anders als die Gewehrkugel, sichtbar ins Ziel schießt. Sie leben in Unterständen aus Lehm und Stroh, sie geben die Feldarbeit auf, zumal die Böden wegen des Kriegs ohnehin nicht mehr kultiviert werden können, und sie verlassen ihre Frauen und Kinder. Bevor es hinausgeht in die Schlacht, singen die Milizionäre ihr Lied von Simba, dem Löwen, der sich im Schutz des hohen Grases lautlos heranschleicht und sein Opfer zerreißt. Über ihnen kreisen Armeehubschrauber, die ziellos Bomben und Raketen in den Urwald feuern. Ein paar Kilometer nur entfernt von uns steht eine hohe Rauchsäule im Wald.

»Die Rebellen führen keinen Krieg gegen das Militär, sondern gegen die Bevölkerung«, klagt der anglikanische Bischof von Soroti, Charles Obaikol, 59. Und dann erzählt der Geistliche von jenen 22 arglosen Menschen, deren Autobus von Christen-Kriegern gestoppt worden war. Die Passagiere mußten aussteigen, alle 22 wurden mit Buschmessern abgeschlachtet – fast jeder in Soroti unterstütze angesichts solcher Grausamkeiten die Gründung der Milizen, sagt der Bischof, immer mehr Freiwillige würden sich melden.

DIE OPFER gehörten, wie die meisten Bewohner der Region, dem Volk der Iteso an, während die Rebellen vorwiegend Acholi sind, heimisch im äußersten Norden Ugandas an der Grenze zum Sudan. Dort haben sie seit Jahren ihre Basen und ihr Rückzugsgebiet. Und ausgerechnet die islamistische Regierung in Khartum gilt lange Zeit als größter Förderer der fundamentalistischen Christenguerilleros.

Erst seit die Vereinigten Staaten die LRA im Dezember 2001 als Terrororganisation einstuften, halten sich die Sudanesen mit ihrer Unterstützung etwas zurück. Zumindest nach außen. Sie erlaubten der Armee des Nachbarstaates, der *Uganda People's Defence Force* (UPDF), im Frühjahr 2002 sogar, im Südsudan Stützpunkte der LRA zu zerschlagen. Doch die Operation »Eiserne Faust« blieb ohne nachhaltige Wirkung. Stattdessen greift der Konflikt auf das Landesinnere Ugandas über.

»Seit 1994, als die damaligen Friedensgespräche scheiterten, eskaliert die Situation«, sagt der in Gulu residierende oberste Stammesführer der Acholi, Onen Ankonda II., »damals hat der Sudan seine Hilfe für die LRA massiv erhöht. Die Islamisten im Sudan betrachten die LRA als ihren verlängerten Arm im Kampf gegen die SPLA, die sie militärisch ganz offensichtlich nicht niederringen können. Seine Wurzeln hat dieser Konflikt zweifellos in Uganda, doch wenn Khartum sich aus dem Konflikt heraushalten würde, wäre er sehr viel einfacher zu lösen.« Eigentlich ist Ankonda II. – der während unseres Gesprächs auf einem kleinen Thron platzgenommen hat, neben dem ein Zepter lehnt – die höchste Autorität der Acholi. »Doch sie folgen einer anderen Macht«, meint er bedauernd, » sie folgen dem, was sie für ihren Gott halten, aber ganz offensichtlich auch ihren Hintermännern in der sudanesischen Regierung.«

Zu einem ähnlichen Befund kommt auch *Human Rights Watch*. Die Menschenrechtsorganisation berichtet im Juli 2003: »Die LRA wird von der sudanesischen Regierung seit ungefähr 1994 unterstützt – in Vergeltung für die Unterstützung, die Präsident Museveni den sudanesischen Rebellen zukommen läßt, der SPLM/A. Präsident Museveni behauptet, daß die sudanesischen Rebellen nur politische Unterstützung bekämen, aber das stimmt nicht. 1997 zum Beispiel hat die SPLM/A Hilfe von der UPDF, einschließlich Soldaten, erhalten, als diese durch Äquatoria und Barh el-Ghazal nach Norden marschierte. Mit der Hilfe der UPDF und anderen hat die SPLM/A mehrere sudanesische Garnisonen von Yei bis Tonj eingenommen und Tausende von Kriegsgefangenen gemacht. Unter den Kriegsgefangenen waren mindestens eintausend Mitglieder der *West Bank Nile Front*, einer ugandischen Rebellengruppe, die ebenfalls Hilfe der sudanesischen Regierung bekam.« Es gibt Zeiten, da hausen in der Sudan-Provinz Ost-Äquatoria mehr als vier verschiedene Armeen: die der sudanesischen Regierung; die *Equatorian Defence Force*, eine Khartum ergebene Stammesmiliz; die SPLA John Garangs und die *Lord's Resistance Army*. Allein das LRA-Camp im sudanesischen Lubanga-tek soll mehr als drei Bataillone mit 4 500 Soldaten beherbergen – die meisten entführte Kinder.

FÜR KHARTUM zahlt sich die Anwesenheit dieses gewaltsam in den Sudan verschleppten ugandischen Volkssturms aus. Im September und Oktober 2002 erobert die sudanesische Armee mit Hilfe der LRA die Stadt Torit zurück, die am 31. August von der *Sudan People's Liberation Army* eingenommen worden war. *Human Rights Watch* bemerkt dazu: »Viele Quellen, inklusive Vertreter sudanesischer Regierungsmilizen, die an der Seite der LRA und der sudanesischen Armee gekämpft haben, bestätigen, daß die LRA aktiv an der sudanesischen Regierungsoffensive teilgenommen hat.«

Später berichtet der im Norden Ugandas tätige katholische Comboni-Missionar Carlos Rodriguez, er habe von jungen Männern erfahren, daß die sudanesische Armee ganze Lastwagen voller Waffen und Munition zum Anführer der LRA, Joseph Kony, gefahren hätte. Auch ist von aus Juba kommenden Antonow-Transportmaschinen der Khartum-Regierung die Rede, die über LRA-Rebellengebiet Hilfslieferungen abgeworfen hätten.

Dennoch: Seit dem verstärkten, hauptsächlich von den Amerikanern ausgeübten Druck auf Baschir wird es für Kony eng im Südsudan. Die Operation *Iron Fist*, eine Offensive der ugandischen Armee im Süden des Sudan, ist in vollem Gange.

»Die Heimat der Rebellen ist verbrannt, es gibt dort nichts mehr zu essen und keine Kinder zu rekrutieren«, sagt Milizenchef Ecweru. »Darum wollen sie ganz Uganda in den Krieg ziehen.«

Museveni hat seine Soldaten großenteils nach Soroti verlagert, und auch der Präsident selbst hält sich, um seinen Mannen Mut zu machen, seit zwei Monaten dort auf. In Gulu ist unterdessen die Arbeit von Therapeuten gefragt. Hilfsorganisationen kümmern sich um die Opfer des Krieges.

»An jedem Tag erscheinen mindestens zehn Kinder in unserem Auffanglager«, berichtet Stella Ojera von der Organisation Gusco, die sich um befreite oder geflüchtete Kindersoldaten kümmert. »Seit 1997 haben wir fast 6000 Jugendliche betreut, die von der LRA entführt worden waren.«

Im Oktober 2003 kam auch Jengfer Adong, 19, zu Gusco. Ihr Martyrium hatte acht Jahre gedauert. Mit elf Jahren wurde sie aus ihrem Dorf Tegotatongo entführt, in den Sudan verschleppt und als sechste Frau mit einem LRA-Kommandeur zwangsverheiratet. Sie bekam ein Gewehr und eine militärische Ausbildung. »Wir lebten im Sudan, in einem Dorf, das sie Aruu nannten, aber immer wieder mußten wir zurück nach Uganda marschieren, zum Teil über hohe Berge, um Dörfer zu überfallen und zu plündern. Der Marsch dauerte fast eine Woche«, sagt Adong. Sie senkt den Blick, ihre Hände verkrallen sich in der Holzbank, auf der sie sitzt. »Wenn wir Flüsse überquerten wie den Grenzfluß Aswa, waren die Kinder aneinandergebunden. Manchmal wurden sie fortgerissen und ertranken. Wer flüchten wollte, wurde umgebracht, mit Macheten zerstückelt. Die Beziehungen zu den Sudanesen waren gut, die wußten, wer wir waren und woher wir kamen. Wenn LRA-Soldaten verletzt waren, kamen sie in ein Krankenhaus in Khartum. Ich war einmal in einem Krankenhaus in Juba, weil mein Sohn krank war, und andere gingen auch in die sudanesische Stadt Torit, um einzukaufen. Ich selbst war aber nie dort. Es waren auch Sudanesen in der LRA, Muslime, wir sprachen alle arabisch.«

Die Raubzüge, die zurück in Ugandas Norden führten, galten Lebensmitteln und weiteren Kindern, die zuallererst gezwungen wurden, Mitglieder ihrer Dorfgemeinschaft zu mißhandeln oder zu töten. Solch seelische Vergewaltigung machte sie zu willenlosen Werkzeugen ihrer Entführer. Einmal in deren Gefolge, drohten ihnen von den Christenguerilleros brutale Strafen, die absurderweise an die Scharia erinnern: Kleinen Dieben wurde der Arm abgehackt, vermeintlichen Lügnern die Lippen abgeschnitten.

Wieder im Sudan, wurden die entführten Mädchen nach Aussehen sortiert und den Kommandeuren zugeteilt. »Rebellenchef Joseph Kony ist mit 50 Mädchen verheiratet«, sagt Jengfer Adong, die selbst 16 Jahre alt war, als sie ihr erstes Kind zur Welt brachte. »Die Schönsten gehören ihm, denn er hat die Macht.« Ein Magier sei er obendrein.

So behauptet der Analphabet und Warlord, gegen feindliche Kugeln geschützt zu sein. Gott richte seine Befehle an ihn als seinen irdischen »Botschafter«, Kony müsse sich nur in ein aus Steinen geformtes, etwa drei Meter großes Herz stellen. Seine Gefolgsleute nennt Kony Engel. »Er hat übersinnliche Kräfte«, glaubt inzwischen auch Adong, »er darf bestimmen, wer getötet wird und wer überlebt. Und er ist unsterblich.«

Als ihr »Mann« bei einem Gefecht mit ugandischen Soldaten getötet wurde, haben die Rebellen Adong aus dem Sudan fortgeschickt und in Kitgum, kurz hinter der Grenze, abgesetzt. Bei den Helfern von Gusco kann sie nur ein paar Wochen bleiben. Dann muß sie sich irgendwie zurechtfinden in einem Leben ohne Kony, ohne Familie und ohne Beruf. Zu lange hat sie gegen ihr eigenes Volk kämpfen müssen. Es gibt leider viele in Uganda, die ihr das nicht verzeihen werden. Vielleicht wird sie versuchen, in den Sudan zurückzukehren.

»Wir stehen am Anfang einer Katastrophe«, resümiert der Bischof von Gulu, Nelson Onono Onweng. »Es wird nichts mehr produziert. Aids breitet sich aus. Unsere Kinder werden entführt und seelisch zerstört. Unser Land hat sich in eine Wildnis zurückverwandelt. Und eine Mitschuld trägt das Regime in Khartum, das dieses Irrsinn fördert, um der Regierung in Kampala zu schaden.«

ES WIRD NOCH FAST DREI JAHRE DAUERN, ehe sich die auf den Tod verfeindeten Parteien annähern. Im Sommer 2006 wird sich Joseph Kony bereiterklären, mit der ugandischen Regierung über eine Waffenruhe zu verhandeln. Er wird sich mit einem Großteil seiner Krieger im Norden des Kongo, im Garamba-Nationalpark, verschanzen. Emissäre der Kriegsparteien treffen sich in Juba, der Hauptstadt des Südsudan. Kaum ein Ort scheint derart geeignet, in dem grausigen Konflikt zu vermitteln. Juba war jahrelang das Hauptquartier der sudanesischen Truppen im Süden. Hier wurde Kony bewaffnet, hier traf er sich mit seinen Förderern, die ihn bisweilen auch instruierten und auf die SPLA ansetzten. Es dauert nicht mehr lange, da regiert die SPLA in Juba, und Riek Machar, der sich jahrlang als Guerillero im Busch mit den LRA-Soldaten herumschlagen mußte, darf den Moderator der Friedensgespräche zwischen Kony und Kampala spielen. Dennoch bleibt die *International Crisis Group* skeptisch. In einem Papier vom 11. Januar 2006, das sich mit den Möglichkeiten, den Krieg im sudanesisch-ugandischen Grenzgebiet beizulegen, beschäftigt, werden die Krisenforscher schreiben: »Uganda und die neue Regierung der Einheit im Sudan arbeiten besser miteinander zusammen, um die LRA in ihrem alten südsudanesischen Unterschlupf zu gefährden, aber es gibt glaubwürdige Berichte, daß es Elemente im sudanesischen Militärgeheimdienst gibt, die sie nach wie vor unterstützen. Daß Kony über einen Aufenthaltsort rund 100 Kilometer nördlich von Juba verfügt, bedeutet, daß es immer noch Elemente in der sudanesischen Regierung gibt, die ihm eine Zuflucht bieten.« Über »Sudans Rolle« heißt es: »Die Unterzeichnung des *Comprehensive Peace Agreement* und die Schaffung einer Regierung der Einheit in Khartum hat die Entwicklung im Südsudan verändert, dennoch stört die LRA immer noch humanitäre Operationen und den Übergang zum Frieden. Mittlerweile gibt Khartum zu, daß der LRA im Rahmen einer Destabilisierungsstrategie Unterschlupf und logistische Unterstützung gegeben wurde und sie eine Politik der verbrannten Erde gegenüber südsudanesischen Zivilisten betrieben habe, mittlerweile sei eine Fortführung der Hilfe nicht mehr offizielle Politik. Dennoch sind Quertreiber innerhalb der herrschenden *National Congress Party* und des Militärs, die immer noch die volle Kontrolle über die Sicherheitsstrukturen der neuen Regierung haben, dem Umfassenden Friedensabkommen feindlich gesinnt, und für die bleibt die LRA ein verführerisches Werkzeug, um das Abkommen zu torpedieren.« Auch Uno-Hilfskoordinator Jan Egeland will dem Frieden nicht recht trauen. »Solange es eine so deutliche LRA-Präsenz im kongolesisch-sudanesischen Grenzgebiet gibt, ist es schwer vorstellbar, wie die Flüchtlinge nach Ost- und Westäquatoria zurückkehren sollen«, meint er.

In eine Gegend immerhin, »die früher einmal zu den sichersten des ganzen Südsudan gehört hat«.

Schweinfurths Reise ins Land der Sklavenjäger und Menschenfresser, 1868-71

Im Sommer 1868 schickt sich der in Riga geborene deutsche Botaniker Georg Schweinfurth zu einer Reise in den Sudan an. Sein Ziel sind die Nilsümpfe des südlichen Sudan, er will dort Flora und Fauna erkunden, und er hat Glück, daß nach dem Tod seines Mentors Heinrich Barth, der im Alter von nur vierundvierzig Jahren gestorben war, die kurz zuvor gegründete Humboldt-Stiftung seinen Entdeckungsdrang fördert. Drei Jahre und vier Monate soll die große Reise dauern. Sie wird ihn zu den Dinka und Nuer und menschenfressenden Niamniam bis ins Gebiet des heutigen Kongo führen, er wird den Nil hinabfahren bis zum Bahr el-Gazal, und er wird den Uelle, einen Nebenarm des Kongo, entdecken. Henry Morton Stanley, der große Journalist, Entdecker und Eroberer, der Schweinfurth anfangs als »a Herr of some sort« verspottet hatte, lädt ihn aus Respekt vor dessen Leistung zu einem Galadiner in Kairo ein, wo er ihn zu seiner Rechten sitzen läßt und den Deutschen in einer Lobrede preist. Die Reise durch den Sudan wird ein Abenteuer mit großem Nutzen für die Botanik und nicht zuletzt die Erforschung Zentralafrikas sein.

Was Schweinfurth auf seiner Reise zu den Sumpfmenschen des Südsudan erlebt, erscheint 1874 unter dem Titel *Im Herzen von Afrika*:

> »Nirgends in der Welt scheint sich das Gesetz der Natur, demzufolge gleiche Existenzbedingungen analoge Formen unter den verschiedensten Klassen des Tierreichs hervorzurufen vermögen, mehr zu bewahrheiten als hier. Daß Menschen und Tiere in vielen Gebieten, deren physikalische Beschaffenheit sie in grellen Gegensatz zu den Nachbarländern stellt, etwas Gemeinschaftliches in der Summe ihrer Merkmale haben, ist gewiß, und es läßt sich nicht bezweifeln, daß sie eine gewisse Harmonie in ihrem Charakter darbieten müssen. Einen der frappantesten Belege für derartigen Parallelismus bieten die drei Völker, welche an diesen sumpfigen Flußniederungen ansässig sind, Schilluk, Nuer und Dinka. Man kann sie ›Sumpfmenschen‹ nennen, und ihre sonderbare Gewohnheit, nach Art der Sumpfvögel stundenlang auf einem Bein zu

stehen, das andere aber mit dem Knie zu unterstützen, steht dieser Bezeichnung wirksam zur Seite. Ihr gemessener, langer Schritt im hohen Schilf ist mit dem des Storches zu vergleichen. Dürre und langschüssige Gliedmaßen, ein ebenso verlängerter dürrer Hals, auf dem ein kleiner und schmaler Kopf ruht, vervollständigen diese Übereinstimmung.«

DIE ZEIT, in der Schweinfurth den Sudan bereist, wird von Historikern als *al-Turkiya* bezeichnet, die Zeit der Türkenherrschaft, die mit der Eroberung durch den Khediven Mohammed Ali 1821 einsetzt und sechzig Jahre später mit dem Beginn der islamistisch-nationalistischen Revolution durch den Mahdi (1881) enden wird. Diese Periode markiert das Ende der Königreiche Fundsch und Darfur, die Gründung Khartums und seine Entwicklung zum Mittelpunkt eines Landes, das heute als *Dschumhurriyyat as-Sudan*, als Republik Sudan, besteht. Der Wiener Ethnologe und Afrikanist Walter Schicho weist darauf hin, daß es auch »eine Zeit häufiger Kriege, Rebellionen, wechselnder Allianzen, räuberischer Aneignung, durch Hunger und Gewalt zugrunde gerichteter Zivilbevölkerung« gewesen ist, »kurz, sie war wenig anders, als sie ein großer Teil der sudanesischen Bevölkerung seit den 1960er Jahren erleben mußte und muß«.

Es ist eine Zeit hemmungsloser Schwelgerei und Ausbeutung, der Jagd nach Gold und Elfenbein und Sklaven. Es ist eine Zeit der großen Entdecker und oft auch großen Moralisten, die Zeit Schweinfurths, Pücklers, Brehms, Frobenius' und Nachtigals. Und es ist die Zeit der Abenteurer, die Zeit Slatin Paschas und Emin Paschas, der Statthalter Darfurs und Äquatorias, die nur mit allerletzter Kraft dem Tod in diesem Fiebersumpf entrinnen können. Es nimmt nicht wunder, daß sie den in Sachsen tagträumenden Karl May ebenso fasziniert hat wie seine Leser, die ja schon die Erinnerungen der durch diese gefahrvolle Wildnis streifenden Landsleute verschlungen hatten.

EIN GANZES NETZ von Seriben, kleinen befestigten Handelsniederlassungen, durchzieht das Land nach Süden hin. Es bietet den Menschenjägern mit ihren Sklavenkarawanen und den Elefantenjägern mit ihrem Elfenbein Schutz vor der Rache der geknechteten Eingeborenen, die immer mal wieder, aber meist eben auch erfolglos, mit Pfeil und Bogen und Speeren gegen diese mit modernster Feuerkraft ausgerüsteten Gewalttäter aus dem Norden stürmen. Da sind Lumpen unterwegs, daß selbst der genügsame Schweinfurth ein bißchen über seine Duldsamkeit staunen muß:

»Mein täglicher, wenn auch noch so zurückhaltender Verkehr mit den Nubiern gestattete mir einen tiefen Einblick in ihr innerstes Wesen. Vielleicht wird es dem Leser unverständlich geblieben sein, wie es mir möglich wurde, den ausschließlichen Umgang mit zum großen Teil so rohem Gesindel jahrelang leichten Herzens zu ertragen.«

Da ist natürlich auch schon ein grausamer Kampf der Kulturen im Gange.

Hier die Sklavenjäger:

»Die große Seriba Ghattas', an welche sich im benachbarten Bongogebiete fünf kleinere und in entfernteren Teilen des Landes noch vier andere anreihten, lag mitten auf dem Grenzpunkt dreier Stämme, der Dinka, der Djur und der Bongo. Aus kleinen Anfängen war sie im Lauf von dreizehn Jahren zu ihrer gegenwärtigen Bedeutung herangewachsen. Eine Menge von sogenannten ›Gellaba‹, nubischen, zum Teil auch furanischen Händlern, welche hier ihre Sklaveneinkäufe machten, um sie über Darfur und Kordofan weiterzuführen, hatte sich in geräumigen Gehöften etabliert. Die fast ausschließlich aus Dongolanern gebildete Besatzung und schließlich die vielen Angestellten des Ghattas brachten die bewaffnete Macht, welche hier durchschnittlich versammelt war, auf zweihundertfünfzig Mann. Dazu die Hunderte aufgestapelter Sklaven zum Verkauf oder unter die Soldaten als Hauptbestandteil ihres Soldes verteilt, Hunderte von dienenden Sklaven oder Sklavinnen vermehrten die Einwohnerschaft dieses Etablissements, welches einer kleinen Stadt glich, bis zu mindestens tausend Seelen.« Und an anderer Stelle: »In den ersten Jahren der Eroberung müssen die Nubier im Lande schlimm gehaust haben, wie man das jetzt noch an den Spuren wahrnehmen kann, welche die ehemals weit ausgedehnten Kulturflächen und die zahlreichen Dörfer in einem großen Teil des Landes hinterließen, um einer öden Wildnis Platz zu machen. Viele Tausende von Knaben und Mädchen wurden direkt in die Sklaverei nach entlegenen Ländern entführt.«

Dort die Menschenfresser:

»Da sie im Rücken ihres Gebietes von einer Anzahl völlig schwarzer, auf niedriger Kulturstufe stehender und daher von ihnen verachteter Völker umgeben sind, so eröffnet sich ihnen daselbst die willkommene

Gelegenheit, auf Kriegs- und Raubzügen sich mit hinreichend großen Vorräten von dem über alles geschätzten Menschenfleisch zu versorgen. Das Fleisch der im Kampf Gefallenen wird auf der Wallstatt verteilt und in gedörrtem Zustand zum Transport nach Hause hergerichtet. Die lebendigen Eingeborenen treiben die Sieger erbarmungslos vor sich her, gleich einer erbeuteten Hammelherde, um sie später einen nach dem anderen als Opfer ihrer wilden Gier fallen zu lassen. Die erbeuteten Kinder verfallen, nach den Angaben zu urteilen, die mir gemacht wurden, als besonders delikate Bissen der Küche des Königs.«

Und an anderer Stelle: »Verspeist werden im Krieg Leute jeden Alters, ja die alten häufiger noch als die jungen, da ihre Hilflosigkeit sie bei Überfällen zur leichten Beute des Siegers gestaltet. Verspeist werden ferner Leute, die eines plötzlichen Todes starben und in dem Distrikt, wo sie lebten, vereinzelt und ohne den Anhang einer Familie dastanden.«

Ja, ja, schließt Schweinfurth: »Da fänden Missionare ein fruchtbares Feld zu beackern.«

New Site – Heerlager im Busch. Südsudan 2004

ES GIBT DINGE, die muß man als Journalist erledigen, aber die würde man seinem ärgsten Feind nicht wünschen. Zum Beispiel im Juli 2004 vier Tage in New Site herumhängen und auf einen Termin mit John Garang warten, und es gibt außer Fanta nur lauwarmes Guiness, denn der Generator wird immer erst abends für drei oder vier Stunden angestellt, wenn man bereits Durst hat also, und dann schafft er es natürlich nicht mehr, die Getränke rechtzeitig zu kühlen.

NEW SITE liegt nicht weit von der kenianischen Grenze entfernt. Es ist John Garangs Welt, eine kleine Siedlung aus roten Backsteinhäusern mit Strohdächern, einer Kantine und einem kleinen Kiosk, und man kann eine der kleinen Hütten mieten, für dreißig oder vierzig Dollar die Nacht. Die Leute, die die Hütte vermieten, behaupten, das Geld sei für einen guten Zweck, für eine Witwen- und Waisenorganisation, die Wodrans heißt, aber abends, nach dem dritten oder vierten Bier, sagen sie, daß der ganze Laden Rebecca Garang gehört und die Rebellensippe kräftig an den fremden Gästen mitverdient.

Es ist heiß und manchmal schwül, besonders Anfang Juli, am Ende der Regenzeit. New Site ist so etwas wie das Hauptquartier der SPLA, wenn man Nairobi nicht mitrechnet. In New Site verbarrikadieren sich die Führer der Guerilla, wenn sie nicht gerade in Kenia herumhängen, was sie naturgemäß lieber tun. Zwei Vorteile hat der Ort: Man kann ihn schnell erreichen, denn von Nairobi nach Lokichokio gehen täglich Flüge, und dann sind es nur noch wenige Stunden mit dem Auto. Und man kann ihn genauso schnell wieder verlassen, falls die Armee angreifen sollte oder einem langweilig wird in New Site.

Aber Anfang Juli 2004 ist ziemlich viel los in New Site.

DIE REBELLEN DER SPLA und die Regierung in Khartum haben sich im kenianischen Naivasha weitgehend auf ein Friedensabkommen geeinigt, das sie in absehbarer Zeit unterzeichnen wollen. Es sieht eine Teilung der Öleinnahmen vor, die Schaffung gemeinsamer Armee- und Polizeieinheiten, freie Wahlen und in ein paar Jahren ein Referendum darüber, ob sie eigentlich noch alle zusammenleben wollen im Sudan. Das ist eine Frage, die nicht ganz unberechtigt scheint in einem Land, in dem seit seiner Unabhängigkeit im Jahre 1956 nur elf Jahre lang, nämlich zwischen 1972 und 1983, kein Krieg zwischen den Volksgruppen herrschte.

Aber noch ist nichts unterschrieben, und Garang muß sich erstmal mit den vielen Stammesfürsten und Häuptlingen und Kommissaren und Milizenchefs beraten, die die Guerillawelt des Südsudan atomisieren.

479 Häuptlinge und Könige aus dem gesamten von der SPLA kontrollierten Gebiet hat Garang in sein Heerlager tief im Süden des Landes einbestellt. Noch nie versammelten sich derart viele Führer sudanesischer Stämme an einem Ort. Sie stehen stramm vor John Garang und recken die Fäuste – Tribut an die sozialistische Vergangenheit der Guerilla –, und hinten wird die Fahne der SPLA aufgezogen. Sie ist schwarz, rot, grün, und der einzige Unterschied zur Fahne Kenias ist, daß sie noch über einen gelben fünfzackigen Stern auf einem kleinen blauen Dreieck verfügt, wo bei der kenianischen ein Schild und ein Speer prangen. Überall lungern Typen mit Sturmgewehren herum, und dazu spielt die Abyei Jazz Band, deren Mitglieder in lustige schwarz-rote New-Orleans-Brassbanduniformen gesteckt wurden, Dixieland.

Bei dem verschwörerischen Treffen in New Sites verwittertem Schulgebäude geht es immerhin um die Neuordnung des Sudan.

Parallel zu den Verhandlungen mit der Regierung von General al-

Baschir muß Garang die Stämme des Südsudan hinter sich vereinen, sonst könnte dem Bürgerkrieg gegen die Araber im Norden ein blutiger Bruderkrieg unter den Schwarzen folgen. Mehr als 400 Ethnien und Kulturen leben im Süden des riesigen Landes, neben den Hauptvölkern der Dinka und Nuer noch Schilluk, Azande, Toposa, Berti und unzählige andere.

Es sind kriegerische Völker, die schnell zur Waffe greifen, und Waffen sind überall griffbereit »in diesem Land der Gewalttaten und des Faustrechts« (Schweinfurth). Verglichen mit dem Sudan mag einem der Balkan nachgerade als ein Hort der Harmonie erscheinen.

Schlangengift

JOHN GARANG DE MABIOR wird am 23. Juni 1945 als sechstes Kind einer verarmten christlichen Dinkafamilie in Wanglukei geboren. Das Dorf liegt am Ostufer des Weißen Nil im entlegenen Bor-Distrikt in der südsudanesischen Jonglei-Region. Während seine Mutter Gak auf dem Feld steht, hütet Vater Mabior Atem die Rinder. Die Rinder sind der ganze Stolz der Dinka, seit Generationen schon.

Zehn Kinder hat die Familie, sieben Jungen und drei Mädchen. Extravaganzen kann sich da niemand leisten; John gilt als wohlerzogen und vor allen Dingen diszipliniert. Alte Menschen in der Region haben den späteren sozialistischen Guerillero als »glückliches Kind, das sehr streng christlich erzogen wird«, in Erinnerung.

Als der erste sudanesische Bürgerkrieg ausbricht, 1955, ist John zehn Jahre alt. Als der Sudan von den Briten 1956 als erstes afrikanisches Land in die Unabhängigkeit entlassen wird, elf.

John besucht die Grund- und Mittelschule, was ungewöhnlich ist, er aber dem Einfluß eines Cousins zu verdanken hat, der auf einer anständigen Erziehung besteht und möglicherweise auch früh das Talent des Dinkakindes erkannt hat. Mit 17 wird der Heranwachsende von der Anya-Nya-Guerilla rekrutiert, einer überwiegend aus Dinka bestehenden Rebellentruppe, die sich die Unabhängigkeit des vernachlässigten Südens zum Ziel gesetzt hat, und deren Name »Schlangengift« bedeutet. Der Krieg eskaliert schnell, und er weitet sich schnell aus. Von Israel bekommt die Anya-Nya ihre Waffen, ägyptische Piloten steuern die Kampfhubschrauber der Regierung.

Begonnen hatte dieser Sezessionskrieg in der Endphase der britischen

Herrschaft. Bereits 1953 fanden Wahlen zu einem sudanesischen Parlament statt, das den neuen Staat nach dem Rückzug Albions führen sollte. Zu dieser Zeit machte die Parole von der Sudanisierung die Runde. Doch schnell wurden unter den Südsudanesen, die sich seit den Zeiten der Sklaverei zurückgesetzt fühlen, Ängste vor einer Kolonisierung durch die Araber geweckt. Die Wahlen gewann die pro-ägyptische Ashigga-Partei unter ihrem Führer Ibrahim el Azhari, der dann auch für kurze Zeit erster sudanesischer Premierminister werden sollte. Die Nordsudanesen hatten zuvor große Versprechungen gemacht, um die Stimmen der Südler zu bekommen – als sie die Mehrheit hatten, wollten sie davon dann nicht mehr viel wissen. Ein Azhari zugeordnetes Telegramm an die nordsudanesischen Verwalter des Südens, das an die Öffentlichkeit gelangte, richtete unter den Südsudanesen große Unruhe an: »Hört nicht auf die kindischen Beschwerden der Südler. Zerrt sie vor Gericht, unterdrückt sie, behandelt sie schlecht, wie ich es anordne.«

DIE SCHATTEN DER VERGANGENHEIT, der Sklavenjagd und des arabischen Rassismus liegen ja über einem Land, in welchem, wie Schweinfurth beobachtete, »der Mohammedaner den Neger, solange er sich dem wahren Glauben verschließt, durchaus nicht als Menschen anerkennt, im übrigen demselben vielmehr alle Menschenrechte abzusprechen pflegt«.

Von 800 hohen Regierungsämtern sollten dann plötzlich auch nur vier an die Südsudanesen gehen. Im August 1955 revoltieren aus Frustration über diese offenkundige Benachteiligung südsudanesische Armeeangehörige und beginnen, gegen ihre nordsudanesischen Herren zu meutern, sie töten 261 von ihnen und verlieren selber nur 25 Männer. Die 150 Meuterer, die daraufhin im Busch untertauchen, bilden den Kern der Guerilla, die später unter dem Namen Anya-Nya Angst und Schrecken verbreiten soll – »eine spontane, schlecht organisierte Partisanenbewegung« (Kapuściński). Die Briten, die den Ausbruch dieses Kriegs noch unter ihrer Führung mit ansehen, stecken in einem Dilemma. Wenn sie eigene Truppen in das Kriegsgebiet entsendeten, um die Kämpfe zu stoppen, würde das nur, so ihre Befürchtung, den ehemaligen Kolonial-Partner Ägypten ermutigen, in den Sudan einzumarschieren und sich den womöglich einzuverleiben. Auf so ein Signal scheint Kairo nur zu warten, das seit 1954 von Gamal Abd al-Nasser regiert wird, und der träumt von einem panarabischen Großreich unter roter Fahne.

Ganze Landstriche werden von beiden Kriegsparteien in Brand gesetzt,

Millionen Menschen flüchten in die Nachbarländer, es herrschen »Terror und Gegenterror« (Tetzlaff), doch erneut hat John Garang Glück. Statt im Krieg als Kanonenfutter verheizt zu werden, schickt ihn einer seiner Kommandeure fort; er soll erst einmal etwas Vernünftiges lernen. Also besucht er die weiterführende Schule in Rumbek, von der er jedoch schon nach kurzer Zeit »fliegt«, weil er an einem unerlaubten Streik gegen die Regierung teilnimmt. Als ehemaliger Anya-Nya-Guerillero und Streik-Aktivist macht er sich nun besser aus dem Staub, und darum dauert es nicht lange, bis sich John Garang in Tansania wiederfindet. Er besucht im Südosten des Landes die Oberschule, die er wenig später auch erfolgreich beendet. Das sozialistische Modell von Tansanias Präsident Julius Nyerere entwickelt sich damals zum Liebling aller möglichen Weltrevolutionäre. Nyerere sagt: »Die Afrikaner sind überzeugt, daß die Russen irgend etwas Besonderes in ihrer Philosophie haben, das jenseits der Rücksichtslosigkeit liegt.« Es dauert nicht mehr lang, da ist die Uni von Daressalem so etwas wie die Schule der roten Diktatoren. Auf der Universität von Daressalam begegnet Garang auch dem späteren Uganda-Guerillero und Präsidenten Yoweri Museveni, mit dem er sich schnell anfreundet.

Garang bleibt jedoch nicht allzulange in Tansania. Er muß an seinen Lebensunterhalt denken und zieht deshalb 1964 in Nairobis stetig wachsenden und zukünftigen Megaslum Kibera, wo er als Lehrer arbeitet. Zudem trifft er hier auf viele andere Exilanten aus dem Sudan, die Umsturzpläne schmieden und von einer Rückkehr in die Heimat träumen. Doch erstmal verschlägt es John Garang nach Übersee. Dank eines Stipendiums kann er von 1967 bis 1969 auf dem *Grimmel College* in Iowa Landwirtschaft studieren, wozu Garang in einem Anflug aus Stolz und Selbstironie später bemerken soll: »Wir sind stolz, das Harvard des Mittleren Westens zu sein.«

FÜR KURZE ZEIT kehrt Garang in den Sudan zurück, knüpft sofort wieder alte Kontakte zur Anya-Nya an und wird vom Schlangengift-Anführer Joseph Lagu zum Hauptmann befördert, obwohl er nur zwanzig Monate in der Rebellenarmee gedient hatte. Garangs Auslandserfahrungen hatten es dem Kommandeur wohl angetan. Lange soll diese Phase jedoch nicht andauern, denn 1972 einigen sich die Regierung des sudanesischen Diktators Jafaar al-Numeiri und die Führer der Anya-Nya-Guerilla unter der Vermittlung von Kaiser Haile Selassie im äthiopischen Addis Abeba auf einen Frieden, der bis 1983 halten soll und dem Süden eine Teilautonomie und den Streitkräften der Anya-Nya die Aufnahme in die sudanesische Armee beschert.

Die Bürgerkriegsparteien hatten sich in den vorangegangenen 17 Jahren wirklich alle Mühe gegeben, ihr Land ins Chaos zu stürzen. Nach Schätzungen der Anya-Nya waren während dieser Zeit allein im östlichen Äquatoria 8 700 Dörfer dem Erdboden gleichgemacht worden, die Rebellen bilanzieren später eine Million Kriegstote, während die Uno »nur« auf eine halbe Million kommt. Alles liegt danieder. Felder, Städte, Schulen – in Schutt und Asche gelegt. Um das alles wieder aufzubauen, spendet die Bundesrepublik allein im ersten Jahr nach dem Krieg 150 Millionen Mark. Überhaupt wird das Ölland am Sudd von den Deutschen reichlich bedacht. Zwischen 1950 und 1992 stellt Bonn fast anderthalb Milliarden Mark zur Verfügung.

Garang kehrt, für einen Buschkrieg im Sudan nun nicht mehr benötigt, zurück in die Vereinigten Staaten, um an der angesehenen Militärakademie von Virginia einen Kursus für angehende Kompaniekommandeure zu belegen. Das ist auch deshalb möglich, weil sein neuer oberster Dienstherr Numeiri mit Moskau bricht und nun den Amerikanern schöne Augen macht. Und die gehen auf das Werben der Sudanesen gerne ein, weil sie Verbündete in einer Region gut gebrauchen können, in der allerhand umstürzlerisches Volk sein Unwesen treibt. »Gegen alle politische Moral und entwicklungspolitische Vernunft wurde das Militärregime in großzügiger Weise von außen finanziell gefördert und politisch unterstützt, so daß sich keine politische Alternative von innen heraus entwickeln konnte«, klagt der Afrikanist Rainer Tetzlaff.

Aber man hat es immerhin mit dem Volkstribun Muammar al-Gaddafi in Libyen zu tun, mit Moskaus Freund Julius Nyerere in Tansania. In Äthiopien wankt Kaiser Haile Selassie, in Uganda wütet der palästinenserfreundliche Feldmarschall Idi Amin und in Ägypten Anwar el-Sadat, der versucht, Israel dem Erdboden gleichzumachen. Das sind bewegte Zeiten, in denen die gerade in Vietnam arg verprügelten Amerikaner nach jedem Strohhalm greifen, um nicht gänzlich die Kontrolle über die Dritte Welt zu verlieren.

Als Garang aus den USA zurückkehrt, hat er es in der sudanesischen Armee bereits bis zum Oberstleutnant gebracht. Und so kann er am 19. Dezember 1976 als gemachter Mann seine Jugendliebe, Rebecca Nyandeng, die ebenfalls aus Bor stammt, ehelichen – die beiden bekommen bald sechs Kinder: Mabior, Chuol, Gak, Akwal, Nyakwel und Atong. Doch trotz der familiären Pflichten ist Garangs akademischer Ehrgeiz noch nicht gestillt; es zieht ihn erneut in die Vereinigten Staaten, wo er 1981 an der Iowa State University einen Doktortitel in Agrarwissenschaften erwirbt. Titel seiner Arbeit: *Aspekte für eine Entwicklung im südlichen Sudan.* Weil er später maßgeblich dazu beitragen wird, daß statt Entwicklung erst einmal über zwanzig Jahre Bürgerkrieg im Südsudan anstehen, werden verbitterte Landsleute lästern, sein »PhD« stehe in erster Linie für »poverty, hunger, disease« – Armut, Hunger und Krankheiten.

Garang selbst ist ziemlich stolz auf seinen Titel. Doktor John läßt er sich fortan nennen und prahlt damit, Sokrates und Voltaire zitieren zu können.

Wieder im Sudan, wird er zum Oberst der Armee befördert und als militärischer Planer im Hauptquartier in Khartum stationiert.

Das ist eine erstaunliche Karriere für einen Dinka aus dem Süden.

Apocalypse Cow

GEORG SCHWEINFURTH studiert das Wesen dieses größten südsudanesischen Volks damals sehr genau. »In ihrer Statur«, notiert er,

> »tragen sie als ›Sumpfmenschen‹, wenn dieser Ausdruck nach Analogie der befiederten Welt zulässig erscheint, dieselbe Langschüssigkeit der Gliedmaßen zur Schau, durch welche wir bereits die Schilluk und Nuer in so hohem Grad gekennzeichnet sahen. Am auffälligsten prägten sich die knochigen, sehnigen Körperlinien in den horizontal gestellten, eckig abfallenden Schultern aus; ein langer, an der Basis etwas verschmälerter Hals entspricht dem stets in einem spitzen Hinterkopf gipfelnden Haupt, das, im allgemeinen flach, einen hohen Grad von Schmalköpfigkeit dartut, verbunden mit stark entwickelter Prognathie. Die Dinka zählen zu den dunkelsten Rassen, aber die tiefe Schwärze der Haut läßt einen deutlich brauneren Ton erkennen, sobald sie von Asche gesäubert ist, mit welcher sich die Dinka so gern einreiben. Wenn sie sich mit Öl gesalbt haben, oder nach einem Bade, schimmert ihre Haut wie braunschwarze Bronze. Der angeblich blauschwärzliche Schimmer der Negerhaut beruht auf Einbildung und ist lediglich als Reflex des blauen Himmels zu betrachten, das kann man mit gutem Gewissen sagen.«

ES IST KEIN EINFACHES LEBEN, das diese Niloten in den Marschen des größten aller Flüsse zu führen gezwungen sind. In der Regenzeit versuchen die Frauen, soviel Hirse anzubauen, daß auch während der unbarmherzigen Trockenzeit genug zum Essen da ist. Die Jungen treiben währenddessen Rinder durch die Gegend, mal flüchten sie vor den Fluten des Nil, mal suchen sie verzweifelt das Wasser, um das Vieh zu tränken. Es ist eine uralte Tradition, die immer noch lebendig ist. Keine Hochzeit kann abgeschlossen werden, ohne daß der Brautpreis in Rindern bezahlt wird. Manchmal sind es über einhundert langhornige Zeburinder, die zu einem solchen Anlaß den Besitzer wechseln. Und da es mehr heiratswillige junge Männer als Besitzer hundertköpfiger Rinderherden gibt, legt für diese Ausgabe die ganze Sippe ihre Tiere zusammen. Das ist nicht weiter schlimm – da sich in den meisten Familien ja auch heiratsfähige Mädchen befinden, kommen die Rinder irgendwann auch wieder zurück. Und so machen die Rinder munter ihre Runde durch die Dinka- und Nuersippschaften. Nur seine Zweit- und Drittfrau muß sich der polygame Dinka nachher alleine kaufen. So muß man wohl zu dem Schluß kommen, daß der Dinka seine Frauen wohl mag; aber sein Herz, das hat er an die Rinder verloren.

»Von der Wiege bis zur Bahre definieren sich die Menschen in Rinderbeziehungen: Sie heißen wie Rinder, sie imitieren Rinder etwa beim Sprung- *(lir)* und beim Stampftanz *(loor)* durch Erheben der Arme in Hörnerform und drücken Liebe wie Haß in Rindern aus. Der gebrochene Arm des Gegners kostet zehn Kühe, ein ausgeschlagener Zahn zwei und ein Ermordeter 40«, schreibt der Ethnologe Bernhard Streck 1982.

(Nach Recherchen des Verfassers sind die Preise aber in der Zwischenzeit gehörig gestiegen. So kostete eine Frau nach Streck »17 Brautpreisrinder, die ein Schilluk-Jüngling einmal zahlte«, dem Verfasser wurden vor Ort Preise zwischen 20 – Marial Bay, »wegen des häufigen Viehraubs« – und 200 – Rumbek, »aber nur für eine sehr schöne Frau, aus einer guten Familie« – genannt.)

Wer den ansonsten bitterarmen Südsudan überfliegt, kann aus der Luft leicht den verblüffenden Anblick gigantischer Rinderherden erleben.

Verwirrend ist das auch für Schweinfurth: »Alles Trachten der Dinka dreht sich um den Rinderbesitz und Rindererwerb; ja diesen Tieren wird in gewisser Hinsicht ein förmlicher Kultus gewidmet, und alles, was vom Rind kommt, gilt für rein und edel; der Mist zu Asche gebrannt, um darauf zu schlafen oder um sich weiß anzutünchen, und der Harn als Waschwasser und zum Ersatz für das in allen Teilen Afrikas den Negern fehlende Kochsalz sind ihre täglichen Bedürfnisse. Der letzterwähnte Umstand entschuldigt den in unseren Augen mit dem Begriff Reinlichkeit schwer zusammenreimenden Volksbrauch. Nie wird ein Rind geschlachtet; kranke pflegt man mit Sorgfalt in eigens dazu errichteten großen Hütten, nur die gefallenen und verunglückten Tiere werden verspeist.«

MITTLERWEILE hat dieser unter vielen ostafrikanischen Stämmen, wie den kenianischen Massai oder Samburu, wütende Rinderwahn einige ökologische Schäden gezeitigt. Riesige Landstriche wurden mittlerweile von den Tieren kahlgefressen, in Ostafrika und dem Sahel sollen dadurch bereits 680 Millionen Hektar Land verlorengegangen sein. Statt ihre Rinder zu schlachten und zu verspeisen, warten die Dinka lieber auf die Lebensmittellieferungen des Welternährungsprogramms. »Die Ironie der Situation«, staunt die in Nairobi erscheinende Tageszeitung *Daily Nation*, »ist, daß die Nomaden lieber mit ihrem Vieh dem Hungertod entgegensehen, als es zu essen oder zu verkaufen.« Und die Mitarbeiterin der Deutschen Welthungerhilfe, Iris Krebber, entrüstet sich: »Die Herden sind denen wichtiger als ihre Frau. Eigentlich müßten die Viehnomaden, wenn Hunger herrscht, schnellstens ihre Lebensgewohnheiten ändern, doch das dauert Jahrzehnte.« Und das ist noch ausgesprochen optimistisch. Wahrscheinlicher ist, daß sich nie etwas ändert, denn statt die Dinka von ihrem selbstzerstörerischen Treiben abzubringen, ist die Hilfsmaschinerie längst dankbar angesprungen und versorgt die Rinderbarone des Südsudan mit Maisüberschüssen aus den Vereinigten Staaten. Die verheerende Folge: Statt selber die Felder zu bebauen, statt selber Handel zu treiben, statt die Kühe zu essen und damit die eigenen Bäuche zu füllen und gleichzeitig die riesigen Herden auf ein umweltverträgliches Maß zu reduzieren, treiben die Dinka ihre Rinder weiter als Prestigeobjekte von einem Teil des verarmten Landes in den nächsten und leben von der Hilfe anderer. Landwirtschaft als Erwerbsquelle lohnt ohnehin nicht, da die Lebensmittellieferungen längst die Preise ruiniert haben.

Dabei würde hier doch alles gedeihen. »Im fruchtbaren Klima können Mais, Cassava, Bohnen und Bananen im Überfluß wachsen. Die Landschaft in West-Äquatoria wird von riesigen, dunkelgrünen Mangobäumen beherrscht. Über und über hängen sie voll mit den schweren, süßen Früchten«, schreibt die Journalistin Bettina Gaus.

Stattdessen liegt selbst der Handel danieder, denn niemand kann etwas

Dietrich Wildung, Direktor des Ägyptischen Museums Berlin und der Papyrussammlung im Ausgrabungsgelände nördlich von Khartum; Naga, Sudan

Deutsche Archäologen graben seit mehreren Jahren in diesem Gebiet; Naga, Sudan

Die Pyramiden von Meroë zeigen den ägyptischen Einfluß; Naga, Sudan

Der Sand, der vom Wind ständig um die Ruinen geweht wird, macht die Ausgrabungen besonders beschwerlich; Naga, Sudan

Die Bewohner der Umgegend kommen ab und zu vorbei und bestaunen die Ausgrabungen; Naga, Sudan

Das mit Koransuren verzierte Amulett, Hedschab, ist im Sudan weit verbreitet.

Die schroffe Landschaft der Nubaberge hat nicht nur Leni Riefenstahl verzaubert; Kauda, Nubaberge, Provinz Kordofan

Rupert Neudeck, Gründer von Cap Anamur, der in Kauda ein kleines Lazarett betreibt, und SPLA-Mann Abd al-Asis al-Hillu, »Kommandant der Freien Nubaberge«; Kauda, Nubaberge, Provinz Kordofan

Der Hubschrauber der Uno bringt Hilfsgüter in die umkämpften Gebiete; Muzbat, Nord-Darfur

Die Familie von Hawayah Mohamed Ali vor den Überresten ihres Heims; Saiyah, Nord-Darfur

Marktplatz in der Rebellenhochburg; Saiyah, Nord-Darfur

Das Leben geht weiter. Hochzeit inmitten des zerstörten Ortes, Saiyah, Nord-Darfur

Der SLA-Mann und Führer der Berti, Saleh Adam Ishaq, mit seinen Rebellen;
Saiyah, Nord-Darfur

Rebellen spazieren bewaffnet über den Marktplatz; Saiyah, Nord-Darfur

Stolz präsentiert dieser SLA-Kämpfer seinen Raketenwerfer chinesischer Bauart;
Saiyah, Nord-Darfur

Stundenlang können die Kämpfer auf dem Boden hocken;
Saiyah, Nord-Darfur

für einen vernünftigen Preis verkaufen, wenn es die gleiche Ware an der nächsten Ecke umsonst gibt. Dazu kommt, daß jahrhundertealtes Wissen, wie man mit einfachen Mitteln in dieser Wildnis überleben kann, verlorengeht. Wer weiß im Südsudan noch, wie man selber einen Brunnen gräbt, der nicht sofort einstürzt, wenn diese Arbeit längst Kawadschas mit Schaufelbaggern und großen Bohrern an sich gerissen haben?

Ich habe mit dem kenianischen Ökonomen James Shikwati in Nairobi ein Gespräch über diesen selbstzerstörerischen Lebenswandel geführt. Shikwati untersucht seit Jahren die Auswirkungen der Entwicklungshilfe auch auf den Sudan und kommt zu dem Schluß, daß sie komplett gestrichen werden müßte. Er verficht ein Konzept, das in europäischen Suchtgruppen schon seit langem erfolgreich angewendet wird und sich unter dem Schlagwort »Hilfe durch Nichthilfe« zusammenfassen läßt.

»Herr Shikwati, nach der Tsunami-Katastrophe und der darauf folgenden Spendenwelle soll nun Afrika stärker bedacht werden, allein dem Sudan wurden auf einer Konferenz in Oslo 4,5 Milliarden Dollar in Aussicht gestellt …«

»… um Himmels willen, hören Sie bloß auf damit.«

»Aufhören?«

»Diese Fehleinschätzung schadet dem afrikanischen Kontinent schon seit vierzig Jahren. Wenn die Industrienationen den Afrikanern wirklich helfen wollten, sollten sie endlich diese furchtbare Hilfe streichen. Den Ländern, die die meiste Entwicklungshilfe einkassiert haben, geht es am schlechtesten.«

»Können Sie dieses Paradox erklären?«

»Es werden riesige Bürokratien finanziert, Korruption und Selbstgefälligkeit gefördert, die Afrikaner zu Bettlern erzogen und zur Unselbständigkeit. Zudem schwächt die Entwicklungshilfe überall die lokalen Märkte und den Unternehmungsgeist, den wir so dringend brauchen. Die permanente Entwicklungshilfe ist einer der Gründe für Afrikas Probleme, so absurd das klingen mag. Wenn sie abgeschafft würde, bekäme das der kleine Mann gar nicht mit. Nur die Politbonzen oder Bürgerkriegsarmeen, die sich auf diese Weise finanzieren, wären schockiert. Darum behaupten sie, die Welt ginge unter ohne Hilfe.«

»Selbst in einem Land wie Kenia verhungern jedes Jahr Menschen. Denen muß doch geholfen werden.«

»Aber die Kenianer selbst müssen diesen Menschen helfen. Wenn in einer bestimmten Region Kenias eine Dürre herrscht, schreien unsere korrupten Politiker sofort nach mehr Hilfe. Dieser Ruf erreicht das Welternährungsprogramm der Uno – also eine riesige Behörde von Apparatschiks, die sich in der absurden Situation befinden, sich zwar dem Kampf gegen den Hunger verschrieben zu haben, aber alle arbeitslos wären, würden sie den Hunger tatsächlich beseitigen. Sie nehmen naturgemäß die Bitte nach mehr Hilfe allzu bereitwillig auf, fordern nicht selten noch ein bißchen mehr, als es selbst die afrikanische Regierung getan hat, und leiten das Hilfeersuchen an ihre Zentrale weiter. Dann werden Millionen und Abermillionen Tonnen von Mais oder anderen Naturalien nach Afrika verschifft ...«

»... die überwiegend von hochsubventionierten deutschen und amerikanischen Landwirten stammen ...«

»... und diese Lebensmittel landen irgendwann im Hafen von Mombasa. Ein Teil wandert oft direkt in die Hände von skrupellosen Politikern, die ihn an ihren eigenen Stamm weiterleiten, um damit Wahlkampf zu machen. Ein anderer Teil wandert auf den Schwarzmarkt. Dort wird dann alles für Dumpingpreise verscherbelt. Ein einheimischer Bauer kann gleich seine Hacke aus der Hand legen, mit dem World-Food-Programm kann niemand konkurrieren. Und weil die Bauern unter diesem enormen Druck eingehen, hat Kenia auch keine Reserven, wenn nächstes Jahr tatsächlich eine Hungersnot entsteht – ein ganz simpler, aber folgenschwerer Kreislauf. Die SPLA zum Beispiel hat jahrelang so ihren Krieg im Südsudan weiterführen können, und sie hat noch nicht einmal ein großes Geheimnis um diesen Zusammenhang gemacht, sondern fand es moralisch vertretbar.«

»Wenn das World-Food-Programm nichts täte, würden die Menschen verhungern.«

»Das glaube ich nicht. In diesem Fall müßten sich die Kenianer oder Sudanesen eben bequemen, Handelsbeziehungen zu Uganda oder Tansania aufzunehmen und die Nahrungsmittel dort einzukaufen. Dieser Handel ist lebensnotwendig für Afrika. Er würde uns zwingen, die Infrastruktur selbst zu verbessern und Grenzen, die übrigens die Europäer erst gezogen haben, wieder durchlässiger zu machen. Doch statt den Handel zu fördern, läßt uns die Entwicklungshilfe immer nur nach Europa und die USA blicken und immer mehr Hilfe fordern. Dabei nutzt die Hilfe in erster Linie der Bürokratie.«

»Sie meinen, Afrika wäre in der Lage, seine Probleme selbst zu lösen?«

»Natürlich. In kaum einem Land südlich der Sahara müßte doch tatsächlich gehungert werden. Zudem sind reichlich Bodenschätze vorhanden: Öl, Gold, Diamanten. Wenn Sie sich den Sudan anschauen, stellen Sie leicht fest, daß der Nil unglaubliche Mengen an Wasser durch das Land spült. Der Nil, der längste Fluß der Erde! Wie wollen Sie denn da verhungern? Dazu kommt auch noch Öl. Was wollen Sie denn mehr? Afrika wird immer nur leidend dargestellt, dabei sind die meisten Zahlen maßlos übertrieben. Ich weiß, daß es genug Probleme in Afrika gibt, aber ich nenne diese Gebiete ›Pockets of suffering‹. Der Rest ist selbstverschuldet: durch Korruption, diesen suizidalen Hang zum Bürgerkrieg und durch die Abhängigkeit von Entwicklungshilfe. Erinnern Sie sich noch an die große Hungerkatastrophe vor drei Jahren im südlichen Afrika?«

»Damals hieß es, 17 Millionen Menschen könnten vom Hungertod betroffen sein.«

»Und hat es das große Sterben gegeben? Nein! Ganz im Gegenteil: Britische Hilfsorganisationen mußten später sogar einräumen, die Zahlen ganz bewußt aufgebauscht zu haben. Außerdem hatte beispielsweise der Norden Sambias Rekordernten. Man hätte im Ernstfall einfach den Mais aus anderen Gegenden des südlichen Afrika in die Krisenregionen schaffen können. Aber was wollen Sie machen, wenn selbst ein Land wie Malawi, das ja fast zur Hälfte aus einem riesigen Süßwassersee besteht, über schlechte Ernte klagt, wie 2005 geschehen? In den Industrienationen wird immer der Eindruck erweckt, ohne Entwicklungshilfe würde Afrika untergehen. Aber glauben Sie mir: Afrika hat es schon vor Euch Europäern gegeben. Und es ging uns gar nicht so schlecht.«

»Damals gab es Aids noch nicht.«

»Wenn man den Horrormeldungen der Uno Glauben schenken würde, müßten heute alle Kenianer eigentlich schon tot sein. Doch plötzlich werden überall Tests durchgeführt und es stellt sich heraus, daß sämtliche Zahlen maßlos übertrieben waren. Statt drei Millionen Kenianern ist plötzlich nur eine Million infiziert. Die meisten Menschen sterben jedoch an Malaria, und das interessiert niemanden. Ähnliche Berichte gibt es aus allen Teilen Afrikas. Doch Aids ist ein Riesengeschäft, vielleicht das größte Business in Afrika. Mit nichts anderem kann man soviel Geld lockermachen wie mit schockierenden Aidszahlen. Deshalb ist Aids hier eine politische Krankheit, wir sollten mißtrauisch sein. Und was passiert? Jede Diskussion über das Ausmaß der Seuche wird tabuisiert.«

»Afrikanische Potentaten stellen ihre Länder als stärker betroffen dar, als sie tatsächlich sind …«

»… und kassieren dafür kräftig ab. Wenn wir uns irgendein Virus ausdächten und versprächen, Geld zu seiner Bekämpfung bereitzustellen, ich bin sicher, dann würde aus allen Ecken Afrikas plötzlich der Leidensschrei ertönen: ›Ich bin auch infiziert!‹ Eine gesunde Skepsis ist angebracht.«

»Amerikaner und Europäer haben immerhin einen Anfang gemacht und jetzt bereits zugesagte Hilfe für Kenia eingefroren. Das Land, sagen sie, sei zu korrupt.«

»Ich befürchte nur, daß sie das Geld bald wieder auszahlen, es muß schließlich irgendwo hin. Dem verheerenden europäischen Drang, Gutes zu tun, läßt sich bisweilen leider nicht mit Vernunft begegnen. Es ist doch völlig unverständlich, daß bereits unmittelbar nach der Wahl der neuen kenianischen Regierung, die die Diktatur Daniel arap Mois beendete, alle Geldhähne geöffnet wurden und das Geld in Strömen in dieses Land floß. Ähnlich ist es mit dem Südsudan nach dem Friedensabkommen. Warum warten wir nicht erst einmal, ob die neue Regierung überhaupt vernünftig mit dem Geld umgehen kann? Und ob sie es zweitens überhaupt braucht. Wer 700 Millionen Dollar an Öleinnahmen verschleudern kann, der braucht auch keine Hilfe. Das wäre doch das völlig falsche Signal!

Aber wenn Sie mit irgendeinem Sudanesen sprechen, dann erzählt der Ihnen sofort, er habe zwanzig Jahre im Busch gekämpft und deshalb jetzt die Hilfe der Ausländer verdient, und dann legt er sich unter den nächsten Affenbrotbaum und streckt seine Beine aus.

Erstens hat man in meinen Augen kein Anrecht auf Entwicklungshilfe, nur weil man Krieg geführt hat. Zweitens ruiniert man mit dieser Hilfe allenfalls die Wirtschaft, und drittens sollte unser Sudanese, gerade nach seiner jahrelangen doch wohl eher destruktiven Tätigkeit als Bürgerkrieger das Land aufbauen, statt faul in der Gegend herumzulungern.«

»Das Hilfsgeld ist meistens zweckgebunden.«

»Das ändert doch nichts. Zig Millionen US-Dollar, die für den Kampf gegen Aids vorgesehen waren, liegen noch auf irgendwelchen kenianischen Konten und werden nicht ausgegeben. Unsere Politiker wurden mit Geld überschüttet, dabei sind sie korrupt und versuchen, möglichst viel auf die Seite zu schaffen. Der verstorbene Diktator der Zentralafrikanischen Republik, Jean Bédel Bokassa, hat die Tatsachen zynisch auf den Punkt gebracht, als er sagte: ›Alles in unserem Land wird von der französischen Regierung bezahlt. Wir fragen die Franzosen nach Geld, wir bekommen es – und verschwenden es.‹ Jetzt hat die EU viele hundert Millionen Euro in die Wahlen des Kongo gesteckt, und was passiert? Sie wählen und schlagen sich danach wieder die Köpfe ein. Hätten die Kongolesen unbedingt wählen wollen, hätten sie selber Wahlen organisiert, und dann hätten sie auch das Wahlergebnis mehr geachtet.«

»Immerhin fordern die Industrienationen jetzt einen entschiedeneren Kampf gegen Korruption und Mißwirtschaft.«

»Ich kann all diese Sonntagsreden gegen die Korruption nicht mehr hören. Sie werden doch nur gehalten, um die Herzen der Entwicklungshilfeminister zu rühren. Es wird den Gebern einfach nach dem Mund geredet.«

»Es gibt auch viele mitfühlende deutsche Bürger, die Afrika helfen wollen und sich Sorgen machen um den Zustand der Welt. Sie spenden jedes Jahr Geld, viele stecken ihre Kleider in Sammelsäcke für die Dritte Welt …

»… und überschwemmen unsere Märkte mit dem Zeug. Ich erzähle Ihnen eine Geschichte: Auf unseren sogenannten Mitumba-Märkten können wir die gespendeten europäischen Kleider billig kaufen. Es gibt Deutsche, die kaufen hier für ein paar Dollar gebrauchte Fußballhemden von Bayern München oder Werder Bremen, die Kinder in Deutschland wohlmeinend den Afrikanern spenden wollten, versteigern sie für den dreifachen Preis bei E-bay und schicken sie zurück in ihre Heimat. Das ist doch Nonsens …«

»… und hoffentlich eine Ausnahme.«

»Was sollen diese Kleiderberge? Hier friert doch niemand, statt dessen werden unsere Schneider arbeitslos. Ihnen geht es wie den Bauern. So kostengünstig kann doch selbst ein Schneider aus der afrikanischen Billiglohnwelt nicht sein, daß er mit den gespendeten Produkten mithalten kann. 1997 waren in Nigeria noch 137 000 Arbeiter in der Textilindustrie tätig, im Jahr 2003 waren es gerade noch 57 000. Und so sieht es überall aus, wo überschäumende Hilfsbereitschaft auf fragile afrikanische Märkte trifft.«

»Nach dem Zweiten Weltkrieg kam ein nahezu völlig zerstörtes Deutschland erst mit Hilfe amerikanischen Geldes und eines Marshall-Plans wieder auf die Beine.«

»Weil in Deutschland eine Infrastruktur zerstört wurde, die lediglich wieder aufgebaut werden mußte. Deutschland war vor dem Krieg, trotz der Wirtschaftskrise der Weimarer Republik, ein hochindustrialisiertes Land. Auch Thailands Tsunami-Schäden lassen sich mit ein bißchen Geld und Aufbauhilfe beheben. Der Sudan zum Beispiel muß den Schritt in die Moderne jedoch erst selbst gehen. Der befindet sich doch im Mittelalter. Es muß sich ein Mentalitätswechsel vollziehen. Wir müssen aufhören, uns als Almosenempfänger zu empfinden. Afrikaner werden immer nur als

Opfer gesehen, und sie sehen sich mittlerweile selbst nur noch als Opfer. Keiner kann sich hingegen einen Afrikaner als Businessmann vorstellen. Um diesen Schritt zu gehen, wäre es jedenfalls hilfreich, wenn sich die Hilfsorganisationen zurückzögen.«

»Wenn sie das täten, würden allerdings erst einmal jede Menge Arbeitsplätze vernichtet ...«

»... die völlig künstlich geschaffen wurden und die Realität verzerren. Natürlich: Die Jobs bei den ausländischen Organisationen sind sehr beliebt. Darum können die sich auch immer die besten Leute aussuchen. Wenn eine Hilfsorganisation einen Fahrer sucht, dann bewerben sich Dutzende auf diesen Posten. Da dem Entwicklungshelfer ja nicht zuzumuten ist, daß der Chauffeur nur seine Stammessprache beherrscht, muß also jemand her, der fließend Englisch spricht und nach Möglichkeit noch gute Manieren hat. Da fährt dann plötzlich ein afrikanischer Biochemiker einen Helfer durch den Südsudan, um europäische Lebensmittel zu verteilen und damit die lokalen Bauern arbeitslos zu machen – was für ein Unsinn!«

»Die Bundesregierung hält sich zugute, genau zu überprüfen, wen sie unterstützt.«

»Und was kommt dabei heraus? Ein Desaster. Erst hat sie Ruandas Präsident Paul Kagame das Geld in den Rachen geworfen. Dabei hat der Mann mittlerweile einige Millionen Kongolesen auf dem Gewissen. Und der namibischen Regierung will sie nun sogar die wirtschaftlich völlig unsinnige Landreform mitfinanzieren und damit einen Rückfall in die sozialistische Steinzeit ermöglichen. Namibia ist nun wirklich nicht das Land Afrikas, das am meisten leidet. Im Südsudan wird eine ähnliche Verschwendung betrieben werden. Erste Anzeichen dafür sind jetzt schon nicht mehr zu übersehen. Und um den Irrsinn komplett zu machen, verkündet das deutsche Entwicklungshilfeministerium im August 2006 ganz stolz, es wolle der kenianischen Regierung 29 Millionen Euro zur Korruptionsbekämpfung schenken. Der kenianischen Regierung! Zur Korruptionsbekämpfung! Die kenianische Regierung ist eine der korruptesten auf der Welt. Können Sie mir das erklären?«

»Nein. Aber was sollen die Deutschen denn Ihrer Meinung nach tun?«

»Sie sollen sich überlegen, ob sie die Armut bekämpfen oder ob sie nur irgend etwas Gutes tun wollen. Wenn sie wirklich die Armut bekämpfen wollen, sollten sie sich mit ihrer Entwicklungshilfe komplett zurückziehen und Afrika endlich die Chance geben, selbst für sein Überleben zu sorgen. Der Südsudan wäre eine gute Gelegenheit, die Fehler der Vergangenheit ausnahmsweise einmal nicht zu wiederholen. Derzeit ist Afrika nämlich wie ein Kind, das sofort nach seinem Babysitter schreit, wenn etwas schief geht. Doch Afrika sollte auf eigenen Füßen stehen – auch wenn zunächst einmal das eine oder andere Hindernis alleine gemeistert werden muß.«

Daß geschenktes statt selber erarbeitetes Geld langfristig mehr psychischen Schaden als Nutzen bei seinem Empfänger anrichten kann, läßt sich im Übrigen durch einen Blick in eine der vielen sich überwiegend der Ausgabe von Entwicklungshilfe widmenden afrikanischen Zeitungen feststellen. So schreibt zum Beispiel, stellvertretend für viele, ein SPLA-Kriegsveteran namens Victor Lugala im *Sudan Mirror*: »Die Weltbankoffiziellen verdrehen uns den Kopf. Sie denken, wir seien ein Haufen von Dschungelguerilleros, die nicht mit dem vielen Ölgeld umgehen können, weil wir nur wissen, wie man Kalaschnikows und Granaten durch die Gegend schleppt. Wo waren sie, als wir Bargeld in Plastiktüten herumtrugen, um auf dem Schwarzmarkt Waffen zu kaufen? Was denken diese Ausländer eigentlich, wer sie sind? Wissen sie, was Gott sich dabei gedacht hat, als er am dritten Schöpfungstag entschied, daß es im Sudan Öl geben soll? Wie können sie uns etwas über den Gebrauch und Mißbrauch unseres eigenen Geldes beibringen? Vielleicht organisieren sie nächstes Mal einen Sieben-Tage-Workshop, um uns den Gebrauch von Toilettenpapier beizubringen.«

Daß sich der Milizionär nicht mehr um den Ge- oder Mißbrauch der ersten siebenhundert Millionen Dollar aus dem Ölgeschäft zu grämen braucht, weil seine Genossen sie bereits erfolgreich unter sich aufgeteilt haben, sollte den Blick nicht trüben für das psychologische Dilemma, das sich in diesem Brief offenbart. Denn Lugalas Frustration ist mitnichten eine Ausnahme: Überall hört man Klagen darüber, daß mit dem Geld zu viele kluge Ratschläge überwiesen würden. Daß Afrika noch schneller, als es verarmt, systematisch infantilisiert wird. Die psychosozialen Schäden durch Entwicklungshilfe gehören mit Sicherheit zu den bislang am wenigsten erforschten Begleiterscheinungen des Altruismus. Es wußte ja nicht nur Bertolt Brecht bereits, daß das Gegenteil von gut nicht selten gut gemeint ist.

Die mittlerweile von der Ersten Welt subventionierte Selbstvernichtung durch Rinder, die Apocalypse Cow, hat am Nil natürlich früh begonnen. Bereits Schweinfurth konnte nur staunen, welch degenerierten Viechern da die meiste Zeit des Tages gewidmet wird: »Kaum ein Prozent der Bestände halte ich für befähigt, als Last- oder Zugvieh zu dienen, eine Anwendung, welche die Neger im oberen Nilgebiet überhaupt nicht kennen. Am auffallendsten ist der Fettmangel, welcher diese Rinderrasse kennzeichnet. In den Morgenstunden werden die Kühe gemolken. Der Ertrag ist miserabel, und selbst die besten Tiere liefern nicht so viel Milch wie bei uns eine mittelmäßige Ziege.« Wie eine mittelmäßige Ziege!

Buschkrieg

SUDANS DIKTATOR JAFAAR NUMEIRI hat Anfang der Achtziger Jahre bereits einige Metamorphosen hinter sich, er flirtete mit den Kommunisten in Moskau, die ihm schon Ende der Sechsziger Jahre Jagdbomber vom Typ MiG-17 lieferten, und ließ sich jahrelang von den Kapitalisten in Washington aushalten. Nun, unter dem wachsenden politischen Druck radikaler Mohammedaner, wendet er sich ganz unvermutet dem Glauben zu. Er drückt den ins libysche Exil getriebenen Mahdi-Sproß Sadiq ebenso an seine Brust wie den Moslembruder Hassan al-Turabi. Die Amerikaner, so sein Kalkül, würden ihn nicht fallenlassen, weil sie ein Bollwerk gegen den Roten Terror Mengistu Haile Mariams in Äthiopien benötigen. Die Regierung Reagan versucht schließlich, Rußland totzurüsten und schert sich nicht allzu sehr um religiöse Fanatiker.

IN OSTAFRIKA wird ansonsten das übliche Spielchen gespielt. Dein Feind, mein Freund, mein Freund, dein Feind. Das kommunistische äthiopische Derg-Regime unterstützt übriggebliebene Anya-Nya-Rebellen, die jeden Frieden mit Khartum ablehnen und für eine Sezession kämpfen und sich nun Any-Nya-II nennen. Khartum unterstützt im Gegenzug die eritreischen Separatisten, die gegen das Regime in Addis Abeba kämpfen. Kenias Diktator Daniel arap Moi versucht, sich gut mit Khartum zu stellen. Idi-Amin-Nachfolger Milton Obote in Uganda hält sich heraus. Er glaubt, die rebellischen Südsudanesen seien Freunde seines Feinds Amin gewesen, und mit denen will er nichts zu tun haben.

Im September 1983 führt Numeiri die Scharia-Gesetzgebung ein. Striktes Alkoholverbot, die Einsetzung von Sondergerichten zur Aburteilung bestimmter Straftaten: Handabhacken für Diebstahl, Geschlechtertrennung im öffentlichen Leben, Verbot von Zinsen. Die gnadenlosen Gesetze sollen auch im seit 1972 weitgehend autonom regierten Südsudan gelten.

Und er tut den christlich-animistischen Südlern noch einen weiteren Tort an: deren Territorium soll fortan in drei Provinzen aufgeteilt werden. Damit würde der Süden politisch gewaltig geschwächt werden. Es beginnt zu brodeln.

JOHN GARANG ist gerade seit einem Jahr aus den Vereinigten Staaten zurückgekehrt und strebt in Khartum ganz offensichtlich eine erfolgreiche Offizierslaufbahn an, als sich die Ereignisse überschlagen. In Bor, seiner Heimatregion im Südsudan, meutern 500 Soldaten des Bataillons 105 der ersten Division unter der Führung von Major Kerubino Kwanyin Bor. Die Soldaten verweigern sich einer Versetzung in den Norden und berufen sich dabei auf das Addis-Abeba-Friedensabkommen von 1972, das ihnen als Südlern einen Einsatz lediglich in ihrer Heimatregion vorschreibe. Es kommt zu bewaffneten Auseinandersetzungen, die 78 Todesopfer fordern. Unter den Toten sollen sich nach einem Bericht des staatlichen Propagandasenders *Radio Omdurman* auch acht Offiziere der sudanesischen Streitkräfte befinden.

Um den Konflikt zu schlichten, wird der ehrgeizige Oberst Garang aus Khartum losgeschickt. Er scheint prädestiniert für die heikle Mission, stammt er doch aus der Region, die fast tausend Kilometer südlich der Hauptstadt liegt, und ist mit der Mentalität der dort lebenden Dinka vertraut. In Wirklichkeit allerdings steckt Garang selbst hinter der Meuterei. Oberst Garang spielt ein doppeltes Spiel. Im Süden angekommen, befiehlt er den Meuterern, alle kriegswichtigen Dinge an sich zu nehmen, derer sie habhaft werden können – Waffen, Fahrzeuge, Lebensmittel, Medikamente – und sich ins kommunistische Äthiopien abzusetzen.

Zu seiner gerissenen Guerillataktik bemerkt er später: »Wenn man illegale Untergrundaktivitäten plant, ist es immer gut, wenn man eine gewisse Nähe zur Führung hat. Als ich in Khartum war, hatte ich deshalb ein sehr enges Verhältnis zu Topleuten im Militär, wie General Yousif Ahmed Yousif und General Sowar el-Dhahab. Ich war sogar mit dem Chef des Armeepersonals, General Abu Kodok, befreundet. Wir pflegten gemeinsam zu dinieren. Mein Kalkül war, daß diese Generale mich in Schutz nehmen würden, falls Geheimdienstberichte über mein Treiben auftauchen sollten. Daß sie dann sagen würden: *John walled kuez wa ma mumkin yamoul hajjat zeidi* – John ist ein guter Junge, und so etwas kann er gar nicht tun.«

DER GUTE JOHN jedenfalls ruft kurze Zeit später die *Sudan People's Liberation Army* ins Leben und zum Umsturz auf. Er will im Gegensatz zu den meisten bisherigen südsudanesischen Rebellenbewegungen keine Sezession, sondern einen von der SPLA »befreiten« großen Sudan, über dem die rote Fahne flattert. Kein Wunder, daß so eine Bewegung auf Sympathie bei Äthiopiens Mengistu stößt. In den ersten sechs Monaten laufen 3000 ausgebildete Regierungssoldaten zur SPLA über, die schon bald 10000 Guerilleros zählt. Innerhalb von drei Jahren kontrolliert Garangs Guerilla ein Drittel des Sudan ein gewaltiges Gebiet – allerdings sollen die wichtigen Städte fast ausnahmslos und fast die gesamte Bürgerkriegszeit hindurch in der Hand der Armee bleiben.

Nach Mengistus Sturz im Mai 1991 mischen sich plötzlich die Amerikaner ein. Die Hauptfeinde sind nun ja nicht mehr Moskau und seine Satelliten, sondern die islamischen Schurkenstaaten. Daß Garang eine gewisse amerikanische Sozialisation erfahren hat und mitsamt seiner Guerillatruppe zu den Christen gerechnet werden kann, paßt ebenfalls. So läßt sich das Blutbad am Nil gleich als Christenverfolgung durch ein sinistres Islamistenregime verkaufen, das zudem die schändliche Tradition der Sklaverei fortsetzt und weltberühmte Terroristen wie Osama Bin Laden beherbergt. Als Juniorpartner steht den Amerikanern, die den Schwenk als Paradigmenwechsel ihrer Außenpolitik verkaufen, Ugandas Präsident Yoweri Museveni zur Seite, der der SPLA und seinem alten Freund John Garang liebevoll zugetan ist. Und dafür selber einen hohen Preis zu zahlen hat, als Khartum im Gegenzug die LRA aufrüstet.

Es ist der Beginn einer Tragödie, die insgesamt zwei Millionen Menschenleben fordern soll. Eines Bürgerkriegs und Bruderkriegs und Bandenkriegs, in dem das Land in einen mittelalterlichen Zustand zurückgebombt wird, aufgeteilt in unzählige Hoheitsgebiete, die von blutrünstigen Kriegsfürsten mit ihren Landsknechten verheert werden.

Treffen mit Garang

JOHN GARANG liebt diese Auftritte. Die Jazzband. Diese furchteinflößenden *Gunmen* mit ihren schweren Maschinen- und Sturmgewehren, die überall in New Site herumstrolchen. Die vielen Häuptlinge, die vor ihm kuschen und marionettenhaft die Arbeiterfäuste recken, wie sie das einmal in Trainingslagern in Äthiopien oder auf Kuba gelernt haben. Sie wirken, als gehörten sie zur Blechdosenarmee aus der Augsburger Puppenkiste. Und der große Meister hat kaum Zeit. Hetzt immer durch die Gegend, und man sieht seinen bordeauxroten, nagelneuen Landcruiser, in dem *Chairman Doctor Garang* durch die Gegend chauffiert wird, meist nur von hinten.

UND KAUM JEMAND interessiert sich für Riek Machar. Der sitzt allein im Gästetukul in New Site, die Glotze läuft, das Bild flimmert und flackert, daß man kaum etwas erkennen kann, und neben Riek Machar sitzt Herr Thormählen aus der norddeutschen Tiefebene und redet auf den Buschkrieger ein. Herr Thormählen sieht sehr hanseatisch aus mit seinem dunkelblauen Blazer mit goldenen Manschettenknöpfen, der weißen Sommerhose und mit seinen fliegenden blonden Haaren. »Sis is wunderfull«, sagt Herr Thormählen über die Friedensgespräche »sis is se schangse for pies, se schangse for pies«, und dann könne ja auch bald mit dem Bau seiner Eisenbahn begonnen werden. Sie soll kreuz und quer durch das Land führen, und die Dinka mit ihren Rindern und die Nuer mit ihren Rindern und die Schilluk mit ihren Ziegen durch das weite Land bringen. Auf und ab, von Ost nach West und bis hoch in den Norden, wo die bösen Araber sitzen, und alle lernen einander kennen, und wenn sich alle nur gut genug kennengelernt haben, dann hören sie bestimmt auf, einander zu morden und zu meucheln. Herr Thormählen ist kaum noch zu bremsen, er hat sich da so seine Gedanken gemacht, und er hält den Bau einer schätzungsweise drei Milliarden Euro teuren Eisenbahn für genau das richtige Konzept. Eine Eisenbahn durch die Hölle, eine Eisenbahn über Stock und Stein, eine Eisenbahn für den Frieden. Er würde gerne in Goldstaub bezahlt werden, sagt Herr Thormählen ganz aufgeregt, wie im Wilden Westen, er habe da Geschichten gehört über sagenhafte Bodenschätze, Goldadern, Ölquellen, herrje, was für ein Plan! Wenn die SPLA will, dann kann sie auch gleich die unermeßlichen Schätze, die Mutter Erde dem Land am Nil geschenkt hat, auf dieser Eisenbahn hin und her transportieren: das schwarze Gold. Auf und ab und bis tief in den Süden, nach Nairobi und Mombasa, von wo man alles so wunderbar verschiffen kann. In die Häfen dieser Welt: Hamburg, Rio, Shanghai.

Draußen sitzen zwei Männer, Berater von der Weltbank, ältere, feine Herren aus Skandinavien, die sich seit vielen Jahren kennen und afrikanische Regierungen beraten und afrikanische Rebellen beraten, und ihnen ziemlich oft ihre skurrilen Pläne ausreden müssen. Manches konnten sie natürlich auch nicht verhindern, weil sie nicht überzeugend genug waren, oder weil sie gar nicht gefragt wurden. Den Petersdomnachbau in der Elfenbeinküste zum Beispiel oder Mobutus Nachbau von Versailles im Norden des Kongo oder die Kupferbahn von Sambia nach Tansania.

Die beiden Skandinavier reden wenig und trinken warmes Guiness und amüsieren sich sehr zurückhaltend über Herrn Thormählen.

»Erinnerst du dich an Sambia?«

»Die Tazara-Bahn?«

»2200 Kilometer durch den Busch, haben alles die Chinesen gebaut.«

»Ja, ja. So ein Unsinn.«

»Wann warst du zuletzt da?«

»Vor drei Jahren.«

»Skål Ole.«

»Skål Nils.«

»Und wie sieht sie aus?«

»Die Bahn? Wie soll sie aussehen? Vergammelt. Aber es war ja damals schon alles heruntergekommen. Gleich nachdem die Chinesen weg waren.«

»Trinkst du noch ein Bier?«

»Ja.«

»Hey Boy, zwei Bier!«

»Die Chinesen habe einen Bahnhof gebaut, der ist größer als der von Stockholm. Aber wenn du einen Zug nach Daressalam bekommen willst, mußt du fünf Tage warten. Wenn du Glück hast.«

»Sie haben keine Lokomotiven. Und sie wissen nicht, was sie eigentlich transportieren sollen.«

»Hast du den Deutschen gesehen?«

»Den Blonden mit dem langen Haar?«

»Ja.«

»Der will doch auch 'ne Bahn bauen.«

»Im Sudan.«

»Im Sudan.«

»Viertausend Kilometer. Für drei Milliarden Euro.«

»Im Sudan?«

»Es heißt, er war mal Schaffner, und jetzt ist er Millionär.«

»Was will er hier denn transportieren?«

»Ziegen.«

»Ziegen?«

»Was weiß denn ich? Rinder vielleicht.«

»So ein Unsinn.«
»Ja, so ein Unsinn.«
»Skål Ole.«
»Das Bier ist aber warm.«
»Gestern war's kälter, da haben wir aber auch später angefangen.«
»Warum tut er das?«
»Der Deutsche? Keine Ahnung. – Weißt du's?«
»Nej.«
»Trinken wir noch ein Bier?«
»Ja. – Skål Nils.«
»Und die Sudanesen?«
»Was – die Sudanesen?«
»Was wollen die mit einer Eisenbahn?«
»Hmmmm.«
»Tja.«
»Sie sagen was vom Öl, das sie transportieren wollen.«
»Mit der Bahn? Die Sudanesen wollen Öl mit einer Eisenbahn transportieren?«
»Laß sie doch. Erinnerst du dich an Mobutu?«
»Der hat seine Freunde mit einer Concorde in sein Heimatdorf Gbadolite geflogen. Erinnerst *du* dich an Bokassa?«
»Der ließ sich zum Kaiser krönen.«
»Ja. – Wann warst du eigentlich zuletzt auf der Schlittschuhbahn in Abidjan?«
»Keine Ahnung.«
»Skål Ole.«
»Skål Nils.«

DIE IDEE zu der Bahn war Thormählen im heimischen Bad Oldesloe gekommen. Dort besitzt Thormählen ein Herrenhaus, und als einmal ein Rohr im Herrenhaus kaputt war, kam ein Klempner vorbei, und die beiden Männer kamen ins Plaudern, und im Laufe des Werkeltags berichtete der Klempner von einem merkwürdigen Kunden, baumlang und pechschwarz, der erzählte, er käme aus einer südsudanesischen Königssippe und sei aber gleichzeitig ein Revolutionär, der vor dem Krieg geflohen sei und in Schleswig-Holstein lebe. Es handelte sich um den Dinka Costello Garang Ring.

Die beiden treffen sich also. Garang Ring erzählt vom Krieg und vom möglichen Frieden in seinem Heimatland, wo es kaum Straßen und nicht einmal eine vernünftige Eisenbahn gibt. Und Thormählen erzählt, daß er einmal ein kleiner Bundesbahnbeamter war, der sich mit einem Gleisbauunternehmen selbständig gemacht hat, ein Verfahren entwickelte, mit dem man Schienen schon auf der Strecke verbinden kann, das sogenannte »Mobile Abbrennstumpfschweißen«, und daß ihn das steinreich gemacht hat. Er beschäftigt mittlerweile 400 Angestellte, seine Firma baut Schienennetze in Spanien, Deutschland, Schweden und Taiwan und hat 2003 einhundert Millionen Euro umgesetzt. Thormählen fühlt sich wie Krösus. Aber irgend etwas fehlt. Ein Sinn. Etwas Gutes. Er könnte eine Stiftung gründen wie Bill Gates oder eine Kunsthalle in Emden wie Henri Nannen oder ein kleines Aidsdorf in Malawi, wie es Madonna vorschwebt.

Aber keiner von denen hat so ein hohes Gut wie Frieden auf der Habenseite.

Na, ja. Und da lag die Idee natürlich nahe. Garang Ring hätte gerne eine Bahn für seine Bilanz als zukünftiger »Minister für Kooperation und Entwicklung«, und Klaus Thormählen gerne Frieden in seiner als schwerreicher Unternehmer. Bauen wir doch eine Friedensbahn, sagen sich die beiden da. Einmal quer durchs Elend. Und Garang denkt wahrscheinlich: Der Thormählen baut die, und irgendein Entwicklungshilfeminister wird die schon bezahlen. Und Thormählen denkt wahrscheinlich: Der Garang kauft eine Eisenbahn, und bezahlt wird in Goldstaub. Und so planen sie und planen und vergessen darüber ganz, wofür das Projekt eigentlich gut sein und wer es am Ende bezahlen soll. Daß die SPLA drei Milliarden Euro für einen Öl- und Kuhtransport durch den Sudd herausrückt, scheint eher unwahrscheinlich.

RIEK MACHAR hört nur mit einem Ohr zu, was Thormählen sagt. Er wird sich bald als Vizepräsident des Südsudan einen Haufen sündhaft teurer Geländewagen von Toyota bestellen, und seine Erstfrau Angelina Teny wird Vize-Ölministerin des Gesamtsudan. Er hat wahrscheinlich sowieso keine Lust auf stunden- und tagelange Bahnfahrten durch diese Ödnis, solange man noch fliegen kann.

Machar ist einer von John Garangs Stellvertretern. Er hat fünf Jahre in Khartum Maschinenbau studiert und in Glasgow am Strathclyde-Polytechnikum seinen Magister gemacht.

Bekannt geworden ist er aber, weil es ihm erstens gelang, eine englische Entwicklungshelferin namens Emma McCune zur Zweitfrau zu machen und sie noch während des Sumpfkriegs in sein Strohhüttendörfchen Ler zu locken. Wo sie, unter einiger medialer Anteilnahme, einigermaßen selbstgenügsam zwischen Rinderherden logierte, während Riek manchmal wochenlang ohne Unterbrechung den Geschäften des Bürgerkriegers nachging: Minen legen, dem Gegner auflauern, Granaten abfeuern.

Und zweitens, weil er im August 1991 gegen den SPLA-Übervater John Garang revoltierte und angelegentlich eine eigene bewaffnete Bande ins Feld führte, die munter die Bürgerkriegsfronten wechselte und bisweilen auch auf Regierungsseite kämpfte. Damit zettelte er einen Bruderkrieg zwischen den mächtigsten Stämmen des Südsudan an, der an Brutalität noch den zwischen Nord und Süd übertraf. Auf Machars Seite kämpfte auch der Schillukführer Lam Akol Ajawin der später Außenminister des Sudan werden sollte.

Machar ist Nuer, Garang ist Dinka, Akol ist Schilluk. *Emma's War* wurde das Meucheln und Metzeln der Stämme untereinander genannt, weil man den schädlichen Einfluß der neuen Angetrauten hinter der Wahnsinnstat witterte. Dabei handelte es sich keineswegs um etwas Ungewöhnliches in diesem Teil der Erde. Nuer, Dinka und Schilluk fallen seit Jahrhunderten übereinander her und stehlen einander die Viehherden.

Eine Legende besagt, Dinka und Nuer hätten einmal einen gemeinsamen Großvater gehabt, aber der habe die Nuer betrogen und den Dinka mehr Rinder gegeben. Seitdem kämpften die beiden verbissen gegeneinander und um ihre Herden. Wovon bereits Georg Schweinfurth Völkerkunde zu geben weiß.

GEORG SCHWEINFURTH über die Nuer:

»Die Nuer sind ein kriegerisches, von den Dinka wohlgefürchtetes Volk, welches in seinen gegenwärtigen Sitzen um die Mündungen der beiden Quellflüsse um den Nil herum offenbar von feindlichen Nachbarn zusammengedrängt erscheint. Obgleich sie die Mehrzahl ihrer Sitten mit den Schilluk und Dinka teilen, sind sie doch durch ihre Sprache von beiden sehr verschieden. Auch sie sind ein Volk von Rinderhirten. Der Reisende, welcher alle ihre Seltsamkeiten schildern wollte, müßte manches wiederholen, was er von den Schilluk und Dinka bereits erzählt hat. Es genügt zur Charakteristik ihrer Tracht zu sagen: Die Männer sind nackt, die Weiber züchtig geschürzt, die Mädchen mit einem Schurz von Grasfransen umgürtet. Die Haare oft rostrot gefärbt vermittels einer vierzehntägigen Kompresse von Asche und Kuhmist, finden sich hin und wieder kurzgeschoren. Aus Baumwollfäden flechten sie sich Perücken, welche mit Eisenocker gefärbt, den von der Natur minder Bevorzugten einen Haarschmuck ersetzen.«

GEORG SCHWEINFURTH über die Dinka:

»Die Dinka sind ein großes Volk, und ihr Ländergebiet ist so ausgedehnt, daß ihre Fortexistenz in dem buntscheckigen Völkergewoge von Afrika noch für lange Zeit gesichert erscheint. Ihre nationale Einheit im Hinblick auf Rasse, Lebensweise und Sitten ist nicht zu bezweifeln, dennoch fehlt es ihnen an einem politisch nationalen Zusammenhang, indem sich die zahlreichen Stämme nicht nur untereinander bekriegen, sondern sich auch als Werkzeuge des Verrats zu Gunsten fremder Eroberer gebrauchen lassen.«

GEORG SCHWEINFURTH über die Schilluk:

»Der an und für sich nicht unästhetisch gestaltete Körper, bei den Männern jeder Bekleidung bar, erhält durch die beständige Tünchung mit Asche einen wahrhaft diabolischen Ausdruck. Die knochigen, äußerst dürren Gliedmaßen und die passive Ruhe aller ihrer Attituden erhöhen am Schilluk das mumienartige Aussehen. Der an ihren Anblick nicht gewöhnte Neuling kann sich der Täuschung kaum erwehren, in diesen aschgrauen Gestalten eher verschimmelte Kadaver als lebende Wesen zu erblicken. Die Statur der Schilluk ist eine mittlere und bleibt oft hinter den mit langen Beinen hochaufgeschossenen Dinka weit zurück ... Seit den letzten drei Jahren pflegten die Barken in diesen Teilen des Stromes nur ungern und nur, wenn ihrer mehrere zusammen waren, ans Land zu gehen, denn hier war es, wo allein in einem Jahr fünf Khartumer Kaufleuten gehörige Schiffe, als sie mit Elfenbein beladen von oben herabkamen, hinterlistig eins nach dem anderen von Schilluk überfallen wurden. Diese bedienten sich dabei der List, durch großartige Eröffnung eines vielbesuchten Marktes der Schiffsmannschaft jeden Argwohn zu nehmen; auf ein gegebenes Zeichen fielen sie dann über die zerstreuten Nubier her und metzelten alle ohne Ausnahme nieder.«

NATÜRLICH handelt es sich um Stammesfehden, geht es um die Dominanz oder Benachteiligung der Dinka oder der Nuer oder der Schilluk.

Und es geht um die Führung in der Rebellenarmee. Garang gilt als autoritär, menschenverachtend, wird bisweilen mit dem Blutsäufer Idi Amin verglichen. In der Kriegserklärung der Aufrührer Lam Akol, Riek Machar und Gordon Kong, die in der BBC verlesen wird, heißt es: »In den letzten acht Jahren hat John Garang die Bewegung in einer außergewöhnlich diktatorischen und autokratischen Art und Weise geführt. Er hat die Menschen unterdrückt, gedemütigt und degradiert und einen Volkskampf in einen Krieg der Warlords und eine Herrschaft des Terrors verwandelt.«

Aber es geht auch um die Frage, wofür eigentlich gekämpft wird. Für einen vereinigten, sozialistischen Sudan unter der Herrschaft der SPLA? Das ist der Traum John Garangs. Oder um die Sezession? Einen eigenständigen Südsudan? Ein Land, das den Namen »Land der Schwarzen« zu Recht tragen würde, mit enger Anbindung an die schwarzafrikanischen Nachbarländer Kenia und Uganda? Das ist das Land, von dem Riek Machar träumt.

Ein paar Jahre befehden sich die Stämme heftig und in unterschiedlichen Konstellationen, was selbstredend die Schaffung diverser unterschiedlicher Guerillaarmeen mit eigenen wohlklingenden Namen zur Folge hatte: SPDF = *Sudan People's Democratic Front/Defence Forces* (Riek Machar 2000–2002); SPLM/A-United = *Sudan People's Liberation Movement/Army-United* (Riek Machar und Lam Akol 1994); SSIM/A = *South Sudan Independence Movement/Army* (Riek Machar, Lam Akol 1994–1997) und so geht das fast endlos weiter – SSUM/A, SSLM/A, SSDF. Um es zu vereinfachen, werden die Gruppen nach ihrem jeweiligen Hauptquartier benannt: in Nasir-Fraktion (Machar) und Torit-Fraktion (Garang). Es wird über zehn Jahre dauern, bis sich die Streithähne wieder versöhnen.

RIEK MACHAR hat in den Schoß der Rebellenfamilie zurückgefunden. Er ist Stellvertreter des Großen Führers geworden. Er spricht nicht mehr von der Sezession. Man hat die Reihen geschlossen. Das ist jetzt auch wichtig, denn es kommen turbulente Zeiten auf die Sudanesen zu. Erst Wahlen, dann ein Referendum, so wie es aussieht. Der Traum Garangs könnte Wirklichkeit werden. Der Traum Machars aber auch. Man hat den Eindruck, daß sich beide belauern, auf den großen Moment warten. Wer hat die besseren Karten? Präziser: Was will das Volk? 95 Prozent der Südsudanesen wollten die Sezession, sagen Beobachter. Sie trauten den Arabern nicht mehr. Der Krieg war zu grausam, die Erinnerung an die Sklaverei ist zu wach. Zudem befinden sich die Ölreserven zum großen Teil im Südsudan. Was will man also mehr?

MACHAR hat gute Laune. »Eine Sezession?« fragt er, »Wer sagt denn so etwas?« Er beugt sich zu seinem Gesprächspartner hinunter, er mißt zwei Meter zehn und hat die Statur eines Ochsen. »Wer sagt denn so etwas?«

»Na ja, Sie haben doch damals, erinnern Sie sich, 1991 …«

»Nein, nein. Wir wollen keine Unabhängigkeit. Wir wollen den Präsidenten des Sudan stellen, wir wollen die Wahlen gewinnen. Und wissen Sie was? Wir gewinnen die Wahlen auch. Und John Garang wird nächster sudanesischer Präsident.«

»Wie geht das?«

»Im Süden gewinnen wir sowieso. Hier würden wir über 90 Prozent der Stimmen bekommen, und wir würden auch in den Nubabergen und in Blue Nile sehr hoch gewinnen. Wir würden in Darfur gewinnen. Und unterschätzen Sie unser Potential im Norden nicht. Bei demokratischen Wahlen würden sich die arabischen Parteien untereinander zerfleischen, einige unzufriedene Araber würden ihre Stimme sogar der SPLM geben und vor allen Dingen: die vielen Südsudanesen, die vor den Kämpfen in den Norden geflohen sind und dort zum Teil schon seit vielen Jahren leben. Wir schätzen ihre Zahl auf vier Millionen.«

»Werden die Araber einen schwarzen Präsidenten akzeptieren?«

»Der Sudan ist laut Verfassung multiethnisch, multireligiös, multikulturell. Wer das akzeptiert, der muß auch einen südsudanesischen Präsidenten akzeptieren.«

»Und die Arabische Liga?«

»Ach, die Araber haben ja jetzt schon viel mit schwarzafrikanischen Ländern zu tun. Und die SPLA wird den Staat zusammenhalten. Ich würde sogar sagen: Nur ein Präsident aus dem Süden könnte den Zerfall des Sudan stoppen. John Garang würde als sudanesischer Präsident die arabische Welt jedenfalls nicht gefährden.«

»Trauen Sie denn den Nordsudanesen?«

»Sie haben sehr viele Abkommen gebrochen. Wir müssen wachsam sein, und wir dürfen nicht unsere militärische Stärke aufgeben.«

»Was diskutieren die vielen Chiefs hier?«

»Sie müssen auf ihre großen Aufgaben vorbereitet werden. Wir müssen fast eine Million Flüchtlinge aus den Nachbarländern heimholen: 750 000 aus Uganda, 70 000 aus Kenia, 100 000 aus Äthiopien und dann noch etliche aus anderen Ländern: aus Ägypten, aus Europa, den Vereinigten Staaten.«

»Und Darfur?«

»Ist eine Tragödie. Ich habe große Sympathien für die SLA, und ich glaube, wenn einmal Wahlen im Sudan stattfinden, könnten sich die SPLA und die SLA vereinigen. Aber sie hätten ihren Krieg früher beginnen sollen. Dann sähe der Sudan heute anders aus.«

Dann können wir unsere eigenen Worte kaum noch verstehen, denn hinter uns lärmt eine Dinkakapelle.

»Hey, Commanders
Hey, high-spirited fighters
Hey, fighters, yearn for high morale
The scoring of victories should propel you to boost morale
Let morale be high, very high
Let us fight government troops to rout
Liberate towns and villages
Let's fly SPLA victory flag
Let's fly SPLA victory flag at full-mast
Southerners, fight, fight, fight
John Garang is our leader
John Garang is Sudan's future President
John Garang will rule the whole of Sudan.«

»Hey, Kommandeure
Hey, mutige Kämpfer
Hey, Kämpfer, die sich nach großer Moral sehnen
Die Zahl der Siege soll euch antreiben, die Moral zu stärken
Laßt die Moral groß sein, sehr groß
Laßt uns die Regierungstruppen mit einem Herzen bekämpfen
Laßt uns die Regierungstruppen in die Flucht schlagen
Befreit Städte und Dörfer
Laßt die Siegesflagge der SPLA wehen
Laßt die Siegesflagge der SPLA ganz oben am Mast wehen
Südler, kämpft, kämpft, kämpft
John Garang ist unser Führer

John Garang ist unser zukünftiger Präsident
John Garang ist Sudans zukünftiger Präsident
John Garang wird den ganzen Sudan beherrschen.«

DER FÜHRER wirkt abgehetzt. Er tingelt wie ein Provinzpolitiker durch sein Land, gerade hat er innerhalb von nur drei Wochen zwölf südsudanesische Orte in den Provinzen Oberer Nil, Äquatoria und den Nubabergen besucht und dort angeblich zu 600 000 Menschen gesprochen. Und jetzt noch die Versammlung der vielen Chiefs in New Site. Es ist immer das gleiche: jubelnde Menschen, Revolutionschöre, nackte Tänzer, Reden, Fäuste recken, Waffen schwenken, Fahnen hissen. Feiern macht müde.

»Herr Garang, Ihr Kollege Riek Machar sagt, Sie würden der nächste Präsident des Sudan werden.«

»Ach, der soll still sein. Darum geht es doch gar nicht. Es geht überhaupt nicht darum, ob ich Präsident werde oder ein anderer. Dafür habe ich nie gekämpft. Und außerdem ist es soweit noch gar nicht. Wie heißt es so schön: We cross the bridge when we reached it.«

»Sondern?«

»Wir wollen uns nicht abspalten, sondern den Sudan verändern. Den ganzen Sudan! Wir wollen die Herrschaft dieser Diktatur beenden und den Menschen das Recht zurückgeben, selber über ihre Zukunft zu bestimmen.«

»Viele der Südsudanesen sehen das anders. Die wollen mit den Arabern nichts mehr zu tun haben, sondern ihren eigenen Südstaat.«

»Ich weiß. Es gibt auch diese Vision vom New Sudan, dem neben dem Süden auch die Nubaberge und andere ›schwarze‹ Gebiete angehören. Wir haben aber jetzt sechs Jahre Zeit bis zu einer Abstimmung darüber. Diese Zeit müssen wir nutzen, die Menschen davon zu überzeugen, daß wir zusammenbleiben müssen.«

»Wie soll das gehen?«

»Alles hängt davon ab, ob die neue Regierung, an der wir ja beteiligt sein werden, den neuen Staat attraktiv zu machen versteht. Wir müssen die Infrastruktur verbessern, Schulen bauen, ein eigenes Steuersystem entwickeln, all diese Sachen. Dieses Land ist doch absolut jungfräulich. Seit Adam und Eva hat es hier noch keine Asphaltstraße gegeben. Gleichzeitig ist das Gebiet riesig. Der Südsudan allein ist so groß wie Uganda, Kenia, Tansania und Burundi zusammen. Das müssen wir jetzt entwickeln.«

»Und das könnte die Menschen im Süden davon überzeugen, daß sie mit den ›Arabern‹ weiter zusammenleben sollen?«

»Wir können es nur versuchen. Wir müssen das Zusammenleben eben attraktiv gestalten. Kein Mädchen wird häßlich geboren, sondern höchstens häßlich gemacht. Machen wir es schön! Putzen wir es heraus! Der Sudan soll schön sein.«

»Woanders scheint das gründlich zu mißlingen. In Darfur zum Beispiel.«

»Das Darfur-Problem kann nicht militärisch gelöst werden. Wir müssen eine Einigung mit allen streitenden Parteien dort finden. Ähnlich wie wir eine Lösung für die Nubaberge oder Blue Nile gefunden haben. Der Naivasha-Friedensprozeß kann dabei behilflich sein. Die Regierung muß begreifen, daß sie nicht gegen ihr eigenes Volk Krieg führen kann. So einen Krieg kann man nicht gewinnen. Und es ist auch richtig, daß der Frieden mit dem Süden nicht viel zählt, solange in Darfur gemordet wird. Das ergibt keinen Sinn.«

Rumbek

ES IST eine kleine einmotorige Cessna Caravan vom *Humanitarian Air Service* des *World Food Programme*, die uns von Lokichokio mitnehmen wird. In Lokichokio hatte uns Tarcisius Nitta, ein freundlicher Kenianer, der für die Betreuung der Presse zuständig ist, eine Hochglanzbroschüre in die Hand gedrückt, und darin kann man schön blättern während des langen und etwas eintönigen Flugs nach Marial Bay, östlich des legendären Gazellenflusses gelegen. Das WFP ist wahnsinnig stolz, was es alles in Lokichokio auf die Beine stellt, und es beschäftigt offensichtlich genug Bürokraten, die Muße haben, über alles, aber auch wirklich alles Buch zu führen, was die Uno-Leute so anstellen. Aus der Lokichokio-Bilanz von März 2002 bis April 2003: »Das Lagerhaus hat für seine WFP-Flugzeug-Operationen 22 606 853 Liter Jet-A-1-Treibstoff gelagert, 205 718 Liter Diesel und 3 360 Liter Benzin für Equipment und Fahrzeuge. Die Zahl der Flüge (Landungen und Take Offs) von WFP-Flugzeugen in Lokichokio betrug in diesem Zeitraum 7 642 (3 863 Landungen und 3 779 Take Offs). Lokochokio, eine kleine Stadt mit einer geschätzten Bevölkerung von 40 000 Einwohnern, beherbergt fünf UN-Agenturen und über 40 NGOs. Im beobachteten Zeitraum wurden in Lokichokio 38 000 Tonnen Lebensmittelhilfe für den Südsudan abgewickelt.«

BEVOR ES WEITERGEHT an den Bahr el-Gazal, haben wir einen kurzen Zwischenstop in Rumbek. Der Ort mit seinem kleinen Flugfeld ist zu dieser Zeit die Drehscheibe für alle möglichen Operationen; die einzige Stadt, die sich während des Bürgerkriegs in der Hand der SPLA befunden hatte, während alle anderen größeren Orte wie Juba, Yei oder Bentiu von den Truppen der Regierung beherrscht wurden. Rumbek ist ein Städtchen mit rund 200 000 Einwohnern, richtigen kleinen Häusern, von denen die meisten aber ausgebrannt sind, und richtigen großen Bombenkratern, in denen während der Regenzeit, wenn sie sich mit Wasser füllen, die Kinder baden. Panzerwracks stehen am Straßenrand herum, und der Stadtrand ist von tiefen Schützengräben zerfurcht, hinter denen Minenfelder sämtlicher kriegführenden Parteien liegen. Zu weiten Teilen ist auch das Stadtgebiet noch vermint. »Rumbek Town is not cleared«, warnt die Uno unmißverständlich. Letztes Jahr ist fünfzehn Meter neben der Landebahn eine 250-Kilo-Bombe explodiert und hat ein kleines Mädchen getötet.

Auf dem Marktplatz, der wegen der heftigen Unwetter nahezu im Morast versinkt, werden Diesel und Benzin in Pepsi- und Mirinda-Dosen verkauft; Säckchen mit *Sobur*, einem rötlichen Pulver, das aus einer Pflanze gewonnen wird, versprechen Heilung gegen Typhus; es wird auch allerhand Tand aus Uganda oder Kenia an den Mann zu bringen versucht: Massaidecken, Kekse aus Kampala, Plastikkram.

DER DEUTSCHE ULRICH KRÜGER hat in Rumbek einen kleinen Luftschutzkeller, in dem er sich verkriechen kann, wenn wieder einmal Alarm ausgerufen wird. Der bombensichere Unterschlupf liegt direkt neben seinem Arbeitsplatz. Krüger ist 45 und nennt sich »fieldcoordinator« der Diakonie Katastrophenhilfe. Die ist 1998 nach Rumbek gekommen, ein Jahr nach der »Befreiung« durch die SPLA, und betreibt hier ein Krankenhaus. Es ist eine der wenigen Nichtregierungsorganisationen, die seitdem die ganze Zeit vor Ort war, wie Krüger nicht ohne Stolz bemerkt. Weil das eigentliche Krankenhaus von Rumbek ziemlich heruntergekommen ist und überdies ohnehin seine Kapazitäten erschöpft hat, sind immer mehr Menschen von den deutschen Nothelfern abhängig. Zwischen 60 000 und 70 000 Fälle behandeln die Leute von der Diakonie hier, davon 35 Prozent Malaria. Aber auch Kriegsverletzte schleppen sich zu dem Nothospital, Opfer der Stammesfehden, des *tribal warfare*. Und deshalb vergeht einem wie Krüger auch langsam die Lust auf seinen Einsatz als Nothelfer.

Wenn der Krieg zwischen der Guerilla und der Regierung vorbei sei, werde es endlich ruhig, hatten alle geglaubt. Doch dann ging es zuerst in Darfur los, und jetzt bekriegen sich die Südler auch noch untereinander. Und diese Kämpfe finden sogar stammesintern statt. »Erst kürzlich kam es zwanzig Kilometer von Rumbek entfernt zu heftigen Kämpfen«, sagt Krüger, »als die Dinka eines Stammes die Dinka eines anderen Stammes überfielen, um ihnen das Vieh zu rauben. Ganze Dörfer wurden plattgemacht, 2000 Familien ausgeplündert. Das machen die schon seit hundert Jahren, aber früher hatten sie keine Schnellfeuergewehre. Das geht jetzt erst richtig los. Die versuchen das Machtvakuum auszunutzen, das seit der Waffenruhe entstanden ist.« Schon werden auch aus dem kleinen Schilluk-Königreich bewaffnete Auseinandersetzungen gemeldet.

KRÜGER muß das wissen, er war während des Kriegs in Rumbek und ist immer noch da, und er hatte die Überlebenden des Kriegs und die Überlebenden dieser stammesinternen Massaker in seinem Krankenhaus liegen: Schuß- und Schnittverletzungen und von Minen zerfetzte Beine. »An Brutalität«, sagt er, »ist das, was wir jetzt sehen, kaum noch zu überbieten.«

Das ist frustrierend für jemanden, der den Menschen »in einer der unterentwickeltsten Regionen der Erde« helfen will. Denn es gibt ja so schon genug Probleme. Zum Beispiel die katastrophale Wasserversorgung. »In Rumbek wird das Wasser aus den Straßenpfützen getrunken. Wir haben hier 8300 Menschen pro Handpumpe, in jedem Katastrophengebiet sonst auf der Welt gilt die Faustregel, daß nicht mehr als 1250 Menschen auf eine Pumpe kommen sollten. Das Rumbek Regional Hospital hat 70 Betten für 2,7 Millionen Menschen zur Verfügung. Dabei gibt es hier Krankheiten *en masse*. Unter anderem eben wegen des schlechten Wassers: Durchfall, Malaria, Typhus, Cholera.« Krüger schüttelt den Kopf. Da gibt es jetzt die Chance, eine halbwegs funktionierende Infrastruktur aufzubauen, und die Südsudanesen widmen sich ihren Stammeskriegen und warten auf die Entwicklungshelfer aus dem Ausland. »Die Erwartungen, die die SPLA schürt, sind zudem grotesk: Viele denken, jetzt würden Milch und Honig fließen. Wieviele Stämme gibt es im Südsudan? 400! Das sind genug Zutaten für eine schlechte Suppe. Spätestens wenn es ums Öl geht, geht das hier richtig rund.«

MARIAL BAY liegt an einer der vielen Schnittstellen der sudanesischen Kriege, 26 Kilomter südlich der Frontlinie, die SPLA und arabische Rizeigat-Milizen voneinander trennen. Es ist die Schnittstelle des soeben leidlich beendeten Nord-Süd-Kriegs. Und des gerade eskalierenden in Darfur. Sechzig Meilen sind es von hier bis Kordofan, und 80 Meilen sind es bis Süd-Darfur. El Diein, die Stadt der Tränen, in der 1987 fast eintausend Dinka von Rizeigat-Arabern abgeschlachtet wurden, ist mit dem Auto nur eine Tagesreise von hier entfernt.

Die ganze Region südlich der Flüsse Bahr el-Arab und Lol, dieser Zuläufe des weiter östlich von hier verlaufenden Gazellenflusses, quillt über von den Flüchtlingsmassen, die von Nord nach Süd und Ost nach West mäandern. 100 000 Menschen sind gerade erst an den Gestaden des majestätischen Flusses angespült wurden. Es sind Dinka, die einst vor dem Krieg im Süden nach Darfur geflüchtet waren. Ausgerechnet nach Darfur! Und die jetzt zurückkehren und umherirren und oft nichts mehr vorfinden, weil ihre Heimatdörfer längst verwaist sind oder von Fremden besiedelt, die ebenfalls auf der Flucht sind. Ausgestorben, abgebrannt, niedergewalzt. Jahrelang waren arabische Milizen vom Stamm der Rizeigat aus Süd-Darfur hier eingefallen – jene, die heute als Dschandschawid Darfur verheeren. Sie hatten die Dinka-Männer niedergemacht und die Frauen und Kinder versklavt und das Vieh gestohlen.

Zu den 100 000 Dinka-Rückkehrern sind noch 11 000 andere Flüchtlinge aus Süd-Darfur hinzugekommen: Araber, sogar Rizeigat, Schwarze von den Stämmen der Massalit und der Saghawa.

1985 habe das begonnen, erzählen die Leute in Marial Bay, damals, als sogar die Eisenbahn noch funktionierte. Und aufgehört hat es erst 1998, als die SPLA stark wurde in Marial Bay und die Menschen beschützte. Deshalb vertrauten sie nur der SPLA und dem Doktor Garang, sagen die Leute von Marial Bay.

WIR SIND IN DER OBHUT Ajou Garangs gelandet, eines 39jährigen Unicef-Mitarbeiters, der in Marial Bay die kleine Station des Kinderhilfswerks leitet, die hier im Jahr 2000 aufgebaut worden war. Garang ist Dinka, mit dem Rebellenführer gleichwohl nicht verwandt. Er ist Rechtsanwalt, hat im ägyptischen Alexandria studiert, und er ist Mitglied der SPLA. Ajou Garang lebt seit 2003 in Marial Bay, er freut sich immer über

Besuch, und er lädt uns ein, bei ihm zu wohnen, in einem kleinen Tukul, das zum Unicef-Compound gehört.

»Die Menschen sind erschöpft«, sagt Garang, den seit sieben Tagen Malaria-Fieberanfälle schütteln, »sie sind müde vom Krieg und müde von den Parolen und müde vom Haß. Die Zeit der Diskriminierung war lang. Jetzt hoffen hier alle, daß der Südsudan endlich unabhängig wird, und die SPLA die Grenzen sichert, und daß dann, endlich, Ruhe einkehrt. Kaum jemand von der Mehrheit der Schwarzen hier will mit den Arabern weiter zusammenleben. Warum auch? Wir wollen hier kein Scharia-Recht. Es wurde hier sowieso nie vollzogen, aber die Menschen sehen manchmal Leute aus Darfur, denen die Arme abgeschnitten wurden. Das wollen wir nicht. Wenn die Araber das wollen, sollen sie sich unseretwegen gegenseitig die Arme abschneiden.« Früher hätten hier viele Araber gelebt, und früher habe es auch keine großen Probleme gegeben. Als der zweite Krieg 1983 begann, hätten sich die meisten Araber von hier nach Darfur zurückgezogen. Vor uns steht ein großer Tonkrug mit Monir, einem bräunlichen Sorghumbier, dessen Genuß die Scharia mit strengen Strafen ahndet. Ajou und ich müssen darüber unvermittelt recht herzlich lachen. Diese Araber!

WIR BESUCHEN EINE SCHULE, die von der Unicef unterstützt wird, und werden standesgemäß mit einem Lied empfangen. »Wir sind aufgewachsen, um im Krieg zu kämpfen«, singen die 23 kleinen Mädchen in den blauen Hemden vom *International Rescue Committee:*

»Der Südsudan ist unser Vaterland / Wir sind im Krieg geboren / Unsere Kultur wurde vom Krieg zerstört / Aber wir werden siegen / Unser Führer John Garang hat ein Agreement mit den Vereinten Nationen unterzeichnet / Daß unsere Bildung vorangetrieben wird / Lang lebe John Garang / Und die Unicef / Die Unicef ist unser linker Arm / Und Unicef ist unser rechter Arm / Wir gehen in die Schule und haben harte Arbeit vor uns / Unser Land wird stark sein / Wir bauen unser Land auf / Dank John Garang / Und Unicef.«

Ich bin ganz hingerissen von der Weise, aber Ajou Garang schaut etwas betreten und drängt zum Aufbruch, obwohl ich nicht glaube, daß er für den hübschen Text verantwortlich ist: »Wir wollten doch noch auf den Markt.«

Der findet jeden Montag statt und wird »Peace Market« genannt, weil hier seit 1991 halbwegs zivilisiert miteinander umgegangen wird: Araber und auch dunkelhäutige Massalit-Stammesangehörige kommen aus Darfur, bringen ihre Waren auf Ochsenkarren oder Kamelen hierher und verkaufen sie auf dem Markt; Schwarze, überwiegend Luo oder Dinka, kommen aus dem Süden und kaufen ein. Nur gelegentlich gibt es Probleme, wie vor drei Jahren, als der ganze Markt von einer Araberbande geplündert wurde. Meistens ist es aber friedlich, sagt Garang. Der Marktplatz von Manyiel, ungefähr eine Stunde Fußmarsch von Marial Bay entfernt, ist ein unübersichtliches Gewirr kleiner, enger Gassen mit kleinen, engen Läden aus Wellblech. Und es gibt alles mögliche zu kaufen: Medikamente gegen Malaria und Schuhe und billigen Krempel und alle möglichen Lebensmittel. Es gibt ausreichend Sorghumbier aus eigener Produktion und importiertes Bell aus Uganda, das fünfhundert Keniaschilling die Flasche kostet – rund fünf Euro, ein kleines Vermögen also.

DINKAFRAUEN in prächtigen, farbenfrohen Gewändern streifen durch die Ladenzeile, Kinder in den Fußballhemden von Real Madrid und Borussia Dortmund, verwegen aussehende SPLA-Kämpfer in Camouflage.

Unter den Bäumen lungern großgewachsene Schlakse vom Stamm der Dinka herum und lassen sich vollaufen, und daneben stehen Araber in weißen Kaftanen neben ihren Kamelen und laden Säcke mit Datteln ab. Aber so viele seien diesmal nicht gekommen, sagt Ajou Garang. Wir befinden uns mitten in der Regenzeit, die von April bis Oktober andauert; es schüttet wie aus Kübeln, und die Wadis sind zum Teil so voll, daß niemand mehr hinüber kommt, nicht einmal ein Kamel. Nebenan findet eine Rinderauktion statt. Nur Männer haben sich dort, unter einem alten Affenbrotbaum, versammelt; sie rufen laut durcheinander und starren liebevoll die langhornigen Rinder an. Eine normale Kuh kostet 100 Dollar, ein guter Bulle bringt es auf 300 Dollar. Der Preis für eine Frau, sagt mir Ajou, beträgt 20 Kühe in Marial Bay. In Rumbek koste eine Frau 200 Kühe. In Marial Bay sind sie billiger, sagt Ajou. Das liege daran, daß hier soviele Rinder von den Arabern gestohlen worden seien, und deshalb seien die Brautpreise gesunken. Kaum ein Mann aus Marial Bay könne sich noch eine Rumbekerin leisten. Nur die ganz Reichen. Wann einer als reich gilt, will ich wissen. Ab hundert Rinder aufwärts, sagt Ajou Garang.

WIR BESUCHEN einen der Flüchtlinge aus Darfur, die sich aus dem kriegsumkämpften Gebiet hierher durchgeschlagen haben. Es sind überwiegend Araber, die zwischen die kaum noch zu durchschauenden Fronten dieses Kriegs geraten sind und hier, im südsudanesischen Feindesland, vor marodierenden Arabern Schutz suchen.

Nördlich des Gazellenflusses liegt ein arabisches Siedlungsgebiet, in dem sich vorwiegend Rizeigat aufhalten, die aber mit ihren Herden zum Grasen immer wieder und immer tiefer nach Süden ziehen, ehe sie wieder in ihre Heimatorte zurückkehren. Nördlich dieses Rizeigat-Gürtels leben die Saghawa, die zu den »Afrikanern« gezählt werden und überwiegend in der *Sudan Liberation Army* organisiert sind. Insofern ist es nicht verwunderlich, daß Schwarze kaum die Möglichkeit haben, aus Darfur in den Südsudan zu fliehen. Erstaunlich ist vielmehr, wieviele Araber von dieser Möglichkeit Gebrauch machen, immerhin 11 000 allein im nördlichen Bahr el-Gazal. Mohammed Bruma ist einer von ihnen. Seit fünf Monaten lebt er am Gazellenfluß, weil eine arabische Rizeigat-Miliz sein Dorf Bruam in Süd-Darfur, zehn Stunden Fußmarsch entfernt, verwüstete, seinen Bruder Hamed tötete und auch viele andere aus seiner Verwandtschaft. Jetzt sitzt er in einer wenige Quadratmeter großen Verkaufsbude und bietet Zucker in Tüten, Penicillin aus Khartum, Tee und Salz an.

»Wie kommt es, daß arabische Milizen, die doch vorgeben, für die Arabisierung des Sudan zu kämpfen, ausgerechnet arabische Dörfer ausradieren?«

»Eines Tages griff die SLA unser Dorf an und verschleppte Mitarbeiter der Regierung«, erzählt Mohammed Bruma. »Ein paar Tage war Ruhe, doch dann kamen plötzlich Soldaten und Milizionäre, und sie sagten ›Ihr habt diesen Teufeln geholfen‹, und sie begannen alle Männer zusammentreiben und alle zu erschießen, derer sie habhaft wurden. Sie töteten jeden. Sie riefen immer wieder: Ihr kollaboriert mit den Rebellen.«

DURCH EINEN ZUFALL überlebte Bruma das Butbad. Er packte seine Sachen zusammen und machte sich auf den Weg nach Süden. Hier fühlt er sich sicher. In Darfur weiß er nicht mehr, wem er vertrauen soll. Seit 1997 eskaliere dort die Lage. In seiner Gegend habe es damit begonnen, daß Saghawa aus dem Norden gekommen seien und sein Dorf überfallen hätten, »sie stahlen Geld und Rinder und brachten 45 Leute um, und sie überfielen auch all die Dörfer in der Umgebung«.

»Haben sich viele Araber der SLA angeschlossen – wenn die Araber schon untereinander kämpfen?«

»Oh ja. Ich schätze, daß in unserer Region in Süd-Darfur die Hälfte der SLA-Leute Araber sind. Der Generalverdacht der Kollaboration hat ganze Dörfer in die Arme der Rebellen getrieben. Die Regierung ist für diese Eskalation verantwortlich, sie versucht, die Stammesfehden, die bei unseren Völkern ganz natürlich sind, für ihre Zwecke auszunutzen.«

MANYIEL, das war auch einmal der Umschlagplatz für Sklaven. Christliche Hilfswerke haben Geld gesammelt und während des Bürgerkriegs Sklavenkinder freigekauft: Schwarze, die während der brutalen Hetzjagden arabischer Banden in den Norden verschleppt worden waren und später auf dem Markt wie Vieh oder auch unter der Hand an wohlhabende Familien verscherbelt wurden. In Manyiel sollten sie »zurückgekauft« und später wieder in ihre Familien gebracht werden. »Faustregel auf dem Sklavenmarkt von Manyiel ist, daß ein Dinka, gleich welchen Alters, fünf Kühe wert ist oder eine Kalaschnikow oder den Gegenwert in sudanesischen Pfund«, beobachtete der *Spiegel*-Reporter Walter Mayr 1995, »bei Sammelangeboten ist Preisnachlaß möglich. Wird keine Einigung erzielt, müssen die Kinder zurück in den Norden.« Die in Zürich ansässige Menschenrechtsorganisation *Christian Solidarity International* will, ausgestattet mit Spendengeldern aus Nordamerika und Europa, angeblich 33 000 Sklaven auf diesem Weg befreit haben. Doch irgendwann wurde die großzügige Hilfe zur Geißel. Die SPLA witterte ein lukratives Geschäft mit dem Mitleid und leitete ihren Teil des Spendengelds in den Bürgerkrieg um, dann tauchten Gerüchte auf, etliche Sklavenkinder würden auf dem Markt von Manyiel gleich mehrfach verkauft, und viele würden überhaupt erst versklavt, damit sie nachher auf dem Markt von Manyiel bei den Christen zu Geld gemacht werden könnten. Statt ausgetrocknet zu werden, erfuhr der Sklavenhandel unter großzügiger Beteiligung aller möglichen Hilfsorganisationen Mitte der 90er Jahre eine unverhoffte Blüte.

FATUMA ist auch einmal eine Sklavin gewesen. Sie war sieben, als sie verschleppt wurde. Schätzungsweise, denn Fatuma weiß nicht so genau, wie alt sie ist. Sie weiß aber noch, wie sie einmal hieß: Angier Diing Macam, vom Stamm der Dinka, aus dem Dorf Achoro, das im Bezirk Aweil West liegt. Die Araber nannten sie später Fatuma. Fatuma Abudalla Mohammed. Fatuma sitzt unter einem weit ausladenden Feigenbaum. Sie hat gerade Mittagspause bei Unicef. Das Kinderhilfswerk hat ihr eine Arbeit als Köchin gegeben. So kommt sie über die Runden.

»Es war 1986, als fremde Männer auf Pferden in unser Dorf kamen. Sie schossen wie wild um sich und töteten meinen Vater. Ich versuchte, mich hinter meiner Mutter zu verstecken, aber sie rissen mich fort. Vier andere

Kinder aus unserem Dorf nahmen sie auch mit. Dann wurden wir zu einer Eisenbahn gebracht. Der ganze Zug war schon voller Frauen und Kinder. Dazwischen standen überall Männer mit Gewehren. Viele Kinder weinten. Als der Zug losfuhr, ritten Bewaffnete neben dem Zug her. Niemand konnte entkommen. In dem Ort Marien hielten wir. Dort machten sich die Männer über das Plündergut her und suchten sich Sklaven aus. Der Lokomotivführer wählte mich und noch vier Jungen. Zwei waren etwa fünf, sechs Jahre alt und zwei waren etwas älter, vielleicht neun. Wir folgten ihm in einen Ort, der Baba Nusa hieß. In Baba Nusa befand sich das Zentrum der Eisenbahn. Wir wurden zur Frau des Lokomotivführers gebracht. Er sagte: Das ist Fatuma. Es waren schon sieben Kinder in der Familie. Hier wirst du arbeiten, sagte die Frau. Ich wurde zur Hausarbeit eingeteilt, die beiden kleinen Jungen ebenso, während die Großen das Vieh hüten mußten. Eigentlich wurde ich in der Familie gut behandelt, ich durfte sogar im Haus wohnen. Ich sorgte für den Haushalt. Ich kochte und bügelte und machte die Wäsche, und ich kümmerte mich um die anderen Kinder. Doch als ich 14 Jahre alt war, sollte ich einen Cousin des Lokomotivführers heiraten. Das wollte ich nicht. Sie haben mich geschlagen, aber ich habe mich geweigert, den fremden Mann zu heiraten. 1994 habe ich einen Dinka geheiratet, der als Knecht für meinen Herrn gearbeitet hat und Araber geworden ist. So hat er jedenfalls gesagt. Irgendwann kamen dann Dinka-Chiefs durch unser Dorf. Häuptlinge. Sie sagten, sie kämen von einer Organisation, die ›Komitee zur Ausrottung der Versklavung von Frauen und Kindern‹ heiße. Sie zogen von Dorf zu Dorf, und sie sagten, man solle zu ihnen kommen und sich melden. Sie könnten dabei helfen, daß die Sklaven zurück in ihre Heimat kommen. Ich bin dann mit meinen fünf Kindern von zu Hause weggelaufen. Heimlich. Ich hatte Angst, daß mein Mann mich verraten würde. Das war im April 2004. Sie haben uns zuerst nach Nyala gebracht. Das liegt in Süd-Darfur. Von dort brachten sie uns in den Südsudan. Ich konnte mich an den Namen meines Dorfes erinnern und bin sofort zurückgefahren, aber fast alle waren fort. Meinen Vater hatten sie damals ja schon bei dem Überfall umgebracht, meine Mutter starb ein Jahr später an ihren Verletzungen. So erzählten es die Alten im Dorf, die verschont geblieben waren. Meinen Mann habe ich später wiedergefunden. Nachdem ich geflüchtet war, kam die Polizei und hat ihn verprügelt. Aber er kam auch frei. Und einer meiner Brüder lebt auch noch. Er ist bei der SPLA in Äquatoria. Wenn ich genug Geld zusammenbekommen habe, fahre ich dahin und besuche ihn.«

ZUM ABSCHIED statten wir den Spearmasters von Pabuong, den Hohepriestern des heidnischen Naturglaubens, einen Besuch ab. Es sind sechs Männer in langen weißen Gewändern, ein Alter hat eine Mütze aus Leopardenfell auf dem Kopf. Er heißt Akoon Duong und weiß nicht, wie alt er ist. Den reich verzierten Speer, den er zum Zeichen seiner Würde und Insignie der spirituellen Macht mit sich herumträgt und rhythmisch auf den Boden stampft, habe er von seinem Großvater bekommen, und der habe ihn auch schon von seinem Großvater bekommen, sagt er, er sei bereits in der zehnten Generation Priester. Longar sei der Urgroßvater der Spearmasters. Auf ihn gründet sich die Macht der in der Dinkasprache *Ban* genannten Priester: Aweil Longar, der »Kulturbringer«, dessen Totem *Ring*, das Fleisch, ist.

Die sechs rammen nun ihre Speere in die schlammige Erde und führen gemeinsam einen Tanz auf, einer schlägt dazu mit seiner Buschtrommel einen dumpfen Takt. Sie werfen ihre dürren Arme in die Höhe und zucken ekstatisch und singen mit ihren dünnen, hohen Stimmen ein Lied. In der Trockenzeit rufen sie *Deng*, den Regengott, an. Doch jetzt, während der Regenfälle, die die Malaria bringen, beten sie dafür, daß niemand krank werden möge. Manchmal opfern sie der über allem stehenden Gottheit Nhialic Ziegen oder auch Rinder. Und manchmal versuchen sie die Erdgeister *Kuth Piny* zu beschwichtigen. Als Krieg war, beteten sie dafür, daß nichts Schlimmes passieren möge. Und einmal, beteuern sie, hätten sie es sogar geschafft, daß während eines Bombardements aus der Luft kein einziger aus ihrem Dorf getötet wurde.

Pabuong

WENN SICH DAS DUMPFE GROLLEN der im bedrohlichen Tiefflug herannahenden viermotorigen Antonow zum ohrenbetäubenden Lärm steigert, spielen als erstes die Tiere verrückt. Ziegen zerren panisch an ihren Stricken, Hunde flüchten jaulend hinter das zwiebelförmige Tukul, selbst Spatzen tschilpen hysterisch, andere Vögel flattern aufgescheucht davon. Nur 10 000 Fuß hoch fliegen die dröhnenden Kolosse, das ist furchteinflößend tief. Manchmal sieht es aus, als würden sie im Sinkflug direkt auf das kleine Dorf zusteuern.

Die Erinnerung an den Krieg ist noch zu frisch in Pabuong: Jahrelang brachten die russischen Maschinen nur den Tod in das Dorf. Sie warfen

Bomben und brennende Benzinfässer ab und verwandelten weite Teile der ölreichen sudanesischen Provinz Western Upper Nile regelmäßig in ein Inferno.

Nun kommen diese einstigen Boten der Vernichtung – nicht mehr gesteuert von sudanesischen Regierungssoldaten, sondern den Friedenspiloten der Vereinten Nationen – und schmeißen tonnenweise Lebensmittel ab über der hungernden und angesichts dieser ungewohnten Nutzung eines Flugzeugs noch reichlich verwirrten Bevölkerung: Salz, Sorghum, Sojabohnen, Mais und Weizen.

DREI TAGE lang geht das so. Dann werden allein in Pabuong über 4000 der reißfesten Säcke des Welternährungsprogramms auf der morastigen sudanesischen Erde aufgeschlagen sein, ehe sie von hochgewachsenen Frauen des Nuer-Stammes fortgeschleppt werden. Aber aufpassen muß man schon, im vergangenen Jahr sind Menschen im Südsudan von Lebensmittelsäcken erschlagen worden.

Für mindestens drei Monate sichern sie das Überleben von rund 12000 Menschen in der ganzen Region, in die kein Landrover jemals vorgedrungen ist, einer Sumpf- und Seenlandschaft an den Rändern des Nil, in der Kinder am häufigsten an Durchfall oder Malaria sterben.

»Die Feinde sind ganz in der Nähe«, sagt trotz der Waffenruhe Mathew Makuel Chuol, ein Nuer, der so etwas wie der lokale Ortsvorsteher von Pabuong ist und im Sinne der SPLA die Ordnung im Dorf aufrechterhält: »Im Norden, nur zehn Stunden Fußmarsch entfernt, lauern die arabischen Milizen, die die Regierung gegen uns hetzt. Im Süden, nur neun Stunden entfernt, die Dinka.«

So verlaufen hier die Fronten, kreuz und quer, auch wenn jetzt Frieden herrscht. Auch Mathew Makuel Chuol traut der Waffenruhe noch nicht sehr. Wie soll er auch? Der Krieg mit dem Norden dauerte schließlich über drei Jahrzehnte, und der mit den Dinka tobt wohl schon immer und wird wohl nie ganz zu Ende sein. »Die Dinka«, sagt Mathew Makuel Chuol, »haben uns kürzlich erst wieder überfallen, sie kamen mit Speeren, Messern und AK 47, sie nennen sich *White Army*, und wofür sie eigentlich kämpfen, weiß ich nicht. Es sind Dinkajungen, die uns die Ziegen stehlen. Es sind Dinka, die uns die Rinder stehlen. Es sind *Cattlefights*, die uns schlimmer tyrannisieren als die Mohammedaner in Khartum.«

AN BORD EINES UNO-FLUGZEUGES sind wir in diesem Kaff gelandet – gemeinsam mit zwei WFP-Mitarbeitern, einem Kenianer, Andrew wa Kaboi, und einem Sudanesen, Johnson. Drei Tage lang werden wir in dem Nuer-Dorf bleiben, solange, wie das *World Food Programme* hier die Menschen aus der Luft versorgt. Die beiden Kenianer haben ein Funkgerät dabei und bleiben in Kontakt mit ihrer Zentrale in Rumbek. Unablässig knarzt der Funk. Um 11 Uhr 45 wird ein Schlangenbiß gemeldet: »Fuß, 35 Jahre, männlich.« Und dann versteht man die Durchsage nicht mehr, weil wieder eine *Hercules C 130* im Anflug ist und ihre blauen Säcke wie Bomben niedergehen läßt.

Andrew und Johnson koordinieren die Lebensmittelverteilung vom Boden aus. *Lingua Franca* ist ein merkwürdiges Arabisch, in das sich Begriffe aus Kisuaheli und Englisch, aus der Nuer- und der Dinkasprache gemischt haben. Es ist immer ein kleines Fest in Pabuong, wenn die Fremden kommen. Aus allen Himmelsrichtungen strömen dann Frauen mit kunstvoll vernarbten Gesichtern hier zusammen und Männer mit sechs parallel zueinander verlaufenden Schmissen auf der Stirn, die ihre Heiratsfähigkeit signalisieren. Sie speien unablässig auf den Boden und kommen, um die milden Gaben in Empfang zu nehmen. Zur Feier des Tages wird eine Ziege geschlachtet, und deshalb kreisen jetzt stundenlang Weißrückengeier über dem Dorf und warten auf ein paar übrigbleibende Fleischreste. Danach werden ein paar Garanglieder gesungen und der Große Führer in Festreden gepriesen, der Kult hat längst selbst in dieser Abgeschiedenheit nordkoreanische Züge angenommen. Das zweite Symbol ist das Kreuz. Es ragt hoch von der bescheidenen Versammlungshalle aus Stroh auf.

ABENDS, gegen sechs Uhr, geht in Pabuong die Sonne unter, dann senkt sich tiefschwarze Nacht über die wenigen Hütten, die hier dicht beieinander stehen, als würden sie sich gegenseitig Trost in dieser Wildnis zusprechen. Es ist feuchtheiß und schwül, und die Kleidung klebt uns am Körper.

»Der Waldboden, auf dem wir uns bewegten, war ein mit Wassermoos und anderen Sumpfpflanzen bedeckter, dicker Brei, der bei jedem Schritt den Reiter und sein Tier zu verschlingen drohte. Das schwappte und schnappte, klitschte und klatschte, schob sich vor und schlickerte wieder zurück«, schrieb Karl May, »Sumpf, bodenlos tiefer Sumpf war es.«.

»Ich weiß nicht, seit wann wir die Menschen hier versorgen«, sagt Johnson vom Welternährungsprogramm. »Es muß schon lange her sein, daß wir damit begannen. Ich glaube, die meisten Menschen hier wissen gar nicht mehr, wie man überlebt. Normalerweise sollte hier im September und Oktober Ernte sein, aber immer wenn ich komme, ist alles vertrocknet, nicht abgeerntet, oder es ist erst gar nichts angebaut worden. Das einzige Handwerk, das sie verstehen, ist das Kriegshandwerk.« Irgendjemand hat eine Flasche *Seiko* aufgetrieben, Schnaps, der in Pabuong aus Feigen gewonnen wird. »Das Schlimmste ist der Stammeshaß«, sagt Andrew wa Kaboi, der Kenianer. »Die Leute bringen sich gegenseitig aus Haß und Rache um. Dieses Land muß einfach geteilt werden. Es gibt nur Mord- und Totschlag, und es ist schon schwer genug, allein den Süden zu befrieden.« Die Flasche kreist. »Dieser Krieg ist schwer zu verstehen«, sagt Johnson, »er ist ein Religionskrieg, aber nicht nur ein Religionskrieg. Er ist ein Krieg der verschiedenen Rassen, aber nicht nur ein Krieg der Rassen. Er ist ein Krieg um Öl, aber nicht nur ein Krieg um Öl.« Johnson saugt sich an der Schnapsflasche fest. »Und weißt du, wen wir hier am meisten gefürchtet haben: Die Neger aus Darfur. Das waren unsere schlimmsten Feinde. Sie waren grausam und unbarmherzig im Kampf. Sie haben auf der Seite der Regierung gekämpft, weil sie auf uns herabgeblickt haben. Weil wir in ihren Augen nur Ungläubige sind. Soviel wert wie ein Hund oder ein Schwein. Die Neger aus Darfur waren die besten Kämpfer, ich sage es dir. – Wir sind alle traumatisiert, niemand traut hier einem anderen. Alle sind auf der Hut.«

Draußen, hinter der Einfriedung aus Papyrus und Reisig, hören wir das schrille Jaulen einer Hyäne und den fast ohrenbetäubenden Krach der Frösche und Kröten. Der Krieg hat dafür gesorgt, daß dieser Landstrich für Menschen fast unbewohnbar geblieben ist.

Er ist das Land der Kröten geblieben. Und Karl Mays Sumpfland.

WIR MÜSSEN das leider auch feststellen, als wir nach drei Tagen in Pabuong angeholt werden sollen. Heftige Regengüsse hatten die roterdige Piste zuvor in eine kleine Seenlandschaft verwandelt, was jedoch den kenianischen Piloten der Uno nicht davon abzuhalten vermochte, es einmal mit der Landung zu versuchen. Die gelang ihm noch. Beim Versuch des Take Offs jedoch steuert der Hasardeur die einmotorige Maschine direkt in den matschigen Untergrund und versenkt den Propeller. Wir warten dann auf ein anderes Flugzeug aus Rumbek, zwei Journalisten, zwei von der Uno und ein Pilot.

EINE ILLUSTRE SCHAR hat sich da im sonnendurchfluteten Fußballstadion von Nairobi versammelt: Ugandas Staatschef Yoweri Museveni im Zweireiher und mit obligatorischem Strohhut, Ruandas Autokrat Paul Kagame im dunklen Blazer und auch Äthiopiens einstiger Rebellenführer und jetziger Premier, Meles Zenawi. Kenias Präsident Mwai Kibaki und seine korrupte Entourage sind zugegen, halbnackte Stammeskrieger, Schaulustige, Taschendiebe und natürlich die Protagonisten selbst: Sudans islamistischer Präsident Umar al-Baschir samt Vize Ali Osman Mohammed Taha und ihr Widersacher John Garang, der Rebellenkommandeur und Führer der Sudanesischen Volksbefreiungsarmee.

NACH 21 JAHREN KRIEG unterzeichnen die erbitterten Gegner von einst an diesem Sonntag im Januar 2005 einen 240 Seiten starken Friedensvertrag. Auch der Drahtzieher des Deals, US-Außenminister Colin Powell, erscheint für kurze Zeit. Während sich Afrikas Führer von den 10000 Gästen der Zeremonie noch feiern lassen, startet er jedoch schon zum Rückflug. Das Regime der muslimischen Araber im Norden will sich mit den Rebellen der christlich-animistischen Schwarzen im Süden nunmehr weitgehend die Macht teilen – für die Übergangsphase von sechs Jahren. Es wird vorerst zwei Armeen geben, SPLA-Chef Garang soll Vizepräsident werden, die Einnahmen aus der Ölförderung werden geteilt. In drei Jahren sollen Wahlen stattfinden, und nach weiteren drei Jahren ist ein Referendum vorgesehen. Daß sich dann die Südsudanesen von den verhaßten Muselmanen aus dem Norden lossagen, gilt als wahrscheinlich. »Neuer Sudan« könnte der Südstaat heißen und dessen Führer Garang – einst sozialistischer Umstürzler, doch seit die Angst vor dem Terror die Angst vor dem Kommunismus abgelöst hat, längst ein Freund der Amerikaner. Soweit die Theorie.

Maßgeblich vorangetrieben hat den Friedensprozess die US-Regierung, die seit Jahren eine Lösung des Sudan-Problems sucht. Nicht nur, weil das Land am Nil als potentieller Terroristenunterschlupf gilt (Baschirs Regime beherbergte ja nicht nur für eine kurze Zeit Osama Bin Laden), sondern weil Washington auch einflußreiche christliche Fundamentalisten im Nacken sitzen, die den langwierigen innersudanesischen Konflikt zum simplen Glaubenskrieg erklären.

IN WAHRHEIT ABER geht es ums Öl. Denn während die Amerikaner auf ihrem Kreuzzug gegen die Islamisten US-Ölfirmen wie Chevron jegliches Engagement im »Schurkenstaat« untersagten und auch andere westliche Unternehmen wie Talisman und OMV gedrängt wurden, ihre Anteile zu verkaufen, mauserte sich China zu Khartums wichtigstem Partner.

60 Prozent der sudanesischen Erdölproduktion werden mittlerweile ins Reich der Mitte geliefert. Damit bezieht China schon sechs Prozent seines Rohöls aus dem Sudan, ebenso viel wie aus Russland. Die Chinesen haben eine 1600 Kilometer lange Pipeline von den Ölfeldern im Süden bis Port Sudan am Roten Meer gelegt und sind nebenbei auch Sudans größter Waffenlieferant. 15 Milliarden Dollar sollen sie bereits in die Ölindustrie des Landes investiert haben. Und die Förderung soll weiter forciert werden: Auf mindestens 635 Milliarden Barrel werden die Reserven geschätzt.

320 000 Barrel produzieren die Sudanesen täglich, demnächst sollen es 500 000 sein. Das meiste wird aus dem Ölfeld »Block 6« gepumpt – für dessen Ausbeutung die staatliche *China National Petroleum Corporation* die Konzession besitzt.

Doch nun dürfte Pekings Vormachtstellung ins Wanken kommen. Denn nach dem Friedensschluß von Nairobi (und wenn es vielleicht auch irgendwann einmal gelingt, das Darfur-Problem zu lösen) könnten die US-Sanktionen gegen den Sudan aufgehoben werden. Der Weg wäre dann geebnet für *ChevronTexaco* und *ExxonMobil.*

* * *

SCHON sieht das Nachrichtenmagazin *Newsweek* deshalb einen »sino-amerikanischen Krieg« um zukünftige Öllieferungen heraufziehen. Und Schauplatz dieses Kampfes dürfte Afrika sein. Denn mittelfristig wollen die USA ein Viertel ihres Erdöls von dort beziehen. Kein Wunder, daß die chinesische Dominanz im Sudan Washington beunruhigt.

Amerikaner und Chinesen balgen sich ums schwarze Gold, und John Garang strahlt wie der Ölprinz vom Gazellenfluß. »Ich, John Garang, schwöre beim Allmächtigen Gott, daß ich als Vizepräsident der Republik Sudan treu sein werde und wahre Treue gegenüber der Republik Sudan wahren werde.«

Da hat es einer geschafft. Erstmal.

Dara, Darfur, Januar 1883

»Ich selbst war in den bestandenen Gefechten dreimal verwundet worden und mußte auch trachten, mich etwas zu erholen. Eine Kugel hatte mir den Ringfinger der rechten Hand zerschmettert, so daß ich ihn nahe der Wurzel amputieren mußte; eine zweite Kugel hatte ich in den rechten Oberschenkel erhalten, aus dem ich sie nicht mehr entfernen konnte, und eine Wurflanze hatte mich leicht am rechten Knie verwundet. Obwohl ich die Kampagne gut überstanden hatte, war ich doch körperlich etwas herabgekommen und gezwungen, mir, soweit es die Verhältnisse gestatteten, einige Tage der Ruhe zu gönnen.«

Der österreichische Gouverneur von Darfur, Rudolph Slatin Pascha, –
»Feuer und Schwert im Sudan«, 1896

Fünfzehnhundert Kilometer durch Darfur

Addis Abeba, Äthiopien, 26. April 2005
N'Djamena bis Bahay, Tschad, 27. bis 30. April 2005
Von Furawiya nach Khor Abeche und ins Dschebel Marra, Darfur, Sudan, 1. bis 16. Mai 2005

DIE FAHRT mit der Eisenbahn von Khartum nach Nyala, der Hauptstadt Süd-Darfurs, dauert vier Tage und kostet zwischen 5 100 für die dritte und 6 700 Sudanesische Dinar für die erste Klasse – also zwischen 18 und 24 Euro. Der Zug verkehrt immer donnerstags, aber nur zweimal im Monat. Leider ist es für einen ausländischen Journalisten nahezu aussichtslos, im Frühjahr 2005 die Genehmigung des sudanesischen Informations- und Innenministeriums zu bekommen, durch Darfur zu reisen. Und wenn man sie bekäme, dann hätte man ständig einen der unzähligen Spitzel des Geheimdienstes an seiner Seite, die es so vortrefflich verstehen, einem die Arbeit zu erschweren, wenn nicht unmöglich zu machen.

Glücklicherweise geht es aber auch anders.

Für jemanden, der in Nairobi lebt, kann die Reise nach Darfur auch in Äthiopien beginnen. Man benötigt für die Einreise in den Tschad ein Visum, und in Kenia hat der Tschad keine Botschaft, dafür aber in Addis Abeba. Von dort reist man weiter nach N'Djamena und von da nach Abeché, ganz im Osten des Tschad. Dann macht man sich auf den Weg nach Norden, zu den Grenzorten Tiné und Bahay. Und dann muß man jemanden finden, der einen illegal rüber bringt, in den Sudan.

Statistik: Im Sudan leben 38,1 Millionen Menschen, 50 Ethnien, 600 Stämme, mit über 100 verschiedenen Sprachen und Dialekten.

»Darfurs sechs Millionen Menschen machen ungefähr ein Fünftel der sudanesischen Gesamtbevölkerung aus. Angriffe sind in dem gegen-

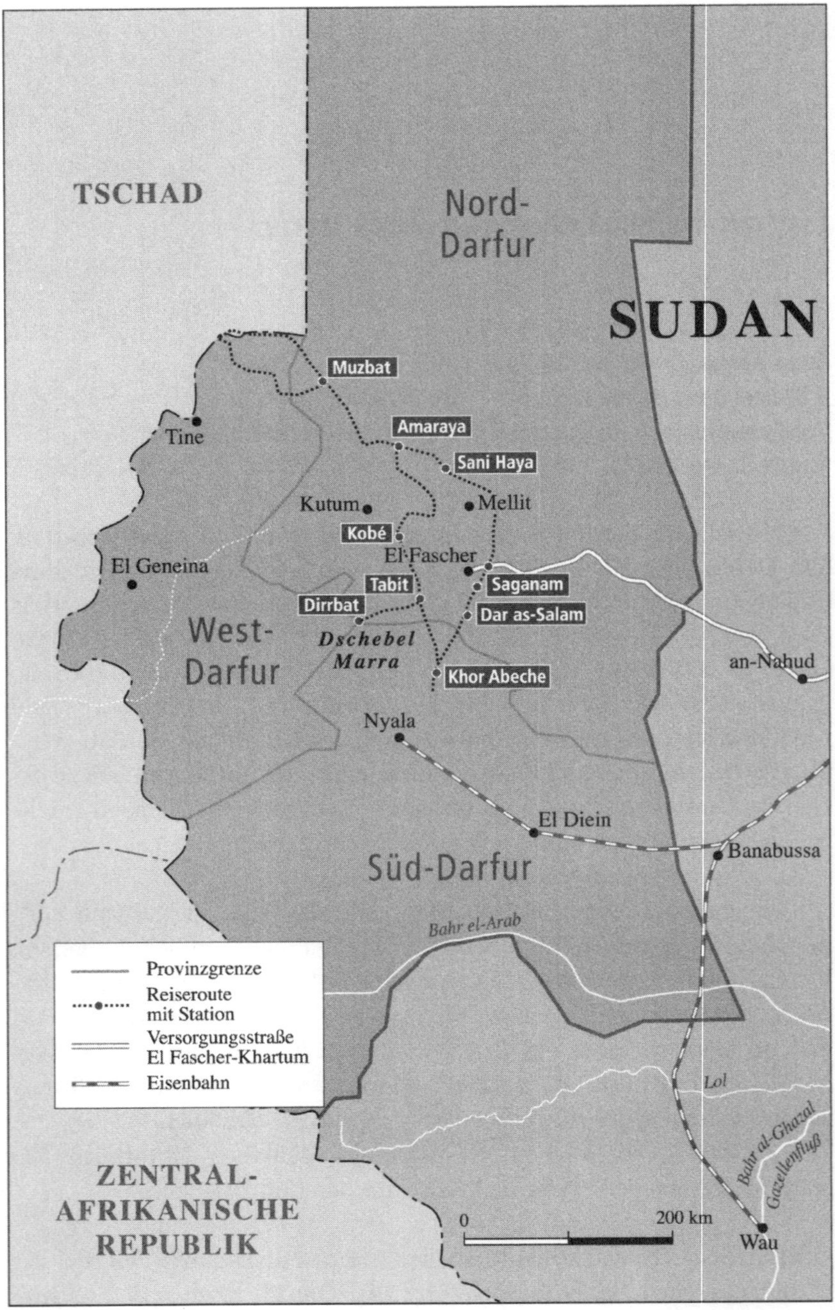
TSCHAD
Nord-
Darfur
SUDAN
Muzbat
Amaraya
Sani Haya
Tine
Kutum
Mellit
Kobé
El Fascher
El Geneina
Tabit
Saganam
Dirrbat
Dar as-Salam
West-
Darfur
Dschebel
Marra
Khor Abeche
an-Nahud
Nyala
El Diein
Banabussa
Süd-Darfur
Bahr el-Arab
Provinzgrenze
Reiseroute
mit Station
Versorgungsstraße
El Fascher-Khartum
Eisenbahn
Lol
Bahr al-Ghazal
Gazellenfluß
ZENTRAL-
AFRIKANISCHE
REPUBLIK
0
200 km
Wau

wärtigen Konflikt gegen bestimmte Gruppen ausgeführt worden, die rund ein Fünftel der Bevölkerung Darfurs stellen: die Fur, Massalit und Saghawa (800 000, 185 000 und 190 000 Menschen). Das Gebiet Darfurs macht rund ein Zehntel der Gesamtfläche Sudans aus. Das Gebiet ist weitgehend ein dürres Plateau mit den fruchtbaren Marra-Bergen und vulkanischen Flächen, die in den zentralen und westlichen Gebieten liegen, wo die Fur- und Massalit-Stämme Landwirtschaft betreiben; während die nomadisierenden Saghawa aus der Libyschen Wüste kommen.«

Greg Austin und Ben Koppelman: *Darfur and Genocide: Mechanisms for rapid response, an end to impunity*, 2004

In Darfur allein leben 80 verschiedene Stämme.

Die SLA verfügt im Jahr 2005 über 11 000 Kämpfer, die in dreizehn Brigaden organisiert seien.

Siebzig Prozent des Territoriums von Darfur, behauptet SLA-Präsident Abd al-Wahid Mohammed al-Nur, werde von den Rebellen der *Sudan Liberation Army* oder des *Justice and Equality Movement* kontrolliert.

* * *

International-Crisis-Group-Briefing-Paper, Brüssel 26.4.2005: »Unabhängig von den erst kürzlich verabschiedeten Resolutionen des Sicherheitsrats und einem Friedensabkommen für einen Teil des Landes, befindet sich der Sudan immer noch in einem Krieg, in dem 10 000 oder mehr Zivilisten jeden Monat in Darfur sterben. Die UN, die Nato und die EU müssen dringend mit der AU zusammenkommen, um zu entscheiden, was am besten getan werden kann, und das muß dann auch umgesetzt werden – ohne Rücksichtnahme auf die Vorrechte bestimmter Organisationen oder nationales Prestige. Die Frage, wie man die Zusammenarbeit maximieren kann, um die notwendigen zusätzlichen Truppen schnell in die Region zu bekommen und sie mit Ausrüstung, Struktur und Kommando-Organisation zu versehen, damit sie effektiv sein können, ist wahrscheinlich die dringendste und komplizierteste, mit der die Internationale Gemeinschaft im Sudan konfrontiert ist.«

Dienstag, 26. April 2005: Addis Abeba, Äthiopien

EIN KLEINER, etwas dicklicher Herr räkelt sich leicht benommen aus seinem Büroschlaf.

Gäste sind gekommen, zwei Journalisten. Assane Ba, Sprecher einer Abteilung, die sich den hübschen Titel *Conflict Management Division of the African Union* verpaßt hat, strafft seinen Leib und zieht vergeblich sein violettes Seidenhemd in Form.

Er guckt gelangweilt, und er gähnt ostentativ. Offensichtlich hat er nicht viel übrig für Gäste, zumindest nicht um diese Zeit. Es ist zehn Uhr morgens. Keine Zeit jedenfalls, um der Afrikanischen Union Fragen zu stellen.

»Wie sind Sie hier hereingekommen?« herrscht er seine Gäste an.

Nach ein paar Minuten sagt Assane Ba dann doch noch etwas. Daß er aus dem Senegal kommt. Und daß er sich ganz wohl fühle hier an seinem schönen Arbeitsplatz. Und zufrieden läßt er seinen Blick über den spiegelglatten Schreibtisch streifen und über ein paar Hochglanzbroschüren, die die AU jetzt drucken läßt. Daß man solche Broschüren braucht, müssen die Afrikaner von der Uno gelernt haben. Die ist Weltmeister im Drucken von solch wichtigen Papieren. Während er sich umschaut, spielt der Mann aus Dakar unaufhörlich mit einem Kugelschreiber, wie ein kleines Kind knipst er ihn an und knipst ihn aus und streichelt die Tischplatte. Zwischendurch betrachtet er immer wieder seine frisch manikürten Hände.

»Aber es ist kalt hier in Äthiopien. Finden Sie nicht? Im Senegal ist es wärmer. Und es gibt Strände und frischen Fisch.«

Wir wollten eigentlich etwas über die Einsatz der Afrikanischen Union in Darfur wissen.

»Darfur? Oh«, sagt er. »Eine schlimme Sache, aber wir arbeiten gemeinsam mit der sudanesischen Regierung sehr erfolgreich daran, Frieden zu schaffen. Sehr erfolgreich!«

– Was ist an Ihrem bisherigen Streben so erfolgreich gewesen? wollen die Besucher wissen.

»Wir haben schon fast zweitausend Soldaten dort stationiert.«

– Aber das ist doch kein Erfolg. Erstens sieht Ihr eigener Zeitplan vor, daß bis jetzt weit über dreitausend Soldaten dort stationiert sein sollen, und zweitens wird in Darfur gemordet, als würde es Ihre Beobachtermission dort gar nicht geben.

»Ja, ja«, sagt Herr Assane Ba. »Es gibt da ein kleines Problem. Wir warten darauf, daß die Amerikaner Zelte in Darfur aufbauen, in denen unsere Soldaten dann schlafen können.«

– Die Amerikaner?

»Es gibt eine amerikanische Firma, PAE, die baut Zelte. Sie ist langsam.«

– Warum bauen Sie nicht Ihre eigenen Zelte auf?

»Warum wir?«

– Weil Präsident Obansanjo gesagt hat, der Rest der Welt solle sich bitte aus Darfur heraushalten. Es sei eine afrikanische Angelegenheit. Afrikaner würden die Gegend außerdem besser kennen. Das ist, zumindest offiziell, einer der Gründe dafür, daß die Uno nicht weiter aktiv wird und intensivere Anstrengungen unterläßt, in Darfur Leben zu retten.

»Wir haben keine Flugzeuge, die unsere Leute dort hinfliegen können.«

– Wer hat keine Flugzeuge?

»Die Afrikaner.«

– Die Afrikaner haben keine Flugzeuge? Aber wir waren letzte Woche in Bukavu im Osten des Kongo, dort stehen Dutzende ruandischer Maschinen, die die kongolesischen Bodenschätze nach Kigali, in die ruandische Hauptstadt, fliegen.

»Ich weiß nicht, ob Ruanda Flugzeuge hat.«

– Hat Tansania auch keine Flugzeuge?

»Keine Ahnung. Woher soll ich das wissen?«

– Sie sind der Sprecher der Afrikanischen Union.

»Seien Sie nicht so kolonialistisch!«

– Wir sind ganz bestimmt keine Kolonialisten. Wir möchten nur wissen, warum Ruanda Flugzeuge hat, um seine Nachbarländer auszuplündern und Krieg zu führen, aber keine für seine sogenannten Friedenssoldaten. Die mußten sogar von der holländischen Luftwaffe nach Darfur geflogen werden.

»Was Sie sagen, ist eine Frechheit.«

– Unsere Leser würden gerne wissen, wo ihre Steuern bleiben.

»Wissen *Sie* etwa, wie viele Flugzeuge Deutschland hat?«

– Ich weiß es nicht. Ich bin auch nicht der Sprecher eines Staatenverbunds, der die Massaker in Darfur stoppen will, und ich behaupte nicht, Deutschland habe keine Flugzeuge. Aber wenn Sie wollen, kann ich es für Sie herausfinden. Es ist ziemlich einfach; man kann es wahrscheinlich im Internet nachlesen, und Sie haben einen schönen Computer. Schließlich ist es kein Geheimnis, über welche Flugzeuge die deutsche Luftwaffe verfügt.

»Wir brauchen mehr Zeit, wir warten auf Amerikaner, die uns die Zelte aufbauen. Unsere Soldaten können nicht einfach irgendwo schlafen.«

– Was tun Sie sonst für Darfur?

»Oh, wir tun eine Menge. Wir haben gerade die Europäische Union um Geld gebeten.«

– Wir meinten, was *Sie* tun. *Sie*, die Afrikanische Union!

»Nun, wir haben gerade erst die Kanadier um Geld gebeten, und die Norweger auch. Wir wollen 248 Millionen Dollar.«

– Entschuldigen Sie. Es handelt sich wohl um ein Mißverständnis. Wir dachten, daß die Afrikaner vielleicht selbst etwas …

»Wir sind arm.«

– Man braucht nicht viel Geld, um ein paar Soldaten nach Darfur zu bringen. Auch nicht für den Lebensunterhalt vor Ort. Glauben Sie, es ist eine Kostenfrage?

»Wir haben um Geld gebeten. Wir haben auch schon eine Menge bekommen. Aus den USA zum Beispiel. Aus Kanada. Aus Deutschland. Die Deutschen sind nett, sie haben gesagt, sie wollen gambische Soldaten nach Darfur fliegen. Aber es ist nicht genug. Wir brauchen auch Geld, um unsere Soldaten zu bezahlen.«

– Was bekommen die?

»Ich weiß nicht.«

– Hundert Dollar am Tag?

»Ja.«

– Das ist ja mehr als fünfzigmal so viel wie das Durchschnittseinkommen eines Kenianers. Hat die Afrikanische Staatengemeinschaft auch selbst etwas zu diesem üppigen Salär beigesteuert? Oder lassen Sie andere die Gehälter zahlen?

»Sie sind ein Rassist.«

– Warum denn das? Sie sagen doch zu Recht, es sei ein afrikanisches Problem, und afrikanische Probleme benötigten afrikanische Lösungen. Alles andere sei eine Einmischung in Ihre Angelegenheiten.

»Sie stellen Fragen. Schlechte Fragen.«

– Wir müssen unsere Artikel schreiben, und dafür müssen wir wissen, wie die afrikanische Lösung für das afrikanische Problem aussieht. Es ist interessant.

»Wir tun viel, um den Menschen in Darfur zu helfen.«

– Was machen Sie denn, außer auf Geld und amerikanische Zelte und europäische Flugzeuge zu warten?

»Wir liefern einige Dinge selbst. Von unserem eigenen Geld.«

– Was denn?

»Manchmal Zigaretten.«

– Sonst noch etwas?

»Zigaretten.«

– Möchten Sie unseren Lesern in Deutschland noch etwas mitteilen?

»Daß wir mehr Geld haben möchten.«

Dann müssen wir los. In der Botschaft des Tschad warten unsere Pässe mit den gültigen Visa. Es hat wohl auch nicht viel Sinn, mit Herrn Ba weiterzudiskutieren, dem Konfliktmanager, der wieder damit begonnen hat, seinen schönen Stift und seine blanke Schreibunterlage zu putzen.

Morgen früh geht der Flug nach N'Djamena.

* * *

IN N'DJAMENA verlieren wir diesmal nicht allzuviel Zeit. Sicher, wir müssen die üblichen bürokratischen Prozeduren über uns ergehen lassen, uns bei der Polizei registrieren und im Informationsministerium. Doch das geht alles recht zügig, auch unsere Tickets nach Abeché bekommen wir ohne Probleme im Innenstadtbüro der Fluglinie *Tomaï Air Tchad.* SLA-Verbindungsmann Adam Ali Shogar trifft uns am Pool des Novotels; er hat ein paar Kombattanten mitgebracht und, als ortskundigen Führer und Dolmetscher, Adam, einen angenehm zurückhaltenden Fur, der seit über zwanzig Jahren im Ausland lebt und uns durch das Kriegsgebiet führen soll. Adam folgt schweigend und aufmerksam dem Gespräch. Er ist ein Profi und macht diesen Job nicht zum ersten Mal; die nächsten zwei, drei Wochen wird er uns begleiten, und wir lernen schnell, daß wir ohne ihn aufgeschmissen gewesen wären auf dieser nicht ungefährlichen Reise durch Darfur.

IN ABECHÉ erwartet uns das übliche Bild: Staub, Hitze, warmes Guinness aus der Flasche, eine Nacht auf der Pritsche bei dem schrulligen, verschwiegenen Missionar aus Frankreich. Jemand besorgt uns einen dieser betagten Geländewagen, die, zehntausendmal zusammengeflickt, immer noch klappernd und qualmend und unter der Last des Gepäcks ächzend und stöhnend treu ihren Dienst verrichten, und einen Fahrer, der nicht zu viele Fragen stellt.

Dann gehen wir auf den Markt einkaufen: ein Faß Diesel, drei warme Decken gegen die zu erwartende Kälte in den Wüstennächten, zwei Dutzend Dosen Thunfisch und Makrelen, mehrere Packungen Kekse, hundert Liter Trinkwasser, drei Dosen Oliven, Taschentücher und Seife und eine Menge Toilettenpapier. Gegen die Kälte haben wir noch eine Flasche Schnaps dabei. Mißtrauische Blicke verfolgen unsere Shoppingtour. Seit Jahrhunderten lebt das Kriegervolk in diesem Grenzgebiet vom Karawanenraub, und Adam, der die Blicke spürt, drängt zum Aufbruch.

Endlich kann die Reise beginnen, nach Norden, immer der Grenze entlang. Altbekannte Wege. Vorbei an Krüppelakazien und Lagern im Sand, Panzerwracks und Kamelkarawanen, durch eine, so kurz vor Beginn der Regenzeit, ausgetrocknete und verdorrte Landschaft. Beäugt von Polizisten und Soldaten und verwegen aussehenden Nomaden und Wegelagerern. Immer wenn wir wieder so eine Rotte am Wegesrand sehen, geben wir Gas. Freundlich werden wir hingegen von Kindern gegrüßt. Sie winken und lachen, und manchmal rufen sie »Money« und strecken die Hände aus. Es klingt wie »Manni«.

Wir fahren einige Stunden, dann erreichen wir Bahay. Letzter Halt vor Darfur. Ein paar Weiße versorgen hier Flüchtlinge. Die Uno hat eine kleine Station, das größte Gebäude im Ort requiriert. Oben flattert die blaue Fahne der Vereinten Nationen, unten stehen Lastwagen in Reih und Glied. Dazwischen schlurft ein junger, übellauniger Mann herum. Ein Spanier, vielleicht auch Portugiese, Anfang dreißig. Man kann es ihm nicht verdenken. Selbst für die juvenilen Altruisten aus dem Hilfs- und Menschenrechtsbusiness bedeutet Bahay eine enorme Herausforderung.

»Ins Haus könnt ihr nicht. Schlaft auf dem Hof.«

Vielleicht ohnehin die bessere Wahl. Aus dem verdreckten Uno-Haus, dessen weißer Putz bröckelt, stinkt es nach altem Bier und Urin, und wir haben Decken und Moskitonetze dabei und schlafen ohnehin lieber draußen. Unser Zuhause für die nächsten zwei Wochen wird der Busch sein. Zwischen den Lastwagen errichten wir unsere Schlafstatt.

AM NÄCHSTEN MORGEN dann geht alles ganz schnell. Ein Kontaktmann empfängt uns. Er macht nicht viele Worte. Sagt nur, wir sollten ihm folgen. Und darum fahren wir jetzt seinem Landcruiser nach und verlieren uns schnell in der Weite dieses ewigen Sands; und das Licht schmerzt, so gleißend ist es. Es geht einige Stunden im Zickzack nach Norden, dann nach Osten. Wir sehen weder Militär noch Straßen, verlassen uns auf den Vordermann und hoffen, daß der den Weg kennt. Der irrt jetzt allerdings immer häufiger. Bleibt stehen. Blickt sich fragend um. Wir haben keine Ahnung, ob wir schon im Sudan sind oder noch im Tschad. Und wenn wir im Sudan sind, wo genau? Der Sand wird langsam zur Pein. Er dringt in alle Poren, längst hat er sich wie ein feiner Belag auf die Kleidung gelegt und die Taschen, er knirscht im Fernglas, das wir jetzt immer häufiger zur Orientierung benötigen, und zwischen den Zähnen. Die Hände sind so rau, als hätten wir sie mit Kreide abgerieben. Unsere Augen verengen sich zu schmalen Schlitzen, und auf der unbedeckten Haut bildet sich eine Sandkruste.

Dann bleiben unsere Wagen im tiefen Sand stecken. Alle Versuche mit dem Vierradantrieb bleiben zwecklos; wir lassen Luft aus den prallen Reifen; schieben mit zunehmender Verzweiflung, um das Auto wieder flottzubekommen, und die Sonne brennt uns unbarmherzig auf den Kopf, und die Glut des Sands frißt sich schon durch die Ledersohlen unserer Stiefel. Und wir laufen kilometerweit durch diese Hölle aus Sand und Geröll auf der Suche nach verdorrten Gräsern und kleinen Stöcken, die wir unter die eingegrabenen Reifen schieben können. Doch was immer wir auch versuchen – es scheint, als kämen wir keinen Millimeter vorwärts.

Leichte Panik: Wenn wir Pech haben, kommt jetzt eine tschadische Militärpatrouille vorbei und kassiert uns ein. Wenn wir noch mehr Pech haben, kassieren uns sudanesische Soldaten ein. Und wenn es ganz dumm läuft, fallen wir in die Hände der Dschandschawid. Keine guten Aussichten. Wir verfluchen den Fahrer, den uns die SLA geschickt hat, und greifen zum ersten Mal unsere kleine Schnapsration an.

WIE LANGE kann ein Mensch, der sich verirrt, in dieser Umgebung überleben? »Schlecht ausgestattet mit allem, was für Mensch und Tier überlebenswichtig ist«, sei diese Ödnis, schrieb im Jahre 1806 der frühe Darfur-Reisende W. G. Browne. Der überwältigende Eindruck sei der einer »trocknen und ungastlichen Welt«, meinte Alex de Waal, ein Sudanexperte, der mittlerweile die Afrikanische Union berät. Kartenzeichner hatten dort, wo Darfur liegt, einst keine lieblichen Tiere eingezeichnet, wie sie das sonst auf ihren Afrikakarten taten, auf denen es von Löwen und Elefanten und Giraffen nur so wimmelte. Diese *Terra incognita*, in deren Sand wir jetzt feststecken, besiedelten in alten Atlanten Menschen mit Schwänzen und Hundeköpfen. Und manche Kartographen schrieben mit feiner Schrift daneben: »Hier wohnen teuflische Menschen.« Kein Wunder, daß selbst die Nomaden diese Gegend »Land des Todes« nennen. Dabei zeichnen Geröll und bizarre Felsformationen inmitten des glühenden Sands durchaus pittoreske Bilder. Wie der »gekrümmte Rücken eines prähistorischen Monsters« wirke die Landschaft Dar Saghawas, meinten die französischen Ethnologen Marie-José und Joseph Tubiana, die zwischen 1956 und 1970 mit einigen Unterbrechungen in der Region lebten.

DOCH WIR HABEN GLÜCK. Nach endlosen drei Stunden kommt ein vollbesetzter Laster vorbei, und ein Haufen Männer springt von der Ladefläche herunter. Sie lachen freundlich und tragen Turbane in den Tönen der Wüste: ocker- oder safranfarbig, beige, braun, goldgelb, terrakottarot – wir erkennen das Zeichen der Rebellen von der *Sudan Liberation Army*. Sie schieben uns aus dem Sand und weisen uns den Weg in ihren Unterschlupf und winken zum Abschied freundlich mit ihren Sturmgewehren.

Unser Ziel sind die Lager der Rebellen. Hier sollen wir den Kontaktmann der SLA treffen; er heißt Suleyman Jamous, ist vom Stamm der Saghawa und ein Islamist aus dem Umfeld Hassan al-Turabis. SLA-Anführer Abd al-Wahid sagt, Jamous sei zudem ein Verwandter des tschadischen Präsidenten Idriss Deby, der ebenfalls ein Saghawa ist. Bis kurz vor Ausbruch der Revolte hatte Jamous eine Position im Baschir-Regime in Khartum inne. Doch jetzt sei der etwas undurchschaubare Überläufer geläutert und für die »humanitären Angelegenheiten« der Befreiungsarmee zuständig, hat man uns gesagt.

Wir erfahren schnell, daß humanitäre Angelegenheiten das vielleicht wichtigste »Ministerium« der SLA ist. Übersetzt heißt »humanitäre Angelegenheiten« Geld. Geld aus der reichen Welt, Geld aus den überquellenden Töpfen der vielen internationalen Organisationen. Jamous, Jahrgang 1948, ist also so etwas wie der Schatzmeister und PR-Mann der Truppe. Er spricht zudem die Sprache des Geldes – Englisch. Und kontrolliert genau das Gebiet an der tschadisch-sudanesischen Grenze, durch welches die vollbeladenen Versorgungskonvois aus Libyen rollen.

ES DAUERT JETZT NICHT MEHR LANGE, dann haben wir sein Versteck gefunden. Fahrspuren tauchen förmlich aus dem Nichts auf und leiten uns durch die eintönige Sandlandschaft; dann urplötzlich, hinter sanft geschwungenen Dünen verborgen, sehen wir Kriegsgerät. Zwillingsgeschütze. Granatwerfer. Flak. Ein paar junge Männer springen hinter dürren Büschen hervor und versperren uns gebieterisch den Weg. Sie tragen Turbane und Kalaschnikows und schwere Gürtel mit Munition und seltsamen braunen Amuletten.

»Wir wollen zu Jamous«, sagen wir und ahnen noch nicht, daß dieser Name hier so etwas wie eine Parole ist. Ein Zauberwort.

– Gut, sagt ein Halbwüchsiger und winkt uns durch.

– Wartet hier, der Chef kommt später.

Für Suleyman Jamous ist das Faß Diesel bestimmt; Tribut an die Rebellen. Sie sollen uns mitnehmen durch ihr Reich. Und nichts ist umsonst in Darfur. Shogar hatte uns diesen Preis schon in N'Djamena genannt. Wir hatten keine Einwände. Es ist der erste Mai 2005, und wir sind in Furawiya angekommen, dem ersten Rebellen-Unterschlupf hinter der tschadischen Grenze.

Ende 2003 war dieses Nest zum ersten Mal von sudanesischen Flugzeugen bombardiert worden, nicht weit von den Stellungen der Aufständischen ragen immer noch die bleichen Knochen niedergemetzelter Darfuri aus dem Sand. Immer wenn die Haboub-Winde den Sand über den Gräbern verwehen, kommen auch die stummen Zeugen der Morde zum Vorschein: wie halb verwehte Mumien sehen sie aus. Es ist ein schauerlicher Anblick, denn zum Teil hängen noch ledrige Hautfetzen an den Knochen, und einige Skelette stecken in nahezu unversehrter Kleidung.

Anfang 2004 wurde folgende Aufzeichnung zwischen dem Piloten einer Antonow und einem Kommandanten auf dem Boden aufgezeichnet.

Kommandant: »Wir haben immer noch ein paar Menschen in dem Dorf gefunden.«

Pilot: »Sind sie für oder gegen uns?«

Kommandant: »Sie sagen, sie würden mit uns zusammenarbeiten.«

Pilot: »Sie sind Lügner. Glaub ihnen nicht! Werdet sie los!«

Pilot *(etwas später)*: »Jetzt ist das Dorf leer und für euch sicher. Jedes Dorf, durch das ihr kommt, müßt ihr anzünden. So daß die Dörfler eine kleine Überraschung vorfinden, wenn sie zurückkommen.«

* * *

AM 3. FEBRUAR 1873 macht sich der deutsche Arzt Gustav Nachtigal in Wadai, im Osten des heutigen Tschad, auf den Weg nach Darfur, »Dâr-Fôr«.

Nachtigal ist ein Pfarrerssohn aus Eichstedt bei Stendal in der Altmark. Als Kind eher schwächlich und schüchtern, ist er seinen Kommilitonen des Korps »Nassovia« in Würzburg vor allem durch feurige Bierreden in Erinnerung geblieben. In denen erlebt er aufregende Reisen zum Tschadsee und zum Bey von Tunis. Eine Begegnung mit dem tollkühnen Wüstenforscher Gerhard Rohlfs wird schließlich schicksalhaft: Weil der Abenteurer Rohlfs wenig Lust verspürt, zum zweiten Mal innerhalb weniger Jahre zum Tschadsee zu reisen, delegiert er seine geplante Tour, eine Mission im Auftrag König Wilhelms I. von Preußen, kurzerhand an den Militärarzt Nachtigal. Am 16. Februar 1869, eine Woche vor seinem fünfunddreißigsten Geburtstag, schließlich bricht Gustav Nachtigal von Tripolis nach Süden auf. In 2020 Reisetagen wird er die Sahara und den westlichen und mittleren Sudan durchqueren – teils auf Pferden, Kamelen oder Eseln, streckenweise auch zu Fuß. Am Ende des Abenteuers, 1874 – nach fast sechs Jahren –, wird er nicht weniger als 12360 Kilometer zurückgelegt haben.

Er überquert die imaginäre Grenze zwischen Wadai und Darfur etwas weiter südlich als wir und stößt ins Stammesgebiet der Massalit, ins Dâr Massalit also, vor, während wir wegen der derzeitigen Kämpfe nach Norden ausweichen müssen, ins Gebiet der Saghawa – ins Dâr Saghawa.

> »Am nächsten Morgen«, schreibt Nachtigal, »brachen wir etwas früher auf als bisher, denn vor uns lag die unbewohnte Wildnis, die Dâr-Fôr von Wadâï trennt und welche nicht selten durch unabhängige Massâlît unsicher gemacht wird. Stark aufsteigend, war der ganze Horizont vor uns bis im Süden von kegelförmigen, nicht eben hohen Bergen begrenzt. Diese ganze Kette wird durch den einzigen Weg, der in östlicher Richtung nach Dâr-Fôr führt, durchbrochen. Der Marsch ging nur langsam von statten wegen des felsigen Terrains und der Ueberschreitung zwar unbedeutender, doch tief eingesenkter Flüsschen, welche zu den am vorigen Tage passirten Quellflüssen des Buthêha fliessen. Beim Betreten der Bergkette, die als Tirdsche von Wadâï bezeichnet wird, zeigte sich der Weg auch links und rechts von felsigen Höhen begrenzt. Die zweite Hälfte des Vormittagsmarsches wurde durch die riesigen Granitblöcke der Gegend sehr schwierig, doch gegen 11 Uhr schienen wir den Abschluss der Tirdsche erreicht zu haben. Von hier aus wurde die Gegend ebener, zwar noch etwas gegen Osten aufsteigend, doch weniger felsig. Die Wege waren ausgetreten und bedeckt mit hohem Step-

pengrase und kümmerlichen, spärlich belaubten, dichtstehenden Akazien, Lubân *(Boswellia?)* und ähnlichen Bäumen. Um Mittag senkte sich das Terrain wieder. Gegen 2 Uhr passirten wir ein Flüsschen, welches in der Richtung von Norden nach Süden zum Wâdî Asunga geht, zahlreiche Brunnenlöcher in seinem etwa 20 Schritt breiten Bette hat und Tumtumaja heisst. Die Landschaft wurde hier offener, die Waldung lichter. Nördlich von unserm Wege erblickten wir die kleine Bergreihe, welche dem ebengenannten Flüsschen Ursprung gibt, zogen an einem südlich gelegenen isolirten Kegel vorüber und stiegen in südöstlicher Richtung über welliges Terrain in das Thal des Wâdî Asunga hinab, in dessen Bett wir am späten Nachmittag lagerten. In seinem breiten Thale änderte sich der Charakter der Landschaft vollständig durch die üppige Vegetation, die frischen Farben der belaubten und hochstämmigen Bäume, unter denen die Sabaha, die Harrâza, die Tamarinde und sogar die Delêbpalme, deren Nordgrenze im allgemeinen südlicher liegt, reich vertreten waren. Selbst das Gras des Thales und der Umgebung des Wâdî war frisch und grün. Der Wâdî Asunga entspringt auf den südöstlichen Bergen von Tâma, verläuft im allgemeinen in Südrichtung und hat am Orte unseres Lagers ungefähr 100 Schritt Breite. Die Keimlinge der Delêb-Früchte werden, solange sie noch unter der Erde sind, von den Eingeborenen aufgespürt und gern gegessen. Sie sind spindelförmig, 15–30 Zentimeter lang, werden geröstet, schmecken angenehm bitter und gleichen in ihrer mehligen Beschaffenheit einigen der Kartoffel verwandten Knollengewächsen des Südens.
Im Laufe des Vormittags war der 'Aqîd es-Sbâh mit 150–200 Mann zu Pferde zu uns gestossen, um uns erst bei der ersten Ansiedlung von Dâr-Fôr zu verlassen. Die Pferde unserer Leute sahen besser aus als diejenigen vieler kriegerischer Führer Wadâïs, obgleich die Pferde alle jener kleinen, unschönen, doch sehr ausdauernden und lebhaften Rasse Wadâïs angehörten, welche ich andernorts geschildert habe.
Hier im Wâdî Asunga war die gefahrdrohendste Stelle der Wildniss. Häufig wurden beim Uebernachten der Karavanen Ueberfälle durch die zwischen den beiden Landesgrenzen hausenden Abtheilungen der Massâlît, von welchem Stamme noch später die Rede sein wird, unternommen, und erst ein Jahr vor unserm Durchzug war ein Bote des Königs 'Alî mit allen seinen Begleitern niedergemacht worden.«

* * *

Sunday Nation, Nairobi, 1.5.2005: »Die Entscheidung der Afrikanischen Union, ihre Kräfte in Darfur zu verdreifachen, sei ein ›Großer Schritt‹, aber nur sehr wenig dessen, was nötig ist, um Zivilisten zu schützen und die Gewalt einzudämmen, sagte ein hochrangiger UN-Offizieller. Dennoch, sagte Jan Egeland, der Nothilfekoordinator, ›haben wir für den Sudan eine Chance, die wir nicht auslassen dürfen. Es steht unglaublich viel auf dem Spiel‹. ›Was wir heute hier sehen, ist die erste wirkliche Verpflichtung einer radikalen Erweiterung‹, sagte er in einem Interview am Freitag. ›Es ist ein großer Schritt in die richtige Richtung.‹ Die Afrikanische Union hat 2 200 Soldaten, Polizisten und Beobachter in einer Gegend von der Größe Frankreichs. Sie beschloß am Donnerstag, ihre Kräfte auf 7 700 bis Ende September und 12 300 bis zum Frühjahr 2006 zu erhöhen. Nato-Nationen sollen ihre Unterstützung mit Fahrzeugen und Helikoptern erhöhen. Die Soldaten der Afrikanischen Union sind 23 Monate nach der Entscheidung, die Truppe zu bilden, zu einem kleinen Häuflein zusammengeschmolzen.«

Sonntag, 1. Mai 2005: Von Furawiya nach Gubra, Nord-Darfur

EIN ALTER zieht schweren Schritts mit seinem Esel vorbei. Er trägt einen weißen Turban und ein hellblaues, zerschlissenes Hemd. Um den Hals hat er einen weiten, sandfarbenen Baumwollschal geschlungen. Sein Kinnbart ist grau und die blauschwarze, rauhe Haut von tiefen Falten zerfurcht. Auf dem müden Esel liegt eine rote, zerfranste Decke, die schon bessere Zeiten gesehen hat, und darauf ruht ein kleiner Sattel. Der Mann guckt neugierig, aber auch stolz, und seine Augen funkeln munter.

Er sei der Scheich der kleinen Gemeinde, und sein Name sei Gassy Adouma, sagt der Alte.

»Hamdulillah. Ihr seid willkommen, Fremde, schaut euch alles an. Seht nur! Alles hier ist zerstört. Was die sudanesische Regierung hier angerichtet hat, ist schlimmer als das, was uns einst die Türken und Ägypter antaten.«

– Was die Regierung mit den Zerstörungen bewirkt, wollen wir wissen.

»Sie wollen uns vertreiben. Sie wollen unser Land den arabischen Nomaden geben, die ihr Vieh hier durchtreiben. Sie sind gierig. Aber sie bauen nichts an, und sie betreiben keine Landwirtschaft.«

– Wo sind all die Menschen? Wir sehen hier nur Guerilleros.

»Sie sind in den Bergen. Sie sind fort. Es haben hier einmal achttausend Menschen gelebt, doch nur sehr wenige sind geblieben. Als die Dschandschawid kamen, sind die meisten geflüchtet und nie wiedergekommen. Sie verschwanden in die Berge, den Tschad oder in die Wüste – wo sie sich sicher fühlen. Die Mörder kamen mit Tanks und Flugzeugen und mit Lastwagen, auf denen Maschinengewehre standen und große Geschütze. Sie brannten alles nieder. Sie stahlen alles, was sie fanden. Sie stahlen auch meine Kamele. Drei schwere Angriffe haben wir erlebt. Dann kam die SLA, und die Araber bekamen es mit der Angst und verschwanden. Wir sind schwarz, darum wollen uns die Araber ausrotten. Sie wollen uns nur als Sklaven leben lassen. Mit den Weißen verstehen wir uns besser. Sie sind gut. Sie helfen uns.«

– Wie geht das Leben weiter?

»Wir wissen es nicht. Früher sind wir mit unseren Kamelen umhergezogen. Nach Süden, vielleicht fünfhundert Kilometer, wo das Gras wächst. Es gibt jetzt keinen Weg mehr nach Süden. Dort stehen feindliche Soldaten. Wir haben Angst, daß die Tiere, die uns geblieben sind, nun verhungern. Suleyman wird euch das Gesicht dieses Kriegs zeigen. Da kommt er. Geht mit ihm. Und geht mit Gott. La il laha il Allah.«

Zum ersten Mal wird Furawiya schriftlich in den Streckenberichten der Nordpatrouille der Britischen Armee erwähnt, niedergeschrieben von P. V. Kelly im Januar 1917: »Furawiya. Höhe 2780 Fuß. Exzellente Schatten und Möglichkeiten zum Grasen und ganzjährig Versorgung mit viel Wasser aus Gosar-Brunnen.«

SULEYMAN JAMOUS trägt eine schneeweiße Dschellabiyah und einen schneeweißen Turban, und er hat es erst einmal nicht besonders eilig, uns das Gesicht des Kriegs zu zeigen. Mißmutig begutachtet er das Faß Diesel.

»Hat euch Shogar nicht gesagt, daß wir Benzin brauchen? Benzin. Kein Diesel.«

Dann verschwindet er mit seinem Thuraya-Satellitentelefon hinter einem Dorngestrüpp und telefoniert vielleicht eine halbe Stunde, vielleicht länger.

Wir warten.

AM 22. JULI 2004 hat der Kongreß der Vereinigten Staaten die Ereignisse in Darfur als einen Genozid bezeichnet und eine UN-Resolution gefordert, in welcher die Täter mit Sanktionen belegt werden sollen. Seitdem hat es einige Waffenstillstandsabkommen gegeben, die unterzeichnet und zumeist von allen Seiten umgehend wieder gebrochen wurden. Ansonsten ist nicht viel geschehen, was das Morden gestoppt hätte.

War die Entwicklung, die zu den Grausamkeiten in Darfur geführt hat, absehbar?

»Ein Element, das ausländische Beobachter über den wahren Charakter des sudanesischen Konflikts alarmiert haben könnte, war die genozidale Gewalt, die vom Khartumer Regime in den Nubabergen nach 1992 ausgeübt wurde«, meint der Pariser Universitätsprofessor und Völkermordforscher Gérard Prunier. »Dort wurden, nachdem zuvor ordnungsgemäß der Dschihad ausgerufen worden war, Tausende von Zivilisten bombardiert und deportiert, in Konzentrationslagern eingesperrt und als Sklavenarbeiter an die großen von Arabern betriebenen Bauernhöfe in Kordofan verkauft. Die Tatsache, daß ein Großteil der Opfer dieser massiven Gewalt Muslime waren, wurde lange Zeit übersehen. Moscheen wurden bombardiert, Muslime deportiert oder gemeinsam mit ihren christlichen oder ›heidnischen‹ Brüdern ermordet.«

Von »zwei entscheidenden, frühen Anzeichen für einen Genozid in Darfur« gehen Greg Austin und Ben Koppelman vom *Foreign Policy Centre* in ihrer Studie *Darfur und Genozid: Mechanismen für eine schnelle Reaktion, ein Ende der Straflosigkeit* aus. »Das erste Anzeichen war der Umfang an schweren Menschenrechtsverletzungen seit 1999, insbesondere die Manipulationen des Justizsytems durch die Regierung und die Sicherheitskräfte mit dem Ziel, die Menschen in Darfur zu verfolgen. Das zweite Signal waren die offensichtlichen Kriegsverbrechen, die von der sudanesischen Regierung im Sommer 2003 begangen wurden, als ihre Luftwaffe Hunderte wehrloser sudanesischer Dörfer angegriffen und zerstört hat.«

DAS JAHR 1999 gilt als Gründungsjahr der Dschandschawid. In Dar Massalit hatte zunehmender Widerstand der schwarzen »Urbevölkerung« gegen arabische Dominanz zu verstärkten militärischen Aktionen der Regierung geführt. Schritt für Schritt waren den Schwarzen in Darfur zuvor ihre Rechte beschnitten worden. Für den grausamen Krieg der Regierung gegen die aufrührerischen Südsudanesen waren zudem immer mehr Schwarze aus Darfur rekrutiert worden. Das führte in den Gebieten der Massalit zu Unruhen, die die Regierung brutal niederwarf. Zwischen 1996 und 1998 wurden in West-Darfur Hunderte von Zivilisten umgebracht;

schon damals flüchteten rund 100 000 Zivilisten in den benachbarten Tschad. In einer Broschüre (*Not-Ready-For-Prime-Time-Genocide*), die im Ausland lebende Massalit 1999 veröffentlichten, wurden die Übergriffe beschrieben und Muster der Kriegführung sichtbar, die zuvor schon in den Nubabergen umgesetzt worden waren: »Die meisten Angriffe fanden nachts statt, als die Dörfler schliefen. Nachdem die Angreifer die Dörfer erreicht hatten, zündeten sie üblicherweise die Häuser an. Menschen, denen es gelang, ihre brennenden Häuser zu verlassen, wurden von arabischen Milizionären auf der Flucht erschossen. Die Angriffe fielen fast immer mit der Ernte zusammen. Durch das Anzünden der noch nicht abgeernteten Felder oder des gerade frisch zusammengetragenen Getreides wurde so fast die gesamte Jahresernte zerstört und die Bauern in den Hunger getrieben.«

GUSTAV NACHTIGAL über die Massalit:

> »Die Massalît bilden im Westen und im äussersten Südwesten einen erheblichen Theil der unterworfenen Bevölkerung; ein geringer Theil bewohnt einen ausgedehnten Bezirk in der Provinz Abû Uma. Dieselben stehen nicht unter einem Sultan, sondern zerfallen in kleinere Abtheilungen und werden von einem Ferscha (eigentlich ›Teppich‹), der eine Zwischenstufe zwischen Sultan und Scheïch bildet, regiert. Ihre nächsten Verwandten wohnen in zahlreichen Abtheilungen in den östlichen Grenzbezirken von Wadâï (*Massâlît el-Hausch*, d.h. ›die das Haus Bewachenden‹) und an den Ufern des Batha (*Massâlît el-Batha*); doch scheinen sie, obgleich alle nominell dem Islâm angehören und obgleich aus ihnen sogar in Wadâï sehr gerühmte Fûqahâ (Schriftgelehrte) hervorgehen, doch auf einer sehr niedrigen Culturstufe zu stehen. Noch jetzt waren Abtheilungen von ihnen, wie z. B. die Massâlît Ambûs, in ganz Wadâï und Dâr-Fôr als Kannibalen bekannt, trotz der sonst in dieser Beziehung so unerbittlichen Gesetze des Islâm. In Wadâï sprechen sie einen Dialekt, welcher der Mâba-Sprache sehr nahe steht. Proben ihrer Sprache in Dâr-Fôr zu erhalten, ist mir nicht gelungen. Ihr Ursprung ist nicht klar; sie selbst behaupten allerdings, arabischen Ursprungs zu sein.«

ALS VERTRETER DER REGIERUNG wurde 1999 General Mohammed Ahmed al-Dabi nach Geneina gesandt – in die Hauptstadt West-Darfurs, des Massalit-Siedlungsraums. Offiziell sollte al-Dabi im Namen des Präsidenten Umar al-Baschir für Ruhe sorgen, doch in Wirklichkeit machte er sich umgehend daran, arabische Jugendliche in paramilitärischen Camps zu trainieren und sie später zu Angehörigen einer Regierungsmiliz, den *Popular Defense Forces* (PDF), zu machen.

Eine bewaffnete Gruppe unter seiner Kontrolle, die *Quwait al Salaam*, zu deutsch: »Friedenstruppe«, die im Südsudan stationiert war, um dort Eisenbahnlinien und Lastwagenkonvois vor Überfällen durch die SPLA zu beschützen, wurde nach Süd-Darfur verlegt und begann mit der Ausbildung arabischer Freiwilliger für den Kampf in West-Darfur. Etliche arabische Milizenchefs wurden zum ersten Mal von der Regierung entlohnt. Plötzlich begannen die *Popular Defense Forces*, nicht-arabische Bewerber abzuweisen, und unter den Massalit kursierte zum ersten Mal der Begriff von den Dschandschawid, den bewaffneten Reitern. Die Grenzen zwischen Regierungsmiliz und den wilden Reitern begannen sich zu verwischen, und nach einer Weile hatten die Dschandschawid die Regierungs-PDF in Dar Massalit ersetzt. Zum ersten Mal wüteten Dschandschawid in Darfur, mehr als dreißig Häuser wurden niedergebrannt, mehr als eintausend Massalit getötet. Die meisten Täter, hieß es, seien aus dem Tschad gekommen, um hier, in Darfur, einen panarabischen Krieg zu führen.

Bis heute ist der Begriff Dschandschawid unscharf. Musa Hilal, der wohl mächtigste Anführer dieser Araber-Banden, sagte einmal dazu: »Dschandschawid bedeutet nichts. Es ist ein Wort, das nur das Böse bezeichnen soll, dieses Wort soll es den Amerikanern leichter machen, zu verstehen, wer die Good Guys und wer die Bad Guys sind. Als die Rebellion begann, hat sich die Regierung uns genähert und uns bewaffnet. Meine Söhne wurden von der Regierung bewaffnet und haben sich der Grenzaufklärung angeschlossen. Einige Stammesbrüder schlossen sich den *Popular Defense Forces* an. Die Rebellen haben das Wort Dschandschawid verbreitet und benutzt, als ob wir eine Organisation wären. Es gibt aber keine politische Gruppe mit einem Konzept, das Dschandschawid heißt.« Ein anderer Dschandschawid-Führer hat behauptet, seine Gruppe operiere weitgehend autark: »Wir machen weder gemeinsame Sache mit den Rebellen noch mit der Regierung, wir schauen auf uns selbst, wir bekämpfen jede Regierung im Sudan.«

David Hoile, ein umstrittener britische Menschenrechtler und notorischer Querulant, kommt deshalb zu dem Schluß: »Eine weitgehend sensationslüsterne und unaufrichtige Presse hat alle als Dschandschawid in einen Topf geworfen: von regulären Armee-Einheiten, *Popular Defense Forces*, Polizei-Einheiten, Stammesmilizen, Bürgerwehren und bewaffneten Räubern bis hin zu jedem bewaffneten arabischen Stammesbruder.«

Da treiben wohl so einige Banden ihr Unwesen in Darfur und erschweren dem Außenstehenden den Durchblick und der Regierung in Khartum die Ausübung des Gewaltmonopols; und auf bestimmte Termini wie »Dschandschawid« muß man sich schon einigen, um diesen Wirrwarr etwas zu entzerren – selbst auf Kosten der Genauigkeit; und Hoile ist natürlich ein rechter Khartum-Propagandist. *Ganz* unrecht hat er dennoch nicht.

Aber Hoiles Bemerkung und die Äußerungen der zwei Dschandschawidführer werfen natürlich darüber hinaus die Frage auf, ob die sudanesische Regierung überhaupt in der Lage wäre, sofern sie denn wollte, diesen da auf ihrem Staatsgebiet operierenden Banden das Handwerk auch wieder zu legen. Einen Banden- oder Stammes-Krieg zu entfachen ist eine Sache, ihn wieder in den Griff zu bekommen eine andere. Kein Wunder, daß der ehemalige deutsche Botschafter in Khartum, Matthias Meyer, eine Somalisierung des Sudan befürchtet.

ES IST JA SCHON SCHWER zu bestimmen, was überhaupt ein »Araber« im Sudan ist. Die Hautfarbe jedenfalls taugt nicht unbedingt als Charakteristikum: Viele »Araber« sind so pechschwarz wie die meisten »Afrikaner« Darfurs. Die Religion kann man in Darfur auch nicht als Unterscheidungsmerkmal heranziehen; nahezu alle Bewohner von Sudans Westen sind Mohammedaner, nicht selten frommer noch als die Angehörigen der »arabischen« Niltal-Herrscherschicht im fernen Khartum. Auch anhand unterschiedlicher Lebensgewohnheiten allein lassen sich Araber von Afrikanern nicht unterscheiden. Zwar sind viele Araber traditionell Nomaden, im Norden Darfurs treiben sie meist Kamele, im Süden Rinder. Doch auch die Saghawa, die sich selbst zu den Schwarzen zählen und die Mehrheit in der SLA-Rebellenfraktion Minni Arkous stellen, sind Nomaden und haben mit ihren »arabischen Feinden« folglich mehr Gemeinsamkeiten als mit ihren »schwarzen Brüdern« aus den Stämmen der Fur und Massalit, die Ackerbau betreiben.

Und schon Suleiman Solong, der Gründer des unabhängigen Sultanats Darfur im 17. Jahrhundert, war der Sohn eines arabischen Vaters und einer Fur-Mutter.

URSPRÜNGLICH wurden mit dem Begriff »Araber«, der zum ersten Mal im 9. Jahrhundert vor Christus auftauchte, Beduinen der nordarabischen Steppengebiete bezeichnet. Später, nach den islamischen Eroberungen, diente er, so der englische Princeton-Professor und Nahostexperte Bernhard Lewis, »der Unterscheidung der arabischen Eroberer von der Masse der unterworfenen Völker«.

Nach dem Übergang arabischer in islamische Herrschaft wurde er immer weiter gefaßt und »verlor infolge der Verschmelzung der arabischen Eroberer mit ihren arabisierten Untertanen nach ihrer gemeinsamen Unterwerfung unter die türkische Fremdherrschaft allmählich seine ethnische Bedeutung und wurde zu einem sozialen Begriff, der in der Hauptsache auf jene Nomaden angewandt wurde, die die ursprüngliche Lebensweise und Sprache der Araber in unverfälschterer Form als andere beibehalten hatten«.

Südlich von Ägypten liegen eine ganze Reihe von Staaten, deren Bevölkerung aus Arabern und Schwarzen gemischt ist – wie der Sudan, der 1956, und der Tschad, der 1960 unabhängig wurde. Andere Staaten haben starke arabische Gemeinschaften innerhalb einer überwiegend schwarzen Bevölkerung. All diese Länder wiesen, so Lewis, »zahlreiche Gemeinsamkeiten auf. Sie liegen durchweg an der Grenze zwischen Wüste und Ackerland und waren von frühester Zeit an bis heute mit dem allgegenwärtigen Problem verheerender Nomadeneinfälle konfrontiert«.

Von Afrikas Westen bis ganz in den Osten, von Mauretanien über Nigeria, Mali, Niger, den Tschad, bis schließlich in den Sudan und nach Somalia erstreckt sich diese Unruheregion; die Ausbreitung des Islam, der in einigen Gegenden auf ein nicht minder aggressives Christentum trifft, und die Ausbreitung der Wüste verschärfen die Lage zusehends. In N'Djamena, meint der Schweizer Afrikakorrespondent Georg Brunold, verfestige sich »eine Grenze, die ostwärts durch den Tschad und darüber hinaus durch den Sudan bis nach Eritrea hinein verläuft: eine Grenze zwischen islamisiertem Norden mit Verkehrssprache Arabisch und hochtropischem ›Schwarzafrika‹, christlich oder animistisch oder beides, zwischen aridem *Sahel*, einer weitläufigen Welt der Nomaden, und dem *Tchad utile* der Pflanzer im Chari-Becken, im Sudan zwischen dem *Darfur* und *Bahr al-Ghazal* sowie weiter östlich zwischen *Kordofan* und *Upper Nile* mit den viehzüchtenden Niloten des Südsudans. Diese Grenze bedeutete Jahrzehnte des Kriegs«.

Kein Wunder, daß in dieser Welt der Wanderer die klare Zuordnungen versanden müssen. Menschen, die morgens die Kirche besuchen und mittags die Moschee anzünden, lassen sich abends vom Voodoopriester die

Kolanüsse lesen. Und andere, deren Stämme keine oder kaum eine schriftliche Tradition haben, können nur ahnen, woher ihre eigenen Vorfahren einst kamen, aber auch die Vorfahren derjenigen, die sie als »Ungläubige« und »Minderwertige«, »Imperialisten« oder »geborene Sklaven« jetzt so fanatisch durch die Straßen treiben. Fast alle Afrikaner zwischen Mauretanien und Eritrea haben also mittlerweile einen Migrationshintergrund vertragen – tun sie sich deshalb leider nicht besser.

»Als ›Araber‹«, schreibt der Hamburger Afrikanist Rainer Tetzlaff, »werden im Sudan ethnische Gruppen bezeichnet, die ausschließlich arabisch sprechen und als ihr Herkunftsgebiet die arabische Halbinsel angeben. Wegen ihrer starken Vermischung mit einheimischen Gruppen – wie z.B. den Fung, die vom 16. bis 19. Jahrhundert im Zentralsudan ihr eigenes Reich mit der Hauptstadt Sennar errichtet hatten – ›sind sie häufig physiognomisch kaum von diesen zu unterscheiden‹. Die meisten Araber drangen, dem Nil aufwärts folgend, aus Ägypten in den Sudan ein. Man unterscheidet zwei große Gruppen: die Ja'aliyin, hauptsächlich arabisierte Nubier und Niltalbewohner, die sich auf Abbas, den Onkel des Propheten, zurückführen, und die Danagla aus Nordarabien einerseits und die Guhayna aus Südarabien andererseits. (Foud Ibrahim 1988).« Und schon Gustav Nachtigal wußte: »Die Bevölkerung von Dâr Fôr scheidet sich einerseits in Nigritier und Araber, andererseits in Alteingesessene und Unterworfene oder Fremde.«

Aber ganz so einfach ist es eben auch nicht.

GUSTAV NACHTIGAL über die Araber:

> »Von diesen Arabern haben sich besonders die, welche in dem weniger dicht bevölkerten Norden und Osten wohnen, was Hautfärbung und Gesichtsbildung betrifft, rein erhalten, während natürlich diejenigen, welche im Innern des Landes sesshaft geworden sind, wie die Tordschem und die Benî Holba, zumal sie von Haus aus im Verdacht stehen, nicht reiner Abstammung zu sein, alle möglichen Nuancen der Hautfärbung und Uebergänge zum Nigritier gezeigt.«

NACHTS kommen wir doch noch los. Jamous hat irgend etwas in Muzbat, einer Stadt rund einhundert Kilometer von Furawiya entfernt, zu erledigen; und nun klammern wir uns auf der Ladefläche seines Pick-Ups an die Seile, mit denen Berge von Gepäck vertaut sind, und versuchen verzweifelt und etwas ungeschickt, das Gleichgewicht zu halten. Leicht ist das nicht. Der Wagen schlingert in totaler Finsternis durch die Halbwüste. Rast in unsichtbare Schlaglöcher und durch bisweilen steil abfallende Wadis, über Geröll und Buschwerk. Es ist absolut nervtötend, der Kopf hämmert von den permanenten Schlägen, man kann keinen klaren Gedanken mehr fassen und döst irgendwann nur noch stumpfsinnig vor sich hin und stellt seinen Körper auf eine Art Energiespargang und fragt sich allenfalls noch, was man hier verloren hat. Und immer, wenn wir in der Ferne die auf- und abhüpfenden Lichter anderer Wagen sehen, gibt der Fahrer erst richtig Gas, denn es könnten die Truppentransporter der Armee sein, die, wenn sie uns entdecken, Jagd auf den SLA-Transport machen. Mit einer Ziege, rund zehn Kalaschnikowträgern und der unter uns aufgetürmten Ladung fährt auch die Angst vor Armee-Patrouillen immer mit durch die Nächte in Darfur. Dennoch erreichen wir nach einigen Stunden Fahrt ohne nennenswerte Probleme einen Ort, der von den Saghawa Gubra genannt wird.

Neben einer dornigen Akazie breiten wir unsere Decken aus und versuchen, unter dem funkelnden Sternenhimmel zu schlafen und nicht an die Giftspinnen, Skorpione und Schlangen zu denken, in deren Revier wir unser Nachtlager aufschlagen. Ein Feuer zu entfachen, verkneifen wir uns nicht nur wegen der arabischen Reiterbanden, die nicht weit entfernt ihr Unwesen treiben. Zu lebhaft ist mir auch noch Alfred Brehms Schilderung einer sudanesischen Nacht am Lagerfeuer in Erinnerung. »Bald loderte ein weithin leuchtendes Feuer neben unseren auf den Boden gebreiteten Teppichen«, schrieb der Naturforscher, der sich die Tierliebe, für die er später berühmt geworden ist, offenbar selber sehr schwer erarbeiten mußte, denn in seinen Aufzeichnungen offenbart er noch ein durchaus ambivalentes Verhältnis zur Fauna, »es sollte der herannahenden Karawane ein Anzeichen unseres Aufenthaltes sein, zog aber zugleich auch ungebetene Gäste herbei. In Scharen lief der Steppe Gewürm und Ungeziefer dem Lichte zu. Taranteln mit sechs fingerlangen, behaarten Füßen, Skorpione mit dem zum Stich erhobenen Schwanze eilten, zum Teil über unsere Teppiche hinweg, wie von einem Magnet angezogen, nach unserem Feuer. Neben uns ringelte und zischte eine kleine, aber äußerst gefährliche Viper auf, deren sich der Baron mit vielem Geschick und Mut alsdann bemeisterte. Mohammed hatte bereits mehrere große, schwarze Skorpione ins Feuer geschleudert, aber noch immer kamen neue Exemplare jener häßlichen Tiere herbei. In solcher Gesellschaft die Nacht zu verbringen, war in der Tat weder angenehm noch gefahrlos.« Ein paar Tage später macht Brehm mit den Tieren reihenweise kurzen Prozeß: »Um die Wahrheit der Sage, welche erzählt, daß sich der in einen Kreis glühender Kohlen gebrachte Skorpion selbst töte, zu erfahren, ließen wir heute viele dieser ›Spinnenkrebse‹ fangen und der Feuerprobe unterwerfen. Alle wurden, ohne den Versuch, sich selbst umzubringen, gemacht zu haben, bald von der Glut des Feuers getötet.«

Also lieber kein Feuer.

DER DARFURFORSCHER Rex Sean O'Fahey meint, es habe einen langsamen Zug »von arabischen Nomaden nach und durch das nördliche und südliche Darfur zwischen dem Vierzehnten und Sechzehnten Jahrhundert« gegeben, mit welchem eine »graduelle Vereinigung in die modernen Stammesgruppen« einherging. Zudem »strandeten« durchziehende Pilger, deren Ziel Mekka war, in der Region. Ihnen ging schlicht das Geld aus oder sie wurden ausgeraubt.

Den Moment aber zu bestimmen, in dem sich das friedliche Zusammenleben der Stämme in eine Konkurrenz um bestimmte Dinge, Wasser oder Weideland, verwandelte, ist unmöglich. Den Moment, in dem aus Konkurrenz ein Kampf wird; und aus dem Kampf ein Krieg; und aus dem Krieg ein Genozid.

Ging alles los, weil der eine dem anderen eine Kuh stahl, und dieser sich rächte?

Weil einer aus dem Volk Abels ein Weib aus dem Volk Kains nahm? Oder umgekehrt?

Begann es mit einem durchreisenden Fanatiker, der die einen gegen die anderen aufhetzte, und seine Lehre vom gerechten Krieg gegen die Ungläubigen oder Ausbeuter oder Erzfeinde auf fruchtbaren Boden fiel, weil die letzte Ernte knapp war und Waffen greifbar und es schien, als könne nur einer diesen Kampf überleben: der andere oder ich, der Stamm des anderen oder mein eigener?

Wurde das Gift der Kriegspropaganda von der Regierung verabreicht, weil sie Verbündete brauchte im Kampf gegen den Süden – oder von der südsudanesischen Guerilla, weil sie eine zweite Front eröffnen wollte gegen Khartum?

Kam einer und lieferte Waffen, und wo Waffen sind, wird zwangsläufig auch geschossen? Immerhin soll bereits 1990 ein beliebter Reim in der Region gelautet haben: »The Kalash brings cash; without a Kalash your're trash.« Gerade einmal vierzig Dollar mußte man damals für eine AK-47 auf den Tisch legen.

Oder saßen die Brandstifter in den Nachbarländern: in Libyen oder im Tschad, in Uganda, Äthiopien oder Eritrea? Weil sie den Sudan destabilisieren wollen, und den Nachbarn zu »destabilisieren« leider zu den Lieblingsbeschäftigungen afrikanischer Herrscher gehört?

* * *

> **Agence France Presse, Paris, 2.5.2005:** »Eine Gruppe von Rebellen hat in Sudans vom Krieg erschütterter Darfur-Region 15 Häuser eines Dorfes in Flammen gesetzt. Bei dem Überfall wurde ein Mann getötet, berichtet ein Pro-Regierungs-Nachrichtendienst am Montag. Der Angriff auf das Dorf Reel in Süd-Darfur ereignete sich am Sonntag und hatte zum Ziel, die Rückkehr von Vertriebenen in ihre Häuser zu verhindern, sagt das ›Sudanesische Medienzentrum‹. Es zitiert einen Offiziellen, der sagt, daß durch das Anzünden der grasbedeckten Hütten die im Lande Vertriebenen entmutigt werden sollen, in ihre Dörfer zurückzukehren und einem Heimführungsprogramm zu folgen. Sie sollen abgeschreckt werden, indem ihnen gezeigt wird, daß es keine Stabilität und Sicherheit in der Region gibt.«

Montag, 2. Mai 2005: Von Gubra über Muzbat nach Amarya, Nord-Darfur

BEREITS IM MORGENGRAUEN hat sich der gottverlassene Platz neben der Akazie in einen belebten Treffpunkt verwandelt. Riesige Ziegenherden ziehen vorüber, angetrieben von Kindern mit langen, dürren Stöcken in der Hand, die um die Herden herumtoben und den Haufen mit schrillen Rufen zusammenhalten. Vorweg marschieren einige Alte mit Kalaschnikows. Und hinter dem Treck wandern in größeren Gruppen munter schwatzende Frauen in leuchtendbunten Umhängen – die Kinder wie lebendige Bündel auf den Rücken gebunden und Kalebassen und Plastikeimer auf den Köpfen schaukelnd. Ihr Ziel sind einige ganz in der Nähe unseres Nachtlagers gelegene Brunnen, an denen sich bereits Hunderte von Ziegen und auch einige Esel und Kamele drängen.

Daß hier ein Krieg tobt, ist der pittoresken Szenerie beim besten Willen nicht anzusehen. Nur die wüsten Gesellen, mit denen wir unterwegs sind, stören das friedliche Bild. Sie haben einen Kreis gebildet und hocken nun in einer Art Schneidersitz um ihre Flinten, Panzerfäuste und Munitionskisten herum und trinken Tee, und einer in einem langen weißen Umhang fuchtelt schon wieder mit seinem Satellitentelefon herum und tätigt wichtige Anrufe: Suleyman Jamous.

Immer wenn er telefonieren geht, verschwindet er lautlos hinter einem Gebüsch oder Felsen – zu weit von den anderen entfernt, um bei seinen geheimnisvollen Gesprächen belauscht zu werden.

AHMED YACOUB BASI, ein Fur, der so etwas wie der Außenminister der SLA ist, hatte uns in Nairobi einmal bei einem kalten Tusker Malt erzählt, was die Rebellentruppe so mit ihren Thurayas vertelefoniert. Er kam auf die sagenhafte Summe von 10 000 US-Dollar am Tag. Darüber, wer so generös ist, den Jungs von der SLA ihre Telefonrechnungen zu bezahlen, schwieg er sich leider aus. Daran, daß die Darfuris in der Diaspora genug überweisen, um solch horrende Beträge zu decken, haben wir unsere Zweifel. Und manchmal wundern wir uns, wieviel Zeit Darfurs Steppenkrieger in Eritrea verbringen. Aber welche Rolle Asmara genau in dem Drama spielt, bleibt vorerst im Dunkeln.

NACHDEM wir uns bei den Dörflern an der Wasserstelle über die Lage erkundigt haben, fahren wir weiter: Niemand hat Regierungstruppen gesehen und auch keine Dschandschawid. Dennoch ist es nicht ungefährlich hinten auf der Ladefläche, immer wieder werden wir förmlich durch die Luft geschleudert, wenn der draufgängerische Fahrer, der nie in seinem Leben eine Führerscheinprüfung zu bestehen hatte, versucht, mit Vollgas durch die teils recht tiefen, aber ausgetrockneten Wadis zu kommen. Gefährlich können aber auch die spitzen, fingerlangen und streichholzdicken Dornen der Akazien sein. Immer wieder rast Mohammed mitten durch das stachelige Gestrüpp, und wir trachten hinten, wenigstens unsere Köpfe zu schützen, indem wir sie zwischen unsere Knie klemmen, wenn wir wieder einmal auf Kollisionskurs sind. Skumaker, erklärt er hinterher und zeigt uns beim Lachen die verfaulten Stumpen in seinem Mund, während er fröhlich in unsere blutig zerkratzten Gesichter blickt. Mikkel Skumaker von Ferrari. Seiner Truppe wäre es zu wünschen, wenn er besser schösse, als er Auto fährt.

ADAM, UNSEREN DOLMETSCHER, bewegt die Reise in die Heimat sichtlich. Seit vierzehn Jahren hat er seine Mutter, die wie der Rest der

Familie in Darfur geblieben ist, nicht mehr gesehen – noch nicht einmal gesprochen, weil die Familie kein Telefon besitzt.

Der Kontakt war abgerissen, als er begonnen hatte, in Khartum Mathematik zu studieren, und sich dort einer oppositionellen Studentenvereinigung angeschlossen hatte. Die politischen Aktivitäten führten ihn zunächst in den Knast und dann nach Kamerun, Nigeria, in die Zentralafrikanische Republik und 1992 schließlich in den Tschad. Solange das Regime al-Baschir in Khartum regiert, wird er nicht zurückkehren können. Und so wartet er eintausend Kilometer von der Heimat entfernt wie so viele andere mit ihm seit Jahren vergeblich auf einen Regimewechsel in Khartum, wo sich Weißer und Blauer Nil treffen.

»Die Araber leben in der Wüste, und die Wüste wandert nach Süden, und darum ziehen auch die Araber nach Süden, so ist das«, sagt Adam. »Die Araber wollten Afrika immer schon arabisieren. Nasser hat schon gesagt: ›Der Sudan ist das Tor zur Arabisierung Afrikas. Wir wollen einen arabischen Raum vom Roten Meer bis zum Atlantik.‹ Und Khartum hat die Araber immer unterstützt, die Regierung versucht, alle anderen Stämme gegeneinander aufzuhetzen, damit sie an der Macht bleibt und ihre Ruhe hat.

›Teile und herrsche‹ ist ihre Devise.

Und nun versucht sie, unsere Leute durch Hunger zu töten, sie zerstört sogar die Brunnen.

Und die Afrikanische Union? Die tut gar nichts. Die wird von den dummen und gierigen afrikanischen Führern, die sie vertritt, als Selbstbedienungsladen betrachtet. Dieser Krieg hier ist ihr ganz egal. Es ist eine Tragödie, denn die Uno hält sich raus und bezahlt die Afrikanische Union, und sagt, wendet euch nicht an uns, sondern an die Afrikanische Union, die ist zuständig. Doch die Afrikaner helfen uns nicht. Die Vorstellung ist dumm! Hat die Afrikanische Union etwas gegen Robert Mugabe unternommen? Gegen irgendeinen anderen Diktator hier in Afrika? Warum soll denn die AU verantwortungsvoller sein, als die korrupten Säcke, die bei ihr Mitglied sind? Und hier krepieren wir! Wir krepieren wie Fliegen. Von wegen: ›African problems require african solutions.‹

Aber wenn eure Leute sterben, würdet ihr auch nicht einen Haufen von Mördern und skrupellosen Dummköpfen damit beauftragen, Frieden zu schaffen, nur weil sie die gleiche Hautfarbe haben, wie ihr.

Das ist scheinheilig und unmoralisch. Ausgerechnet aus einem Dieb wollt ihr einen Polizisten machen und redet dann was von Verantwortung für Afrika.«

Adam hat sich in Rage geredet, und ich weiß nicht, was ich ihm antworten soll. Daß es ja bloß Phänomene wie Mia Farrow und Heidemarie Wieczorek-Zeul und Kofi Annan sind, die den Unfug mit der segensreichen AU glauben? Aber daß man ihnen nicht böse sein kann, weil sie es ja gut meinen? Und daß sie dazulernen, weil sie ganz bestimmt über intellektuelle Neugier und ein Herz am rechten Fleck verfügen? Und daß eine gute Gesinnung zu zeigen jetzt einen hohen Stellenwert hat in unserer Kultur, mehr noch als profane Resultate?

Adam ist nicht der einzige, der in Darfur skeptisch über das Wirken des afrikanischen Staatenbunds ist, und ich kann nicht behaupten, daß er unrecht hat.

Dennoch sage ich trotzig: »Es gibt nicht nur Diktatoren in der AU.«

Doch darauf scheint Adam nur gewartet zu haben.

Aaaaach, meint er gedehnt, soso. Und dann beginnt er seine Art von Afrika-Stadt-Land-Fluß.

»Simbabwe ist also keine Diktatur ...«

– Na ja, sicher. Ist schon eine Diktatur.

»Und Äthiopiens Premierminister Meles Zenawi?«

– ... wurde auch nicht demokratisch gewählt.

»Museveni in Uganda etwa?«

– Natürlich nicht. Aber er soll was gegen Aids unternehmen.

»Und im Kongo?«

– ... Da ist eine Kabila-Monarchie mit Erbfolge.

»Und in Ruanda?«

– ... hat Paul Kagame mit 95 Prozent gewonnen.

»Aber nur, weil die Opposition verboten ist. Und Äquatorialguinea?«

– Bitte nicht weiter fragen!

Aber Adam lässt nicht locker.

»Somalia?«

Ich versuche, etwas Gutes über Somalia zu sagen:

– Da gibt es derzeit aber keinen richtigen Diktator Das ist ja mehr so eine Herrschaft der bewaffneten Banden.

»Dafür aber im Sudan.«

– Ja gut.

»Und in Gabun.«

– Stimmt.

»Und in Kongo-Brazzaville.«

– Ja, ja, ja!

»Und im Tschad.«

– Auch.

»Libyen?«

– Du hast ja recht!

»Die Westsahara?«

– Halt! Die wird nicht von einem Diktator beherrscht, sondern immer noch völkerrechtswidrig von Marokko besetzt.

»Dafür regiert in Guinea die nackte Gewalt und in Gambia ein ehemaliger Catcher und in Burundi eine Tutsijunta und in Kenia eine korrupte Truppe, genauso wie in Angola. Und Guinea-Bissau ... auf den Komoren ... in Togo ... der Zentralafrikanischen Republik ...«

Ich versuche hastig, Botswana und Mauritius als Musterdemokratien ins Spiel zu bringen, aber die bringen es mit Ach und Krach gemeinsam auf gerade einmal drei Millionen Einwohner, und sie sind natürlich auch keine Musterdemokratien, sondern Länder, die aber immerhin so tun, als wären sie Musterdemokratien.

»Musterdemokratie-Darsteller«, sagt Adam und freut sich.

Mir schwant langsam, daß ich keine Chance habe bei diesem Spiel.

– Namibia, sage ich zaghaft.

Da lacht er nur.

»Den Revolutionskasper Sam Nujoma nennst du einen Demokraten? Der hat noch mehr abtrünnige Genossen auf dem Gewissen als weiße Rassisten.«

Er meint die 700 verschollenen Swapokämpfer, die Nujoma in Erdlöchern verhungern oder einfach abknallen oder aufknüpfen ließ. Und über die sich seinerzeit kaum ein Menschenrechtler echauffiert hat, weil die Menschenrechte relativ sind und, je nachdem, welche Menschenrechtsmode gerade »in« ist, für bestimmte Leute strengere Maßstäbe gelten als für andere. Jedenfalls werden einem schwarzen »Revolutionär« gemeinhin schon eine ganze Menge Morde nachgesehen, weil er's ja für eine gute Sache tut. Es ist wirklich eine unangenehme Aufgabe, einem erbosten Afrikaner verständlich zu machen, warum die eigene Regierung die Diktatoren auf seinem Kontinent finanziert.

– Die deutschen Steuerzahler machen es ja nicht freiwillig, maule ich. Und außerdem gibt es Mittelabflußdruck.

»Was ist denn das?« will Adam wissen. Er hat davon noch nie gehört.

– Das heißt, daß wir, wegen einer besonderen Verpflichtung gegenüber unserem Nachbarkontinent Afrika, versprochen haben, eine bestimmte

Summe zu zahlen. Und jetzt wissen wir nicht, wohin damit. Vereinfacht gesagt: Das Geld muß raus, heißt das. Und irgendwer bekommt es dann eben. Das ist doch nicht so schwer zu verstehen. Es steckt keine böse Absicht dahinter. Irgendwer *muß* es einfach bekommen. Es ist gut gemeint, weißt du. Unsere Wohltätigkeitsminister sind ganz stolz darauf. Sie halten sich für sehr großzügig.

Ich glaube insgeheim, der kluge Adam hat das längst verstanden mit den Despoten und daß unsere Regierungen ihre wichtigsten Finanziers sind, obwohl sie immer das Gegenteil behaupten. Er läßt mich absichtlich zappeln.

– Ich bin Journalist, und habe damit nichts zu tun, verteidige ich mich ohne weitere Freude an der enervierenden Debatte. Und darum fällt mir ein Stein vom Herzen, als wir nach ein paar endlos scheinenden Stunden Rumpelfahrt endlich Muzbat erreichen.

Leicht lädiert.

ICH HABE SPÄTER übrigens einmal den früheren äthiopischen Staatspräsidenten Negasso Gidada über die merkwürdige Gleichgültigkeit der Afrikanischen Union gegenüber dem Leiden ihrer »Mitglieder« in Darfur und andernorts angesprochen, und er sagte: »Ach, die Afrikanische Union hat auch die Wahlen in Simbabwe frei und fair genannt. Sie ist wie ihre Vorgängerin, die Organisation Afrikanischer Staaten; sie will sich nicht einmischen. Irgendwie kann man es auch verstehen: Sie ist ja nur die Repräsentanz ihrer Mitglieder. Der eine Diktator kritisiert doch nicht den anderen, sonst muß er die von ihm geforderten Maßstäbe selber erfüllen. So bleibt alles beim alten. Es ist ja schön für die AU, daß die wohlhabenden Länder dieser Erde so optimistisch sind, ihr zu glauben. Zur Geldbeschaffung taugt es allemal.«

EINE ZIERLICHE JUNGE DAME in einem gebügelten Hemd und einer ärmellosen Weste von der Nahrungsmittel- und Landwirtschaftsorganisation der Uno wartet schon auf Suleyman Jamous. Sie ist mit einem weißen UN-Hubschrauber aus der Provinzhauptstadt El Fascher, Flugzeit: eine Stunde, eingeschwebt und will nach eigener Auskunft »Informationen über die Nahrungsmittellage« einholen. Das Gespräch findet der sinistre Warlord allerdings dermaßen brisant, daß die zwei europäischen Journalisten draußen bleiben müssen, während er sich mit ein paar Gewehrträgern aus seinem Gesinde und dem gepflegten Fräulein von der Uno in ein kleines Häuschen zurückzieht. Was der Bauernverband der Vereinten Nationen mit einer Rebellenmiliz, die im Jahr 2003 den Darfurkrieg durch Angriffe auf Polizei- und Militäreinrichtungen in El Fascher auslöste, zu verhandeln hat, bleibt somit unklar. Eigentlich sind die Ansprechpartner der Uno Regierungen. Und wenn keine Regierungseinrichtungen existieren, könnte sie sich an zivile Einrichtungen wenden.

Kann es sein, daß die Vereinten Nationen Lebensmittellieferungen direkt über eine Kriegspartei abwickeln: die SLA? fragen wir uns. Ähnlich verfuhren Uno und Hilfsorganisationen schon im Südsudan, wo sie mit ihrer *Operation Lifeline Sudan* den Krieg der SPLA zu finanzieren halfen und auf diese Art und Weise einen teuflischen Kreislauf auslösten. Durch die Helfer wurden auf der einen Seite die Milizionäre immer reicher und auf der anderen die Dörfler von Lebensmittelhilfe abhängig, und durch den Reichtum konnten die Kriegsparteien mehr Waffen kaufen und mehr Felder zerstören, und darum lieferten die Hilfsorganisationen wiederum mehr Geld und mehr Lebensmittel und so weiter.

»Weil Soldaten mit vollem Magen weiterkämpfen können, hält gut gemeinte Nahrungsmittelhilfe den Bürgerkrieg am Leben«, schreibt die weitsichtige holländische Umweltbiologin Arita Baaijens, die Darfur kurz vor Beginn dieses Kriegs mit einer Kamelkarawane durchreiste, in ihrem bemerkenswerten Buch *Woestijnnomaden. Trektocht door Sudan.* Und weiter: »Hilfsorganisationen sind abhängig von Spendern. Bei einer drohenden Hungersnot schicken sie Hilferufe in die ganze Welt. Kommen die Lebensmittel dann tatsächlich nach langem Hin und Her, sorgen die Hilfsorganisationen für deren Verteilung. Darfur erhält jetzt schon seit zwanzig Jahren Katastrophenhilfe, aber aufeinanderfolgende Aktionen verfehlen ihr Ziel. Menschen, die jahrein, jahraus Getreide erhalten, werden zu Nahrungsmitteljunkies. Ein Mitarbeiter einer ausländischen Hilfsorganisation, der nach fünfzehn Jahren Abwesenheit durch Darfur reiste, erschrak über die Abhängigkeit von Hilfe. Menschen, die sich zuvor ganz ordentlich zu helfen wußten, erwarteten nun, daß andere ihre Probleme lösten. Selbst unternahmen sie nur noch wenig. Und wenn ein Dorf doch mal in Bewegung kam, sprang sofort eine Hilfsorganisation bei und übernahm die Initiative.«

LEIDER IST ES eher unwahrscheinlich, daß die direkte Unterstützung einer Bande von Guerilleros einen Ausweg aus diesem Dilemma bietet – auch wenn sich einer der Anführer so eines Trupps den schönen Namen

»Koordinator der humanitären Angelegenheiten« gibt. Aber wahrscheinlich sollte man es überhaupt als einen Fortschritt betrachten, daß eine Organisation wie die SLA, die Peacekeeper entführt, Hilfskonvois plündert und eigene Leute zu Tode foltert, einen Ansprechpartner für humanitäre Angelegenheiten hat. Vielleicht hat sie sogar eine Gleichstellungsbeauftragte und eine für Gewaltprävention.

»Ich habe schon mit einer Reihe von Nichtregierungsorganisationen gesprochen«, sagt Jamous zufrieden und lächelt mokant, »und sie haben uns eine Menge Hilfe versprochen.« Dann zieht er sich zum Kartenspiel mit seiner kleinen Armee zurück. Stundenlang sitzen die Männer im Schatten eines Baumes und lassen Frauen an sich vorüberziehen, die Wassereimer und Holzstöße schleppen, während der »Koordinator der humanitären Angelegenheiten« mit seinen Spießgesellen Kamelpreise und Stammesfehden diskutiert. Doch häufig verstummen die Gespräche, wenn ein Fremder sich nähert. Den ganzen Tag kann Jamous auf seinem Teppich zubringen, und er erhebt sich nur zum Beten, um die Notdurft zu verrichten oder zum Telefonieren. Den Rest erledigen seine Diener – ganz schlecht ist es nicht, das Leben der Krieger. Zu Friedenszeiten mußte Jamous härter arbeiten, um seinen Lebensunterhalt zusammenzubekommen.

WIR STECKEN WIRKLICH in einem Dilemma. Allzu verbreitet und bequem ist immer noch der Irrglaube, mit ein wenig Geld und ein paar Soldaten lasse sich erstens die Armut und zweitens der Krieg beseitigen. Immer die gleiche Leier. Als sei alles ein Umverteilungsproblem. Als litte Afrika an mangelnder Aufmerksamkeit und Hartherzigkeit des Rests der Welt, der derzeit vom gegenseitigen Meucheln absieht. Als müßten wir nur unsere Herzen und Geldbörsen öffnen. Doch die Schutzgelderpresser, die das behaupten, machen es sich auf unfeine Art einfach, denn sie unterstellen allen, die ihrer verqueren Logik nicht folgen wollen, ein nicht genauer definiertes Schmarotzertum am armen Rest der Welt.

Dabei ist das Gegenteil wahr. Die Entwicklungshilfe ist längst der größte Freund parasitärer Cliquen geworden, die ihre Länder nach Kräften ausbeuten und gleichzeitig nach mehr Geld rufen – aber auch des ärmsten Bauern Feind, der seine Produkte nicht mehr verkaufen kann, weil er überschüttet wird mit Mais umsonst und der desaströsen Lektion, daß eigene Arbeit ohnehin keinen Ertrag bringt und es allemal lohnenswerter ist, jemanden von der Hungerhilfe zu kennen, der einen Lastwagen vorbeischickt. Darum war es auch kein Wunder, daß sich die Regierung Botswanas bitterlich beschwerte, als sie wegen ihres wirtschaftlichen Erfolgs (das Land verfügt über die größten Diamantvorkommen der Erde) vom Entwicklungs- zum Schwellenland hochgestuft werden sollte. Man bleibe lieber Entwicklungsland, hieß es da plötzlich ganz bescheiden aus der Hauptstadt Gaborone. Denn das ist, wegen der zu erwartenden umfangreicheren Entwicklungshilfe, offensichtlich weitaus lukrativer. Und wenn man bedenkt, daß die den Kongo plündernde ruandische Regierung ihren Staatshaushalt zu fünfundsechzig Prozent mit Entwicklungshilfegeld aus dem Westen bestreitet, dürfte man sich auch über die Reaktion Botswanas auf die eigentlich erfreuliche Nachricht nicht mehr wundern.

»Es ist verrückt,« sagt Adam, »die ganze Welt will uns helfen und versteht nicht, daß es nicht klappt. Und dabei haben wir Afrikaner selbst die Maßstäbe geschaffen, über die wir uns jetzt beschweren – durch ungezügelte Mordlust und diese beharrliche Verweigerung, Verantwortung für das Leiden unserer Mitmenschen zu übernehmen. Und jetzt tun wir so, als wäre das alles ohne unser Zutun entstanden. Wie würde es hier aussehen, wenn diese ganzen Milizentypen ihre Gewehre weglegen würden und stattdessen mal einen Spaten oder einen Rechen in die Hand nähmen? Aber nein, sie jammern: ›Gib mir dies, gib mir das!‹, und dann kommt einer von euch und gibt es ihm, und dann kann er weiter Krieg führen, und nichts ändert sich.«

AUF DER KLEINEN HAUPTSTRASSE Muzbats sind die Menschen gesprächiger als der verschlossene »Rebell«. Es gibt ein paar Marktbuden, an denen man Dosen mit warmer Pepsi Cola aus Libyen, Seife oder Pflanzenöl aus dem Tschad und Tinnef aus Saudi-Arabien kaufen kann. Hinter einem der Verkaufsstände steht ein junger Mann in einem Metallica-T-Shirt. »Tagelang hat der Himmel gedröhnt«, sagt er ganz aufgeregt, so daß er sich ständig verschluckt und verhaspelt, » zwei MiGs kamen und Antonows und Helicopter-Gunships, und sie bombardierten den Marktplatz, auf dem wir jetzt stehen, und alle rannten auf die Hügel in der Umgebung, um sich zu verstecken, doch viele Frauen und Kinder starben, ihre Leichen lagen hier überall verstreut auf der Straße. Es kamen auch viele Soldaten, sie kamen in Trucks, und sie nahmen alles fort, sie plünderten den ganzen Markt. Und sie warfen alles auf ihre Wagen. Dann verschwanden sie, und als nächstes kamen die Soldaten von der SLA. Und es kamen auch viele Laster aus Libyen und dem Tschad. Sie kommen immer noch und bringen uns Lebensmittel und andere Dinge.« Schnell bildet sich eine Gruppe, die den Erzählungen des jungen Mannes lauscht. Junge Männer, die der Krieg schon zu Krüppeln gemacht hat, schleppen sich ächzend zur Menschenmenge. Es sind eigentlich eher alte Kinder als junge Männer – Burschen wie Adam Ahmed Mohammed, der einundzwanzig sein will, aber wie fünfzehn aussieht. Er trägt ein schwarzes Hemd, auf dem ein Gräberfeld mit Totenschädeln abgebildet ist und »Masters of Puppets« steht. Mühselig klammert er sich an seinen Begleiter. Sein anderer Arm steckt in einem dicken Verband, er wurde vor ein paar Tagen von den Schrapnells einer Granate zersiebt. Konsequenterweise ist es das Kinderhilfswerk Unicef gewesen, das ihn jetzt zusammengeflickt – und damit wieder kriegstauglich gemacht hat, denn Adam will so bald wie möglich wieder kämpfen gehen: »Für die SLA.«

Ganz in der Nähe, fast in Sichtweite, befindet sich ein Brunnen. Hunderte von Kamelen werden hier getränkt, es sind gigantische Herden, kilometerweit dröhnt das dumpfe Röhren der Wüstentiere durch die Ebene. Andere Teile des Orts hingegen sind wie ausgestorben. Einsam ragt das Minarett einer Moschee über eine Ansammlung von Lehmhütten, die von Stroh bedeckt und mit Dorngestrüpp eingefriedet sind. Doch keine Menschenseele ist zu sehen. Vielleicht ein Zehntel der kleinen Stadt ist noch bewohnt. Als die Abenddämmerung Muzbat in milde Röte taucht, bereiten wir uns auf unsere obligatorisch gewordene Nachtfahrt tiefer ins Landesinnere vor. Die Patrouille, mit der wir unterwegs sind, fürchtet die Aufklärungsflugzeuge der sudanesischen Luftwaffe. Nachts können die nicht fliegen, nachts kreuzen meist nur Nachschub-Lastwagen aus Libyen unseren Weg. Sie beliefern die SLA.

Oberst Gaddafi hat wieder einmal seine Finger im Spiel.

* * *

NEU IST DAS NICHT. Der Kampf um Darfur war nie eine rein sudanesische Angelegenheit. »Die Wurzeln der arabischen Vormachtstellung in Darfur liegen nicht bei der arabisierten Elite, die in Khartum herrscht. Sie liegen in der Sahara-Politik«, behaupten sogar Alex de Waal und die Journalistin Julie Flint in ihrem Buch *Darfur. A short history of a long war.*

Bereits in den Sechziger Jahren hatten die muslimische Umma-Partei und die Moslem-Bruderschaft aus dem Sudan arabische Gruppen, die die christlichen Machthaber des Tschad bekämpften, mit Geld, Waffen und Militär-Basen unterstützt. Schon damals ging es dabei um den Kampf der Araber gegen die *Zurqa*, wie sie die Schwarzen verächtlich nennen, im Fall des Tschad auch der Muslime gegen die Christen – um die Vorherrschaft in den Ländern, die an der Nahtstelle der verschiedenen Kulturen liegen. Die christlichen »Südler« stellen im Tschad ungefähr die Hälfte der Bevölkerung.

Im Juni 1966 gründet der tschadische Muslim Ibrahim Abatcha seine arabische Guerillabewegung *Front de Libération Nationale du Tchad* (Frolinat) ausgerechnet in Nyala in Darfur. Die Truppe hat sich dem Kampf gegen den afrikanisch-christlichen Präsidenten François Ngarta Tombalbaye und seine Einheitspartei PPT (*Parti Progressiste Tchadien*) verschworen und genießt ganz offensichtlich Rückendeckung aus Khartum, wo ab Juli 1966 Sadiq al-Mahdi, Urenkel des Mahdi und Führer der Umma-Partei, regiert. Darfur bietet sich als Hinterland für den Guerillakrieg gegen N'Djamena nicht nur wegen der bereitwilligen Unterstützung durch die sudanesische Regierung an, sondern auch wegen der Araber-Stämme, die hier leben und eng verwandt sind mit den tschadischen Muslimen. Zwischen Wadai und dem Königreich Darfur gab es immer schon einen regen Grenzverkehr, genauso wie später zwischen dem Osten des Tschad und dem Westen des Sudan.

Der Kampf gegen Tombalbaye erscheint zudem legitim. Der Schwarze aus Tschads Süden hatte Schritt für Schritt die traditionell ärmeren und schlechter ausgebildeten »Araber« aus dem Norden des Landes aus allen wichtigen Posten in Staat und Partei entfernt, vermeintlich abtrünnige Parteigenossen liquidieren lassen und den Reichtum des Landes unter den Seinen aufgeteilt. An die Stelle der französischen Kolonialmacht als Ausbeuter und Feind der arabisierten Tschader des Nordens waren nun Tombalbaye und seine korrupte, geldgierige und machtgeile Clique von »ungläubigen Afrikanern« aus dem Süd-Tschad getreten. Und ihr wichtigster Verbündeter und Finanzier sitzt im Elysee-Palast. Die *Frankfurter Allgemeine* schreibt bereits 1963: »Das Außenministerium der Republik Tschad gleicht einer Dépendance der nahegelegenen französischen Botschaft.«

Doch 1969 verschieben sich die Machtverhältnisse in der Region dramatisch. Am 25. Mai putscht sich Oberst Jafaar Numeiri in seiner »Revolution der Freien Offiziere« in Khartum an die Macht. Im September übernimmt Oberst Muammar al-Gaddafi, ein siebenundzwanzigjähriger Beduinenspröß, in Libyen die Führung.

Das Verhältnis der beiden Länder zueinander verschlechtert sich schlagartig. Anfangs unterstützt Gaddafi Numeiri zwar noch – er sieht in dem Herrscher in Khartum einen Verbündeten in der arabisch-nationalistisch-revolutionären Front, doch spätestens 1971, als sich tschadische Dissidenten in Darfur wüste Gefechte mit Dutzenden Toten liefern und Numeiri die Unruhestifter aus dem Land schmeißt, herrscht Eiszeit zwischen den Staaten. Während Sudans Militärdiktator das bilaterale Verhältnis zum christlichen Diktator Tombalbaye im Tschad normalisiert, rüstet Libyens Diktator Gaddafi zur panarabischen Schlacht. Die aus Darfur vertriebenen Aktivisten der Frolinat finden in seinem Wüstenstaat Unterschlupf, Waffen und Geld; libysche Zeitungen hetzen gegen »Tombalbaye, den Tyrannen des Tschad«.

GADDAFI ZÜNDELT, wo er kann; er ruft zur Unterstützung der irischen Republikaner gegen die verhaßten »Imperialisten« in London und mobilisiert für die Moro-Befreiungsfront auf den südlichen Philippinen, er unterstützt separatistische Basken, die Polisario in der Westsahara und eritreische Guerilleros, die gegen den äthiopischen Kaiser Haile Selassie zu Felde ziehen. Meistens jedoch träumt er von Großarabien, und das läßt er sich einige Petrodollars kosten. Eine »Islamische Legion« (*Failiq al Islamiyya*) mit Sahelsöldnern von Mauretanien bis zum Sudan wird aufgebaut und eine »Organisation des Islamischen Rufs« (*Munazamat Da'awa al Islamiyya*), in der sich mohammedanische Philanthropen versammeln. Muslimbrüder und Ansar-Kämpfer, die in der Tradition der sudanesischen Mahdiyya stehen, finden bei dem Revolutionsführer genauso wie militante Umma-Leute einen sicheren Hafen. Auch Sadiq al-Mahdi nimmt das Angebot dankbar an, seinen Feldzug gegen Numeiri von Tripolis aus zu steuern – Gaddafi nimmt alle auf, die ihm in seinem Kampf nützlich sein können. Er selbst entwickelt derweil eine krude Ideologie, die er »Dritte Universelle Theorie« nennt und in der sich arabischer Nationalismus mit islamischer Religion und einem seltsamen Sozialismus paart.

Das alles ist schon schlimm genug. Gaddafi hat jedoch noch eine weitere Obsession: Er will die Schwarzen bekriegen. »Eine andere Dimension, die zu der Zeit wenig Beachtung findet«, so Prunier, »ist Gaddafis Rassismus.« *Arab Gathering* – »Arabische Versammlung« – nennt sich, was sich da am Rande der Libyschen Wüste zusammenrottet und in Kufra im Südosten des Landes militärischen Drill erfährt. Prunier: »Von Beginn an hatte Gaddafis Unterstützung der tschadischen Rebellion einen rassistischen Unterton, in welchem die *Zurqa* verdächtigt wurden, an der Seite der ›Imperialisten‹ zu stehen, während die ›Araber‹ (ein Begriff, der im Tschad noch schwerer faßbar ist als im Sudan) die Inkarnation der ›revolutionären‹ Reinheit wurden.«

1973 verschärft sich die Lage im Tschad, als eine Hungersnot das Land heimsucht und Frankreich, der treueste Verbündete des Regimes Tombalbaye, 50 000 Tonnen Lebensmittelhilfe nach N'Djamena liefert. Nach afrikanischem Brauch werden die Waren hauptsächlich unter dem Stamm des Präsidenten aufgeteilt. Aus dem darbenden Norden und Nordosten des Tschad flüchten nun Tausende Toubou (oder Tubu) und Saghawa nach Darfur. Besonders willkommen sind sie dort allerdings nicht. Ihnen wird die allgemeine Xenophobie, die in der kargen Region herrscht, zum Verhängnis: Von den arabischen Radikalen werden sie für minderwertige »Neger« gehalten, von den Schwarzen in Darfur hingegen, die Hirse anbauen und seßhaft sind, werden sie als »Araber« abgelehnt. Spannungen entstehen.

Tombalbaye wird 1975 ermordet, jedoch nicht von Aktivisten einer der prolibyschen Araberfraktionen, sondern von einem Sara-Stammesgenossen. Immerhin attestiert der kamerunische Journalist Jérémie Ngansop dem Sterbenden einen gewissen Heldenmut: »Tombalbaye starb mit der Waffe in der Hand. Er kämpfte tatsächlich bis zum letzten Magazin gegen die Angreifer, unterstützt nur noch von einer Handvoll treuer Mitglieder seiner Prätorianergarde.« Sein Nachfolger, Félix Malloum, gehört wie Tombalbaye dem christlichen schwarzen Stamm der Sara an. Viel ändert sich also vorerst nicht. Auch wenn die Position des neuen Herrschers schwächer sein wird als die seines Vorgängers. In Tripolis sinnt nach wie vor Sadiq al-Mahdi auf Rache, in Khartum pflegt Militärdiktator Numeiri vorerst einen freundlichen Kurs gegenüber der »schwarzen« Regierung in N'Djamena, und Oberst Gaddafi schäumt, denn so kommt er nicht voran mit seiner großen arabisch-afrikanischen Revolution. Er braucht einen loyalen Mann in der sudanesischen Hauptstadt, und darum bereitet er einen direkten Vorstoß auf Khartum vor. 1975 läßt Gaddafi den im Norden des Tschad gelegenen Aouzou-Streifen besetzen, ein 85 000 Quadratkilometer großes Gebiet, das Libyen aufgrund eines französisch-italienischen Grenzabkommens aus dem Jahr 1935 beansprucht.

Und ein Jahr später nimmt er den Sudan ins Visier. 1200 Mann verlassen das Ma'tan-as-Sarra-Militärcamp und marschieren durch die Wüste Nord-Darfurs in Richtung Khartum. Doch es wird ein Fiasko für Gaddafis Söldnertruppe. Zwar nimmt sie Khartum ein, doch nach drei Tagen schon wird ihre Besatzung niedergeworfen, und Numeiri nutzt die Gunst der Stunde und macht kurzen Prozeß mit seinen Feinden, beziehungsweise denen, die er dafür hält. Menschen, die sich vor den Kämpfen in die Wad-Nubawi-Moschee in Omdurman geflüchtet haben, werden massakriert, zum Teil bei lebendigem Leib begraben, Gefängnisinsassen reihenweise getötet, und in Darfur, diesem gewalttätigen Grenzgebiet der afrikanischen Welten, wird Jagd gemacht auf vermeintliche Sympathisanten des verrückten Libyers, dem Numeiri eine »gespaltene Persönlichkeit« attestiert: »Und beide sind böse.« Numeiri schwört Rache für die Heimsuchung durch die Truppen seines Rivalen und unterstützt von nun an den fanatischsten aller Gaddafi-Hasser, Hissène Habré. Schon bald fühlen sich Habrés *Forces Armées du Nord* (Fan) in Darfur wie zuhause. Von hier wollen sie ihren Kampf gegen die Regierung in N'Djamena führen. Doch Khartum ist nicht der einzige Sympathisant Habrés, auch die CIA mischt kräftig mit in dem Kriegsspiel und versorgt die Fan. Die amerikanischen Schlapphüte eröffnen sogar ein Büro in El Fascher und fliegen eine Zeit lang einmal im Monat mit einem eigenen Flugzeug zwischen Kairo, Khartum und El Fascher hin und her. Darfur wird zum Hinterland eines grenzüberschreitenden zentralafrikanischen Krieges, in dem kaum noch eine vernünftige Struktur zu erkennen ist.

LIBYENS HERRSCHER MUAMMAR AL-GADDAFI bekämpft also die Regierung Malloums in N'Djamena und besetzt einen großen Teil des tschadischen Nordens.

Hissène Habré bekämpft die Regierung Malloums vom sudanesichen Darfur aus, ist aber gleichzeitig ein erbitterter Gegner Libyens.

Khartoums Herrscher Jafaar Numeiri ist ein Feind Libyens und pflegt freundschaftliche Beziehungen zur Regierung des Tschad, die Libyens Diktator Gaddafi natürlich feindlich gesinnt ist. Numeiri beherbergt aber auch den ärgsten Feind seiner Freunde in der tschadischen Regierung: Hissène Habré in Darfur.

Die Regierung des amerikanischen Präsidenten Jimmy Carter ist ein Freund der Tschad-Regierung von Félix Malloum und finanziert diese auch deshalb, weil amerikanische Konzerne im Tschad nach Erdöl suchen. Die Amerikaner beliefern die Regierung in N'Djamena über Drittstaaten wie Ägypten, den Sudan, Saudi-Arabien oder Nigeria mit Waffen – aber sie beliefern nicht nur die Regierung, sondern auch deren Feinde: Habré und eine Reihe weiterer Rebellengruppen wie die sogenannte Dritte Armee, die von Nigeria aus operiert.

Moskau wiederum unterstützt die Feinde N'Djamenas: in erster Linie die Frolinat in Libyen, die Regierung in Tripolis und die in Algerien.

Frankreich hilft seinem Trabanten in N'Djamena mit Waffen, aber manchmal auch deren Widersachern von der Fan-Guerilla.

1978 stoßen Frolinat-Kämpfer aus Libyen kommend in den Tschad vor, sie können jedoch durch den Einsatz eintausend eingeflogener französischer Soldaten abgewehrt werden. Hissène Habré verständigt sich mit der Regierung in N'Djamena. Im August 1978 wird er Premierminister des Tschad. Er wird ein Führer von Frankreichs Gnaden. 1979 kämpfen Libyer im Tschad, und 1980 wird Habré für kurze Zeit aus N'Djamena vertrieben. Er flüchtet nach Darfur, reorganisiert sich dort mit internationaler, aber eben auch massiver sudanesischer Hilfe, und kehrt 1983 in den Tschad zurück. Kurze Zeit später folgt die große Dürre, und 1985 wird Numeiri gestürzt.

Es ist ein bißchen wie in Erich Kästners *Schule der Diktatoren*: »Starb eine Marionette durch Mord, Attentat, Krankheit, holte man den nächsten Hampelmann aus der Schachtel. Verhaftete weiter. Enteignete weiter. Schändete weiter. Folterte weiter. Mordete weiter. Und ihr verkamt in Angst.«

* * *

The Monitor, Kampala, 3.5.2005: »Die humanitäre Krise in Darfur droht bis Ende 2006 anzudauern, warnt eine große Hilfsorganisation aus Großbritannien. Bis dahin würden die vertriebenen Menschen komplett von Hilfe abhängen, sagte Oxfam, eine der größten Hilfsorganisationen, die in der Region arbeiten. Weil sich der größte Teil der Bevölkerung Darfurs in Lagern befinde, sei die diesjährige Ernte wahrscheinlich sehr schlecht. Mehr als 2 Millionen Menschen leben in Darfur in Lagern, durch Instabilität und Gewalt aus ihrer Heimat vertrieben. Es gibt immer noch wenige Menschen, die nach Hause zurückkehren. Milizen verbrennen immer noch Dörfer, ein klares Zeichen dafür, daß es keine sichere Rückkehr gibt.«

Dienstag. 3. Mai 2005: Amarya, Nord-Darfur

DIE NACHT hatten wir in einem Wadi verbracht, gut geschützt hinterm Gestrüpp. Die Wagen hatten die Jungs mit Ästen verdeckt, damit sie aus der Luft nicht zu erkennen sind. In dieser Hinsicht geben sie sich wirklich einige Mühe. Die meisten Pick-Ups, mit denen die SLA hier unterwegs ist, sind in matten, eher dunklen, grünlichen oder bräunlichen Tarnfarben lackiert; sämtliche Scheiben entfernt, um verräterische Reflexe zu vermeiden, und manchmal sind auch die Dächer und Seitentüren herausgefräst, damit die Krieger schneller ins Freie springen können, wenn sie in einen Ambusch der sudanesischen Armee geraten. Die Wagen selbst sind meistens uralt und unzählige Male auf abenteuerliche Weise, mit Drähten, Schnüren und sogar Plastikresten, zusammengeflickt worden. In dieser Hinsicht entwickeln unsere Pistoleros wirklich einige Phantasie. Ich vermute, daß sie einen Großteil ihres Fahrzeugparks bei Überfällen auf Armee- und Polizeikasernen erbeutet, nachher umgemalt und mit den Buchstaben »S«, »L« und »A« versehen haben. Die manchmal auf die Kühlerhaube aufgeschweißten Maschinengewehre halten wir für juvenile Prahlerei. Die ganze Rostlaube könnte unter den Stößen des schweren MG zusammenbrechen, und wie man bei dieser Wackelei noch vernünftig zielen soll, ist uns auch ein Rätsel. Aber Krieg in Afrika bedeutet ohnehin meist, daß die beteiligten Kämpfer unter Einsatz jeden verfügbaren Kriegsgeräts und aller verfügbaren Munition versuchen, soviel Lärm wie möglich zu verursachen, um den Gegner allein durch das furchteinflößende Getöse in die Flucht zu schlagen. Gemordet wird später, und gemordet werden meist Wehrlose.

WIR BRECHEN FRÜH AUF, wenn es noch einigermaßen kühl ist, und erreichen gegen Mittag Amarya, ein Kaff zwischen Kutum und Mellit. Die beiden Städte sind in der Hand der Regierungstruppen, aber dazwischen liegt ein mehrere Kilometer breiter Korridor, der sich in der Hand der Rebellen befindet. Hier, zwischen Ziegenherden, blökenden Kamelen und schnaufenden Eseln, befindet sich ein größerer Unterschlupf der SLA. Aus der Ferne oder aus der Luft sind die Guerilleroverstecke kaum auszumachen. Sie sind auf Dutzende privater Wohnhäuser verteilt, einfache Lehmhütten, von denen einige mit Elefantengras gedeckt sind und andere mit Holz oder Wellblech. Jeder Krieger trägt sein eigenes Gewehr ständig bei sich, verfügt aber meistens über nicht mehr als ein Ersatzmagazin mit dreißig Schuß. Viel ist das nicht, wenn es ernst wird. Wieviele Soldaten die SLA an einem solch unüberschaubaren Ort zusammengezogen hat, ist unmöglich zu schätzen, weil sich Amarya zwischen Felsen und leichten, spärlich bewachsenen Hügeln weit auseinanderzieht. Nur selten sieht man größere Gruppen beisammen, und nur gelegentlich rast ein bis auf den letzten Zentimeter vollbesetztes Rebellentechnical auf Patrouille an uns vorüber.

Weil Suleyman Jamous wieder stundenlang mit seinen Lakaien herumhängt und Karten spielt und Kamelpreise diskutiert, und wir uns in einer bescheidenen Hütte eingerichtet haben, die für uns bereitgestellt wurde, draußen die Mittangshitze jeden Spaziergang verleidet, während es drinnen im Schatten aber angenehm kühl ist und durch die großzügigen Fensteröffnungen unserer Behausung ein frischer Luftzug weht, komme ich zum Lesen und erfahre, was der mir mittlerweile ans Herz gewachsene Gustav Nachtigal über Darfur und seine Bewohner mitzuteilen hat:

»Dâr-Fôr hat ungefähr die Grösse des Königreichs Preussen. Am bevölkertsten sind: das Centrum, der Westen, der Südwesten und Süden; weniger bewohnt: der Nordwesten und Norden; fast unbewohnt: der Osten. Es erklärt sich dies aus der verschiedenen Fruchtbarkeit der einzelnen Landestheile und diese wiederum aus der mehr oder weniger reichlichen Bewässerung, welche von den zahlreichen Flüssen und Bächen des Marra-Gebirges ausgeht. Diese führen zwar nicht während des ganzen Jahres Wasser, haben aber wenige Fuss unter ihrem sandigen Bett eine wasserhaltende Bodenschicht. Mit der Fruchtbarkeit steht der Reichthum an Vieh in engster Beziehung. Centrum, Westen und Südwesten ernähren zahlreiche Rinder-, Schaf- und Ziegenherden, welche an gutem Aussehen die Wadâïs, ja selbst Bornûs übertreffen. Dagegen findet sich im Norden und in der unfruchtbaren weiten Ebene des Ostens – el-Fâscher liegt nur 100 m höher als el-'Obeïd – das Kamel und der Strauss. Das Klima ist im allgemeinen ein gesundes, was sich durch Vorwalten des Sandbodens und die nicht unbedeutende Erhebung des Landes über den Meeresspiegel erklärt. Nur der Süden wird mit seinem Lehmboden während und nach der Regenzeit gefährlich.

Was die Zahl der Bevölkerung betrifft, so habe ich aus jedem Regierungsbezirk und jeder Provinz so viel Ortschaften verzeichnet und zusammengerechnet, als ich erfahren konnte, und bekomme danach in den 12 Regierungsbezirken der Nordprovinz 5 900 Weiler, deren jeden ich zu 10 Häusern – auf das Haus fünf Einwohner gerechnet – angenommen habe, was eine Gesammtzahl von ungefähr 300 000 Einwohnern ergeben würde.

In der gleichen Weise komme ich bei der Ostprovinz auf etwa 200 000 Einwohner, in der gutbevölkerten Südprovinz auf 500 000, in der am reichsten bevölkerten Südwestprovinz auf etwa 600 000 und in den drei selbständigen Bezirken des Westens zusammengerechnet auf 500 000 Einwohner, während der direct vom König verwaltete Dschebel Marra etwa 100 000 Einwohner zählte. Mithin zur Rechnung tragend den Bezirken und Weilern, die mir namentlich aufgeführt wurden, würde sich die Zahl von 2 ½ Millionen sesshafter Einwohner ergeben. Da man aber annehmen muß, daß mir nicht alle namentlich angeführt werden konnten und daß wahrscheinlich ein Viertel bis ein Drittel der vorhandenen Bezirke übergangen wurden, so kann man die gesammte sesshafte Bevölkerung von Dâr Fôr auf etwas mehr als 3 Millionen Einwohner annehmen. Rechnet man zu diesen noch etwas ½ Millionen Nomaden, welche im Nordosten, im Osten und im Süden des Landes Kamel- oder Rinderhirten sind, so ergibt sich für Dâr-Fôr eine Gesammtbevölkerung von mindestens 3 ½ Millionen.«

WENN NACHTIGALS ZAHLEN stimmen würden und auch die aktueller Schätzungen, die ja von sechs Millionen Bewohnern ausgehen, dann hätte sich Darfurs Bevölkerung in 130 Jahren also nicht einmal verdoppelt. Ich habe keine Ahnung, ob das sein kann. Wenn es wahr ist, sagt es jedenfalls einiges aus über die erschwerten Lebensbedingungen in diesem gottverlassenen, dafür aber von Kriegen, Dürren und Entwicklungshelfern heimgesuchten Landstrich.

WENN ES KURZ NACH SECHS Uhr abends dunkelt und sehr schnell beginnt abzukühlen, verkriechen wir uns unter die mitgebrachten Decken aus dem Tschad und versuchen zu schlafen. Natürlich gibt es keinen Strom in Amarya, und wir werden fast die ganzen nächsten zwei Wochen ohne Strom auskommen müssen. Unser Rhythmus richtet sich jetzt ganz nach der Natur: Morgens früh, gegen sechs Uhr, werden wir mit den ersten Sonnenstrahlen meist wach und versuchen, die angenehme Morgenkühle zu nutzen, mittags suchen wir Schatten und ruhen uns aus, und nachmittags arbeiten wir, bis die Sonne abends untergeht; um sieben Uhr ist Zapfenstreich. Die Männer von Jamous halten es genauso, zum Abschluß des Tages haben sie ihre Decken ausgebreitet, die Waffen gesichert und sich um ihren Anführer gruppiert. Sie liegen fünf, sechs Meter abseits von uns. Irgendetwas erregt sie, doch wir wissen nicht was. Sie tuscheln aufgebracht und verschwörerisch, und manchmal scheinen sie zu streiten. Adam rollt sich im Schutz der Dunkelheit näher an den Rebellentrupp heran und versucht, die Gespräche zu belauschen.

* * *

Neue Zürcher Zeitung, Zürich, 4.5.2005: »Nach der Unterzeichnung des Friedensabkommens für den Südsudan hat dort der Aufbau eines weitgehend unabhängigen Staats begonnen. Doch statt sich selber zu helfen, warten die Rebellen lieber auf die versprochenen Gelder der Geberländer. Schon vor dem Abschluss des Friedensvertrags versuchte sich die SPLA mit dem Aufbau einer politischen Bewegung und rudimentärer staatlicher Strukturen. Doch um die Zivilbevölkerung brauchte sie sich dabei kaum zu kümmern. Seitdem die Uno vor 18 Jahren die Operation Lifeline Sudan ins Leben gerufen hat, sind es die Rebellen nämlich gewohnt, dass die Zivilisten mit Hilfslieferungen durchgefüttert werden. Die Hilfe rettet zwar Leben, sie führt jedoch auch zu einem fatalen Verlust an Selbstverantwortung. Remo Sauser, ein Schweizer Experte für Landminen, ist bei seiner Arbeit viel im Südsudan herumgekommen. Als treffendes Beispiel führt er ein Dorf an, in dem er während der Regenzeit eingetroffen sei. Er habe sich darüber gewundert, dass die Bewohner ihre Äcker trotz dem Regen nicht bestellt hätten. Auf seine entsprechenden Fragen hätten die Dörfler geantwortet, Feldarbeit zahle sich nicht aus, denn bei ihnen würden Nahrungsmittel aus Flugzeugen von der Uno abgeworfen. Zudem tun sich auch die Rebellen an der Hilfe gütlich, zum einen in Form von Steuern, Zöllen und Abgaben, die Hilfswerke bei ihrer Arbeit entrichten müssen. Zum anderen erzählt ein schwarzafrikanischer Uno-Mitarbeiter in Rumbek, dass die SPLA während des Kriegs bis zu 50 Prozent der Hilfe für sich selbst abgezweigt habe.«

Mittwoch, 4. Mai 2005: Amarya, Nord-Darfur

ABDALLAH ABDRRAHMAN ist 20 Jahre alt, er trägt ein blau-weißgestreiftes Hemd und darüber ein sandfarbenes, locker um den Kopf geschwungenes Turbantuch aus Baumwolle und das Imitat einer Ray-Ban-Sonnenbrille. Die Brille steckt im Turban fest und hängt dem jungen Mann lässig unter dem Kinn. Um die Schulter hat Abdallah stets ein betagtes G-3-Sturmgewehr baumeln, auf welchem sich der bunte Aufkleber einer Comicfigur befindet.

Abdallah Abdrrahman sagt, er sei einer der Leibwächter Sulueyman Jamous', des »Koordinators« der Hilfe. Er ist ein zuvorkommender, freundlicher Mann vom Stamm der Saghawa und wirkt eher etwas schüchtern. Seinem Herrn folgt er auf Schritt und Tritt. Reden tun die beiden miteinander allerdings nicht. Aber Abdallah redet mit uns.

»Ich komme aus dem Dorf Mashrow Sagalnaam, südöstlich von El Fascher gelegen. Seit fast drei Jahren bin ich jetzt schon bei der SLA, also fast seit Anfang an. Für mich und meine drei Brüder, die auch alle in der SLA kämpfen, ist das hier eine Frage von Leben und Tod. Darum haben wir nicht gezögert, uns den Rebellen anzuschließen.

Was sollen wir auch sonst tun? Flüchten? Das ist doch kein Leben.

Ich kenne viele, die jetzt in Lagern zusammengepfercht hausen. Für mich kommt das nicht in Frage. Ich hätte das Gefühl, meine Heimat zu verraten. Und in den Lagern bin ich auch nicht vor den Dschandschawid geschützt.

Manchmal frage ich mich: Was ist das eigentlich – Heimat? Wofür genau kämpfe ich? Für mich ist Heimat meine Familie, vielleicht mein Stamm, mein Volk: die Saghawa.

Aber es ist auch so, daß erst die Araber uns zwingen, etwas Bestimmtes zu sein. Sie verachten uns, diese Araber! Sie sagen: Ihr seid Sklaven, Menschen zweiter Klasse, ihr seid schwarz. Sonst würden wir uns gar nicht groß drum scheren, wer oder was wir sind. Aber das haben wir bald gelernt: Wir sind in ihren Augen die Minderwertigen. Dabei haben sie eigentlich die gleiche Hautfarbe wie wir. Und ganz früher, als ich klein war, da kannte ich dieses Wort gar nicht: Araber.

Es war ja auch nicht immer so schlimm, mal haben wir besser und mal schlechter zusammengelebt, und wenn ich ehrlich bin, kann ich mich nicht erinnern, wann es eigentlich alles richtig losging. Der große Krieg, das weiß ich, der begann bei uns 2003. Da kamen plötzlich bewaffnete Banden in unser Dorf. Zum Glück konnten wir rechtzeitig davonlaufen, der Lärm der Flugzeuge hatte uns gewarnt, und meine Eltern und meine Brüder und ich, wir rannten, so wie wir waren, in die Berge der Umgebung.

Als wir zurückkamen, war alles zerstört. Und einige meiner Cousins lagen tot auf der Straße. Ich weiß nicht, warum sie es nicht schafften, rechtzeitig zu fliehen. Vielleicht hatten sie Angst, ihr Eigentum zurückzulassen, und vielleicht dachten sie, die Dschandschawid würden ihnen nichts tun, weil sie doch mit den Rebellen nichts zu tun hatten.

Als wir sie fanden, sahen wir auch die Ruinen. Unsere Hütten aus hohem Hirsegras waren verbrannt und auch die der Nachbarn, und all unser Vieh war weg. Und unsere kleinen Felder waren zerstört. Wir hatten hauptsächlich Hirse angebaut, aber das war nicht das Schlimmste. Das Schlimmste war, daß unsere Tiere fort waren. Wir hatten Ziegen, Schafe, ein paar Kühe und Kamele.

Die Kamele waren der ganze Stolz meines Vaters. Wir hatten viele Kamele. In unserem Dorf galten wir sogar als reich. Wir besaßen fünfundachtzig Kamele, und fünfundzwanzig davon gehörten mir. Ich hütete sie. Zur Schule bin ich nie gegangen, denn unsere Zukunft waren die Kamele.

Und jetzt? Ich weiß es nicht.

Wir müssen kämpfen, und ich glaube, daß der Krieg gegen die Araber lang dauern wird. Vielleicht bekommen wir einmal eine eigene Armee. Wir müssen uns doch irgendwie selbst verteidigen. Und vielleicht bekomme ich in dieser Armee einen Job.

Ich bin gerne bei der SLA. Ich kämpfe gerne. Ich denke an meine Familie, wenn der Kampf beginnt, und dann denke ich gar nichts mehr. Ich schalte einfach ab.«

ES IST INTERESSANT, dem jungen Mann zuzuhören. Die Zuordnungen in Araber oder Afrikaner, Ackerbauern oder Nomaden erscheinen immer willkürlicher. Und es scheint, als werde man in Darfur erst in den Augen des Feindes zum »Afrikaner« oder »Schwarzen« oder »Giaur« oder »Sklaven« oder was auch immer. Abdallah Abdrrahmans Familie hat Hirse angebaut *und* Kamele gezüchtet, sie besaß Kamele *und* Kühe, sie lebte in einem Dorf, dessen Hütten aus Hirsegras gemacht wurden. Ganz schön vielfältig für ein Volk, das gemeinhin als eines von Kamelnomaden betrachtet wird. Und verwirrend.

Der Menschenrechtler Alex de Waal meint, es gebe eigentlich gar »keine richtigen Nomaden in Darfur. Die meisten Menschen, die als solche beschrieben werden, sind in Wirklichkeit halbnomadisch«, und »die meisten der Tiere gehören Menschen, die eigentlich Farmer sind«.

Der Afrikanist Rainer Tetzlaff verweist darauf, daß Ethnien oder Stämme im Sudan in der Regel »künstliche und fluide Gebilde« seien, »d.h. alles andere als ›ewige Entitäten‹, bestehend seit ›immemorible times‹, darstellen«.

Und der Ethnologe Kurt Beck schreibt, daß die Stämme des Sudan, »wie wir sie heute kennen, noch keine hundert Jahre alt sind«: »Die suda-

Gespannt verfolgt eine große Menschenmenge den Einzug der Rebellen;
Dar as-Salam, Nord-Darfur

SLA-Kämpfer mit ihren typischen Turbanen, die stets in den Farben des Wüste gehalten sind, von beige über ockergelb bis terrakottarot; Saganam, Nord-Darfur

Schwer bewaffnet und vermummt. Die SLA hält eine Versammlung ab;
Dar as-Salam, Nord-Darfur

Über Nacht wird das Fleisch des geschlachteten Kamels auf der Kühlerhaube getrocknet;
Saganam, Nord-Darfur

SLA-Rebellen im Einsatz, Saganam, Nord-Darfur

Kindersoldat, Khor Abeche, Süd-Darfur

Von den Rebellen gefangene Dschandschawid in ihrem Gefängnis;
Jawa, Süd-Darfur

Blick von eine Anhöhe auf den zerstörten Ort; Dirbat, Dschebel Mara, Süd-Darfur

Rebellen in den Ruinen des völlig zerstörten Dorfes; Khor Abeche, Süd-Darfur

Faisal Mohammed Wadi, 18, fand die Leiche seines Vaters in den Trümmern des Hauses; Khor Abeche, Süd-Darfur

Islamistenführer Hassan al-Turabi

Sadiq al-Mahdi, Urenkel des Mahdi
und Ex-Premierminister des Sudan

Ein Händler verkauft T-Shirts mit dem Bild des kürzlich ums Leben gekommenen Führers der SPLA, Dr. John Garang

Flüchtlingslager Bredjing, nahe der tschadisch-sudanesischen Grenze;
Hadjer Hadid, Tschad

Der Lehrer Abdulmalik Adam Abdallah war von der SLA aus dem Lager verschleppt und zwangsrekrutiert worden; Bredjing, Hadjer Hadid, Tschad

Die Flüchtlinge im hoffnungslos überfüllten Lager versuchen, mit den lebensfeindlichen Bedingungen der Wüste fertig zu werden, Bredjing, Hadjer Hadid, Tschad

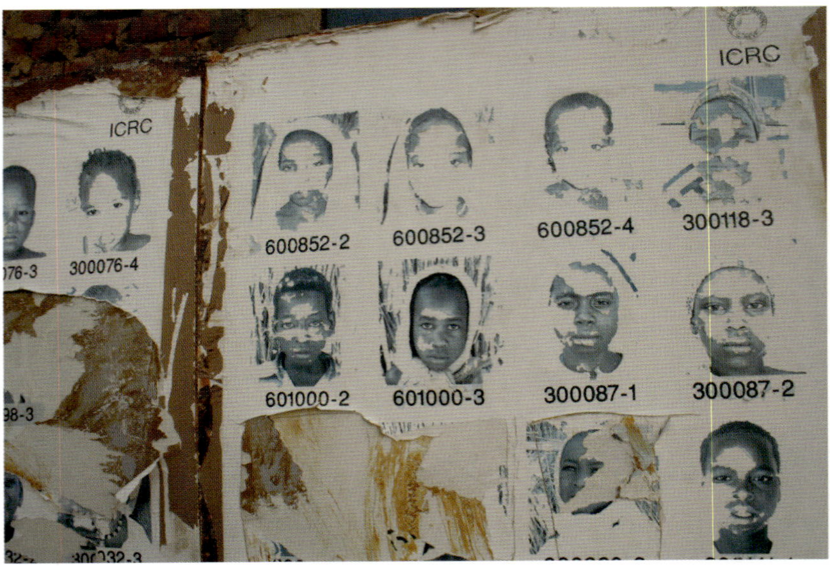

Verzweifelt versuchen Eltern, Hinweise auf ihre vermissten Kinder zu erhalten; Bredjing, Hadjer Hadid, Tschad

nesische Geschichte ist [...] gekennzeichnet durch ausgesprochen tumultartige interethnische und transethnische Prozesse, in deren Verlauf sich die Einwanderer und ihre Anhänger aus der autochthonen Bevölkerung über den halben Sudan und Tschad verstreuten. Die Stämme, welche die europäischen Reisenden des 18. und 19. Jahrhunderts erwähnen, sind Konglomerate aus heterogenen Elementen, sind vielfach gespalten, neu assoziiert und konföderiert und wieder auseinandergebrochen.«

GUSTAV NACHTIGAL über die Saghawa:

> »Die Zoghâwa sodann, welche vor Jahrhunderten eine gewisse Bedeutung ausserhalb Dâr-Fôrs gehabt haben sollen, sind nicht etwa, wie man nach Barth und andern annahm, eine Abtheilung der Tubu-Familie, sondern bilden mit den Bewohnern der Landschaft Ennedî, mit den Biddêjât und dem kleinen Stamme der Wanja, welche auf der von Benghâzî nach Wadâî führenden Strasse den kleinen Bezirk Wanjanga innehaben, einen Volksstamm. Die Zoghâwa, als an der Grenze der Wüste und in dieser selbst wohnend, sind ganze oder halbe Nomaden und besitzen ansehnliche Kamelherden. Auch von ihnen leben kleine Gemeinwesen zerstreut im nördlichen Theil von Wadâî. Man kann in Dâr-Fôr an Hauptabtheilungen derselben unterscheiden: die Zoghâwa Kûbê, welche unter einem besonderen Sultan den ausgedehnten, zur Provinz des Abû Tokunyâwi gehörenden Bezirk von Kûbê an der Nordostgrenze von Tâma bewohnen, ferner die Zoghâwa Dôr, Zoghâwa Kalâbu, welche Bidêjât sein sollen, die Zoghâwa Keïtinga, die Zoghâwa Anqa, welche alle, wie die Zoghâwa Kûbê, in der Provinz des Abû Tokunyâwi wohnen, und endlich die Zoghâwa Kimmelte, welche schon vor Jahrhunderten durch Vermischung mit arabischen Stämmen verändert worden zu sein scheinen und jetzt in Dâr-Fôr unter den Rezêqât lebend, sowohl physisch als social nicht mehr von den Arabern zu unterscheiden sind.«

BESONDERS BELIEBT scheint dieses Völkchen nicht zu sein. Arita Baaijens hat über die Saghawa mitzuteilen: »Diese Nomaden hatten regelmäßig Handelskarawanen überfallen, um an Nahrung und Kamele zu kommen, und daran hat sich bis heute nicht viel geändert; die Saghawa gelten noch immer als die größten Schurken von Darfur.« Und SLA-Führer Abd al-Wahid, ein Fur, warnte uns noch vor unserer Abreise in seine Heimat:

»Paßt mit den Saghawa auf! Das sind Viehdiebe. Schon die Jungen werden losgeschickt, Rinder oder Dromedare zu stehlen, um zum Mann zu werden.« Zwischen den Fur und den Saghawa, den ungleichen »Verbündeten« in diesem Bürgerkrieg, habe es in der Geschichte mehr Streit als Einigung gegeben.

Das ist also eine schöne Gesellschaft, in die wir uns da begeben haben.

ADAM WIRKT VERSTÖRT an diesem Morgen, sagt aber nicht viel. Stundenlang kann er in Gedanken versunken sein, so daß er kaum noch etwas von seiner Umwelt wahrnimmt. Meistens wandelt er dann in der Welt seiner Ahnen, und es ist besser, man stört ihn dabei nicht. An diesem Tag jedoch scheint es etwas anderes zu sein. Doch er will nicht heraus mit der Sprache.

Eigentlich wollen wir weiter. Es ist der zweite mehr oder weniger ereignislose Tag in der Gluthitze Amaryas, und Jamous behauptet, irgendetwas an seinem Wagen sei kaputt und wir warteten auf ein dringend benötigtes Ersatzteil, das jetzt umständlich von ein paar losgeschickten Kombattanten aus dem Tschad oder sonstwoher besorgt werden muß, und dann zieht er sich zum Kartenspiel auf seinem Lieblingsteppich zurück und zum Telefonieren. Wir glauben ihm nicht. Außerdem würden wir den merkwürdigen »Hilfskoordinator« ohnehin gerne loswerden. Unser Ziel sind die Marra-Berge im Landesinnern. Wir müssen also nach Südosten, und wir sehen nun ständig Kleinlaster und Pick-Ups der SLA an unserem Quartier vorbei nach Süden fahren. Aus irgendeinem Grund will uns Jamous aber offenbar von einer Reise ins Zentrum Darfurs abhalten. Vielleicht ein Stammeskonflikt: Im Dschebel Marra leben Fur, und Jamous ist Saghawa. Gut möglich, daß die Saghawa die Aufmerksamkeit internationaler Medien auf ihren Stamm lenken wollen, um einen größeren Teil der Almosen zu erhalten, mutmaßen wir. Adam hatte diesen Verdacht als erster geäußert. Und er hatte auch geklagt, daß die Saghawa ihn, der vom Stamm der Fur kommt, herablassend behandelten. Am liebsten würden wir den Haufen schnell verlassen. Und es ist auch nicht gut, hier so lange herumzusitzen und unweigerlich zur Attraktion des Dorfes zu werden. Wir sind die einzigen Kawadschas, wie sie uns Weiße nennen, weit und breit. Und solche Dinge sprechen sich schnell herum in Darfur, wo Krieg herrscht und ständig Leute verschleppt werden und wo es natürlich auch von Spitzeln der Regierung und der Dschandschawid nur so wimmelt.

DER DIREKTOR der Londoner Menschenrechtsorganisation *Justice Africa*, Alex de Waal, ist der Überzeugung, daß der grundlegende Wandel in den Nachbarschaftsbeziehungen zwischen Darfurs »Arabern« und »Afrikanern« durch die große Hungersnot 1984/85 ausgelöst wurde.

Die Gegend sei bis dahin allenfalls »als Sprungbrett tschadischer Warlords« bekannt gewesen, »die von hier periodisch nach N'Djamena vorgestoßen sind – entweder mit der Unterstützung Oberst Gaddafis oder in Opposition zu ihm. Kein sonderlich interessanter Platz, außer für die französische Regierung oder die CIA« – so Gérard Prunier.

Doch plötzlich rückt Darfur in den Fokus der Weltöffentlichkeit und soll kurze Zeit später auch wieder eine Rolle im ost- und zentralafrikanischen Machtpoker spielen.

Der Horror des Hungers, dem im Äthiopien des marxistischen Tyrannen Mengistu Haile Mariam über eine Million Menschen zum Opfer fallen, macht die von der Welt fast vergessene Sahelzone Mitte der Achtziger Jahre plötzlich zur internationalen Schaubühne. Zwar versucht Mengistu, der noch auf dem Höhepunkt der Krise Lebensmittel exportiert, um Waffen einzukaufen, sein Land hermetisch abzuschotten. Dennoch gelingt es einem Kamerateam der BBC, den roten Alptraum zu filmen. Über die Bildschirme flimmern die Bilder lebender Skelette und erschüttern die Welt. Boomtown-Rats-Sänger Bob Geldof gehen sie so zu Herzen, daß er die mittlerweile legendären Live-Aid-Konzerte organisiert, und dem Sissifilmschauspieler Karl-Heinz Böhm, daß er die Hilfsorganisation »Menschen für Menschen« gründet und eine Äthiopierin heiratet.

Auch aus Darfur gelangen alarmierende Signale an die Öffentlichkeit. Zwar versucht Sudans amerikafreundlicher Präsident Jafaar Numeiri die Krise lange Zeit herunterzuspielen, doch im August 1984 kann auch er die sich anbahnende Tragödie nicht länger ignorieren und erklärt Darfur zum »Katastrophengebiet«. Washington tut zwar einiges, um sein »Bollwerk gegen Äthiopiens Kommunisten wie gegen Gaddafis schurkische Diktatur« (Prunier) zu stützen, und sagt dem Sudan die Lieferung von fast einer Million Tonnen Lebensmittelhilfe zu.

Doch die kommt zu spät.

Alex de Waal hat in seiner bereits in den Achtziger Jahren veröffentlichten Untersuchung *Famine that kills* angenommen, daß zwischen August 1984 und November 1985 von Darfurs Gesamtbevölkerung rund einhunderttausend Menschen an den Folgen der Hungersnot starben, und die Opfer hauptsächlich unter den schwarzen Ackerbauern ausgemacht: »Die

Sterblichkeit hing vom Viehbesitz ab. Die Sterblichkeitsrate betrug unter denjenigen, die Vieh besaßen, 24,2 pro Tausend im Jahr, was eine erheblich niedrigere Rate ist als für solche, die keine Tiere besaßen. Tiere stellen eine Form von Wohlstand dar.«

Schon immer ziehen die Nomaden mit ihren Tieren nach Süden, dorthin, wo nach einem Saghawa-Sprichwort die Welt endet und wo die Böden fruchtbarer sind. Die meiste Zeit lebten sie alle friedlich nebeneinander in den verschiedenen Teilen Darfurs, von denen der Historiker Rex Sean O'Fahey von der norwegischen Universität Bergen sagt: »Dâr Fûr könnte man von Nord nach Süd entsprechend den Regenfallgrenzen in drei Zonen unterteilen, die drei bestimmte Lebensweisen nahelegen: Kamel-Nomadentum, Ackerbau und Rinder-Nomadentum.«

Doch weil auch die Wüste immer weiter nach Süden wandert, müssen die Nomaden aus dem Norden immer tiefer in die fremden Länder der Ackerbauern vordringen, um ihre Kamele und Rinder satt zu bekommen. In Zeiten der *maja'a al-gutala* – »der Hungersnot, die tötet« – wie Mitte der Achtziger Jahre wird der Zusammenprall der Kulturen zur Überlebensfrage. Zum ersten Mal errichten Ackerbauern in ihrem verzweifelten Kampf gegen den Hunger Zäune, um durchreisende Kamelkarawanen fernzuhalten. Manche verbrennen sogar Gras, um ihr Land unattraktiv für die Eindringlinge zu machen. Die Dürre trifft plötzlich nicht nur die Landwirte, sondern auch die Nomaden.

Kamele verenden. Viele ehemalige Viehzüchter, die ihre Herden verloren haben, versuchen sich nun als Farmer. Andere, die bisher als Halbnomaden gelebt haben, werden durch die ausbleibenden Regenfälle gezwungen, »voll-nomadisch zu werden« (Prunier). In Orten wie El Fascher sinkt die Niederschlagsmenge dramatisch. Fielen 1976 noch 270 Millimeter Regen im Jahr, sind es zehn Jahre später nur noch 162. In Kutum sinkt die Menge von 295 Millimeter auf 197 Millimeter, in El Geneina von 510 auf 373 Millimeter.

Der Stolz der Araber verreckt im Wüstensand.

ZUR GLEICHEN ZEIT gärt es in der Hauptstadt Khartum. 1985 bricht das Regime des Präsidenten Jafaar Numeiri nach sechzehn Jahren Herrschaft zusammen. Hungernde ziehen plötzlich durch die Straßen der Hauptstadt und verbergen ihr Elend nicht mehr. Überall im Land bilden sich Elendslager, auch vor den Toren der Hauptstadt. Die Gewerkschaften rufen einen Generalstreik aus, es kommt zu Massenverhaftungen – während einer Reise in die USA wird Numeiri schließlich vom Heeresminister, General Abd al-Rahman Siwar al-Dhahab, entmachtet. Es kommt nach den Worten des sudanesischen Politologen Mansour Khalid zu »einem echten Volksaufstand«.

Numeiri hatte immer den klassischen Typus des machthungrigen und skrupellosen Militärdiktators aus der Zeit des Kalten Kriegs verkörpert. Nach seiner Machtübernahme im Jahr 1969 liebäugelte er mit den Ideen des ägyptischen Sozialisten Gamal Abd el-Nasser, dann schwenkte er vollends ins sowjetische Lager, brach jedoch 1977 mit den Russen und ließ sich vom Westen aushalten.

Der ehemalige Staatssekretär für entwicklungspolitische Zusammenarbeit, Volkmar Köhler, über die Wandlungen des Niltal-Herrschers: »Nachdem Numeiri 1977 endgültig die sowjetischen Militärexperten des Landes verwiesen hatte, galt er als treuer Freund des Westens. Die strategische Bedeutung des Sudan als ›weicher Unterleib Ägyptens‹ wurde vom Westen, vor allem von den USA, durch hohe Wirtschafts- und Militärhilfen honoriert. Dabei kam es keineswegs zu einer angemessenen Entwicklung des Potentials des Landes, das nach allgemeiner Auffassung ein Brotkorb für die arabische Welt werden könnte. Auch gelang es Numeiri nicht, seine Herrschaft durch entwicklungspolitische Erfolge oder durch Gewährung echter politischer Partizipation des Volkes an den Entscheidungsinstitutionen zu legitimieren. Das lange Überleben des Regimes Numeiri kann aber zum Teil durch den Mangel an politischen Alternativen erklärt werden.«

Er blieb sich eigentlich nur seiner Prinzipienlosigkeit treu. Sowohl während des Bundes mit den Atheisten in Moskau als auch während seiner Freundschaft mit den »Heiden« in Washington erhielten die Islamisten massenhaft Zulauf, sie wurden jedoch aus Numeiris Sudan heraus und von dort direkt in die offenen Arme des Libyers Muammar al-Gaddafi getrieben. Im Angesicht des drohenden Machtverlusts versucht Numeiri jede nur denkbare Kehre, holt den islamischen Religionsführer Hassan al-Turabi, einen charismatischen Doktoranden der Sorbonne, aus dem Exil zurück und macht ihn gemeinsam mit seinem Schwager, dem ehemaligen Premierminister Sadiq al-Mahdi, zu Mitgliedern des Zentralkomitees, und 1983 riskiert er gar einen Bürgerkrieg mit den Südsudanesen, weil er dem Drängen von Turabis Muslimbrüdern nachgibt, eine islamische Revolution proklamiert und die islamische Scharia-Gesetzgebung einführt.

Doch die Frömmler trauen dem Machtmenschen nicht. Niemand nimmt Numeiri nach seiner Wandlung vom Sozialisten zum Kapitalisten nun auch noch die Rolle des Gläubigen ab.

1985 folgt also der langersehnte Sturz des Diktators, der mittlerweile eine Schuldenlast von elf Milliarden US-Dollar angehäuft hat.

Vom Fall Numeiris profitiert auch Gaddafi. Der bildet seit Jahren die sudanesischen arabischen Dissidenten zu fanatischen Kämpfern für seine Sache aus: Gaddafis großes Ziel ist ein breiter panarabischer Gürtel quer durch den afrikanischen Kontinent. Und sein Hauptfeind sitzt in N'Djamena: Präsident Hissène Habré. Für seine Expansionsgelüste kommt dem libyschen Revolutionsführer der Regimewechsel im Sudan wie gerufen. Denn plötzlich bietet sich Darfur als Operationsbasis für den Kampf gegen den ungeliebten Herrscher des Tschad an. Zu einer Zeit also, da die Auseinandersetzungen zwischen Arabern und Schwarzen, Nomaden und Ackerbauern dürrebedingt eskalieren, öffnen sich die Grenzen zwischen Darfur und Libyen: In Scharen strömen nun radikalisierte Araber aus Libyen zurück in ihre Heimat, und mit ihnen rollen ganze Konvois mit Waffen ins Land. Mit dem Segen der neuen Regierung in Khartum, die für ihren Krieg gegen die aufständischen Südsudanesen nun Öl und Waffen aus Tripolis erhält, errichtet Gaddafi erste Basen in Darfur.

Darfur beginnt, sich langsam aber sicher in ein Schlachtfeld zu verwandeln. Aber noch wird es einige Jahre dauern.

SULEYMAN JAMOUS hockt zwischen zwei Hütten, deren niedrige Sockel aus runden Steinen und deren kegelförmige Dächer aus getrocknetem Gras bestehen, auf dem Boden und döst. Er hat gerade sein Gebet verrichtet, die feuerrote Sonne geht hinter den sanften Hügeln Amaryas unter, die Kamele haben aufgehört zu trompeten, und übers Lager legt sich milde Trägheit. Einer der Rebellenkommandeure in graugrüner Camouflage läßt sich noch von einem Kind die Haare schneiden und ein anderer die Hose bügeln. »In diesem Krieg geht es für uns um alles«, sagt Jamous da unvermittelt, »wir kämpfen, oder wir sterben. Wir sind dazu gezwungen worden; wir wollten das nicht, denn wir sind Zivilisten. Kämpfende Zivilisten. Die Dschandschawid haben uns diesen Krieg aufgezwungen. Sie zwangen uns, zu den Waffen zu greifen und das Land zu verteidigen. Dabei kommen sie noch nicht einmal aus Darfur, sondern aus dem Tschad oder aus Kamerun oder Mali oder der Zentralafrikanischen Republik. Und sie sind feige: Sie greifen fast immer auf dem Gebiet an, das von ihren Freunden,

den Soldaten der sudanesischen Regierung, kontrolliert wird. Unser Ziel ist es, zwischen diesen Gebieten und unseren Leuten eine Zone zu schaffen, die von unseren Männern militärisch gesichert wird. Unser Volk leidet. Es fehlen Nahrungsmittel, denn wir können nichts anbauen, solange der Krieg dauert, und wir können nichts ernten, solange der Krieg dauert. Und wir können viele Menschen, die in die Berge oder in entlegene Täler und Wüstengegenden geflüchtet sind, nicht erreichen. Von außen erhalten wir nicht genug Hilfe. Wir sitzen in der Falle.«

* * *

Deutsche Presse Agentur, Hamburg, 5.5.2005: »Die Nato bereitet sich auf ihren ersten Einsatz in Afrika vor. Experten der Allianz beraten derzeit in Addis Abeba (Äthiopien) mit der Afrikanischen Union (AU) über Nato-Hilfe für die AU bei der Friedensmission in der Krisenregion Darfur. Dort ist bereits die Bundeswehr mit Lufttransportern im Einsatz. Regierungssprecher Thomas Steg sagte, das Mandat solle verlängert werden.«

Donnerstag, 5. Mai 2005: Von Amarya über Sani Haya nach Saiyah, Nord-Darfur

»ES WIRD KRIEG GEBEN«, sagt Adam betrübt, »einen noch viel schlimmeren Krieg als den, den wir schon haben – einen Bruderkrieg. Abends, wenn sie glauben, daß sie unter sich sind, reden die Männer von Jamous über nichts anderes: Sie wollen Abd al-Wahid als Präsidenten der SLA entmachten und Minni inthronisieren. Das bedeutet, daß es Krieg zwischen den Fur geben wird und den Saghawa. Es ist ein Putsch nicht nur gegen Abd al-Wahid, sondern auch gegen mein Volk. Ich glaube, wir geraten mitten in eine Palastrevolution hinein.« Adam läßt sich nur schwer beruhigen. Minni Arkou soll im Anmarsch sein, hat er gehört: mit vielen Bewaffneten und vielen Fahrzeugen und bösen Absichten. Im Dschebel Marra habe es bereits Kämpfe zwischen den zwei Fraktionen gegeben. Doch niemand kann derzeit sagen, wie sie ausgegangen sind.

Zwar leben weitaus mehr Fur als Saghawa in Darfur, doch die Saghawa wären in einem Bruderkrieg eindeutig im Vorteil. Sie leben in der Grenzregion zum Tschad. Sie können nahezu ungehindert Nachschub aus N'Djamena oder Tripolis erhalten. Ihre Leute konnten sich in die Flüchtlingslager im Grenzland retten und können dort rekrutiert werden, während die Fur im Dschebel Marra eingekesselt sind und die Fur den größten Teil der Millionen sudanesischen Binnenflüchtlinge ausmachen, die fast schutzlos den Übergriffen der Dschandschawid ausgesetzt sind.

GUSTAV NACHTIGAL über die Fur:

> »Die Fôrâwa, welche den Hauptteil der Bevölkerung des Landes bilden, bewohnen ausschliesslich das Marra-Gebirge, einen grossen Theil des Dâr-Uma, den grössten des Dâr-Dima, und machen ausserdem wenigstens die Hälfte der Bevölkerung im Dâr-Fêa (Fêja), Dâr-Kerne und Dâr-Mâdê aus. Sie zerfallen in zahllose Abtheilungen, deren ich einige vierzig notirt habe. Als die edelsten werden die Dugunga angesehen, während die Kundschara zeitweise so mächtig gewesen sind, daß man in den Nachbarländern anstatt von Dâr-Fôr von ›Dâr-Kundschara‹ und statt von der Fôr-Sprache von der ›Kundschara-Sprache‹ redete. Die Kêra gewannen politisch eine hohe Stellung dadurch, daß aus ihnen mütterlicherseits die letzte Dynastie hervorging. Am unverfälschtesten sind anscheinend diejenigen geblieben, welche die ausgedehnte Felsenlandschaft Kutia bewohnen, die südwestlich vom Marra-Gebirge im Dâr-Abû Dîma liegt. Dies sind die sogenannten Fôr-Tomurkîja; ihre Sprache zeigt ziemlich bedeutende Dialektverschiedenheiten von derjenigen der übrigen Fôr-Abtheilungen.
>
> Die Fôr oder Fôrâwa sind von ziemlich dunkler Hautfarbe (grauschwarz oder schwarz), mittlerer Grösse und unedlen Zügen; ihr Charakter ist hochmüthig, jähzornig, rachsüchtig und zu Streit und Gewaltthätigkeiten geneigt; den Ruhm wirklicher Tapferkeit können sie kaum beanspruchen. Sie haben wenig gewerbliche Talente, fast so wenig, wie ihre westlichen Nachbarn, die Wadâwa, und hängen wie alle Bergbewohner an ihren alten Sitten und Gewohnheiten, sodass selbst der Islâm, dem sie in den grössern Ortschaften mit Fanatismus anhängen, in den entferntern Bezirken doch das Heidenthum nicht ganz hat unterdrücken können.«

SULEYMAN JAMOUS scheint uns nun doch nicht länger hinhalten, sondern lieber loswerden zu wollen. Wir sollen mit einer SLA-Abteilung weiter ins Landesinnere fahren, nach Saiya. Der Kommandeur heißt Jahir

Adis, ist dreiunddreißig Jahre alt, und sein freundliches Wesen kontrastiert auffallend mit dem Spitznamen, den sie ihm wegen seiner Kaltblütigkeit im Gefecht verpaßt haben: Saddam.

Endlich kommen wir hier weg.

Mit Saddam zu fahren, ist angenehmer, als mit Jamous unterwegs zu sein. Saddam lacht und redet, und vor allen Dingen guckt er freundlich und nicht so hochnäsig wie der hagere, ränkeschmiedende Islamist, der langsam etwas albern wirkte in seinem kindlichen Stolz auf das kleine Satellitentelefon. Wir können vorne sitzen, neben Saddam, zu dritt jetzt auf dem Beifahrersitz. Die Fahrt ist zwar auch hier immer noch eine Quälerei, aber nicht ganz so beschwerlich wie hinten, wo uns immer die Akaziendornen durchs Gesicht schnitten. Auf der Ladefläche sitzen jetzt zwölf schwatzende Wüstensöhne in Fußballhemden aus der Altkleidersammlung: AS Roma, Liverpool Football Club und Real Madrid. Sie tragen Sonnenbrillen und Schnellfeuergewehre und Panzerfäuste, und sie sind ziemlich ausgelassen, fast heiter. Drei haben auch auf dem Dach des Wagens noch Platz gefunden. Ihre Beine baumeln die ganze Fahrt über herunter. Und auf der Kühlerhaube, direkt vor meiner Nase, schaukelt ein MG, das auf einer alten Munitionskiste festgeschraubt ist. Es ist eine seltsame Ausflugsgesellschaft, die da im Westen des Sudan unterwegs ist.

Aber ein besonderes Kompliment hat der Fahrer verdient. Wir haben mehr als einhundert Kilometer Fahrt durch unwegsames Gelände vor uns.

Und unser Wagen hat keine Bremsen.

Nun gibt es zwar keinen Gegenverkehr in Darfur, es gibt ja noch nicht einmal richtige Straßen, sondern nur den momentan, gegen Ende der Trockenzeit, betonharten Boden, über den wir rasen. Allein durch die vielen ausgedörrten Wadis zu gelangen und vor allen Dingen den badewannengroßen Schlaglöchern auszuweichen, erfordert große Geschicklichkeit in einem bremsenlosen altersschwachen Toyota-Landcruiser. Immer wieder preschen wir natürlich auch mit viel zu großer Geschwindigkeit und hektisch klapperndem MG auf einen der vielen schroff abfallenden und metertiefen Abgründe zu, die zur Regenzeit von sturzbachartigen Wolkenbrüchen in das Geröll gefräst werden. Dann reißt unser Fahrer ein paar Meter, bevor das nun von allen erwartete Unglück geschieht, sein Lenkrad herum und lacht fröhlich, und wir kurven so lange im Kreis, bis wir das passende Tempo gefunden haben, um das Wadi zu passieren.

Wenn wir an einer Wasserstelle vorbeikommen, machen wir kurz halt, und die jungen Krieger springen mit erhobenem Gewehr von der Ladeflächeche und geben den staunenden Dörflern eine kleine, eitle Vorstellung von ihrem Rebellendasein. Sie haben ihre Turbane nun grimmig vors Gesicht gezogen, und Kippen hängen ihnen aus dem Mundwinkel, und daran, wie sie durch die Gegend spähen und schwerstbewaffnet herumpirschen, um den Brunnen gegen imaginäre Feinde zu sichern, haben wir alle unsere helle Freude. Auch dem unfreiwilligen Publikum an der Tränke gefällt der Auftritt.

Als wir Sani Haya erreichen, ein Dorf auf halben Wege nach Saiya, wird gleich nach unserem Eintreffen feierlich ein Schaf geschlachtet, und aus allen Himmelsrichtungen strömen wild gestikulierend die Marketender herbei.

Sani Haya ist ein wichtiger Marktplatz in der Region, Dutzende kleiner Verkaufsstände reihen sich aneinander. Es werden getrocknete Tomaten, Datteln und Melonen im Überfluß angeboten, Nudeln und Seife und sogar Erdbeerbonbons. Vieles von dem, was es hier zu kaufen gibt, stammt aus Khartum und muß auf Lastwagen die Frontlinie zwischen dem regierungskontrollierten Gebiet und der Rebellenwelt, in der wir uns befinden, passiert haben.

Ein paar unserer Krieger haben sich in eine Nische zurückgezogen und lassen sich einige Amulette weihen. Diese streichholzschachtelgroßen, mit Koransuren verzierten Ledermedaillons tragen sie zum Teil in schweren Trauben um den Hals. »Hedschab« heißt der Zauber, und er verspricht, gegen Krankheiten, Unfälle oder tödliche Kugeln zu schützen. Bekümmert betrachten Saddams Krieger die noch fetischlosen Hälse der beiden Kawadschas, und weil wir uns nun in ihrer Obhut befinden und Saddams Männer verantwortungsvolle Gesellen sind, dauert es nicht lange, da baumeln auch uns jede Menge Talismane aus Leder und Tierhorn um den Bauch. Es sind archaische Reliquien, die da in der Abgeschiedenheit des Buschs auf die Fetische der Moderne treffen und eine skurrile Koexistenz pflegen: Internazionale Milano und Awtomat Kalaschnikowa, Ray Ban und ein Zauberzeichen aus dem Horn eines Rinds, Saddam und sein sonniges Gemüt und ein Auto ohne Bremsen. Und unter der Achsel tragen die Burschen einen Dolch, wie weiland ihre Ahnen.

ALFRED BREHM wußte bereits 1853 von dem Kult zu berichten:

> »An dem linken Oberarm tragen sie in der Nähe des Ellbogens ein kurzes Messer, ›Sekihn‹, welches in einer festen Lederscheide steckt und

durch eine aus Leder geflochtene Schnur befestigt wird, oft auch mehrere Lederrollen mit Amuletten, ›Hedjahb‹. Beides wird von ihnen nie abgelegt, das Messer zum gewöhnlichen Gebrauche oder als Waffe benutzt und das Amulett in hohen Ehren gehalten, obwohl es nur ein mit Koransprüchen beschriebenes Papier ist, welches aber die Macht haben soll, verschiedenen Krankheiten vorzubeugen.«

ABDULLAH AHMAD ALI ist der Dorfälteste von Sani Haya, seine Haut ist tiefschwarz und seine Dschellabiya milchweiß. Auch sein Dorf sei von Dschandschawid überfallen worden, bevor die SLA es einnehmen konnte, erzählt der Alte, führt uns auf ein freies Feld – vorbei an der von Dschandschawid in Trümmer geschlagenen Wasserpumpe, nur ein paar Kilometer von dem lebhaften Treiben des Markts entfernt – und deutet wortlos auf einen kleinen Erdhügel, der von kargem Dorngestrüpp eingefriedet ist. »Dort liegen die Toten eines Überfalls«, sagt Abdullah nach einer Weile, »zwei Männer, die mit Bajonetten erstochen wurden; drei Männer, die mit bloßer Hand zu Tode stranguliert wurden; einer, den sie an der Akazie dort drüben aufgeknüpft haben. Einer konnte mit dem Strick um den Hals überleben. Es gab aber noch zehn weitere Tote, sechzehn insgesamt. Die anderen waren rechtzeitig entkommen.«

Sie seien gewarnt gewesen, weil einige Tage vor dem Angriff urplötzlich Araber vom Stamm der Zayadiya in der Gegend aufgetaucht seien und sich so auffallend interessiert umgeschaut hätten. Der Angriff, ist sich Abdullah sicher, sei dann mit der Armee im nahegelegenen Mellit koordiniert worden. Er habe gehört, daß die Anführer der Araberstämme aus der Umgebung von der Militärführung in Mellit eigens einbestellt worden sind, und dann seien die Zayadiya, die in der Nähe gelagert hätten, plötzlich in Armeelastwagen fortgeschafft worden. Da hätten sie schon eine böse Vorahnung gehabt, und so sei es dann ja auch gekommen. Wenig später tauchte die sudanesische Luftwaffe mit einer Antonow und mit zwei Kriegshubschraubern auf, und schon von den Hubschraubern aus seien einige Dorfbewohner erschossen worden, und dann sei der Rest der Bande in zwölf Geländewagen gekommen und habe Tabula Rasa gemacht und gerufen »Ihr seid Sklaven, wir töten euch alle!«.

Sie hatten dann auch wahllos alle getötet, die ihnen in die Hände gefallen waren. Einige der Täter wurden von den Flüchtenden sogar erkannt, es waren Zayadiya-Nomaden, die seit vielen Jahren friedlich durch den Nordosten Darfurs gezogen waren und in Sani Haya Datteln eingekauft hatten, denn für die Qualität seiner Datteln ist der Ort im ganzen Land berühmt. Vom Marktplatz blieb nicht viel übrig und auch nicht vom Dorf: »Knapp viertausend Menschen lebten früher in Sani Haya, doch jetzt stehen alle Häuser leer«, sagt Abdullah, der Alte – Sani Haya ist eine Geisterstadt geworden, und nur wenn Markttag ist, wie heute, füllt sich der große Platz noch mit Menschen.

SADDAMS LEUTE haben sich nach und nach in kleine Reisighütten zurückgezogen, um Tee zu trinken. Und als wir weiterfahren, sind sie alle bestens gelaunt, und manche klammern sich ausgelassen aneinander, um nicht umzufallen, und sie riechen nach Alkohol und lachen wie die Kinder. Als wir wieder unterwegs sind, läßt Saddam vorne die Dattelschnapsflasche kreisen und erklärt mit burschikoser Munterkeit, daß sich aus seiner Sicht der Dinge Branntwein und Religion ganz ausgezeichnet vertrügen, und dieser Überzeugung sind wir auch und auch der Fahrer des bremsenlosen Autos.

Aus dem Kassettenrekorder leiert SLA-Revolutionsmusik. Es ist ein Frauen- und Mädchenchor, und er singt von der Heimat und vom Tod und vom Krieg, und eine traurige Weise gefällt Saddam besonders gut. Wieder und wieder spult er das Band zurück, dann wischt er sich eine Träne aus dem Gesicht und sagt: »Ich höre dieses Lied vor jedem Kampf. Es hilft, wenn du töten mußt. Es hilft fast so gut wie der Aragi.«

Die Jungs über uns sind guter Dinge; nach ein paar Kilometern fällt in einer scharfen Kurve einer von ihnen vom Dach auf die Kühlerhaube und ein anderer purzelt von der Seite herunter, aber keinen stört's besonders und außer, daß dabei eine alte Flinte entzwei geht, passiert nichts Schlimmes, und wir erreichen den Stadtrand von Saiyah.

Bevor wir in den Ort hineinfahren können, lagern wir jedoch noch ein paar Stunden, bis die Sonne endgültig untergegangen ist, an einem mehrere hundert Meter breiten ausgewaschenen Wadi. Es ist das größte Heerlager der SLA, das wir bislang zu Gesicht bekommen haben. Im Schutz der Bäume, die das Flußbett säumen, stehen Flugabwehrkanonen und jede Menge Maschinengewehre, und im Wadi lodern jetzt überall Lagerfeuer, um die sich junge Männer in sandfarbenen Uniformen scharen.

»MEIN TRAUM WAR ES, einmal zu studieren«, sagt Saddam, »Englisch und Französisch. Ich wollte etwas lernen, ich wollte Student werden, und ich wollte in die Stadt ziehen. Ich wäre gerne durch die Welt gereist. Aber es ging nicht: Wir waren arm, und ich komme aus einem kleinen Saghawa-Dorf, wo es keine Schulen gibt. Es heißt Komu und liegt im Nordwesten Darfurs, in der Nähe der Stadt Kornoi. Die Araber haben die Gegend, in der wir leben, immer vernachlässigt. Und dann haben sie Waffen verteilt, um uns zu töten. Unser Dorf haben sie 2004 angegriffen, sie haben alles niedergebrannt, und sie haben meine Mutter ermordet. Der Rest meiner Familie ist in den Tschad geflohen, aber ich bin geblieben, weil ich kämpfen will. Und ich werde solange kämpfen, bis wir Khartum eingenommen haben. Warum soll uns das nicht gelingen? Sieh nur, wir haben die Unterstützung der Menschen hier! In jedem Dorf sind wir willkommen. Wenn ich höre, daß die Regierung die Dschandschawid entwaffnen will, kann ich nur lachen. Die Dschandschawid *sind* die Regierung.«

OHNMÄCHTIG UND TATENLOS stehen wir da und fragen uns, was wohl zu tun sei.

Bosnien, Ruanda, Darfur.

Man kommt sich vor wie in einem dieser Träume, in denen man läuft und läuft und sich nicht von der Stelle bewegt. Schon 1998 sagte mir der französische Philosph André Glucksman:

»Obwohl die Kriege der Vergangenheit grausam genug waren, kann man sich des Eindrucks nicht erwehren, als seien die Bremsen erst jetzt richtig gelockert worden, als ginge das hemmungslose Morden erst los. Ich bin der Meinung, daß der Grund für den Krieg im Krieg selbst zu suchen ist. Er schafft neue Eliten, er löst vermeintliche Probleme. Die Kalaschnikow verschafft Macht und Lustgefühl. Dabei ist die Gewalt nicht nur ein Armutsphänomen – in Algerien hat man in einer Untersuchung festgestellt, daß von fünfhundert getöteten islamischen Terroristen siebzig Prozent überaus gebildet waren. Die deutschen Hooligans, die in Lens einen französischen Polizisten fast totgeschlagen haben, waren auch keineswegs alle unterprivilegiert. Sie begreifen den Kampf als inneres Erlebnis, genauso wie Ernst Jünger. Wir werden also nie in der Lage sein, Kriege von vornherein zu verhindern, wir werden die Ursachen für die Kriege nicht beseitigen. Die einzige Frage, die wir beantworten müssen, ist, auf welche Art und Weise wir Kriege möglichst schnell beenden können.«

* * *

Sudan Tribune, Paris, 6.5.2005: »Der Generalstaatsanwalt fordert in Übereinstimmung mit dem sudanesischen Recht die Todesstrafe für einen Chefredakteur, berichtet die unabhängige Zeitung ›al-Mashaheer‹. Musa Mohammed Ali, ein Mitglied der Staatsanwaltschaft, erklärte, daß der betreffende Artikel eine Verletzung des Strafgesetzes darstellt, das jeden bestraft, der die Religion oder den Glauben beleidigt. Dem Renegaten droht nach islamischem Recht, das im Sudan 1983 eingeführt wurde, die Todesstrafe. Aus Justizkreisen hieß es, daß es der Journalist ablehnt, von einem Rechtsanwalt vertreten zu werden, sondern daß er sich selbst vertreten wird. Ein große wütende Menge versammelte sich gestern morgen vor dem Strafgericht im Norden Khartums, um dem Prozeß gegen den Chefredakteur der Zeitung ›Al-Wifaq‹, Mohammed Taha Mohammed Ahmad, zu folgen. Mohammed Taha – ein prominenter islamistischer Journalist, ehemaliges Mitglied der Nationalen Islamischen Front und eng verbunden mit der politischen Gruppe der Muslimischen Bruderschaft – wird angeklagt, am 21. April 2005 einen Artikel veröffentlicht zu haben, in dem die Herkunft des Propheten Mohammed angezweifelt und einer seiner Gefolgsleute, Omar Bin al-Aas, beleidigt wird. Die Demonstranten riefen ›Gott ist groß‹ und hielten Transparente hoch, auf denen stand, daß die Todesstrafe, die islamische Strafe für Abweichlertum, gegen den Chefredakteur verhängt werden müsse.«

Freitag, 6. Mai 2005: Saiyah, Nord-Darfur

WIR SIND GÄSTE von Doktor Saleh. Eigentlich heißt er Saleh Adam Ishaq, er spricht fließend Englisch und ist Physiker. Alle nennen ihn nur Doktor Saleh. Er ist einer der Führer der SLA und Stammesführer der Berti, und er hat die Berti an der Seite der SLA in diesen Krieg geführt. Saiyah wiederum ist im Moment so etwas wie die Hauptstadt der Berti.

GUSTAV NACHITGAL über die Berti:

»Die Berti endlich bewohnen den Nordosten des Landes und bilden einen kleinen Stamm, der zwar sehr nahe dem Centrum des Reiches liegt, doch bis vor kurzem in äusserster Abgeschlossenheit gelebt hatte und sich durch grossen Mangel an Cultur und Intelligenz auszeichnen soll.«

Im Gegensatz zu den meisten afrikanischen Stämmen in Darfur haben die Berti, wiewohl sie sich selbst zu den Schwarzen zählen, die arabische Sprache angenommen.

SAIYAH ist eine richtige kleine Stadt mit stabilen steinernen Häusern, die ihrerseits von Steinmauern umgeben sind. In des Städtchens Mitte liegen ein Marktplatz und ein Kreisel mit einem häßlichen Betonmonument, das aussieht, als hätten es die Sowjets irgendwann mal aufgestellt und dann dort vergessen, und neben dem häßlichen Monument, auf dessen Sockel jemand mit einer Sprühdose SLA geschrieben hat, stehen einige kleine von Plastikplanen überdachte Hütten. Bevor man die Hütten betritt, so ist es Brauch, zieht man sich die Schuhe aus, und deshalb begutachten wir jetzt leicht verschämt unsere staubschmutzigen Socken, während unsere sudanesischen Gastgeber sich schon über eine Platte mit Köstlichkeiten hermachen: einen Brei aus dicken Bohnen aus Ägypten, Thunfisch aus der Dose, Tomaten und Zwiebeln und Peri Peri aus Darfur. Dazu werden Salz und Limonen gereicht und ein Fladenbrot zum Tunken.

Es ist Freitag, *Dschum'a.* Tag des Herrn. »Der Freitag ist der beste Tag, an dem die Sonne aufgeht, der Tag, an dem Adam ins Paradies kam und es wieder verließ, der Tag, an dem er bereute. Auch der Tag der Auferstehung wird ein Freitag sein«, sagte Mohammed, der Prophet. Aber vor allem sollte man nicht arbeiten an einem solchen Tag.

Genießen wir also den Müßiggang.

Doktor Saleh hat einen Freund mitgebracht, Suleyman Marajan, den Führer der Meidob, eines Stammes aus der Nachbarschaft der Berti. Marajan und seine Meidob, die interessanterweise eine Sprache aus der nordsudanesisch-nubischen Sprachgruppe pflegen, haben sich ebenfalls dem Krieg der SLA gegen Regierung und Dschandschawid angeschlossen, und um das auch modisch zu unterstreichen, trägt Marajan heute einen khakifarbenen Militärkaftan, einen gelben Kriegerturban und in der linken Hemdtasche als Statussymbol das Erkennungsmerkmal des Offiziers: ein Satellitentelefon von Thuraya. Dreißig Kilometer seien die Regierungstruppen derzeit von Saiyah entfernt, erzählen die zwei schmatzend und schlürfend, aber von der Nähe des Feinds nicht sonderlich beeindruckt, und Minni Arkou, der Generalsekretär der SLA, sei auch im Anmarsch. Er reise mit großem Gefolge, mindestens einem Dutzend Wagen, und werde morgen in Saiyah erwartet. Was er im Schilde führt, wissen die beiden angeblich nicht. Aber er habe von den zwei Weißen gehört, die hier in Darfur unterwegs seien, und er wolle dringend mit uns sprechen.

GUSTAV NACHTIGAL über die Meidob:

»Eine besondere Abtheilung derselben [der Berti], welche den Uebergang zu den Bidêjât, resp. den Zoghâwa zu bilden scheint, ist die Bevölkerung von Midob im äussersten Nordosten des Reiches auf dem Wege, welcher von Kôbê durch die Wüste nach Asjût am Nil führt. Die Abgeschiedenheit, welche ihr gebirgiger District und seine Lage fast schon inmitten der Wüste ihnen sicherte, hat sie noch unbeleckt von der mohammedanischen Cultur erhalten, wenn sie auch nominell den Islâm angenommen haben. Regiert werden sie durch drei Mulûk, deren Würde nach alter Sitte immer auf den Sohn der Schwester übergeht. Die Sitte, nach welcher der Sohn die Witwe des verstorbenen Vaters heirathen muß, sofern sie nicht seine Mutter ist, nähert die Leute von Midob den eigentlichen Bidêjât. Sie werden noch bis heute fast als Sklaven betrachtet, aus denen jedoch bisweilen bedeutendere Männer hervorgegangen sind, wie z. B. der in der Geschichte so rühmlich erwähnte Adam Tarbûsch, der Vater des Amîn Bacheït, des letzten Uzîr von Dâr-Fôr.«

1986 ALSO, IM JAHR nach der Dürre, wird Sadiq al-Mahdi zum zweiten Mal Premierminister des Sudan. Seine Umma-Partei war aus den demokratischen Wahlen als stärkste Kraft hervorgegangen, in Darfur hatte sie sogar einundsechzig Prozent der Stimmen erhalten. Doch für die Schwarzen im Westen wird ausgerechnet der Wahlsieg des eher liberalen Politikers zur Enttäuschung. »Die Fur«, schreibt der Sudanforscher Douglas Johnson, »hatten im Versuch, dadurch einen Zugang zu der Politik des Machtzentrums zu finden, während der Sechziger Jahre mit der Umma geflirtet, aber seit Sadiq in den Achtziger Jahren wieder an die Macht gelangt war, hatte die Umma sowohl die Rindernomaden des Südens als auch die arabischen Stämme des Nordens bewaffnet.« Und was noch viel verheerender ist: Aus Dankbarkeit für libysches Öl, libysche Gastfreundschaft und libysche Waffenbruderschaft erhält Gaddafi von Sadiq al-Mahdi freie Hand in Darfur, um von dort die verhaßte Regierung Habré in N'Djamena zu stürzen. Muammar al-Gaddafis Protégé ist der Führer des *Conceil Démocratique Révolutionaire* (CDR), Acheik Ibn Omar Saeed, dessen Partei auch über einen bewaffneten Flügel, die Burkan-Brigaden, verfügt. Ibn Omar ist nicht zufällig Gaddafis erste Wahl; er gilt als großarabischer Hardliner.

In Darfur, wo sich »Araber« und »Afrikaner« bislang leidlich vertrugen, gärt es nun in zunehmenden Maße. Großarabische Ideologen begreifen Sudans Westen als Agitationsfeld und bringen Flugschriften in Umlauf, in denen es heißt, die Schwarzen hätten lange genug über den Landstrich geherrscht. Fatalerweise sehen sie sich von der Regierung al-Mahdi in ihrem Handeln bestärkt. Tschadische Oppositionelle errichten zudem Militärlager in Darfur. Waffen gelangen ins Land. Viele Waffen.

AM 27. UND 28. MÄRZ 1987 kommt es in Darfurs Süden zu einem Blutbad, das zu einem Symbol für Kriegsgreuel und Rassismus werden soll und einen bitteren Vorgeschmack gibt auf das, was da noch kommen wird.

El Diein ist eine kleine Handelsstadt an einem Verkehrsknotenpunkt zwischen Nyala und Babanussa. Sechzigtausend Menschen leben hier, die meisten gehören zum Stamm der Rizeigat. Zwar sind sie nicht arabischer Abstammung, sprechen aber seit der Islamisierung arabisch und begreifen sich auch als Araber. Früher lebten diese »speertragenden Ochsenritter«, wie sie der Ethnologe Bernhard Streck nennt, auch vom Sklavenhandel nicht schlecht. Heute jedoch nährt sie vornehmlich die Rinderzucht. Als Baggara-Nomaden werden sie deshalb auch bezeichnet. Bagar heißt Kuh.

GUSTAV NACHTIGAL über die Rizeigat:

> »Die Rezêqât bilden den zahlreichsten [Araber-]Stamm in ganz Dâr-Fôr, sind Rinderhirten und werden zu einer Kriegsmacht von 10 000 Reitern abgeschätzt. Wenn diese Zahl auch übertrieben sein mag, so ist es doch Thatsache, daß die Könige von Dâr-Fôr niemals im Stande waren, sie vollständig unter ihre Botmäßigkeit zu bringen.«

WÄHREND DER TROCKENPERIODEN wandern sie nach Süden, bis an den Gazellenfluß, und lagern dort in größeren Verbänden. Es ist eine archaische, rauhe Welt der Blutrache und des Raubs, in der auch die feste Gewißheit eigener Überlegenheit gegenüber den »minderwertigen Sklavenvölkern« fest verankert ist – eine mittelalterliche Welt uralter Nomadenbräuche, die sich hartnäckig jeder Vereinnahmung durch staatliche Organisation und jedweder Modernisierung verweigert. Und obwohl es also auch eine Welt der Gewalt ist, leben sie mit den Nachbarn, den Fur oder Dinka, Saghawa, Berti, Birgid oder Hansa mehr oder weniger friedlich zusammen. Zwar kommt es immer wieder zu Spannungen, natürlich, aber die werden in der Regel untereinander geklärt.

Doch seit 1983 der Krieg der südsudanesischen SPLA-Guerilla von Doktor John Garang gegen das Schariaregime in Khartum tobt, verändert sich die Lage in Grenzorten wie El Diein. Der Krieg nämlich treibt immer mehr Flüchtlinge in die Ortschaft der Araber und Möchtegernaraber. Die da kommen, in Lumpen und mit Kindern und mit all ihrer Habe, sind pechschwarze Dinka aus den südlichen Regionen. Bis Mai 1986 sollen es schon siebzehntausend sein. Sie lagern auf der Straßen der Stadt, und sie stoßen auf Menschen, die selber schon ums Überleben kämpfen müssen. Viele in El Diein sind arbeitslos und arm und ohne Hoffnung. An den Wasserstellen kommt es zu Rempeleien zwischen den Seßhaften und den Elenden aus dem Süden. Wassereimer werden umgekippt. Worte gewechselt, unschöne Worte. An einem Freitag nach dem Gebet ziehen vielleicht fünfzig Rizeigat-Raufbolde, die gerade aus der Moschee gekommen sind, los und greifen ein paar Dinka an, die sich vor einer Kirche versammelt haben.

Diese Kirche! Sie war irgendwann zum Symbol geworden. Zum Symbol dafür, wer hier eigentlich das Sagen hat. Welche Kultur hier eigentlich herrscht, in El Diein. Die der Araber oder schon die der *Zurqa.* Irgendjemand in der Stadtverwaltung hatte den christlichen Dinka gestattet, eine Kirche zu errichten. Im muslimischen El Diein! In der »Araberstadt«! Keiner weiß warum. Aus religiöser Toleranz? War Geld geflossen? Es ist auch egal. Die Kirche, so sehen es viele Rizeigat, muß jedenfalls weg. Ganz besonders, weil zudem Mangel an Bauland herrscht. Vierhundert Mohammedaner bringen eine Eingabe gegen das provokative Bauwerk ein, doch sie wird von der Administration abgeschmettert. Dann errichten ein paar Rizeigatfamilien ihre Hütten direkt vor dem Kirchenportal.

NACH DER SCHLÄGEREI vor dem Gotteshaus ist die Eskalation kaum noch vermeidbar.

In der Nacht vom 27. auf den 28. März greift eine Rizeigat-Rotte Wohnviertel der Dinka an; es gibt erste Tote, Panik bricht aus, Dinka flüchten aus der Stadt, andere verstecken sich. Dann macht die örtliche Polizei einen schicksalhaften Vorschlag. Sie will die Verfolgten mit der Eisenbahn in die süddarfurische Provinzhauptstadt Nyala bringen. Die Dinkagemeinde willigt ein. Die meisten spüren die Lynchstimmung, die sich unter den arabisierten Nachbarn breit gemacht hat, und wollen nur noch fort, mindestens vorübergehend in Sicherheit gebracht werden. Sieben Waggons füllen sich mit Menschen, doch der Zug fährt nicht los. Draußen sammeln sich immer mehr Schaulustige, die den Auszug der »Neger« aus der Stadt miterleben wollen. Randalierer, Scharfmacher mischen sich unter die Menge. Und es sind wohl auch einige Überlebende eines SPLA-Angriffs auf Rizeigatmilizen, der im März 1987 stattgefunden hatte, darunter. Daß die verachteten Dinka in der Falle sitzen, stachelt diesen Mob nur an. Jagdinstinkte erwachen. Plötzlich tauchen Messer auf, Stöcke, Speere, Äxte, Macheten, sogar Gewehre. Die Sensationslust schlägt jetzt in einen Blutrausch um. Rizeigat-Frauen beteiligen sich. Jugendliche laufen los und zerstören die Grashütten der Dinka, die stehen fatalerweise ganz in der Nähe des Bahnhofs. Sie reißen ganze Grasmattten heraus, schleppen sie zu dem Zug, stecken sie zwischen die Waggons und zünden sie an, andere stopfen brennende Büschel durch die Fensteröffnungen und unter die Wagen. Drinnen bricht Panik aus. Alte ersticken, Kinder werden totgetrampelt. Menschen, die ins Freie stürzen, werden gesteinigt, andere zu Tode gehetzt, verstümmelt, geschlachtet wie Vieh. Fünfhundert, die vor dem Pogrom in eine Polizeistation geflüchtet sind, werden ebenfalls Opfer der Flammen.

»Das Feuer auf den Leichnamen brannte bis zum nächsten Tag«, notieren die Khartumer Sozialwissenschaftler Suleyman Ali Baldo und Ushari Ahmed Mahmud, die die Vorgänge später untersuchen werden. Sie schreiben in ihrem Rapport: »Die Politik der Regierung hat die Rizeigatgemeinden in Unordnung gebracht und Verwerfungen wie Banditentum und Sklaverei begünstigt; so etwas gepaart mit sozialen Konflikten hat in El Diein zu einer Massakerpsychose geführt.« Bewaffnetes Banditentum, konstatieren die Professoren, habe sich zu »einer regulären Tätigkeit von regierungsgeförderten Milizen« entwickelt: Wie im 19. Jahrhundert würden Frauen und Kinder entführt und als Diener, Arbeiter und Sexsklaven an gutsituierte Araberfamilien verkauft.

Und Amnesty International bilanziert die Gewaltorgie: »Bei diesem Massaker wurden mehr als 200 Menschen in verschlossenen Eisenbahnwaggons bei lebendigem Leibe verbrannt, etwa 500 andere fanden bei der Polizeiwache des Hauptbahnhofs den Flammentod und einige Hundert wurden in der Stadt getötet.« Und der Premier, Sadiq al-Mahid? Der versucht das Massaker zu vertuschen, läßt die Menschenrechtler Mahmud und Baldo ins Gefängnis werfen, weil sie subversive Broschüren einer Geheimorganisation namens »Hushud« verteilt hätten, und sein Innenminister Sid Ahmed al-Hussein spricht von lediglich 183 Toten in El Diein.

DA KOMMT EINIGES ZUSAMMEN in Darfur: Ibn Omars Beduinenbande, die das Regime in N'Djamena stürzen will; die zunehmende Propaganda arabischer Fanatiker; die Waffen aus Libyen; Sadiq al-Mahids Einladung an seinen Förderer Muammar al-Gaddafi, Darfur als Drehscheibe seiner panarabischen Kriegsaktivitäten zu nutzen; die Hungersnot von 1984/85, die die Spannungen zwischen schwarzen Ackerbauern und arabischen oder arabisierten Nomaden dramatisch verschärft; der Bürgerkrieg im Süden des Sudan, der 1983 ausbricht, jede Menge Flüchtlinge nach Darfur spült und im ganzen Land ein Klima der Angst und der Gewalt erzeugt; arabische Stammesmilizen, die aufgestellt werden, um die SPLA zu bekriegen, und die Rekrutierung vieler schwarzen Darfuris, die gezwungen sind, gegen ihre »Brüder« südlich des Grenzflusses Bar el-Arab zu kämpfen.

IM MÄRZ 1987 wird die libysche Armee, 13 000 bis 20 000 Mann, in der Schlacht von Ouadi Doum in der tschadischen Sahara mit französischer Unterstützung besiegt und aus dem Land gejagt. Gaddafi gibt sich vorerst geschlagen und legt seine Umsturzpläne beiseite, und sein Vasall Ibn Omar einigt sich mit der Regierung des Erzfeinds Hissène Habré. Doch das entschärft die Lage in Darfur nicht, sondern es erhöht den Druck. Denn all die Waffen, die Ibn Omar in Darfur für seinen Tschad-Befreiungskrieg gehortet hat, übergibt er weder Gaddafi noch der sudanesischen Regierung, die ihn all die Zeit gefördert haben, aber eben auch nicht Habré – sondern ausgerechnet seinen Verbündeten in Darfur: den radikalisierten arabischen Stammesmilizen, die sich um den Dschandschawidführer Musa Hilal gebildet haben. Zwischen dem 17. und 24. März attackiert die tschadische Armee in Darfur gaddafitreue Failaka-al-Islamiya-Milizen.

AM 5. OKTOBER 1987 veröffentlichen dreiundzwanzig prominente Araber in der unabhängigen Zeitung *al Ayam* einen offenen Brief an Premierminister Sadiq al-Mahdi. Sie zeichnen im Namen des *Arab Gathering*, der »Arabischen Versammlung«, und behaupten, die Araber repräsentierten zwar siebzig Prozent der Bevölkerung Darfurs, seien »die Schöpfer der

Zivilisation der Region, sowohl in Staatsangelegenheiten als auch in Religion und Sprache« und bildeten die treibende ökonomische und soziale Kraft, allein das schlage sich nicht in der Machtverteilung nieder. Unverhüllt drohen die arabischen Nationalisten: »Sollte die Benachteiligung der arabischen Rasse andauern und sollte den Arabern weiterhin ihr Anteil an der Regierung verwehrt werden, befürchten wir, daß die Dinge der Kontrolle weiser Männer entgleiten könnten, und die Ignoranten und der Mob das Ruder in die Hand nehmen. Dann kann es zu einer Katastrophe kommen, mit verheerenden Konsequenzen.«

Fast ist es ja schon soweit. Dreitausend Menschen sollen im blutigen Jahr 1987 in Darfur bei Kämpfen oder Pogromen getötet worden sein.

Denn auch die andere Seite rüstet auf. In Khartum bringt die *Darfur Development Front*, eine Vereinigung überwiegend »schwarzer« Darfuri, vierzigtausend Menschen auf die Straße, die gegen die Anwesenheit der Libyer in Darfur protestieren; immer mehr Fur, die im Südsudan gegen die schwarzen Insurgenten kämpfen sollen, desertieren oder schließen sich der SPLA an, schließlich ruft die DDF eine eigene Miliz ins Leben, der wenig später bereits zwölftausend Fur angehören sollen.

PLÖTZLICH TAUCHT MINNI ARKOU auf, doch er kommt nicht allein. Ein ganzer Troß schwerbewaffneter Männer, darunter Berti-Führer Doktor Saleh Adam Ishaq und Meidob-Führer Suleyman Marajan, stürmen den Compound, in dem wir uns für die Zeit in Saiyah einquartieren durften. Draußen stehen Wachen mit Schnellfeuergewehren im Anschlag. Das ganze Theater soll offenbar eine Demonstration der Stärke und Geschlossenheit sein. Keine Ahnung, wieviele lokale Fürsten und Stammeshäuptlinge sich außer Saleh und Marajan noch in dem Haufen befinden. Der »Generalsekretär« ist gutgelaunt ob der gelungenen Darbietung seiner Truppe, setzt sich gemeinsam mit seinen Kombattanten im Schneidersitz auf den Boden und ordnet ein Interview an.

Minni Arkou Minnawi:

> »Die Probleme hier in Darfur sind nicht neu, es gab sie schon lange, bevor es 2003 zum Krieg kam. Es gibt sie schon seit zwanzig Jahren. Schon seit damals werden Häuser angezündet, Menschen gefoltert und Frauen vergewaltigt. Das ist normal in Darfur. Und auch der Name Dschandschawid ist nicht neu, auch wenn er erst jetzt Schlagzeilen macht, er stammt noch aus der Zeit der demokratisch gewählten Regie-

rung von Sadiq al-Mahdi. Seit damals hat sich leider nicht viel geändert. Bis von Zivilisten eine politische Bewegung gegründet wurde, die für die Rechte der Schwarzen in Darfur kämpft: das Sudan Liberation Movement. Sie taten das, um sich selbst zu verteidigen; also eigentlich in Notwehr. Denn irgendwann wurde die Lage für unsere Leute hier unerträglich. Tausende von Dörfern waren zerstört worden: entweder von Regierungstruppen selbst oder von den Banden, die von ihnen bewaffnet worden waren. 1996 zum Beispiel. Da hat die Regierung angefangen, Dörfer in West-Darfur mit Antonows und Hubschraubern anzugreifen. Erst diese Gewalt führte später zur Gründung der SLM und zum Widerstand der Bevölkerung Darfurs. So ging es einfach nicht weiter, wir mußten uns wehren, für unsere Rechte kämpfen. Es war ja erst eine politische Bewegung, keine militärische. Eine politische Bewegung mit dem Ziel, einen gerechten Anteil am Reichtum dieses Landes zu erhalten, demokratische Mitbestimmung und einen Teil der Macht. Auf diese politische Bewegung antwortete die Regierung mit einem Genozid. Sie teilte uns in Araber und Schwarze und mißbrauchte die politische Nähe der Araber in Darfur zu den Machthabern in Khartum. Sie gab ihnen Waffen und rief sie auf, gegen uns zu kämpfen und unsere Leute auszurotten. Dabei wollten wir nie gegen die Araber kämpfen. Wir wissen, daß sie auch Darfuris sind, und wir wollen die Einheit mit ihnen. Doch wir wollen eine gerechte Teilung von Macht und Wohlstand. Das sind unsere Ziele.

Wir glauben auch fest, daß man diese Ziele mit Verhandlungen erreichen kann. Uns schwebt ein ähnliches Abkommen, wie es die Regierung mit dem Südsudan getroffen hat, vor. Eigentlich wäre dieses Modell eine Lösung für die Probleme aller Regionen im Sudan. Mit einem kleinen Unterschied: Wir wollen gar keine Abspaltung, wie sie dem Südsudan angeboten wurde. Wir wollen die Einheit, auch eine Einheit mit dem Süden. Ob es am Ende auf eine Föderation oder vielleicht sogar eine Konföderation hinausläuft, ist uns erstmal egal. Jedenfalls ist die Unabhängigkeit Darfurs nicht unser Ziel. Hier leben immerhin sechs Millionen Menschen, das ist jeder sechste Sudanese. Und genauso groß muß auch unser Anteil an der Macht und am Reichtum des Landes sein.

Nur leider geht es kaum voran. Seit fünf Monaten verhandeln wir jetzt ununterbrochen mit der Regierung in Abuja. Und was passiert, während wir da herumsitzen und uns von den Gesandten al-Baschirs große Reden über den Frieden anhören müssen? Unsere Leute werden aus Flugzeugen heraus niedergemetzelt! Fünf oder sechs Orte haben Regierungstruppen eingenommen, während die Herren in Khartum so taten, als würden sie mit uns in Nigeria einen Friedensvertrag aushandeln, und ein Waffenstillstand galt. Und parallel dazu ließen sie die Beweise ihres schlimmen Treibens verschwinden. Erst vor kurzem haben sie jede Menge Skelette von erschossenen Zivilisten aus einem Massengrab geholt und verbrannt, damit keine Spuren von ihren Massakern bleiben. Seht euch diese Stadt hier an! Erst vor drei, vier Wochen hat die Regierung Saiyah aus der Luft bombardieren lassen.

Wir haben die Afrikanische Union aufgefordert, etwas dagegen zu unternehmen, aber nichts geschah. Wir haben dem Sicherheitsrat der Vereinten Nationen gesagt: Die Afrikanische Union ist nicht in der Lage, die Probleme zu lösen. Das geht jetzt schon seit einem Jahr mit dieser Truppe. Und in der Zeit hat sie komplett ihre Glaubwürdigkeit verloren. Sie hat keine Ahnung von Darfur. Aber nichts geschah. Dabei sollte man diese AU-Soldaten alle hinauswerfen. Gestern haben Ägypter in El Fascher ein Mädchen vergewaltigt. Dabei hatten wir bei den Gesprächen über eine AU-Mission von vornherein klargestellt, daß wir keine Ägypter dabeihaben wollen. Ägypten steht auf der Seite Khartums. Überall mischen Araber in diesem Krieg mit, sie trainieren die Dschandschawid und kämpfen hier auch selber. Und die AU? Die sagt, es habe eine Absprache zwischen Kairo und Khartum darüber gegeben und so, das ist doch alles Gerede. Blabla …

Die Afrikanische Union ist einfach nicht stark genug, unsere Leute zu verteidigen. Sie ist ja noch nicht einmal in der Lage, die Dinge überhaupt zu erkennen. Diese Leute haben überhaupt keine Erfahrung mit so etwas. Sie sind nicht neutral, sie sind unqualifiziert. Darum müssen endlich die Internationale Gemeinschaft, die Europäische Union, die Uno, die USA die Kontrolle über das Treiben der AU übernehmen. Hier findet ein Genozid statt! Wieviele Dörfer wurden zerstört, und die AU stand daneben und hat Strichlisten geführt? Sie ist ein Zeuge des Völkermords. Es ist widerlich. Eigentlich bräuchten die Beobachter von der Afrikanischen Union selber Leute, die sie kontrollieren. So korrupt sind die. Glaubt mir. Ich kenne diese Typen. Ich bin selber Afrikaner.

Aber es ist doch immer dasselbe. Es wird viel geredet und wenig getan. Wie damals in Bosnien und in Ruanda. Die Uno hat nie genug unternommen. Dabei ist sie verpflichtet einzugreifen, wenn es sich um einen Völkermord handelt. Die Vereinigten Staaten haben das Morden hier ja schon einen Genozid genannt.

Jetzt müssen wir eben sehen, wie wir selber zurecht kommen. Viel Hilfe von außen haben wir nicht. Ehrlich gesagt, ist auch der Anteil des *Justice and Equality Movement* am Befreiungskampf gering. El Fascher wurde damals jedenfalls nicht von der Jem angegriffen, das waren allein unsere Leute. Manchmal kommt mir unsere Widerstandsbewegung vor wie ein Passagierzug, er rollt und rollt, und wer will, steigt ein und fährt mit. Nur: Der Zug sind wir. Die Jem hat noch keinen Quadratzentimeter Darfur selber befreit.«

Wir hätten gehört, daß es zum Bruch mit den Fur komme, daß er, Minni, Abd al-Wahid, den SLA-Präsidenten, entmachten wolle?

»Das ist doch alles dummes Geschwätz, Gerede von Leuten, die keine Ahnung haben. Es gibt allenfalls einen politischen Streit. Aber den gibt es in jedem Parlament. Das gehört zur Demokratie. Wir morden einander nicht.«

Minni hat jetzt keine Lust mehr auf das Interview.

»Wir sehen uns übermorgen. Dann könnt ihr mitkommen nach Süden.« Und verschwindet mit seiner Entourage.

WAS MINNI über die Afrikanische Union sagt, gibt mir zu Denken. Später habe ich einmal Ruandas Herrscher Paul Kagame, dessen Landsleute 1994 Opfer eines Genozids wurden, nach dem Leid der Menschen in Darfur gefragt. Ich dachte, das Elend würde ihn persönlich stark berühren, und hatte auch die Entsendung ruandischer Blauhelme nach Darfur als seinen Beitrag verstanden, daß sich solch schlimme Dinge, wie sie in Ruanda geschehen waren, nicht so schnell wieder ereignen. Doch er kicherte nur und witzelte über die Schwierigkeiten vor Ort. Seine Hauptsorge galt der anständigen Bezahlung seiner Soldaten, die er als Beobachter nach Darfur schicken ließ. Die Uno würde nicht genug Geld lockermachen, klagte er. Dabei mußte extra die holländische Luftwaffe nach Afrika in Marsch gesetzt werden, um die ruandischen Soldaten in den Sudan zu fliegen, weil Kagame keine Lust hatte, seine eigenen Maschinen zu benutzen. Das ganze erinnert mich langsam an die schießwütigen nigerianischen »Peacekeeper«, die in Liberia, wo sie für Frieden sorgen sollten, nicht nur Konvois des Roten Kreuzes angriffen, sondern auch nach Herzenslust aus dem gebeutelten Land nach Hause schleppten, was nicht niet- und nagelfest war.

SAIYAH ist umgeben von trostloser Öde; zwei Autostunden nördlich von Mellit gelegen, am Westrand des endlosen Goz-Plateaus, das sich von hier bis zum Niltal erstreckt. Goz heißt Sand, es bedeutet eintönige Weite, in der Kaffernhirse, Erdnüsse oder Sesam gedeihen. Ein naturgewordener Alptraum. Hier fällt es selbst den Kamelen schwer, sich wohlzufühlen. »Die Umgebung Saiyahs präsentiert den Horror der Verwüstung in Vollendung«, schrieb Alex de Waal schon in seiner Darfur-Abhandlung in den Achtziger Jahren: »Saiyah stimmt den Besucher traurig und pessimistisch. Alte Menschen im Dorf sprechen von der Zeit, als Palmen das Wadi säumten (sie starben alle)« und »eine normale Ernte ausreichte, um eine Familie zwei Jahre oder länger zu ernähren«. Seit geraumer Zeit schon werden die Felder unter dem Sand der nach Süden wandernden Wüste begraben. Am 3. Januar 2005 gab die sudanesische Armee diesem traurigen Ort den Rest. Hubschrauber, Bomber, Lastwagen voller Soldaten machten sich über Saiyah her und richteten ein Inferno an. 175 Tote. Unzählige Häuser fielen den Flammen zum Opfer. Vier Stunden nur dauerte der Wahnsisnn, von vierzehn bis achtzehn Uhr, wie der Omda des Orts, Mohammed Jussuf Mahamdain, penibel auf einem Blatt Papier notierte.

Einmal nur sei jemand von der AU vorbeigekommen, um den Schaden zu begutachten, sagt Hawayah Mohammad Ali, eine alte Frau mit sieben Kindern. Sie guckten und fuhren wieder fort und ließen Hawayah zurück in den Ruinen und dem wenigen, was ihr geblieben ist. Wie ein schwarzes Brandmal auf roter afrikanischer Erde zeichnen sich die Umrisse dessen, was einmal ihr Haus war, vor ihren Füßen ab. Daneben liegen die angekokelten Scherben zerborstener Tonkrüge in der glühenden Sonne. Auch ringsum: Spuren des Todes und der Verwüstung, soweit das Auge reicht. Eine Ikonographie des Todes, hunderttausendfach wiederholt in Darfur: ein ganzer Stadtteil dem Erdboden gleichgemacht, verglühte Bettgestelle in weißer Asche, handtellergroße Scherben, zu Klumpen zerschmolzene Schuhe, ein verendender Esel, verbranntes Sorghum in klebrigen, porösen Haufen, die eine entfernte Ähnlichkeit mit frisch erkalteter Lava haben.

»Das waren die verdammten Zayadiya«, sagt Saddam und reicht dezent eine kleine grüne Seven-Up-Plastikflasche mit Hirseschnaps herüber. Doch den infernalischen Verwesungsgestank kann auch der *Seiko*, wie sie das selbstgebrannte Zeug nennen, nicht vertreiben.

* * *

Reuters, London, 7.5.2005: »Heute hat der erste Flug mit Lebensmitteln, die aus Libyen direkt ins kriegsgeplagte Darfur im Westen des Sudan gebracht werden, stattgefunden. Er ist Teil einer UN-Kampagne zur Versorgung von zwei Millionen Menschen, noch bevor die Regenzeit im Juni beginnt. Eine Iljuschin-76 landete in Süd-Darfurs Hauptstadt Nyala und brachte 30 Tonnen Lebensmittel aus al-Kufra im Südosten Libyens«, teilte das World Food Programme in einer Stellungnahme mit. Das WFP hofft, ab jetzt monatlich 5000 Tonnen durch den neuen Korridor liefern zu können. »Die zusätzlichen Kapazitäten, die durch die Al-Kufra-Luftbrücke entstanden sind, sind eine enorme Hilfe, um die Engpässe während der Regenzeit und der Zeit des größten Mangels zu überwinden«, sagte der Repräsentant des Welternährungsprogramms für den Sudan, Ramiro Lopes da Silva. »Wir richten uns auf ein Worst-Case-Szenario mit drei Millionen Menschen, die ab August in Darfur von Lebensmittelhilfe abhängen, ein.« Die Luftbrücke wird während der dreimonatigen Regenzeit, in der die Straßen in Darfur unpassierbar sind und Millionen Menschen von Hilfe abhängen, lebenswichtig sein.«

Samstag, 7. Mai 2005: Saiyah, Nord-Darfur

ES IST KOMISCH, aber obwohl Saiyha seit zwei Jahrzehnten austrocknet und seit zwei Jahren in Darfur Krieg tobt, sind die Marktstände in der Stadt zum Bersten gefüllt. Es gibt Datteln, Sorghum, Hirse, getrocknete Paprikas, Tomaten, Erdnüsse, Okraschoten. Pepsi Cola. Amerikanisches Speiseöl. Batterien. Parfüm. Seife. Teppiche. Buntgefärbte Stoffe in meterlangen Bahnen. Waffen.

Schießgewehre werden in Saiyah herumgetragen wie am Samstag in Herne die Fahnen von Schalke 04. Unterschiedliche Typen. G3 aus Deutschland, FN aus Belgien, AK47 aus Ägypten, Rußland, China oder Jugoslawien – das sind die mit einem Aufsatz zum Abschießen von Gewehrgranaten. Manche Waffenträger schleppen schwerer noch an ihren Hedschabs als am Kriegsgerät. Die Frauen hingegen tragen bunte Gewänder und Wassereimer auf dem Kopf. Man wundert sich bald über gar nichts mehr. Aber wahrscheinlich würden die Wüstensöhne auch komisch gucken an einem Samstag in Herne, wenn ihnen so ein deutscher blauweißer Prozessionszug entgegenkommt und so tut, als sei das das Normalste von der Welt.

DOKTOR SALEH sagt, bis in die 80er Jahre hinein sei alles mehr oder weniger in Ordnung gewesen zwischen Arabern und Afrikanern. Dann ging es los mit den Großmachtsphantasien der »Arabischen Versammlung«. 1996 sei dann alles zum ersten Mal eskaliert, als bei ihnen in der Umgebung die Zayadiya systematisch bewaffnet worden wären. »Es ist merkwürdig, wenn deine Nachbarn plötzlich kommen und morden und rauben und deine Frauen mitnehmen, denn du kennst diese Leute, und vor ein paar Jahren noch, da hättest du sie gebeten, dir Medizin aus der nächsten Stadt mitzubringen, wenn dein Sohn krank gewesen wäre, und sie hätten es gemacht, und sie wären beim nächsten Besuch im Dorf vielleicht vorbeigekommen und hätten sich erkundigt, wie es dem Kleinen geht.« Die Decke der Zivilisation ist auch in Saiyah dünn.

* * *

AUCH MIR SCHEINT es eher so zu sein, wie Arthur Schopenhauer in seinen *Parerga und Paralipomena* schreibt: »Die Geschichte zeigt uns das Leben der Völker, und findet nichts, als Kriege und Empörungen zu erzählen: die friedlichen Jahre erscheinen nur als kurze Pausen, Zwischenakte, dann und wann ein Mal. Und eben so ist das Leben des Einzelnen ein fortwährender Kampf, nicht etwa bloß metaphorisch mit der Noth, oder mit der Langeweile; sondern auch wirklich mit Andern. Er findet überall Widersacher, lebt in beständigem Kampfe und stirbt, die Waffen in der Hand. – «

NICHT WEIT ENTFERNT wird wieder aufgebaut. In der Mittagssonne formen ein paar Männer mit bloßen Oberkörpern Ziegel aus dem Matsch von Tonerde und Dung und schichten sie in langen Reihen zum Trocknen nebeneinander. Dann lockt uns schrilles und feierliches Trillern in einen Innenhof. In Scharen hocken hier schwatzende und lachende Frauen beisammen. Einige rühren mit meterlangen Holzlöffeln in einer gewaltigen Schüssel mit Sorghumbrei, sie tragen Kleider in den leuchtendsten Farben. Andere singen fröhlich und trillern und schlagen auf Töpfe und Trommeln, und wieder andere springen dazu synchron in die Luft. Eine

Hochzeit wird vorbereitet, direkt neben den Ruinen der Stadt, neben ausgebrannten Hütten und den verkohlten Resten des einstigen Hausstands. Nebenan, in einer Hütte unter Plastikplanen, hockt Fatimah, die Braut, in einem orangefarbigen Gewand. Sie wird nur von ihrer Brautjungfer Faiza umhegt, während sich der Zukünftige noch mit seinen Spießgesellen herumtreibt. »Wir hatten drei kleine Häuser«, sagt Fatimah, »sie sind alle in Flammen aufgegangen. Jetzt bauen wir wieder auf.« Auf einem kleinen Beistelltisch neben dem Bett der Braut steht ein Kassettenrekorder, Fatimahs ganzer Stolz. Irgendwie hat er den Feuersturm der Dschandschawid überlebt.

* * *

United Nations Sudan Situation Report, Khartum, 8.5.2005: »Süd-Sudan: Die Straße von Malakal nach Nasir ist wegen der Angriffe von Milizen und einem Stammeskonflikt, in den hauptsächlich Dinka- und Nuermilizen involviert sind, für die UN und Hilfsarbeiter nicht länger sicher. Nord-Darfur: Am 6. Mai hat die AU eine Untersuchung durchgeführt, in der es um ein Hijacking von vier Lastwagen am 2. beziehungsweise 5. Mai ging. Die AU bestätigte, daß die Gegend entlang der Straße zwischen Kafod und Nane unsicher sei. Das Niveau von Hunger und Armut hätte alarmierende Ausmaße angenommen. Einfache Menschen würden jetzt zu ungesetzlichen Tätigkeiten wie plündern oder Autos entführen übergehen, um an Geld oder Lebensmittel zu gelangen, um sich zu ernähren. Süd-Darfur: Ein Lastwagen der UN, der auf dem Weg von Kass nach Nyala war, wird seit dem 6. Mai vermißt. Am 7. Mai verließen vierzehn IDPs (sechs Männer und acht Frauen) das Flüchtlingslager in Kalma, um an einem drei Kilometer nordöstlich des Camps gelegenen Ort Feuerholz zu sammeln. Zwischen dreizehn und vierzehn Uhr griffen zwanzig bewaffnete, uniformierte Stammeskrieger auf Kamelen die Gruppe an. Die Zahl der Verwundeten ist noch unklar. Die Verwundeten wurden in eine Klinik auf dem Lagergelände gebracht.«

Sonntag, 8. Mai 2005: Von Saiyah nach Saganam, Nord-Darfur

SEIT EINER WOCHE haben wir keinen Strom mehr gehabt und kein Bett und keinen Spiegel mehr gesehen. Selbst die kleinen Rückspiegel werden aus den Autos herausgebrochen, um keine ungewollten, verräterischen Signale an den Feind zu senden. Mein Bart kratzt. Eine Dusche wäre auch nicht schlecht. Aber zum Glück geht es weiter. Unser Ziel ist Khor Abeche, ein 20 000-Einwohner-Städtchen in Süd-Darfur, das vor kurzem von Dschandschawid überfallen wurde. Es sind noch einige Tagesreisen bis dorthin. Aber immerhin können wir uns Minnis Propagandatreck durch die »befreiten Gebiete« anschließen. Ein paar Jungs in Ronaldo- und Beckham-Hemden holen uns ab und verfrachten uns in eins ihrer klapprigen Gefährte, dessen Kommandant Mohammed Hamid heißt, aber aus einem unerfindlichen Grund »Dar Bejn«, »zwei Straßen«, genannt wird.

Doktor Saleh, der Bertiführer, ist morgens extra vorbeigekommen, um uns zu verabschieden. Er bleibt lieber in Saiyah, sagt er, und sichert mit seinen Kämpfern die Stadt.

Minnis gewaltiger Truppenaufmarsch hingegen hält sich besser in Bewegung; es sind nur ein paar Flugminuten von El Fascher. Das einzige was uns stört: Diese Militärkarawane, die in der Wüste ein wunderbares Ziel abgibt und sich nur im Schneckentempo vorwärtsbewegt.

Unser Wagen ist mittendrin, schätzungsweise vier Pick-Ups vor uns, die gleiche Anzahl hinter uns, und alle paar Kilometer muß die ganze Abteilung haltmachen, weil bei irgendwem ein Reifen oder ein Schlauch geplatzt oder der Keilriemen gerissen ist. Als der Wagen mit dem chinesischen Raketenwerfer, einer Art Stalinorgel, liegenbleibt, verharren wir mehr als eine halbe Stunde reglos mitten auf einem Sandplateau und hoffen, daß keine feindlichen Flugzeuge kommen. Aber alles geht gut, und wir erreichen nach einer weiteren Stunde einen Sammelplatz.

Ich zähle zehn Pick-Ups mit jeweils schätzungsweise fünfzehn Mann und einen Lastwagen mit bestimmt einhundert Kämpfern, was gut zweihundertfünfzig Bewaffnete ergibt, einen Raketenwerfer, rückstoßfreie Kanonen, russische 12,7-Millimeter-DSchK-MGs, Panzerfäuste und unzählige Schnellfeuergewehre unterschiedlichster Bauart. Aber mit Abstand am beliebtesten: die »Kalaschnikow«, Gasdrucklader mit gehäusefestem Lauf und Drehkopfverschluß, Kaliber: 7,62 mal 39 Millimeter, pro »Bananenmagazin« 30 Schuß, maximale Schußweite 2710 Meter, effektive Kampfentfernung 300 bis 400 Meter, Feuergeschwindigkeit 600 Schuß pro Minute, Zusatzausstattung mit Messerbajonett, Schalthebelmodus: oben – gesichert, mittig – Dauerfeuer, unten – Einzelfeuer.

Die Sammlung an diesem Ort hat einen bestimmten Grund: Wir befinden uns jetzt rund dreißig Kilometer vor der Straße, die Khartum mit El Fascher verbindet. Die Straße ist die Nabelschnur der sudanesischen Truppen, die die Provinzhauptstadt El Fascher halten. Die Straße befindet sich deshalb größtenteils in der Hand der Regierungstruppen, und häufig rollen endlose von Kampfhubschraubern eskortierte Versorgungskonvois über diese Verbindungsstraße.

Und wir müssen da jetzt rüber, um auf die andere Seite zu kommen.

Minni hat Späher ausgesandt, um den günstigsten Punkt der Überquerung auszukundschaften.

SUDANS DEMOKRATISCHER FÜHRER Sadiq al-Mahdi bekommt Ende der 80er Jahre die Dinge nicht mehr in Griff. Der Krieg mit dem Süden eskaliert und kostet die Regierung mindestens eine Million US-Dollar täglich, während Garangs Rebellen auch im Norden für politische Unruhe sorgen, weil es ihnen gelingt, die Opposition in der Hauptstadt zu mobilisieren. Die Auslandsschulden steigen auf dreizehn Milliarden Dollar, und die Inflationsrate klettert auf schwindelerregende achtzig Prozent. Das Land ist bankrott, trotz des Öls. Zum wirtschaftlichen Ruin gesellt sich das politische Chaos. Eine Koalition löst in Khartum die nächste ab, insgesamt bringt es der Urenkel des »Rechtgeleiteten« innerhalb von etwas mehr als drei Jahren auf fünf verschiedene Regierungskoalitionen.

Das ist die Folge der Wahl von 1986, die der Mahdi-Partei *Umma* 38,2 Prozent, der *Democratic Unionist Party* der Khatmiya-Sufisten 29,5 Prozent und schließlich den Islamisten des populären Hassan al-Turabi und seiner *National Islamic Front* 18,4 Prozent der Stimmen bescherten. »Das westliche Wahlrechtssystem«, bemerkt der vom Schlingerkurs der Regierung ernüchterte Afrikanist Rainer Tetzlaff, »paßt offenbar nicht für eine derartig von religiös-politischem Klientelismus geprägte Gesellschaft, in der kein freies Wahlrecht ausgeübt werden kann, weil es noch keine freien, mündigen Bürger gibt.«

Als eine Nilflut dann Teile Khartums überschwemmt und die SPLA ihre Angriffe auf Regierungseinrichtungen verstärkt, sieht sich Sadiq gezwungen, eine Betteltour nach Tripolis zu unternehmen – zum einstigen Mentor Gaddafi, den er aber in der Zwischenzeit gründlich brüskiert hatte, als er dessen unruhestiftende Vasallen aus Darfur schmiß –, nun hat er einen hohen Preis zu zahlen, denn »Libyen beharrte auf seiner versprochenen Belohnung, Darfur« (Prunier). Unterdessen weitet sich dort der von außen ordentlich angeheizte »Stammeskrieg« aus, und die Opferzahlen schießen in die Höhe. Auf fünfhundert zwischen 1985 und 1988 beziffert sie der Gouverneur al-Tijjani Sissi. Dreißigtausend, schätzen die Fur. Neuntausend, meint Völkermordforscher Gérard Prunier.

Darfur gerät derart stark unter die libysche Knute, daß der *Indian Ocean Newsletter* schon von einer feindlichen Übernahme durch Gaddafi berichtet: »Die Annexion Darfurs durch Libyen beinhaltet die Unterdrückung der negro-afrikanischen Stämme, insbesondere der Fur, und die Machtübernahme durch die arabischen Stämme.« Schon sei libysche Währung in Darfur in Umlauf, rollten libysche Laster ungehindert durchs Land und verhandelten Darfurs Gouverneure bereits lieber direkt mit Tripolis statt mit Khartum.

Der selbsternannte Revolutionsführer Gaddafi hat Darfur also mitnichten aufgegeben. Noch immer träumt er auch von einer Vereinigung des Sudans mit Libyen – unter seinem Kommando, versteht sich. Und wo immer sich ihm die Gelegenheit bietet, versucht er, seinen Einfluß in der Region zu stärken. Seit dem Abfall des Darfur-Brandstifters Acheik Ibn Omar Saeeds, der mit Tschads Präsident Habré übereingekommen ist, die Waffen ruhen zu lassen, hat Gaddafi einen neuen Protégé gefunden: Idriss Deby. Er ist ein abtrünniger Saghawa-Offizier, aus dem Tschad, der in der Nacht vom 1. auf den 2. April 1989 – erst einmal ohne das gewünschte Ergebnis – versucht, den ungeliebten Präsidenten zu ermorden.

Gaddafi kommt der Umstürzler wie gerufen. Zwar ist er als Abkömmling des Halbnomaden-Stamms der Saghawa in seinem Sinne kein richtiger Araber, aber wenigstens ein halber, und auch zu den führenden Figuren von Turabis *Nationaler Islamischer Front* unterhält er vorzügliche Beziehungen.

Doch bevor seine Zeit kommen wird, ereignen sich erst einmal nennenswerte Umwälzungen in Khartum. Am 30. Juni 1989 läuft Sadiq al-Mahdis Zeit als Premierminister vorläufig ab. Eine Junta unter dem Kommando von Generalleutnant Umar Hassan Ahmed al-Baschir ergreift die Macht. Dieser erklärt den Ausnahmezustand, beseitigt alle demokratischen Institutionen und nennt seinen Putsch eine »Revolution zur Nationalen Rettung«. Sadiq al-Mahdi wird in den Kerker geworfen und die Armee von unliebsamen Elementen »gesäubert«. Obwohl die Führer von Turabis *Nationaler Islamischer Front* jede Beteiligung am Staatsstreich weit von sich weisen, wird schnell klar, daß der Coup das Werk der Islamisten ist. Es dauert nicht mehr lange, da zieht es auch den späteren Terrorchef Ossama Bin Laden an den Nil, und zwischen 1991 und 1996 wird er viel Geld im Gottesstaat verdienen, Straßen bauen und seine Mudschahedin für die islamische Weltrevolution trainieren.

Mit dem Sturz des äthiopischen Steinzeitkommunisten Mengistu Haile Mariam und wenig später seines Genossen Siad Barre in Somalia, denen Geld und Waffen, die sie aus Moskau zu bekommen gewöhnt waren, ausgehen, verschieben sich die politischen Koordinaten in der Region endgültig. Scheinbar zugunsten der Islamisten und arabischen Träumer. Doch gleichzeitig ist der Sudan auf dem besten Weg zum international geächteten Schurkenstaat.

DONALD PETTERSON, von 1992 bis 1995 US-Botschafter im Sudan, hat in der Rückschau die wichtigsten Gründe für Washingtons Bruch mit Khartum zusammengetragen:

> »Die Sammlung von Faktoren, die den Sudan in so ein schlechtes Licht rücken sollten, begann schon mit dem Militärputsch 1989. Wir sind nämlich per Kongreßbeschluß verpflichtet, jede staatliche Hilfe an ein Land einzustellen, dessen demokratisch gewählte Regierung gewaltsam beseitigt wurde. Ein zweiter Faktor kam schnell dazu, als die Regierung repressive Maßnahmen ergriff, um ihre Gegner oder vermeintlichen Gegener unschädlich zu machen. Hunderte von Menschen wurden ohne Möglichkeit, sich auf juristischem Wege dagegen zu wehren, weggesperrt. Einige Monate nach ihrer Machtübernahme ließ die Regierung 28 Militäroffiziere in einer Massenerschießung exekutieren. Im Lauf der Jahre wiesen Menschenrechtsorganisationen, westliche Regierungen und die Vereinten Nationen auf massive Menschenrechtsverletzungen durch Khartum hin. Ein drittes Element war die absolute Kontrolle der Regierung über die politischen Prozesse. Das Recht auf freie Meinungsäußerung und auf Versammlungsfreiheit existierte nicht. Wahlen wären, wenn sie stattgefunden hätten, weder frei noch fair gewesen. Viertens stellte die Art, wie der Krieg im Süden oft geführt wurde, einen Affront gegenüber dem Rest der Welt dar. Es gab Zeiten, da brannten sowohl die Truppen der Regierung als auch die der Rebellen gewaltsam Dörfer nieder, töteten Zivilisten und begingen andere Exzesse gegenüber der Bevölkerung. Manchmal verhinderten beide Sei-

ten aus militärischen Gründen Hilfsprogramme und nahmen sich die Hilfe einfach für eigene Zwecke. Fünftens wurden Zehntausende von vertriebenen Südsudanesen, die in Khartum lebten, in die Randbezirke der Stadt umgesiedelt, wo es an den grundlegendsten Dingen wie Trinkwasser mangelte. Khartum ignorierte die Proteste von westlichen Regierungen und den Vereinten Nationen, die forderten, diese inhumanen Praktiken einzustellen. Sechstens stand der Sudan im Golfkrieg an der Seite des Irak. Und darüber hinaus wurde Khartums Opposition zur US-Außenpolitik oft in einem schrillen, extremistischen Ton zum Ausdruck gebracht. Und siebtens schließlich, half die Baschir-Regierung schon kurz, nachdem sie die Macht übernommen hatte, terroristischen Organisationen und gab ihnen einen Unterschlupf.«

MINNI TRÄGT HEUTE ausnahmsweise Zivil: einen Jeansanzug im modischen Stil der Ostzone. Stolz schlendert er von Wagen zu Wagen, erfreut sich der Feuerkraft seiner Guerilleros und gibt persönlich den Befehl zum Aufbruch. Seine Späher konnten eine geeignete Passage über die Straße zwischen Khartum und El Fascher ausfindig machen.

Daß wir uns der heiklen Stelle nähern, verrät wenig später schon das Tempo. Waren wir bislang eher gemütlich durch die Wüste gekurvt, drückt der Fahrer jetzt wie vom Skorpion gestochen aufs Gaspedal. Dabei sieht er kaum noch etwas, weil auch die Wagen vor uns jetzt mit Höchstgeschwindigkeit lospreschen und einen dichten, rötlichen Sand-Nebel aufwirbeln. Dar Bejn, der eben noch ziemlich geschwätzig war, sagt nun gar nichts mehr. Auch die Jungs hinten auf der Ladefläche schweigen und klammern sich aneinander und an die Munitionskisten. Vor uns taucht eine vielleicht zwei Meter hohe Sandbarriere auf, die die äußere Begrenzung der Straße nach Khartum markiert. Der immer noch beschleunigende Toyota rast im rechten Winkel auf das Hindernis zu, wird in die Luft geschleudert, fliegt einige Meter und setzt umso härter auf; die vollbeladenen Pick-Ups mit lafettierten Maschinengewehren, die plötzlich links und rechts neben uns auftauchen, ebenfalls.

Während zehn Pick-Ups und ein schwerer LKW voller Rebellen über die rund fünf Meter breite Sandpiste jagen, bremst von links kommend panisch ein roter Laster ab und wendet. Er ist vielleicht vierhundert Meter von uns entfernt und befindet sich offensichtlich auf dem Weg nach El Fascher. Der Fahrer muß einen schönen Schreck bekommen haben, als diese Kolonne wildgewordener Wüstensöhne, mit denen wir unterwegs sind, seine Fahrbahn kreuzte. Nun versucht er, zu entkommen und den nächsten Militärposten zu erreichen.

Wer nicht unser Freund ist, ist unser Feind, lautet die Logik des Krieges, und wer auf der Straße zwischen Khartum und El Fascher unterwegs ist, gehört entweder selbst zur Regierung oder er handelt mit ihr. Sofort setzen zwei, drei Schützenwagen der SLA dem Flüchtenden nach, um fette Beute zu machen. Das wird ein Festmahl geben am Abend. Erleichtert setzen die Jungs ihre Fahrt fort, und auch Dar Bejn, der Haudegen, findet seine Worte wieder, er grunzt zufrieden und streichelt seine »Kalasch«.

Abends dann in der Steppe, nicht weit entfernt von einem Städtchen namens Saganam, Rebellenromantik. Minnis Kommandeure hocken auf ihren ausgerollten roten Teppichen beisammen und hecken neue Überfälle aus, und ihre Streitwagen sind unter dunkelgrünen Plastikplanen und Netzen verborgen. Überall lodern kleine Lagerfeuer. Ziegen werden geschlachtet, ausgenommen und gegrillt. Und auch ein Kamel, das einige Dörfler vorbeibringen. Die jungen Kämpfer sind aufgekratzt wie auf einer Klassenfahrt und lassen reichlich Dattelschnaps herumgehen, den sie sich bei Bauern in der Umgebung besorgt haben. Das Kamel schmeckt köstlich und der Schnaps auch.

Ein Teil des Kamelfleischs soll über Nacht getrocknet und dann als Ration mitgenommen werden. Jetzt hängt es in langen Streifen und Fetzen über dem Lauf des Maschinengewehrs, das auf der Kühlerhaube unseres Wagens befestigt ist. Die Sonne versinkt blutrot hinter den Bergen von El Fascher. Dann wird es stockdunkel, und nur die Lichter der vierzig Kilometer entfernten Stadt scheinen fahl herüber. Adam grübelt immer noch. Er will endlich zu seinen Fur-Kommandeuren ins Dschebel Marra. Wir haben den Abstecher in die Berge für den Rückweg vorgesehen. Bis dahin fühlt er sich wie eine Geisel in der Hand der »Viehdiebe« vom Stamm der Saghawa.

* * *

Financial Times, London, 9.5.2005: »Das Versagen der Internationalen Gemeinschaft, die ethnischen Säuberungen, Massenvergewaltigungen und Morde in Darfur im Westen des Sudan zu stoppen, ist eine Schande unserer Zeit. Seit zwei Jahren schaut die Welt teilnahmslos zu, während Darfur brennt. An die Stelle von Handlungen trat eine groteske

Debatte darüber, ob man das, was dort geschieht, einen Genozid nennen sollte oder nicht. Vor etwas mehr als einem Monat hat der Sicherheitsrat der Vereinten Nationen beschlossen, das Problem Darfur an den Internationalen Gerichtshof weiterzuleiten. Das war ein wichtiger Durchbruch. Aber das Versprechen von Gerechtigkeit allein ist nicht ausreichend. Die Menschen in Darfur brauchen sofort Schutz. Während die Ursachen des Konflikts kompliziert sind, bestreitet niemand die dramatische Dimension des Leids. Unabhängige Beobachter schätzen die Zahl der Getöteten auf 70 000 und weiter, daß 130 000 an kriegsbedingten Krankheiten und Unterernährung gestorben sind. Die ethnischen Säuberungen haben nur deshalb aufgehört, weil sie weitestgehend bereits vollendet wurden. Zwei Millionen Menschen sind heimatlos geworden, viele leben jetzt in Lagern, wo sie nach wie vor von mit der Regierung verbündeten Dschandschawid terrorisiert werden. Bis zu 10 000 sterben immer noch jeden Monat.«

Montag, 9. Mai 2005: Von Saganam nach Dar as-Salam, Nord-Darfur

ES IST EINE SCHÖNE STIMMUNG morgens um halb sieben. Die meisten sind schon wach, und während sich die Faulen noch träge unter krüppeligen Akazien strecken, putzen die Fleißigen bereits voller Zuneigung ihre altersschwachen Knarren. Die Sonne ist gnädig um diese Zeit, sie gibt dem Himmel zarte Bläue und der Wüste warme Röte, und die ersten Dörfler, die mit ihren Eseln vorüberziehen, grüßen freundlich die lagernden Truppen. Wir machen uns zu Fuß auf den Weg in die Stadt. Es sind nur ein paar Kilometer. Riesige Kamelherden ziehen an uns vorüber, mehrere hundert Tiere, angetrieben von Jungen, die uns Fremde neugierig beäugen. Vor ein paar Jahren noch pilgerten Entwicklungshelfer in langen Zügen durch die Gegend und verteilten Almosen, »disaster tourists« nannte sie Alex de Waal abfällig. Doch seit Krieg ist, kommen keine Kawadschas mehr nach Saganam.

In der Mitte des Ortes steht eine Moschee mit einem grünen Dach und einem Minarett, das bislang jedem Angriff zu trotzen vermochte, und daneben steht ein weißgetünchtes Schulhaus, vor dem vielleicht zweihundert Schüler in weißen Gewändern Aufstellung genommen haben. Sie bilden ein Rechteck, hundert mal hundert Meter, und in der Mitte steht, wie ein Dompteur, der Lehrer. Er heißt Mohammed Mahmud Mohammed, ist 48 Jahre alt, und folgt unermüdlich seinem Lehrplan.

»As-Salam alaikum – der Friede sei mit euch.«

»Alaikum as-salam – mit euch sei der Friede.«

Daß draußen Krieg tobt, ist für ihn kein Grund, den Unterricht ausfallen zu lassen. Daß sich die Kleinstadt langsam leert, auch nicht. Einst lebten hier 9700 Menschen, jetzt sind es zweitausend weniger, schätzt Mohammed Mahmud. Im Ort herrscht die SLA, doch der Lehrer bekommt immer noch regelmäßig sein Gehalt von der verhaßten Provinzregierung in El Fascher. »Seltsamer Krieg«, sagt der Lehrer. Sein Haus steht nicht mehr, es ist den Flammen zum Opfer gefallen. Irgendwann, während eines dieser unzähligen Angriffe, wenn die Hubschrauber über den Häusern kreisen und Erde aufwirbeln, und Soldaten auf die Flüchtenden ballern. »Leider werden wir ziemlich häufig angegriffen. Vielleicht weil El Fascher so nah ist. Die Flugzeuge brauchen doch nur ein paar Minuten. Sie kamen im August 2004, sie kamen im Oktober 2004, sie kamen vor zwei Monaten, also im März 2005. Ach ja, im September kamen sie auch. Und wenn sie kommen, rennen alle in die Wüste und versuchen, sich dort zu verbergen.« Sonst sei kaum jemand gekommen. »Die AU jedenfalls ist durch den Ort ziemlich schnell hindurchgefahren und hat noch nicht einmal angehalten, und das *World Food Programme* lies sich gar nicht blicken, die Ärzte ohne Grenzen, ja, die waren einmal da und haben Kinder gegen Masern geimpft. Das war's dann auch schon«, sagt der Lehrer. Immerhin habe die SLA einen neuen Brunnen gegraben.

AM 1. DEZEMBER 1990 ist ein Saghawa neuer Herrscher des Tschad: Idriss Deby, Gaddafis vermeintlicher Statthalter in N'Djamena.

Hissène Habré endlich geschlagen und ins Exil gejagt, wo er heute noch auf seinen Prozeß vor dem Internationalen Gerichtshof wartet. 40000 politische Morde und 200000 Fälle von Folter soll er auf dem Präsidenten-Gewissen haben – eine beeindruckende afrikanische Karriere.

Darfur ein Schlachtfeld. Die Misserya-Araber bewaffnet von Gaddafi, die Fur von Habré, haben sich gründlich die Köpfe eingeschlagen. Tausende Tote und ein Haß, der noch für einige Generationen reichen soll.

Gaddafi jedoch vorläufig am Ziel. Sein Mann regiert in N'Djamena, was will er also noch mit Darfur, dieser heruntergekommenen Westprovinz des Nachbarlands? Zudem sind in Khartum mittlerweile die Islamisten am Ruder. Der Visionär also blickt nach Westen, Richtung Niger, Mali, Nigeria.

Kein Wunder, daß die südsudanesischen Linksrebellen von John Garang ihre Chance wittern, in Darfur eine zweite Front gegen Khartum zu eröffnen. Daud Bolda wird losgeschickt, ein aus Darfur stammender SPLA-Mann, der schon in Süd-Kordofan eingesetzt worden war und einen militärischen Schnellkurs in Guerillakrieg absolviert hatte. Ihm zur Seite steht ein Massalit-Fürst, der ebenfalls mit der SPLA kämpft: Abd al-Asis al-Hillu, der spätere Kommandeur des Bataillons *Neuer Sudan* in den Nuba-Bergen, der im Jahr 2002 mit Lofoten-Tore in Kauda herumhängt und feindliche Flugzeuge zählt.

Allein, das Unternehmen der beiden scheitert kläglich. Die Mehrzahl ihres Fußvolks bilden pechschwarze »Dinkaneger« von der SPLA, und die werden in Darfur auch von den Schwarzen als Fremdlinge betrachtet. Zumal sie zudem noch Wathani sind, ungläubige Götzendiener. Die Eindringlinge werden verraten, ziemlich schnell von *Murahleen* genannten Arabermilizen, die sich überwiegend aus dem Stamm der Beni Halba rekrutieren, aufgerieben, und Daud Boldq wird in Khartum zu Tode gefoltert, während al-Hillu seine Haut gerade noch retten kann.

Er versucht sich später noch einmal am Aufruhr in Darfur, als er einen Massalit namens Adam Bazooka unterstützt, der eine Brigade in West-Darfur aufstellen möchte. SLPA-Leute wie Abd al-Asis al-Hillu und die Aufständischen aus Darfur wickeln ihre Kooperation lange Zeit über Eritrea ab. Hier werden auch Trainingscamps für die Darfuris eingerichtet. Sie treffen sich zum Geld- und Waffentransfer und schmieden gemeinsam Kriegspläne. Das geschieht heimlich, da ja die SPLA in Kenia mit der Regierung über die Bedingungen für einen Frieden verhandelt und für diese vermeintliche Friedensliebe von aller Welt hochgelobt wird.

Allerdings gibt es schon bald Differenzen zwischen SLA und SPLA. Insbesondere die mißtrauischen und stolzen Saghawa halten nicht viel von der Einflußnahme der Dinka und Nuer. »John Garang ist ein sehr schlechter Mann«, sagt ein Saghawa-Kommandeur, der befürchtet, Garangs einziges Interesse bestünde darin, immer größere Teile des Nordsudan unter seine Kontrolle zu bekommen, wie ja auch die Nubaberge oder Abyei.

WIR SIND IN DAR AS-SALAM angekommen – tief nun im Süden Nord-Darfurs und nur noch 120 Kilometer nordöstlich von Süd-Darfurs Hauptstadt Nyala entfernt.

»Das ist ein seltsamer Namenswechsel, der sich hier vollzogen hat«, sagt Adam und freut sich, »bei den Einheimischen heißt der Ort immer noch so wie früher: Katal. Und Katal bedeutet ›Killer‹. Angeblich ist damit der Dorfbrunnen gemeint. Das Wasser soll früher so verdorben gewesen sein, daß die Dürstenden reihenweise an der Tränke krepierten. 1993 dann hat die Regierung den Ort in Dar as-Salam umbenannt, Haus des Friedens. Stattdessen kam der Krieg.«

MINNI INSZENIERT SICH einen triumphalen Einzug in das Kaff. In einer endlosen Kolonne läßt er seine Technicals über den Dorfplatz rollen, und seinen Männern gefällt die Parade sichtlich. Freudestrahlend schwenken sie ihre Gewehre, und die Straßen säumen Hunderte von Schaulustigen, darunter ganze Schulklassen, die, kaum waren wir um die Ecke gebogen, damit begonnen hatten, in SLA-Sprechchöre einzufallen. Das wird hier ein richtiger »Rebellenzirkus«, freut sich Adam, den ich seit Tagen nicht mehr lachen gesehen habe. Überall springen Bewaffnete herum, und wie sie so die langen Patronengurte um den Hals hängen haben, sehen sie aus wie Bösewichte in Spaghettiwestern. Sie schießen in die Luft, und angsterfüllt rennen einige Dörfler fort, doch die Bande stört das keineswegs, ganz im Gegenteil. Man hat eher den Eindruck, daß sie ihre Freude haben an den verstörten Gesichtern der »befreiten Bevölkerung«. Demütig schleppen Frauen auch prompt Schüsseln mit einem Meter Durchmesser oder mehr herbei, in denen sich Durrabrei und Okraschotenpaste und Fladenbrot befinden. Unter einem Baum sitzen dreizehn weißgewandete Männer und verfolgen schweigend und mit versteinerter Miene den Auftrieb – unmöglich zu sagen, was sie vom Gebaren ihrer Befreier halten.

FÜNFTAUSEND EINWOHNER habe die kleine Stadt einst gezählt, berichtet einer von ihnen, Ali Abdrahman Ibrahim, der sich politischer Kommissar der SLA nennt, »aber jetzt sind es nur noch halb so viele«. Die gegangen sind, hätten die ständigen Angriffe der Armee nicht mehr ausgehalten, und noch während er das sagt, hören wir in einiger Entfernung Rotorblätter eines Hubschraubers und gehen in Deckung. Aber das Geräusch wird leiser und verstummt dann ganz.

»Der fliegt nach El Fascher«, sagt ein Mann in einer weißen Dschellabiya. Mit seinem von tiefen Falten zerfurchten Gesicht sieht er mindestens aus wie sechzig, er ist aber erst fünfundvierzig Jahre alt, wie er sagt, und er heißt Abu Bakr Adam Ibrahim. Während seine Familie das Weite gesucht habe und in den Tschad geflüchtet sei, sei er ganz alleine hier geblieben – weil er das Feld nicht verlassen und alles den Plünderern überlassen wollte. Nüsse, Sesam und Hirse baut er an. Was der karge Boden eben hergibt. Viel ist es zwar nicht, doch es reicht zum Überleben. »Und irgendwann ist ja auch dieser verdammte Krieg vorbei.«

Begonnen habe alles bereits »vor ungefähr zwanzig Jahren, vor sechs Jahren dann wurde es schlimmer, und seitdem ist es im Haus des Friedens wie in der Dschehennam«, der Hölle. »Viele essen jetzt schon Gras«, sagt Abu Bakr. Zwar gebe es auf dem Markt Pepsi aus Nyala, doch viele hätten längst kein Geld mehr, und Hilfe sei auch noch nicht nach Dar as-Salam gekommen: »Die Verzweifelten essen schon das Saatgut. Das Saatgut!« Die vorletzte Ernte war schlecht wegen des Krieges, die letzte wegen der Trockenheit und des Krieges. Wie soll denn die nächste aussehen, wenn schon das Saatgut gegessen wird? Zehn Hektar will Abu Bakr bebauen, und er hofft, daß dieses Jahr endlich der Regen kommt und nicht das Militär.

MINNIS BANDE hat in der Zwischenzeit eine Art Tribüne auf dem Marktplatz aufgestellt. Wie Ordner haben sich schützend Bewaffnete zwischen der SLA-Führung und den unzähligen Zivilisten aufgebaut. Furchterregend sehen sie aus – mit ihren ins Gesicht gezogenen Turbanen, aus denen sie grimmig hervorlugen, und dem Waffenarsenal, das sie hier zur Schau stellen.

Minni jedoch ist guter Dinge und hält eine Ansprache an die staunenden Dörfler, die von der Truppenparade immer noch etwas überrumpelt wirken.

»Ihr seid die eigentlichen Herren dieses Lands«, quäkt er mit seiner dünnen Stimme in ein Megaphon, das ganz entsetzlich knarzt und zudem auch noch immer wieder den Geist aufgibt.

»Es ist euer Recht hier zu tun und zu lassen, was ihr wollt.

Fünf Millionen von uns Darfuris wurden von Khartum in den Krieg gegen die Südsudanesen gehetzt!

Für den Mahdi haben wir einst die Türken aus dem Land geschmissen!

Und wie wurde es uns gedankt?

Wir darben in Armut, und die Regierung plündert das Öl. Doch damit ist jetzt Schluß. Die Zeit des Kampfes ist gekommen, und diese Zeit wird solange andauern, bis wir unser Recht errungen haben. Das Ziel unseres Marsches heißt Khartum.

Wir werden siegen! Wir werden Khartum einnehmen!«

ADAM können weder der martialische Auftritt noch die flammende Rede überzeugen. Er vermutet hinter dem Geisterzug, mit dem wir da unterwegs sind, eine Propagandaveranstaltung. Bislang habe sich Minni immer lieber in Eritreas Hauptstadt Asmara aufgehalten. »Daß er plötzlich diese gefährliche Reise durch halb Darfur unternimmt, hat nur einen einzigen Grund: Minni kämpft auf eigene Rechnung und will rechtzeitig die Leute auf seine Seite ziehen, die Berti, die Meidob und wer ihm sonst noch über den Weg läuft. Was wir erleben, ist das Ende des gemeinsamen Widerstands gegen das Regime in Khartum.«

* * *

Daily Nation, Nairobi, 10.5.2005: »Kenia kann die Gunst der Stunde im neuen Sudan nutzen. Der Wiederaufbau des Südsudan wird Geschäftsleuten eine Chance bieten, das große Geld zu machen. Wenn der Südsudan endgültig seine Tore für Investitionen öffnet, bietet sich kenianischen Geschäftsleuten die Möglichkeit einer Super-Business-Periode, welche die Zeiten des Kaffeebooms in der Mitte der Siebziger Jahre noch zu übertreffen verspricht. ›Das ist eine Win-Win-Situation für alle Aktionäre sudanesischer Aktien, hier in der Region oder im Rest der Welt‹, sagte Doktor John Garang, der Vorsitzende der Sudanesischen Volksbefreiungsbewegung, die den Südsudan kontrolliert. Die Menschen im Süden des Sudan streben alle unter dem Schirm der SPLM danach, die ölreiche Region zu entwickeln, die der Welt für mehr als vier Jahrzehnte verschlossen geblieben war. Für viele dieser Menschen, einschließlich Doktor Garang, wurde Kenia zur zweiten Heimat, und sie zählen jetzt auf ihre Nachbarn, mit denen sie zusammenlebten, ihnen hilfreich zur Seite zu stehen, wenn sie ihr Land wiederaufbauen. Ein neues Kapitel wurde aufgeschlagen in der Geschichte des Sudan, wo Nationbuilding die gewohnte Kakophonie des Gewehrfeuers ersetzt.«

Dienstag, 10. Mai 2005: Dar as-Salam, Nord-Darfur

ÜBER DER STADT weht die gelbgrünblaue Fahne der SLA.

Gelb wie die Wüste.

Grün wie die Felder.

Blau wie die Berge.

»Tora Bora« werden die SLA-Rebellen von ihren Feinden genannt – wie die sturmreif geschossene Taliban-Feste Osama Bin Ladens in Afghanistan.

ADAM SAGT, neulich sei im tschadischen Fernsehen ein Bericht gekommen über Afrikaner, die versuchen, auf die Kanarischen Inseln zu kommen. Und da sei auch irgendein Minister aus Europa befragt worden, und der habe gesagt, man müsse jetzt den Afrikanern noch mehr Geld geben, denn dann würden die Menschen zu Hause bleiben, statt nach Europa zu strömen. Adam findet diese Argumentation wenig durchdacht. »Das stimmt doch nicht«, sagt Adam, »das genaue Gegenteil ist wahr, denn die Durchquerung der Sahara und die Fahrt weiter nach Europa kostet ein paar tausend Dollar, und deshalb sind die Flüchtlinge, die auf den Kanarischen Inseln und Sizilien anlanden, ja auch keine armen Schlucker aus Somalia, dem Kongo oder Darfur, sondern, gemessen an afrikanischen Verhältnissen, vergleichsweise wohlhabende Westafrikaner aus Ghana oder Nigeria. Und deshalb verleitet, genaugenommen, mehr Wohlstand in Afrika, genau im Gegensatz zur weitverbreiteten Ansicht, natürlich tendenziell eher mehr als weniger Afrikaner dazu, den gefährlichen Trip übers Meer zu wagen. Denn es können sich dann ja viel mehr Leute so eine Reise leisten. Die Mexikaner versuchen schließlich auch, scharenweise in die Vereinigten Staaten zu gelangen, obwohl das Bruttosozialprodukt ihres Landes fünfzigmal so hoch wie das des Sudan ist. Und sie würden damit nicht aufhören, wenn es hundertmal so hoch wäre, solange das Leben in den USA noch mehr Reichtum verspricht. Das ist die Natur des Menschen, man kann es bedauern oder nicht.« Sagt Adam.

PLÖTZLICH läuft uns inmitten des Rebellenkarnevals eine Weiße über den Weg. Sie ist blond und blauäugig und trägt ein weißes Hemd mit dem Abzeichen einer Hilfsorganisation. Christine Freymann aus Osnabrück. Seit einigen Wochen schon ist sie in Darfur und haust, hinter Sandsäcken verbarrikadiert, mit drei katalonischen Kolleginnen neben einem

Lazarett, das sie hier mitten im Kriegsgebiet betreiben. Spanische Ärzte führen hier das Kommando über den unerschrockenen Trupp, der beharrlich auf die Einhaltung seiner Richtlinien besteht. Als Minni etwas großspurig mit einem Haufen bis unter die Zähne bewaffneter Krieger auftaucht, um einen verwundeten Kombattanten zu besuchen, muß die ganze Kompanie am Tor erst einmal haltmachen und kleinlaut ihre Waffen abgeben, bevor den Rebellen schließlich gnädig Einlaß gewährt wird.

Ein Krankenhaus war dieser Unterstand zwar schon früher gewesen, doch als die europäischen Medizinerinnen kamen, hatten sie nicht viel vorgefunden: keine Ärzte, keine Pfleger, keine Instrumente. Das gesamte Personal war verschwunden. Es muß, als der Krieg eskalierte, übereingekommen sein, den hippokratischen Eid »zu Nutz und Frommen der Kranken« in diesem Fall einmal hippokratischen Eid sein zu lassen und hatte sich kollektiv auf die andere, die sicherere Seite der Front begeben. Und damit während des Gemetzels bloß keine Zurqa in den Genuß medizinischer Versorgung kämen, hatte es sprichwörtlich alles, was nicht niet- und nagelfest war, mit nach El Fascher zu den Arabern geschleppt und damit wahrlich eine Horrorvision erfüllt. »Stell dir vor, es ist Krieg, und alle machen mit.«

Mühsam mußte das Nötigste danach eingeflogen werden, Medizin, Instrumente, selbst ein OP-Tisch, ein improvisiertes Laboratorium, Reagenzgläser und eine manuelle Zentrifuge. Auf fünfzig schlichten Pritschen liegen die Kranken seitdem, doch immerhin erhalten sie jetzt eine Grundversorgung. »Die Zahl der unterernährten Kinder steigt«, sagt Freymann, »die letzten Ernten waren sehr schlecht, und das schon über Jahre. Manche Leute kommen auf Eseln, andere schleppen sich zu Fuß aus dreißig oder vierzig Kilometer entfernten Dörfern hierher. Das nächste Krankenhaus liegt in El Fascher, fünfundsechzig Kilometer entfernt. Sonst haben wir Malaria, Durchfallerkrankungen, Hirnhautentzündung.« Weit über dreißigtausend Menschen werden von der kleinen Einsatzgruppe versorgt, zum Glück aber ist in letzter Zeit wenigstens die Zahl der Schußverletzungen zurückgegangen.

IBRAHIM BAKHEID, Mitte zwanzig, unterscheidet sich von seinen Kameraden durch ein lässig über den Kopf geknotetes Piratentuch, unter dem sich nur notdürftig filzige Dreadlocks verbergen, ein Transistorradio, das er ständig bei sich führt, und einen deutlich helleren, eher milchkaffeefarbenen Teint. »Bob Marley« wird der Rastamann von den anderen, seiner Vorliebe für Reggae-Musik wegen, genannt.

Ibrahim Bakheid ist ein seltenes Exemplar.

Er kämpft bei der SLA, ist aber Araber. Vom Stamm der Maaliya, der in Süd-Darfur lebt und dort heutzutage Ackerbau betreibt – Garadaia heißt sein Heimatdorf, und das liegt an der Eisenbahn, bei Adila und ganz in der Nähe der Stadt El Diein, wo es 1987 zu dem Massaker an über eintausend Dinka-Flüchtlingen aus dem Südsudan kam.

»Ein paar Jahre lang habe ich für die Weißen gearbeitet, Bohrfirmen, Chevron und so, Kanadier, immer auf irgendwelchen Ölanlagen oder an der Pipeline. Ein Ölfeld heißt Unity. Schöner Name, findest du nicht? Reparaturarbeiten hab ich gemacht, so'n Kram. Ich bin Mechaniker. War auch in Ordnung, mit der Bezahlung, meine ich. Die Stimmung war eher mies. Alle anderen, die da gearbeitet haben, waren Sudanesen aus dem Norden. Die Leute aus Darfur galten irgendwie als minderwertig, verstehst du? Sie mußten die Klos schrubben, Dreck wegmachen, obwohl sie zur Schule gegangen waren, niedere Jobs. Da waren die Araber eisern. Ich habe mich um deren Scheiß nie geschert. Klar, ich war Araber, aber wir Maaliya hatten nie was gegen die Schwarzen. Irgendwie wollte ich mich aus dem Kram immer raushalten, meinen Frieden haben, verstehst du? Musik hören, Geld sparen, später vielleicht mal nach Jamaika, ein paar Joints rauchen, das wär ein Traum. Ich weiß nicht mehr genau wann, aber eines Tages kam so'ne Bande von Dschandschawid ins Dorf. Sie gehörten zu den Rizeigat, ganz aus der Nähe. Das sind auch Araber. Wie wir. Aber die sind Nomaden, und wir Farmer. Keine Ahnung, Mann, was die von uns wollten. Aber sie ballerten wie die Irren durch die Gegend und brachten mindestens dreißig von unseren Leuten um. Araber, verstehst du? Ich raff's immer noch nicht. Ich denk, die Regierung hat die Burschen bezahlt, damit sie die Südler bekämpfen und Grausamkeiten begehen. Vielleicht haben sie geglaubt, wir stecken mit denen unter einer Decke. Jedenfalls war für mich dann das Ding klar. Das waren unsere Feinde, Mann. Und Frieden gab es seit diesem Tag für mich nicht mehr. Eigentlich stehen alle Maaliya auf der Seite der SLA, spätestens seit diesem Blutbad. Ich kenne keinen einzigen, der bei den Dschandschawid ist. Die konnten eigentlich nie bei uns Fuß fassen. Dabei haben sie's oft probiert. Schon Ende der Achtziger, Anfang der Neunziger. Da wollten sie, daß wir in ihre bescheuerte Popular Defense Force gehen, um die SPLA und die Aufrührer in Darfur plattzumachen. Von unseren Leuten ist damals keiner dahin. Soll'n doch ihren Krieg alleine führen. Aber vierhundert von uns sind in der Armee, ich schwör's dir, die wollen sich da militärisch ausbilden lassen, und dann wechseln sie die Front und zahlen es der Regierung heim. Ich hatte schon von der SLA gehört, klar doch. Die Jungs waren hauptsächlich im Dschebel Marra und im Westen. Ich hab mich dann mit vier Leuten abgesetzt und mich der SLA angeschlossen. Ich mein, wir haben uns einen Pick-Up geschnappt, der hat zum Oilfield gehört, wo wir gearbeitet haben. Also: Wir hören auf BBC, daß die SLA die Stadt Mahadscheria eingenommen hat, und sagen uns: ›Los, da fahren wir jetzt hin, machen wir eben einen kleinen Ausflug.‹ Wir sind dann hundert Kilometer oder so nach Norden gefahren, direkt zur SLA. Um zwölf Uhr mittags sind wir abgehauen und abends um acht war'n wir bei der SLA. Coole Aktion. War schon 'n komischer Auftritt. Wir fünf, alles Araber, sagen ›As-Salam alaikum‹ wir woll'n uns euch anschließen‹. Und die Jungs war'n total in Ordnung. Sie sagten ›Good, no Problem‹, als wär's das Normalste von der Welt. Geile Typen, drücken dir 'ne Waffe in Hand und sagen: ›Willkommen im Club.‹ Militarytraining war bei mir nicht nötig, das hab ich ja schon bei der Army gehabt. Ich weiß das, als wär's gestern passiert. Es war gerade Ramadan. Seitdem bin ich bei der Truppe.«

Auch einige Rizeigat-Araber sollen sich ähnlich wie Ibrahim Bakheid der SLA angeschlossen haben. Angeblich greifen sie – unter SLA-Kommando stehend – in Kordofan Ölanlagen an.

* * *

Die Tageszeitung, Berlin, 11.5.2005: »Die UN-Hilfswerke in Sudans Kriegsregion Darfur haben den Beginn der Regenzeit gemeldet – früher als erwartet. Dies dürfte die humanitäre Hilfe für die 2,45 Millionen Vertriebenen und sonstigen Hilfsbedürftigen wieder erschweren, kurzfristig vor allem in Westdarfur, an der Grenze zum Tschad, heißt es im gestern veröffentlichten UN-Lagebericht. Letzte Woche hatte die UNO Truppenkonzentrationen in Westdarfur und zunehmende Kämpfe in Süddarfur gemeldet. Unterdessen erklärten sich Darfurs Rebellen in Libyen zur bedingungslosen Wiederaufnahme von Waffenstillstandsgesprächen bereit.«

Mittwoch, 11. Mai 2005: Von Dar al-Salam, Nord-Darfur, nach Khor Abeche, Süd-Darfur

MINNIS TRUPPE hat sich irgendwann aus dem Staub gemacht, der Anführer will weiter nach Osten, während es uns weiter nach Süden zieht und danach ins bis zu dreitausend Meter hohe Marra-Gebirge, das Heimatland der Fur. Endlich wollen wir schließlich auch Klarheit darüber erhalten, wer eigentlich die Kontrolle über die SLA hat: immer noch Präsident Abd al-Wahid Mohammed al-Nur oder Generalsekretär Minni Arkou Minnawi. Der Fur oder der Saghawa?

Einige hundert Kilometer sind wir nun schon durch Darfur gefahren, haben die bläulichweißen Lichter »feindlicher« Garnisonen gesehen und sind aber, zum Glück, weder Regierungssoldaten noch Dschandschawid persönlich begegnet. Das Gebiet, das die SLA kontrolliert, ist riesig, aber es befinden sich keine größeren Städte darunter.

Wir haben ebenfalls keinen einzigen SLA-Kommandeur des wichtigsten Stammes der Region gesehen, keinen einzigen Fur mit einem höheren militärischen Rang in der Rebellentruppe. All das weite Land, durch das wir bisher gereist sind, befindet sich ganz offensichtlich in der Hand einer Saghawa-Stammesmiliz, die unter dem Namen SLA firmiert.

Deshalb sollten wir uns von Minni Arkous Propaganda-Armee absetzen, und deshalb hocken wir jetzt ganz allein in Dar as-Salam und versuchen, zu den Kommandeuren von Khor Abeche, fünfundsechzig Kilometer weiter südlich gelegen, Kontakt aufzunehmen, während plötzlich ein Herold der SLA zu uns gestürmt kommt und uns vor einem Dschandschawidangriff warnt. Es hätte sich herumgesprochen, daß Minni mit großem Gefolge unterwegs sei, und jetzt werde die Regierung alle Orte ins Visier nehmen, die den Rebellenführer beherbergt haben oder wo er sich immer noch versteckt halten könnte. Wir sollten uns also besser aus dem Staub machen. Im Gegensatz zu den Ärzten und Leuten von der humanitären Hilfe, die in der Gegend unterwegs sind, befinden wir uns als Journalisten illegal im Land, haben ja noch nicht einmal ein Visum, und geben wohl ein weiches Ziel ab, wie es im Militär- und Terrorexpertenjargon heißt.

* * *

NACH DER NIEDERLAGE, die das dilettantische SPLA-Kommando 1991 in Darfur erleiden mußte, kehrt nur für kurze Zeit Ruhe in dem Krisengebiet ein. Die Regierung Baschir – schwer beschäftigt mit den Aufrührern im Süden, ermuntert aber durch den einfachen militärischen Erfolg in Darfur – möchte nun wenigstens die Dinge in seinem Wilden Westen in den Griff bekommen. Leutnant El Tayeb Ibrahim, ein Brutalo, der stolz den Spitznamen »Iron Bar« (Eisenstange) führt, wird nach Darfur gesandt, die verfeindeten Stammesmilizen zu entwaffnen und damit das staatliche Gewaltmonopol wieder herzustellen.

Tetzlaff hat diesen Versuch der Regierung, sich der Geister, die sie gerufen hatte, wieder zu entledigen, beschrieben. »Nachdem die einwöchige Frist verstrichen war, in der die Bevölkerung ›illegale Waffen‹ bei den Behörden abgeben sollte, wovon freilich niemand Gebrauch gemacht hatte, begann der Gouverneur eine umfassende Zerstörungskampagne: ›Zahlreiche Menschen, einschließlich Frauen und Kinder, wurden bei lebendigem Leibe in ihren Wohnungen verbrannt.‹ Die *Sudan Democratic Gazette* schloß ihren Bericht mit der düsteren Aussicht, ›diese jüngste Kampagne‹ stelle einen ›genozidförmigen Angriff auf die alteingesessene Bevölkerung von Darfur dar‹, und es gäbe ›keine Anzeichen für ein Ende dieser Maßnahmen in naher Zuklunft‹.«

1994 verschärft sich die Lage. Auslöser ist diesmal eine Veränderung der föderalen Struktur des Staats. Das Islamistenregime von Präsident Umar al-Baschir und seinem »Mastermind« Hassan al-Turabi hat nämlich einen Plan ausgeheckt, wie es auf längere Sicht den Einfluß der oppositionellen Parteien, insbesondere al-Mahdis einflußreicher *Umma*, begrenzen zu können glaubt: »Divide et Impera.« Der Sudan, der seit Februar 1991 ein Bundesstaat ist, wird in viel mehr Entitäten als zuvor zerschlagen: aus neun Teilstaaten werden sechsundzwanzig. Auf diese Weise soll der Tribalismus gefördert werden und dementsprechend der Einfluß lokaler Stammesfürsten zuungunsten der größeren, zentralen Parteien. Aus einem Darfur werden plötzlich drei: Nord-, Süd- und West-Darfur. Im Norden leben überwiegend Saghawa, im Westen Massalit, die Bevölkerung des Südens ist gemischt. Und die Fur, der Stamm, der mehr als doppelt so groß ist wie Saghawa und Massalit zusammen? Die leben im Zentrum, und deren Bevölkerung verteilt sich ab sofort auf die drei nun entstandenen Provinzen. Mit einem Handstreich werden die Fur plötzlich zur Minderheit in jedem der drei neuen Teilstaaten. Die »Amire«, die lokalen Fürsten, welche von der Regierung in Khartum jetzt berufen werden, sind nahezu ausschließlich Araber; ja, die meisten gehören gerade den Stämmen an, die besonders bereitwillig an den Kriegen gegen die Schwarzen im Süden oder in Darfur selbst teilgenommen haben.

In Dar Massalit bricht zuerst Unruhe aus. Es kommt zu blutigen Zusammenstößen mit Regierungstruppen, arabischen Stammesmilizen und Polizei. Zwischen 1996 und 1999 werden Hunderte von Zivilisten getötet, Tausende junger Massalit-Männer an die südsudanesische Front geschickt und hunderttausend als Flüchtlinge in den Tschad getrieben. Arabermilizen werden massiv bewaffnet, um die Aufständischen zu bekämpfen. Die Dschandschawid treten plötzlich ins Licht der Öffentlichkeit. In El Diein errichtet die Armee Kasernen, in denen Milizionäre trainiert werden. Grenzen verwischen. Wer gehört noch zur mindestens halbstaatlichen *Popular Defense Force* und wer schon zu den wilden Dschandschawid?

* * *

EIN HÄNDLER hat uns dann doch noch mitgenommen nach Süden. Er hat einen kleinen Wagen herumstehen, und für ein paar Dollars erklärt er sich bereit, uns nach Khor Abeche zu chauffieren, da würde uns bei der örtlichen SLA-Einheit absetzen, und mit denen könnten wir bestimmt weiterfahren. Aber beeilen sollten wir uns. Die Nachrichten über Truppenbewegungen ganz in der Nähe seien besorgniserregend.

* * *

IN KHOR ABECHE stehen nur noch Ruinen. Und was einmal Hausrat war, sind jetzt nur noch Aschehaufen. Und was einmal Dächer waren, sind jetzt nur noch Aschehaufen. Und was einmal Tiere waren, sind jetzt nur noch Aschehaufen. Khor Abeche ist ein einziger Aschehaufen mit ein paar schwarzverkohlten Steinhaufen dazwischen und ausgebrannten Wänden. Und die Asche ist noch ganz frisch, oben gräulichweiß und unten tiefschwarz, und man kann den Feuersturm, der hier getobt hat, noch riechen. Aber man kann sich nicht vorstellen, daß hier jemals Menschen gelebt haben sollen. Vor kurzem noch, vor ein paar Wochen. 20 000 sogar. Khor Abeche war nicht gerade ein Dorf. Sogar ein Flüchtlingslager lag mitten im Stadtzentrum. Tausende waren in dem Irrglauben nach Khor Abeche geflüchtet, hier sicher zu sein. Ausgerechnet in Khor Abeche. Das war ihr Todesurteil. Khor Abeche, Stadt der Tränen. Welche Ironie. Diejenigen, die es anderswo zu gefährlich fanden, sind ausgerechnet hier verbrannt. Wären sie doch zuhause geblieben. Doch jetzt ist es zu spät. Schwarze Bäume, wie nach einem Waldbrand oder einer Ölpest. Aber dies hier war kein Waldbrand, und es war keine Ölpest, sondern ein Massaker. Man könnte unter das Bild von den schwarzen Bäumen auch schreiben: Portugal, Vila Nova de Gaia nach einem verheerenden Waldbrand, Foto: AP. Oder: Nigeria, das Nigerdelta nach dem Bruch einer Pipeline, Foto AFP. Aber dies hier ist Khor Abeche nach einem Dschandschawidangriff mit brennenden Bäumen und brennenden Menschen und brennenden Tieren, deren verkohlte Kadaver noch zwischen den Trümmern liegen. Und es ist kein Foto, sondern wir stehen inmitten dieses Infernos und müssen achtgeben, wohin wir unsere Füße setzen, weil wir nicht auf irgendetwas treten möchten. Und wir kommen uns vor wie Einbrecher, wie wir da durchs menschenleere Khor Abeche laufen, durch Stein- und Aschehaufen, die einmal Häuser waren, in denen geschlafen wurde und gegessen und gefeiert, und wo Kinder lachten und Kinder weinten und Menschen schimpften und sich wieder versöhnten. Und wir laufen kilometerweit durch diese fremde Asche, fast eine ganze Stunde lang, ohne zu fragen, ob wir stören. Weil da niemand ist, den man noch fragen könnte, ob er vielleicht was dagegen hat, daß wir einfach so in den Trümmern seines Hauses herumrennen.

SCHÜCHTERN lugt plötzlich ein junger Mann aus dem Dunkel einer Ruine hervor. Vorsichtig, zaghaft, wie ein scheues Tier. Er hat uns bestimmt schon eine ganze Weile beobachtet, bis er sich hervorgetraut hat. »Ihr seid die ersten Fremden«, sagt er: »Wartet!« Und dann läuft er mit eiligen Schritten fort.

Nach gut einer Stunde bewegt sich eine kleine Gruppe weißgewandeter Männer auf uns zu, ihnen folgen vielleicht zwanzig Frauen in bunten, wehenden Kleidern. Einige tragen Kinder auf dem Arm. Asche wirbelt auf, als sie durch die Ruinen der Stadt auf uns zukommen. Ein leichter Wind hat eingesetzt, und Wolken sind aufgezogen. Der Himmel ist fast schwefelgelb jetzt. Es ist eine unwirkliche, gespenstische Szenerie. Ein älterer Mann scheint den Troß, der sich uns behutsam annähert, zu führen. Er trägt eine weiße Dschellabiya, die von der umherwehenden Asche schon leicht gräulich eingefärbt wurde. »Ich bin der Omda dieses traurigen Orts«, sagt der Mann, »meine Name ist Mohammed Abakir. Seid ihr gekommen, unsere Geschichte zu hören, so will ich sie euch gerne erzählen. Leider kann ich euch nichts anbieten, denn diese Stadt ist leer und tot, und die Menschen, die das große Feuer überlebt haben, wohnen da hinten in den Hügeln, die Khor Abeche umgeben, und sie kommen nur noch, um in den Trümmern nach Feuerholz zu suchen oder zu schauen, ob noch ein Brunnen funktioniert. Die Menschen haben Angst, und sie werden seit diesem Tag immer Angst haben. Ihr ganzes Leben lang. Denn ein Menschenleben ist zu kurz, um das, was sich in Khor Abeche am siebenten April ereignet hat, zu vergessen.«

ES GESCHAH AM 7. APRIL 2005, einem Donnerstag, und es war um sechs Uhr morgens, als die Sonne gerade erst begann, den kalten Nachtboden zu wärmen und der um diese Jahreszeit in Khor Abeche übliche Wind feinen Sand zwischen die Häuser und Strohhütten trieb.

»Ich saß beim Tee mit meiner Frau Mariam Adam zusammen. Genauer gesagt, ist sie meine Zweitfrau, und sie lebt auf der anderen Seite der Stadt, im Osten, während meine andere Familie im Westen lebt. Wir stehen immer sehr früh auf, und so saßen wir zu dieser frühen Stunde schon zusammen und tranken Tee. Da schien es, als bebe die Erde. Als erstes hörten wir den Lärm von Granaten. Es war wahrlich ein schwerer Granatbeschuß. Es krachte und knallte aus allen möglichen Himmelrichtungen – von da drüben, sehen Sie, etwas weiter entfernt: Südwesten, Nordwesten, Westen, ein teuflischer Lärm war das. Es war uns sofort klar, daß dies ein Überfall ist. Wir rechnen doch damit. Wir kennen doch den Krieg inzwischen. Sie waren ja auch schon am 29. März gekommen und haben fünf Leute ermordet. Vor ein paar Jahren, da hätten wir vielleicht noch an ein Gewitter geglaubt, aber jetzt doch nicht mehr. Das einzige, was uns gewundert hat, war, daß wir keine Flugzeuge gehört haben zu dieser Zeit. Normalerweise kommen die immer ein paar Minuten vor den Attacken, damit die Fußsoldaten und Reiter keinen großen Widerstand mehr zu befürchten haben. Aber jetzt kam der Angriff aus heiterem Himmel. Wir waren nicht gewarnt, und es war so früh noch am Morgen, da lagen doch die meisten noch in den Betten. Ich glaube, die wollten viele töten an diesem Tag. Sie wollten viele töten. Es ging dann alles wahnsinnig schnell. Ich habe Mariam an die Hand genommen, und Mariam hat die zwei Kinder an die Hand genommen, und dann sind wir gerannt und gerannt. Es herrschte Chaos. Überall. Reiter in beigen Tarnuniformen, manche mit roten Stirnbändern, preschten durch die Straßen und schossen. Es war wie in einem Film: Reiter auf Kamelen, auch welche auf Pferden, dahinter jede Menge

Autos, immer diese Geländewagen, auf deren Ladefläche große Gewehre montiert sind, wir nennen sie ›Technicals‹, und große Lastwagen. Männer sprangen herunter und brüllten, Kinder schrien, Frauen weinten, Schüsse fielen: Schuß, Schuß, Schuß, Schuß. Immer wieder. Schuß, Schuß, Schuß. Ich weiß nicht mehr, wie wir aus der Unordnung gefunden haben. Ich weiß es wirklich nicht. Die meisten rannten nach Norden und Osten. Ich glaube, wir folgten einfach blind der Menge. Nur weg von dem Geknalle. Wir haben es dann geschafft, rüber zu den Hügeln da hinten zu gelangen, und da haben wir hinter einem Felsen Schutz gesucht und erst einmal gewartet.«

IN DER STADTMITTE lag eine kleine Krankenstation, sie wurde von einem französischen Arzt betrieben, der für das Hilfswerks »*Aide Médicale Internationale* arbeitete. Als der Angriff auf Khor Abeche stattfand, wurde die Klinik gestürmt, und den vier Kranken, die hier an ihre Betten gefesselt waren, wurden die Kehlen durchgeschnitten. Der Arzt war da schon verschwunden und auch die Amerikaner vom *International Rescue Committee*, die allesamt am 29. März, nach der ersten Angriffswelle, ihre Sachen gepackt hatten und verschwunden waren. Nebenan liegt das »Flüchtlingslager«, eine endlose Reihe niedriger Hütten, Verhaue, Zelte, aus schmutzigen Plastikplanen und Mülltüten gefertigt. Die Fähnchen von Hilfsorganisationen flattern noch an den Dornbüschen: IRC, World Vision. Jetzt ist alles verwaist. Aber wieviele mögen hier vorher gehaust haben? 12 000, sagt einer. Und ein anderer: 20 000. Ich erinnere mich an die Pressemitteilung einer *Aktion Deutschland Hilft* aus dem Jahr 2004, aus der Zeit vor dem Inferno. Heute erscheint das alles nur noch makaber.

»Die kleine Stadt Khor Abeche, 120 Kilometer nördlich von Nyala, bereitete den Helfern von World Vision am 21. November einen freudigen Empfang«, heißt es in dem Schreiben, »um die mit Decken, Kleidern, Wasserkanistern und anderen Hilfsgütern beladenen Lastwagen der Hilfsorganisation bildeten sich große Menschentrauben. ›Wir sind glücklich, euch hier zu sehen und danken euch, daß ihr Wort gehalten habt‹, begrüßte Allaib Mohammed Hamud die Helfer. Er ist der Leiter des Flüchtlingslagers in Khor Abeche. Khor Abeche wird von der Rebellengruppe SLA/M (Sudan Liberation Army/Movement) kontrolliert und beherbergt zur Zeit ca. 25 000 Vertriebene. Sie kommen aus Regionen, die für Hilfsorganisationen bisher zum Teil unzugänglich waren. World Vision registriert nun die Bedürftigsten für die Verteilung von Nahrungsmitteln und verteilt Planen,

Decken, Wasserkanister, Kleider und Seife aus UN-Lagerbeständen. Weitere Hilfsmaßnahmen, wie die Errichtung von Latrinen und die Ausgabe von Werkzeugen, sind in Vorbereitung.«

25 000 Menschen. Wenn das stimmt ... Wir erkundigen uns nach Allaib Mohammed Hamud. Der Omda zuckt hilflos mit den Schultern. Niemand weiß etwas über seinen Verbleib. Ist er tot? Konnte er flüchten? Schweigen. Welche Rolle spielt das jetzt noch? Hier starben Unzählige. Es gibt keine Buchhalter in Darfur. Keine Listen.

KLEINE STAMMESLEHRE.

In der Stadt Afrikaner: Massalit. Birged. Tunjur. Saghawa. Mararit.
Vor der Stadt Araber: Misserya. Tarjam. Mahriyya. Irayqat. Bani Mansur.
Die Afrikaner in Khor Abeche.
Die Araber in Nigeata.
Entfernung zwischen Khor Abeche und Nigeata: sieben Kilometer.

FAISAL MOHAMMED WADI, ein 18jähriger Junge, der viel zu groß wirkt für den zerbrechlichen Esel, auf dem er sitzt. Er hatte Glück.

»Es war sehr früh am Morgen. Da ist es noch kalt in den Bergen. Ich war da oben mit den Rindern und Ziegen. Sie sollten fressen. Hier gibt es doch nichts; die Trockenzeit war lang. Es wird Zeit, daß der Regen kommt. Schaut euch um: nur Sand. Aber oben in den Bergen gibt es noch etwas Gestrüpp, Büsche, Gräser. Der entsetzliche Lärm der Schüsse hat mich geweckt. Er dauerte stundenlang, und er schien aus allen Richtungen zu kommen – so, als hätten sie die Stadt belagert. Ich hörte Granaten und Panzerfäuste und Hundertsechsergeschütze und Schreie, und es wollte nicht aufhören. Stunde um Stunde, bis nachmittags um vier ging es so. Ich war vor Angst wie gelähmt, und die Tiere zitterten am ganzen Leib. Zehn Stunden! Habt ihr eine Ahnung, wie lange zehn Stunden sein können? Diese schrillen Hilferufe! Dazu dieses Donnergrollen! Und dann wurde es ruhig, so gespenstisch ruhig, als wäre alles ein böser Traum gewesen. Ich bin dann zurück. Aber wohin? Keine Ahnung. Es war, als ginge ich durch eine fremde Welt. Ich erkannte nichts mehr wieder. Alles sah so anders aus. Es brannte überall, und wo einmal Hütten standen, da glühten jetzt Ascheberge. Ich bin fast verrückt geworden, weil ich unser Haus nicht fand. Da gab es ja nichts mehr, an dem man sich orientieren konnte. Und dann diese Leichen überall und das Blut. Ich fand dann doch zurück. Da war aber kein Haus mehr, da lagen nur noch Tote. Elf Stück. Mein Vater lag dort in seinem Blut, sie hatten ihn einfach niedergeschossen. Mohammed Wadi. Er war fünfzig. Neben ihm lag sein jüngerer Bruder, auch tot, Onkel Hamid Ahhmed. Die neun anderen waren Nachbarn und Cousins. Wir Überlebenden haben sie schnell bestattet, wie es bei uns Sitte ist. Diese ganze Stadt ist jetzt ein Friedhof, und ich komme nur noch selten her. Die meisten, die diesen Tag überlebt haben, verbergen sich in den Hügeln ringsum. Sie leben im Busch, ohne Wasser, ohne Strom, ohne wärmende Kleidung, ohne Schulen. Das Sterben, ist noch nicht vorbei.«

AM STADTRAND liegt ein kleines Zeltlager der Afrikanischen Union. Die Zelte sind von PAE, den Amerikanern. Ein paar Nigerianer patrouillieren innerhalb ihres Stacheldrahtverhaus, der vielleicht die Größe eines halben Fußballfelds hat, und präsentieren morgens stolz das Gewehr. Abends sitzen sie unter Flutlichtmasten und spielen Karten und rauchen Zigaretten. Das Flutlicht wird immer erst im Morgengrauen ausgeschaltet. Es taucht die ganze Ruinenwelt hinter dem nigerianischen Schlagbaum in ein kaltes bläulichweißes Licht.

Heraus kommen die Nigerianer nur, wenn sie Schnaps oder Frauen brauchen. Sagen die Einheimnischen.

Der Kommandeur der Nigerianer sagt, er sage gar nichts ohne Genehmigung vom Hauptquartier in Nyala. Nur soviel will er verraten: »Unser Auftrag ist, uns selbst zu schützen.«

Die Überlebenden halten nicht viel von dieser Art der Bruderhilfe. »Die Soldaten hätten hier sein sollen, als wir überfallen wurden«, klagen sie, »aber da ließen sie uns im Stich, sie sind erst am 5. Mai, fast einen Monat nach dem Massaker gekommen.«

* * *

»8. APRIL 2005, United Nations Mission in Sudan (Unmis).

Gemeinsame Stellungnahme der Mission der Afrikanischen Union im Sudan und der Mission der Vereinten Nationen im Sudan zum Angriff und der Zerstörung von Khor Abeche am 7. April 2005 durch bewaffnete Miliz.

Ausgestellt von: AMB. Baba Gana Kingibe & MR Jan Pronk.

Wir nahmen mit äußerster Erschütterung und Ungläubigkeit den unbarmherzigen, einen ganzen Tag andauernden Angriff auf Khor Abeche durch eine bewaffnete Miliz des Misseriya-Stamms aus Nigeata zur Kenntnis. Die mehr als zweihundert Mann starke Truppe kam auf Pferden und Kamelen unter dem Kommando eines Nasir Al Tijani Adel Kaadir. Sie wurden später unterstützt von einer anderen einhundertfünfzig Mann starken Gruppe, die ebenfalls aus Nigeata kam. Sie marodierten durch das Dorf, töteten, verbrannten und zerstörten alles, was ihren Weg kreuzte, und hinterließen eine totale Zerstörung, die nur eine Moschee und eine Schule aussparte. Diese Attacke, die von einer Grausamkeit war, die man seit der Plünderung von Hamada im Januar 2005 nicht mehr gesehen hat, hing offensichtlich mit dem vermuteten Diebstahl von 150 Rindern zusammen, deren Spuren nach Khor Abeche zurückverfolgt worden waren.«

Am 8. April also, einen Tag nach dem Blutbad, wissen AU und UN schon, wer hinter dem Angriff auf Khor Abeche steckt: die Misseriya unter dem Kommando Nasir al-Tijanis. Normalerweise dauert es Wochen, bis eine der beiden Organisationen etwas herausfindet. Wenn sie überhaupt etwas herausfinden.

»SIE WUSSTEN die ganze Zeit, was sich hier zusammenbraut«, sagt Scheich Abdulabanat Dawoldabeit, 59, »und sie haben nichts dagegen unternommen. Ich habe keine Ahnung, ob es diesen Viehdiebstahl jemals gegeben hat. Die Araber kamen irgendwann zu uns, aus Nigeata, wo sie lagern, nur ein paar Kilometer südlich von hier, und sagten ›Ihr seid verdammte Diebe, ihr Hundesöhne, jemand hat einen Haufen Rinder gestohlen‹. Und, daß wir die Tiere herausrücken sollten, weil sie es uns sonst noch heimzahlen würden. Sie kämen wieder, denn wir seien nur Sklaven, und die Sklaven solle man töten. Wir haben jemanden zur Afrikanischen Union nach Nyala geschickt. Aber die sagten bloß: Holt euch doch eure SLA zur Hilfe! Wir können nichts für euch tun. Danach schickten sie unseren Mann fort. Wir haben dann die SLA um Unterstützung gebeten, und die kam auch. Zwanzig Tage blieb sie in Khor Abeche, und in diesen zwanzig Tagen passierte nichts Schlimmes, und so zog sie wieder ab und ließ nur einen kleinen Posten zurück. Die Afrikanische Union hat uns manchmal besucht. Dann landete jedesmal ein Hubschrauber aus Nyala oder El Fascher, wo sie ihre Basen hat. Den meisten Menschen hat das Angst gemacht, und sie rannten fort. Hubschrauber besitzt hier ja eigentlich nur die Armee. Aber die AU-Leute blieben auch nicht lang. Sie stiegen aus und sagten, daß die Araber sich in Nigeata zusammenrotten würden und wir aufpassen sollen. Das war alles. Daß wir aufpassen sollen! Wie sollten wir uns aber verteidigen?«

DIE AFRIKANISCHE UNION und die Vereinten Nationen, am 8. April 2005: »Wir verurteilen diesen sinnlosen und im Vorfeld angekündigten grausamen Angriff. Die Afrikanische Union hat in der Vergangenheit gelegentlich Diskussionen mit dem Wali von Süd-Darfur und Herrn Al Tijani darüber geführt, wie man die Sicherheitslage in der Region stabilisieren könne. Tatsächlich hatte sich die AU seit dem 3. April darauf vorbereitet, Truppen in Niteaga und Khor Abeche zu stationieren, um genau diesen Angriff zu verhindern, aber sie wurde von ihren Maßnahmen abgehalten. Es sieht so aus, als hätten offizielle Stellen ganz bewußt die Zuteilung von Land herausgezögert, auf dem die Soldaten hätten untergebracht werden können.« Man erwarte nun, »daß die Regierung unverzüglich Maßnahmen gegen Al Tijani ergreifen« werde, »der in ihrer Gegenwart wiederholt mit der Zerstörung Khor Abeches gedroht hat, bis er am 7. April 2005 schließlich seine Drohung wahrmachte«.

Der Angriff war mithin lange Zeit zuvor angekündigt worden.

Ein paar Tage vor dem Gemetzel überlegt die AU also, Truppen in Khor Abeche zu stationieren, aber sie kann sich mit dem Gouverneur von Süd-Darfur nicht auf ein für ihre Nigerianer angemessenes Grundstück einigen. Dabei befindet sich Khor Abeche zu dieser Zeit gar nicht unter der Kontrolle der Regierungstruppen, sondern in der Hand der SLA. Und die SLA hat die AU mehrfach aufgefordert, in ihre Gebiete zu kommen, um die Zivilbevölkerung zu schützen. Das bedeutet natürlich auch: Die sudanesische Regierung verbietet der Afrikanischen Union einfach, in Regionen vorzurücken, die sie noch nicht einmal kontrolliert, sondern der Kriegsgegner.

Kurz vor dem Angriff dringen dann zwanzig sudanesische Regierungssoldaten in Khor Abeche ein und evakuieren die Araber des Ortes, die zuvor mit Sack und Pack in die Moschee gezogen sind und ihre Häuser verlassen haben.

IN DARFUR tobt seit mehr als zwei Jahren ein Krieg. Und die AU und die Uno? Die tun nicht viel mehr, als ein bißchen mit ihrem Hubschrauber herumzufliegen und den Leuten zu erklären, sie müßten sich schon selber schützen.

Und einen Tag nach dem Wochen zuvor in aller Öffentlichkeit angekündigten Blutbad reagieren sie ausgerechnet mit »äußerster Erschütterung und Ungläubigkeit«.

Mit Ungläubigkeit! Als würden die Dschandschawid ihre Probleme normalerweise in Uno-Konfliktslösungsworkshops bewältigen.

AM FREITAG, DEM 8. APRIL 2005, landet ein Hubschrauber der Afrikanischen Union in Khor Abeche. Ein paar Männer steigen aus und machen Bilder. Dann fliegen sie wieder weg, um einen Bericht anzufertigen. Wie immer. »Das Vertrauen in die Afrikanische Union war einer der größten Fehler, die in der ganzen Darfur-Angelegenheit begangen wurden. Wir haben der AU zu lange zugesehen und ihren Ausreden geglaubt. Da ist wertvolle Zeit verloren gegangen«, sagt Gerhart Baum, der ehemalige Uno-Sonderberichterstatter für den Sudan, heute.

* * *

DER KOMMANDEUR der örtlichen SLA-Abteilung, Ahmed Adam Suleyman, nimmt uns mit nach Hamada. Das Dorf ist nur wenige Kilometer von Khor Abeche entfernt, und der Weg dahin führt ziemlich nah an den Stellungen der Dschandschawid und der Regierungsarmee vorbei. Hamada ist, seit es im Januar 2005, eine Woche vor Beginn der Hadsch, von Dschandschawid heimgesucht wurde, komplett entvölkert. Vorher wohnten hier vielleicht siebenhundert Menschen. Sie bauten Guaven an. Der üpppige Hain neben dem Wadi verwildert jetzt, und Esel streunen auf der vergeblichen Suche nach Eßbarem zwischen den Strohhütten herum. Die Regierung behauptet, die Straße nach Hamada habe von gefährlichen Banditen gesäubert werden müssen. »Aber hier waren keine Banditen«, sagt Ahmed Adam Suleyman. Er war einer der ersten, die nach dem Überfall nach Hamada kamen. 119 Tote hat er gezählt, und viele davon hat er eigenhändig bestattet. Über dreißig Kinder waren unter den Toten, sie hatten gerade Unterricht. Die AU, die den Vorgang später untersuchte, besitzt Aufnahmen von ermordeten Schuljungen, deren Gesichter zu einer blutigen Masse geschlagen worden waren, bevor man sie verbluten ließ. Die Leichen von Dreijährigen fand man ebenfalls. Die einzigen Lebenden, die Ahmed Adam an jenem Tag vorfand, waren ein paar Frauen. Alle Frauen des Dorfs waren stundenlang geschändet worden, teilweise von zehn verschiedenen Männern. Den ganzen Tag lang wüteten die Eindringlinge. Die Leichen von 64 Frauen fand der SLA-Mann später. Doch einige Frauen ließen die Dschandschawid am Leben, damit sie von der Schmach und dem Horror berichten konnten.

* * *

The East African Standard, Nairobi, 12.5.2005: »Ein afrikanisches Gipfeltreffen, das sich in der nächsten Woche mit Sudans umkämpfter Darfur-Region beschäftigen soll, wurde von Ägypten nach Libyen verlegt, erklärte Libyens Führer Muammar al-Gaddafi heute. Das Treffen von fünf afrikanischen Führern, das früher schon einige Male verschoben werden mußte, sollte ursprünglich am 15. und 16. Mai im ägyptischen Rotmeer-Seebad Sharm el-Sheikh stattfinden. ›Ich verkünde hiermit, daß der afrikanische Mini-Gipfel zu Darfur am nächsten Montag in Tripolis einberufen wird‹, sagte Gaddafi während eines Treffens mit Vertretern aus Darfur. Es war nicht sofort klar, warum die Zusammenkunft der Präsidenten von Ägypten, Sudan, Tschad und Nigeria verlegt wurde. Ein ägyptischer Offizieller sagte in Kairo, das Treffen sei ohne die Nennung von Gründen verschoben worden. Auf dem Treffen sollen die Konsequenzen einer Resolution des Weltsicherheitsrats diskutiert werden, nach der Kriegsverbrecher aus Darfur, wo der Konflikt 2003 ausbrach, vor ein internationales Gericht gestellt werden sollen. Khartum besteht darauf, daß derartige Prozesse nur im Sudan stattfinden. Der libysche Führer Gaddafi versucht, in dem Konflikt eine Vermittlerrolle zu spielen.«

Donnerstag, 12. Mai 2005: Von Khor Abeche nach Shanguel Towbay, Süd-Darfur

WIR SIND NOCH IN DER NACHT nach Nordosten gefahren und haben Shanguel Towbay erreicht. Es ist ein seltsames Gefühl: Zum ersten Mal seit fast zwei Wochen haben wir wieder Strom, sehen Lichter und hören Musik. Im Ort wimmelt es von Hilfsorganisationen und Flüchtlingen. Es gibt sogar einen großen, kilometerlangen Markt.

Obwohl die Stadt von der SLA kontrolliert wird, lagern außerhalb der Stadt Dschandschawid. Shanguel Towbay liegt direkt an der wichtigen Straße, die die beiden Provinzhauptstädte El Fascher und Nyala verbindet. Und obwohl in der Stadt die Rebellen herrschen, rollen mitten durch den Ort regelmäßig die Konvois der Regierung.

Örtlicher Kommandeur der SLA ist Adam Jacoub Sherif, ein freundlicher junger Mann in Militäruniform und senfgelbem Turban. Er lädt uns zu einem Glas Kakadee ein, Hibiskussaft.

»Es ist ein Jammer, aber wir können die Konvois nicht stoppen«, sagt er, »dabei wissen wir, daß sie tonnenweise Treibstoff für die sudanesische Armee transportieren. Früher wurden sie immer vom einem massiven Aufgebot an Soldaten und Kriegshubschraubern eskortiert, doch jetzt übernimmt diese Aufgabe die AU.«

»Die Afrikanische Union?« fragen wir ungläubig. »Das kann doch nicht sein! Wieso beschützt die Afrikanische Union sudanesische Armeekonvois? Wir dachten, sie fühle sich für den Frieden zuständig.«

»Ach, nein. Ich denke, die Khartumer bezahlen sie dafür. Ich habe einmal mit ein paar Nigerianern, die hier kurze Rast gemacht haben, gesprochen. Ich spreche ein wenig Haussa, wie sie. Sie lachten nur und meinten, sie würden nicht schlecht bezahlt für ihre Dienste. Das sei doch ganz normal. Die Regierung zahlt, die AU springt. Sie wollen Geld, ganz einfach. So ist es in Afrika.«

»Wie läuft so eine Eskorte ab?«

»Vorneweg zwei Pick-Ups der AU mit jeweils acht Mann, hinten zwei Pick-Ups der AU mit jeweils acht Mann, dazwischen fünfundzwanzig weißlackierte Tanklaster der Regierung. So kann es weitergehen mit dem Krieg.«

Die Welt tut nichts, sagen die Moralisten. Aber was soll sie auch tun? fragt der Realist.

1759 LIESS VOLTAIRE seinen armen Candide durch Leibniz' beste aller Welten taumeln. Es hätte auch eine Reise durch Darfur sein können. »Dort hauchten Mädchen mit aufgeschlitzten Bäuchen ihre letzten Seufzer aus, nachdem einige Helden ihre natürlichen Bedürfnisse an ihnen befriedigt hatten. Andere, die halb verbrannt waren, flehten schreiend um den Gnadenstoß – und ringsum bedeckten Gehirne und abgehauene Arme und Beine den Boden.«

Es war natürlich keine Reise ins Innere Afrikas, das erst ein Jahrhundert später gründlicher erforscht werden sollte. Candides Geisterfahrt führt durch das Frankreich, England und Bulgarien des 18. Jahrhunderts. Überall »Lügner, Betrüger, Schwächlinge, Gesinnungslumpen, Feiglinge, Neidhammel, Vielfraße, Trunkenbolde, Geizhälse, Streber, Blutsauger, Verleumder, Wüstlinge, Fanatiker, Heuchler und Dummköpfe«. Die morden, stehlen, brandschatzen. Kurz und gut: ein einziges Inferno.

»Offen gestanden«, sagt Candide zu seinem Lehrer Pangloß, »man hätte schon Grund, sich über die physischen und moralischen Zustände auf unserem Erdteil zu beklagen.«

Da hat er Recht.

Nur im Gegensatz zu heute ist von einer humanitären Intervention bei Voltaire deswegen noch nicht die Rede. Im Gegenteil: Der Glaube, mit Geld und Blauhelmen ließe sich der Elendskontinent Afrika in ein Schlaraffenland voller glücklicher Philanthropen verwandeln, erinnert vielmehr an die Torheit des Lehrers Pangloßleibniz und seinem naiven Bild vom Paradies auf Erden.

SCHLIESSLICH, LEHRT ENZENSBERGER, setze jede Vermittlung »bei den Beteiligten den Willen und die Fähigkeit voraus, Frieden zu schließen. Gewöhnlich überwiegt jedoch auf allen Seiten der Wunsch, den Krieg bis zur Selbstvernichtung fortzusetzen. Der Schlichter, der ihnen in den Arm fallen will, muß deshalb darauf gefaßt sein, daß er zur Zielscheibe sämtlicher Bürgerkriegsbanden wird. Hilfsorganisationen werden routinemäßig bedroht, Versorgungskonvois überfallen und ausgeplündert. Vermittler werden verdächtigt und erpreßt, Helfer zu Geiseln genommen, Verhandlungen sabotiert; auf die Friedenstruppen wird scharf geschossen. Die Regierungen, die sie entsenden, billigen ihnen nicht einmal das Recht auf Selbstverteidigung zu, geschweige, daß sie ihre Ziele militärisch durchsetzen dürften.

Sanktionen und Embargos werden angedroht, aber nicht wirklich verhängt. Eine lückenlose, mit Waffengewalt bewehrte Blockade hat es nie gegeben; sie ist nicht einmal versucht worden, obwohl sie äußerst wirksam wäre. Von allen Verbindungen zur Außenwelt abgeschnitten, ohne Munitionszufuhr, ohne Kommunikationswege, Geldtransfer, Transport- und Lebensmittel würde jeder Bürgerkrieg innerhalb von Monaten erlöschen. Aber gerade die Wirksamkeit dieses Rezepts verhindert seine Anwendung. Schon bei den ersten schüchternen Schritten sieht sich die intervenierende Koalition auf der Anklagebank, da die Isolierung des Kriegsherdes zwangsläufig auch die ›unschuldige Zivilbevölkerung‹ trifft.

Die Folge aus diesen Dilemmata ist, daß alle, die sich an Interventionen beteiligen, mit jedem Tag an Autorität und Glaubwürdigkeit verlieren. Gleichwohl zieht jeder Einsatz die Forderung nach weiteren nach sich. Warum wird im Land X eingegriffen, während das Land Y sich selbst überlassen bleibt? Die unterliegenden Bürgerkriegsparteien begreifen nicht, warum die Außenwelt keine Lust hat, ihnen zu Hilfe zu eilen. Wenn diese ausbleibt, schlägt Hoffnung in Enttäuschung, Erwartung in Empörung, ja in Wut und Rachsucht um«.

IN DARFUR eskaliert also die Situation. Im Süden grassiert die Cholera. Im Osten könnte bald der Krieg beginnen. Der Sudan zerlegt sich in seine Einzelteile.

Und wir sollen etwas tun, sagen Kofi Annan, Heidemarie Wieczorek-Zeul, Bono, Bob Geldof, George W. Bush, George Clooney und Mia Farrow. Alle also, die ihr Herz am rechten Fleck haben. Wir sollen also Darfur befrieden. Wir sollen den Südsudan aufbauen. Denn so kann es nicht weitergehen.

Wie wir das tun sollen, erfahren wir leider nicht. Und leider ist es auch nicht alles so einfach, wie sich das unser Eisenbahnbauer aus der norddeutschen Tiefebene denkt, der mit seiner hübschen Idee hausieren geht, eine Lokomotive durch die menschenleere Prärie stifte schon Frieden unter Stämmen, die seit Ewigkeiten mit großem Ernst aufeinander loszugehen pflegen.

DER RUF NACH INTERVENTION in Darfur, Somalia oder Kongo ertönt natürlich oft und ist natürlich billig (weshalb er noch nicht falsch sein *muß*).

Die sie fordern, müssen für ihren Wagemut schließlich nicht bezahlen. Sie aalen sich in Selbstzufriedenheit über ihr derart zur Schau gestelltes Verantwortungsgefühl gegenüber dem Rest der Welt – sie wissen sogar, wo Kinshasa liegt und daß in Darfur Muslime hausen. Wer Zweifel an Sinn und Zweck ihrer militärischen Pläne äußert, ist gemeinhin entweder unmoralisch oder feige. Aber natürlich sind es nachher nicht die Interventionsbefürworter, die, wie es den amerikanischen GIs widerfahren ist, abgeschlachtet wie Vieh durch die Straßen Mogadischus geschleift werden. Nachdem sie dort hingeschickt wurden, um die Leiden der Bevölkerung zu lindern. Und nicht, wegen der Ölmagnaten und Großkonzerne, die an all diesen kaputten Staaten an Afrikas Horn allenfalls mäßiges Interesse haben. Afrikas Anteil am Welthandel beträgt etwas über ein Prozent, und es ist ja alles noch viel schlimmer: Den Multis würde es überhaupt nicht auffallen, wenn der Kontinent verschwände.

Es sind die französischen Zivilisten in der Elfenbeinküste, die mit Pangas durch die Straßen getrieben und vergewaltigt wurden, weil die Regierung in Paris Soldaten geschickt hatte, um gerade jenen den Hals zu retten, deren Opfer sie jetzt werden: den aufgehetzten und besoffenen Mordbanden des roten Rassisten Laurent Gbagbo. Eines Salonsozialisten im übrigen, der jahrelang in der linken Schickeria Frankreichs ein und aus ging, wo er mit antikolonialer Attitüde poussierte und es sich vom schlechten Gewissen der Grande Nation gutgehen ließ.

Da draußen im Busch warten längst die Rebellen darauf, daß die Franzosen abrücken, die den Schmock noch schützen; wie sie auch Idriss Deby, den Herrscher des Tschad, mitsamt seiner verkommenen Entourage vor dem schnellen Untergang bewahren. Und die Franzosen sind eben nicht in Abidjan aufmarschiert, um die Geschäftsinteressen von ein paar Tausend Landsleuten zu schützen; die meisten haben mittlerweile ohnehin das Land verlassen, und nur die wenigsten werden vermutlich zurückkehren.

* * *

> **Sudan Tribune, Paris, 13.5.2005:** »Vergewaltigungen, Kidnapping und Angriffe auf Zivilisten nahmen im letzten Monat in Sudans Darfur-Region trotz wachsender internationaler Bemühungen, das Blutbad zu beenden, zu, sagte ein Vertreter der Vereinten Nationen. Hedi Annabi, der stellvertretende Chef der UN-Peacekeeping-Operationen, sagte, die AU-Soldaten seien dort, wo sie stationiert sind, beim Eindämmen der Gewalt effektiv, hob aber gleichzeitig die Wichtigkeit der AU-Pläne hervor, ihre Truppen zu verstärken. »Unsicherheit, Gewalt und das Leiden der Zivilbevölkerung halten in der erschütterten Region an«, sagte er in einer Stellungnahme gegenüber dem UN-Sicherheitsrat und fügte hinzu, es gebe auch Überfälle auf Hilfsarbeiter. Er nannte diese Angriffe einen »besorgniserregenden Trend bezüglich der wichtigen Rolle, die die Internationale Gemeinschaft bei der Versorgung der 2,45 Millionen Zivilisten in der vom Konflikt betroffenen Region spielt«. 300 000 Menschen könnten in mehr als zwei Jahren der Gewalt in Darfur gestorben sein.«

Freitag, 13. Mai 2005: Von Shanguel Towbay nach Dirbat, Süd-Darfur

INS DSCHEBEL MARRA, endlich. Adam drängt schon die ganze Zeit. Kein einziger der Kommandeure, die uns bislang in ihre Obhut genommen hatten, gehörte dem Stamm der Fur an. Sie waren allesamt Saghawa gewesen, doch immer wenn wir sie auf diesen merkwürdigen Umstand ansprachen, wichen sie aus. Merkwürdig waren auch einige Telefongespräche gewesen. Immer wieder hatten wir versucht, bestimmte Fur-Offiziere der SLA über ihre Satellitentelefone zu erreichen, doch entweder schienen sie ungewöhnlich einsilbig, oder fremde Personen nahmen den Hörer ab, und Gerüchte schwirrten über Kommandos, die Minni entsandt habe, unliebsame Fur zu verhaften. In bestimmten Regionen des Dschebel Marra sollen gar Kämpfe toben, nicht nur mit Armee und Dschandschawid, die beharrlich gegen dieses natürliche Bollwerk anrennen, sondern auch zwischen den verfeindeten Stammesfraktionen innerhalb der SLA. »Die Marra-Berge (Jabal Marra), die an einigen Orten bis zu dreitausend Meter hoch sind, sind der geographische und historische Kern von Dâr Fûr«, schreibt Rex Sean O'Fahey, »sie markieren nicht nur die effektive Grenze der von Osten ausgehenden Arabisierung, sondern bildeten zudem sowohl die Basis als auch den Unterschlupf der Sultane in historischen Zeiten. Die Berghänge sind bedeckt von einem komplexen System aus Stein-Terrassen, die den Eindruck erzeugen, daß die Berge früher mehr Menschen beherbergt haben als sie es heute tun. Dieser Eindruck muß nicht falsch sein, weil die Fur-Völker historisch immer weiter nach Süden und Südwesten gezogen sind.«

ABER ERSTMAL dort ankommen. Der Fahrer muß zuviel Hirseschnaps gesoffen haben, so wie er fährt. Mitten in der Nacht bricht die Hinterachse unseres Wagens, und nun stehen wir ratlos im Geröll am Berg, und es ist bitterkalt. Unsere eiserne Ration Aragi ist plötzlich verschwunden, und der Fahrer versucht, dazu eine unschuldige Miene zu machen. Es ist Freitag, der Dreizehnte; hol ihn der Scheitan! Commander Adam Jacoub Sherif aus Shanguel Towbay ist untröstlich, aber er besitzt zum Glück ein Thuraya und telefoniert Hilfe herbei. Das kann jetzt einige Stunden dauern. Wir fluchen, aber es bringt nicht viel, und darum fügen wir uns nach kurzer Zeit in unser Schicksal. Die Situation entbehrte allerdings auch nicht einer gewissen Komik, denn wie in einem ziemlich schlechten Film waren wir durch diese Steinwüste schlingernd von unserem eigenen Hinterrad überholt worden, bevor wir Schlaftrunkenen begriffen, was überhaupt passiert war.

* * *

DER PRÄSIDENT DER SLA, Abd al-Wahid Mohammed al-Nur, wurde in Zalingey geboren, zwischen Nyala und El Geneina – südlich-westlich des Marra-Gebirges. Seine ganze Familie lebt jedoch im Dschebel – in Turra, der alten im Nordostteil des Gebirges gelegenen Hauptstadt des Sultanats Dar Fur. Abd al-Wahid hat dort bei Gericht jahrelang als Rechtsanwalt gearbeitet. Im Juli 2002 wurde er als einer der Verantwortlichen der beginnenden Revolte in Zalingey verhaftet, jedoch nach relativ kurzer Zeit wieder auf freien Fuß gesetzt.

Im Mai 2005 lebt er mit seiner jungen Frau Eiman und einigen anderen Fur-Rebellen in einer Art Guerillakommune in einem unscheinbaren Wohnblock in Nairobis Stadtteil Kileleshwa. Er ist ein Mann mit einer donnernden Stimme und von heiter-sinnlichem Gemüt. Laut Alex de Waal und July Flint verspotten ihn andere Darfuris als »Hotel-Guerillero« – seiner Absenz vom Schlachtfeld wegen.

»Eigentlich begann der Aufstand schon 1992, nach der Niederlage Daud Boldas«, sagt der SLA-Führer, »ich würde sagen, damals hat sich eine Bewegung formiert, die die Ungerechtigkeit in Darfur beseitigen wollte, in ihr befanden sich viele Intellektuelle, Studenten. Viele Frauen waren darunter. Alle Teile der Gesellschaft waren vertreten. Wir nannten sie *Darfur Liberation Movement*, und ihre Heimat war damals das Dschbel Marra, wo natürlich überwiegend Fur leben. Wir wollten unsere Bewegung aber ausdehnen, weil sie alle Gruppen repräsentieren sollte, nicht nur einen Stamm. Deshalb haben wir uns im Schutz der Berge organisiert und bewaffnet, und dann haben wir versucht, zum Beispiel die Saghawa im Norden, wo es flach ist, miteinzubeziehen. Dort können ja sogar Flugzeuge landen. Am 21. Juli 2001 haben wir uns mit einigen Saghawa-Chiefs in Abu Gamra weiter im Norden getroffen und einen Eid auf den Koran geschworen, daß wir die arabische Vorherrschaft über unsere Heimat bekämpfen würden. Ich habe später Truppen in den Norden geschickt, um die Saghawa zu unterstützen. Minni war damals Protokollant der alten Saghawa-Führer. Die Massalit waren anfangs nicht dabei. Sie saßen im Westen fest und schafften es nicht, ins Dschebel Marra zu gelangen. Irgendwann haben wir Minni losgeschickt, um Waffen zu besorgen, und diese Macht nutzte er aus, sich gleich Generalsekretär zu nennen. Er strebt nach Macht und bekommt Unterstützung aus Libyen und Ägypten. Mittlerweile haben sich die Verhältnisse hier etwas geändert. Die Saghawa haben leichteren Zugang zu Waffen, weil sie im Grenzgebiet leben und viele unsere Leute im Gebirge oder mittlerweile in Flüchtlingslagern mitten in Darfur. Die Saghawa sind keine Intellektuellen, sie sind Krieger. Und deshalb herrscht jetzt auch Krieg zwischen uns. Im November 2004 schon haben Saghawa versucht, sich an die Spitze der Bewegung zu putschen. Es kam zu Kämpfen, und sie töteten einige unserer Leute. Ich glaube übrigens nicht, daß sich Minni abspalten will – er will die ganze Macht. Er will einen Militärstaat, und er soll der Führer der Junta sein.«

DIE SAGHAWA-FUR-ALLIANZ überrascht die Regierung von vornherein einigermaßen. Hatte sie doch die Saghawa immer eher zu den »Arabern« als zu den »Afrikanern« in Darfur gezählt und lange Zeit eher auf deren Unterstützung gebaut. Zudem galt nicht zuletzt der Saghawa Idriss Deby, der ja seine Machtübernahme des Tschad mit libysch-sudanesischer Hilfe und außerdem von Darfur aus eingeleitet hatte, als verläßlicher Partner.

Nun sieht sie sich lange Zeit einer weitaus größeren Allianz gegenüber. Aber Zeiten ändern sich ja und Bündnisse werden gerne wieder aufgelöst und mit anderen, zur Not auch dem ärgsten Feind geschlossen.

DIRBAT ist ein gut verborgener Gebirgsort mit engen, verwinkelten Gassen und richtigen Steinhäusern, eine natürliche Festung. Nur ein schmaler von Autos befahrbarer Weg schlängelt sich an Orangenhainen vorbei hinauf. Oben pulsiert jedoch ganz unvermutet das Leben. In Dirbat ist Markttag. Und der Markt von Dirbat ist berühmt.

In einem alten Lied der Fur wird er besungen, erfährt dort allerdings zweifelhaften Ruhm als beliebtes Jagdrevier der Steuereintreiber des Sultans:

»Auf dem Markt von Dirbat haben mich die Steuereintreiber ruiniert/ jetzt geh ich nach Hause und statte der Heimat der Affen einen Besuch ab.«

»Heimat der Affen« ist eine ironische Anspielung auf die verwaisten Felder, über die sich die Paviane herzumachen pflegen, wenn der Bauer auf dem Markt von Dirbat weilt, um seine Produkte zu verkaufen.

Auch heute ist es gefährlich, auf den Markt zu gehen. An den Markttagen greifen die Antonows der Luftwaffe besonders gerne an und belegen die Stadt mit Bomben

IM FAHLEN, GRÜNLICHEN LICHT einer auch sonst recht düsteren Kaschemme, in der Tee und Gebäck gereicht werden, treffen wir endlich mit der örtlichen Rebellenführung zusammen. Sieben, acht Männer sitzen um einen langen Tisch herum und schmatzen und schlürfen und versuchen in Erfahrung zu bringen, was uns zu ihnen treibt. »Das hier ist unser Freund », sagen die Männer und klopfen einem eingeschüchterten Mann in ihrer Mitte jovial auf die Schulter und lachen maliziös: »Er heißt Abd al-Basched. Er will nur zuhören. Er will immer dabeisein.«

Irgendetwas liegt in der Luft, und Adam ist, natürlich, wieder einmal der erste, der das spürt.

Die Lage wird erörtert. Des Kriegs. Der Frontverläufe. Der Bevölkerung.

Da wird schnell klar, daß die, die sich uns da als die Herren Dirbats präsentieren, völlig ahnungslos sind.

Wo steht der Feind?

Fragende Blicke Richtung Abd al-Basched.

»Er hat Truppen in Golo, nordwestlich von hier, aber auch weiter im Westen, im Gebirge.«

Wann begann der Krieg in Dirbat?

Fragende Blicke Richtung Abd al-Basched.

»Seit dem 16. Mai 2002 haben wir die Kontrolle über die Stadt. Hier, in dieser Gegend begann 2002 unser Aufstand; noch bevor im Februar 2003 der SLA-Angriff auf El Fascher erfolgte.«

Wieviele Menschen leben in Dirbat?

Fragende Blicke Richtung Abd al-Basched.

»Im County 12 000. Überwiegend Fur, aber auch Flüchtlinge aus insgesamt 62 verschiedenen Ortschaften, die meisten flüchten aus dem Tal hierher in die Berge.«

Wird die Gegend immer noch angegriffen?

Fragende Blicke Richtung Abd al-Basched.

»Wenn Markttag ist, kommen häufig Antonows und bombardieren den Ort. Im März 2004 war es besonders schlimm, da dauerten die Angriffe zwei Wochen ununterbrochen an.«

Wie werden die Verwundeten versorgt?

Fragende Blicke Richtung Abd al-Basched.

»Wir haben im ganzen Dschebel Marra kein funktionierendes Krankenhaus. Einmal kam das Rote Kreuz vorbei und brachte einen Erste-Hilfe-Koffer. Dann verschwand es wieder. Selbst das Wasser in den Brunnen wird wegen der vielen Flüchtlinge knapp. Notfälle bringen wir nach Mahadscheria, zweihundert Kilometer entfernt, oder zum MSF-Hospital nach Dar as-Salam, das ist eine Tagesreise von hier entfernt.«

Gibt es Schulen?

Fragende Blicke Richtung Abd al-Basched.

»Die Schulen sind geschlossen, die vier Lehrer des Orts sitzen im Gefängnis in Nyala.«

Abd al-Basched ist einsilbig und eingeschüchtert und schon sonst ein schmalbrüstiges Kerlchen, jetzt jedoch völlig in sich zusammengesunken. Er beantwortet die laut, polternd und gebieterisch an ihn gerichteten Fragen mechanisch, fast im Flüsterton und mit vibrierender Stimme.

Dies hier ist mehr eine Geiselnahme als eine Zusammenkunft verbrüderter Rebellen. Der Fur, bis vor kurzem noch Kommandeur seiner Stadt, stellt ein bemitleidenswertes und zitterndes Häufchen Elend dar, eingeklemmt zwischen ein paar Hampelmännern, die ihre Macht genießen, und er versucht, gute Miene zum bösen Spiel zu machen. Was ihm aber nicht recht gelingen will – sie haben ihn selbst seines Thuraya-Satellitentelefons und der Pistole beraubt, dieser beiden heutzutage einzig gültigen Insignien der Macht in Darfur. Die Saghawa haben vor zwei Tagen die Kontrolle über die Bauern-Stadt der Fur an sich gerissen. Ungewollt werden wir Zeuge des Beginns eines afrikanischen Bruderkriegs, dessen Ausgang bis heute nicht geklärt ist.

Als sie uns herumführen in »ihrer« Stadt, pirscht sich Adam an den in einigem Abstand zurückbleibenden Stammesbruder heran und wechselt hastig ein paar Worte in der gemeinsamen Sprache. Vor ein paar Tagen, bringt er in Erfahrung, war ein von Minni entsandtes Rollkommando mit mehreren Pick-Ups in Dirbat eingefallen, hatte das Städtchen im Handstreich übernommen und den Kommandeur festgesetzt. Was uns hier geboten wird, ist reines Theater.

»Sie lassen Abd al-Basched tanzen wie eine Kommandeursmarionette«, sagt Adam.

EIN KLEINES KOMMANDO der neuen Dirbat-Statthalter nimmt uns mit in ein Dorf, das ungefähr zwei Stunden Autofahrt entfernt und von bizarren Felsformationen umgeben ist. Es heißt Jawa. In der Mitte des Dorfes liegt auf einem freien Platz ein kleines, einstöckiges Polizeigebäude. Der SLA-Trupp führt uns zu der Barracke, in der sich mehrere kleine vollvergitterte Räume befinden. Es stinkt nach Fäkalien und Schweiß. In einem ungefähr drei mal sechs Meter kleinen Verlies drängen sich 19 Gefangene wie Vieh. »Dschandschawid«, sagt Jahir Ibrahim Adam, der Gefängniswärter und speit verächtlich auf den Boden. 37 von ihnen sollen sich hier in den Berg-Zellen befinden.

Einer wird hervorgezerrt, es ist ein junger und ausgezehrter Mann mit erkennbar hellerem, arabischem Teint, einem zarten Schnauzbart und einem zerfetzten und schmutzstarren weißen Hemd. Sie fordern ihn nicht gerade zimperlich auf, uns seine Geschichte zu erzählen, und während er das tut, ist er eingekreist von einer Traube schwerbewaffneter Pistoleros, die ihn das ganze Gespräch über drohend mustern und laut fluchen und immer wieder den Vortrag unterbrechen.

»Ich heiße Abdurahim Amin Tijani. … Ich bin 25 Jahre alt und komme aus Abukhota, in der Nähe von Abeche, im Osten des Tschad.«

»Sprich lauter, komm schon, keiner versteht dich!«

»Meine Mutter ist Araberin und mein Vater Afrikaner vom Stamm der Khosam.«

»Was ist der Kerl? Der Kerl ist nicht einmal ein Araber.«

»Ich war nie in einer Schule. … Seit über einem Jahr bin ich hier im Gefängnis. Sie haben mich in Hieger Tonyo südlich von Nyla gefangen, es waren SLA-Männer. Ich bin ein Dschandschawid; unsere Gruppe wurde bezahlt und trainiert von der sudanesischen Regierung. Wir nennen uns Arab Gathering. Ich war noch nicht lange bei den Dschandschawid gewesen, … eigentlich erst seit Februar 2004.«

»Du lügst doch.«

»Natürlich lügt er.«

»Hör endlich auf zu lügen.«

»Ich bin in der Nähe von Nyala von richtigen arabischen Stammesführern rekrutiert worden, einem Omda und einem Scheich. … Sie haben uns im Februar und März trainiert … Wir bekamen 10 000 sudanesische Pfund im Monat…«

»Wieviel ist das?«

»Das sind mehr als 40 Dollar.«

»40 Dollar? Dieser verdammte Scheißkerl hat mehr als 40 Dollar gekriegt, um unschuldige Frauen und Kinder zu killen.«

»Wir hätten ganz einfach kurzen Prozeß mit ihm machen sollen.«

»Das Geld wurde uns in Nyala in einem Regierungsbüro ausgezahlt …. Warum ich kämpfen wollte? Man hat uns gesagt, wir müßten die Terroristen bekämpfen, hier wären Terroristen …«

»Die Terroristen seid ihr.«

»Stopft dem Kerl das Maul.«

»… Leute, die sie Tora Bora nennen …

»Hier heißt keiner Tora Bora, und die einzigen Mörder seid ihr.«

»… und wir müssten die sudanesische Regierung beschützen, weil sie eine arabische Regierung ist, und die Schwarzen die Macht an sich reißen wollen. Ich bin Araber. … Ich gehöre zu den Arabern.«

»Ein Hundesohn bist du.«

»Ich will die arabische Sache verteidigen. Das Arab Gathering ist die Vereinigung aller Araberstämme und kämpft für die Rechte der Araber … Ich bin schon seit 2000 im Sudan, ich kam als Koranschüler, und dann habe ich in einer Mühle gearbeitet. … Gekämpft habe ich nie.«

»Du bist ein Lügner, ein verdammter Lügner bist du.«

»Ich werde dem verdammten Kerl …«

»Er lügt, dieser Hundesohn.«

»Sie haben mich gefangen, bevor ich ein einziges Mal gekämpft habe.«

»Schmeißt ihn in seinen Käfig zurück, diesen gottverdammten Sohn einer Hündin. Da soll er schmoren.«

DREI TAGE SOLL unsere Fahrt zurück in den Tschad nun noch dauern.

Wir passieren Kobé, jene Kleinstadt in der Halbwüste, von der die berüchtigten Sklavenkarawanen ihren 40-Tage-Marsch nach Ägypten starteten, und wir kehren zurück nach Muzbat, wo wir unglückseligerweise erneut auf Suleyman Jamous stoßen. Waren wir bisher gut vorangekommen, läßt uns der Islamist einen ganzen Tag lang in Muzbat schmoren, und erklärt treuherzig, er versuche uns eine Mitfahrgelegenheit zu organisieren, während ein Rebellentransport nach dem nächsten die Stadt in alle möglichen Himmelsrichtungen verläßt. Jamous hat einen guten Grund. Er will offensichtlich ein kleines Privatgeschäft mit uns machen und uns einen Wagen vermieten. Als absehbar ist, daß er uns in Muzbat endlos würde warten lassen, und weil wir müde von der Reise und voller Heimweh sind, mieten wir schließlich das Auto mit dem Fahrer, den er uns empfiehlt. Der ganze Spaß soll 800 Dollar kosten, was in Darfur sehr viel Geld ist. Uns ist das mittlerweile egal. Der Fahrer fährt die Nacht durch bis nah an die Grenze, dann will er – unter dem Vorwand, bei den Rebellen könne man nicht übernachten, weil sie schnarchen – irgendwo im Niemandsland Halt machen. Wir halten das für zu riskant und drängen den Mann, bis zum letzten Guerilla-Unterschlupf vor der Grenze weiterzufahren und uns dann abzusetzen. Dort wollen wir die Passage in den Tschad organisieren. Doch soweit kommt es nicht. Suleyman Jamous' Fahrer war zu stolz gewesen, uns wissen zu lassen, daß er in Wirklichkeit keinerlei Ortskenntnis in dem Grenzgebiet hat und es deshalb (und keinesfalls wegen schnarchender Aufrührer) nicht wagte, die Fahrt fortzusetzen. Er fährt uns, morgens um vier, direkt in die Arme einer tschadischen Grenzpatrouille. Anfangs sieht es nicht gut aus. Uns werden die Pässe abgenommen, und wir werden festgehalten. Am Morgen dann beginnen die Verhöre. Auf wundersame Weise gelingt es uns aber, die Grenzer davon zu überzeugen, wir seien Entwicklungshelfer, die nur im Tschad unterwegs waren und sich in dem unübersichtlichen Terrain verfahren haben. Vielleicht wollen sie uns einfach glauben. Wir erklären ihnen schließlich, daß unser Projekt genau jenen äußerst tapferen und unerschrockenen Männern zugute kommen soll, deren Verdienste um die Innere Sicherheit leider viel zu selten entsprechend gewürdigt würden: den Beamten der tschadischen Grenzpolizei.

Und weil wir es versprochen haben, soll es an dieser Stelle gesagt sein. Und auch, daß Adam seine Mutter gefunden hat. Er hat schon mit ihr über unser Satellitentelefon gesprochen und will sie möglichst bald besuchen.

NUR KURZE ZEIT später wird auch der Norden des Sudan von einer Welle der Gewalt erschüttert. Drei Wochen nach seiner Ernennung zum Vizepräsidenten stirbt Rebellenführer John Garang bei einem Hubschrauberabsturz. Daraufhin brechen in Khartum Kämpfe zwischen südsudanesischen Randalierern und Ordnungskräften aus. Barrikaden brennen jetzt auch in der Hauptstadt. Es gibt Tote und Verletzte. Was wirklich im Grenzgebiet zwischen Uganda, Kenia und dem Sudan geschah, wird wohl nie geklärt werden. Garangs Ehefrau Rebecca und auch die Führung der SPLA erklären sehr schnell nach dem Helikopterabsturz, der Garang den Tod brachte, es habe sich um einen Unfall gehandelt. Einige finden: verdächtig schnell. Nachfolger John Garangs wird einer seiner Stellvertreter, Salva Kiir, ebenfalls ein Dinka. Rebecca Nyandeng Garang wird Transportministerin in Khartum. Später äußert sie Zweifel an der Unfalltheorie.

* * *

AM SAMSTAG, DEM 30. JULI 2005, kurz nach 18.30 Uhr, verlor die ugandische Flugsicherung den Kontakt zum Mi-172-Hubschrauber des Präsidenten. Das Wetter sei schlecht, die Sicht miserabel, hatte der zuvor noch Pilot, Colonel Nyakairu, gemeldet, da hatte er sich bei Karenga und Kapedo, nahe der kenianischen Grenze, befunden. Er werde jetzt kehrtmachen und nach Entebbe zurückfliegen. Es ist die letzte Nachricht aus dem Cockpit. Um 19 Uhr begibt sich John Garangs Ehefrau Rebecca zum Helikopter-Landeplatz in New Site. Sie wartet, doch niemand kommt. Kurz darauf versucht sie, ihren Ehemann auf seinem Mobiltelefon zu erreichen. Doch dort läuft nur der Anrufbeantworter. »Das war sehr ungewöhnlich«, sagt sie später, »er war sonst immer erreichbar.« Rebecca Garang ruft den internationalen Flughafen Entebbe an und erfährt, daß der Hubschrauber dort um 14.55 Uhr aufgetankt hat und in den Norden geflogen ist. Kurze Zeit später erreicht sie telefonisch den ugandischen Präsidenten Yoweri Museveni. »Er informierte mich darüber, daß sie spät losgeflogen und abends noch unterwegs waren, wir blieben daraufhin in Kontakt.« Am Sonntag um zwei Uhr morgens erhält sie die Nachricht von einem Absturz, bei dem SPLA-Soldaten ums Leben gekommen seien. »Montag früh sagten sie mir, es sehe nicht gut aus. Da hatte ich schon 24 Stunden nicht mehr mit meinem Mann gesprochen und wußte, daß er nicht mehr lebte. Mein Mann war ein Kämpfer, wenn es möglich gewesen wäre, hätte er einen Weg gefunden, sich bei mir zu melden.« Im Morgengrauen findet eine Suchmannschaft nur noch Trümmer und vierzehn Leichen. Der Helikopter war im bergigen Dreiländereck zwischen Uganda, dem Sudan und Kenia abgestürzt.

An Bord der Unglücksmaschine befand sich Sudans Vizepräsident, der ehemalige Rebellenchef John de Mabior Garang, mitsamt Leibgarde und einigen Kombattanten. Die Gruppe hatte sich zuvor mit Ugandas Staatsoberhaupt Yoweri Museveni, einem langjährigen Förderer der SPLA, auf dessen Landsitz in Rwakitura getroffen und war auf dem Weg zurück in den Südsudan, als die Maschine zerschellte. Seit der Tod des einstigen Warlords zwei Tage nach dem Unfall, offiziell vermeldet wurde, tobt in Sudans Hauptstadt Khartum ein Straßenkrieg, der mittlerweile schon über hundert Tote gefordert hat. Bewaffnet mit Messern, Eisenstangen und Holzlatten ziehen Tausende gewalttätige Randalierer durch die Straßen, plündern Geschäfte, setzen Autos in Brand und feuern Schüsse ab. Sie wollen nicht glauben, daß ihr Idol einfach nur einem Unfall zum Opfer gefallen ist, sondern vermuten die islamistische Regierung von Präsident Umar al-Bashir hinter dem Absturz.

AN EIN UNGLÜCK ZU GLAUBEN fällt nicht nur den Demonstranten im Sudan schwer. Die Regierung in Khartum kündigte deshalb inzwischen eine Untersuchung an. Zweifel sind angebracht: Nach über zwanzig Jahren Bürgerkrieg mit rund zwei Millionen Toten stirbt der Anführer von Millionen Südsudanesen ausgerechnet drei Wochen nach seiner Ernennung zum stellvertretenden Staatschef von Afrikas flächengrößtem Staat – das bedeutet höchste Gefahr für den mühsam ausgehandelten Frieden zwischen der arabisch-islamischen Regierung und ihren afrikanisch-christlichen Kriegsgegnern von einst. Zwar trafen sich umgehend die Führer der Sudanesischen Volksbefreiungsarmee in deren Hauptquartier und beteuerten, den Friedensprozess fortsetzen zu wollen. Sie erklärten den Absturz zum Unfall und ernannten Garang-Stellvertreter Silva Kiir Mayardit zum neuen Anführer. Den Aufruhr im 1300 Kilometer entfernten Khartum hingegen konnten sie mit ihren Bemühungen nicht stoppen. Zu weit entfernt ist die Hauptstadt von der Rebellenfeste, zu groß der Zorn. Rund um Khartum lebt weit über eine halbe Million südsudanesischer Flüchtlinge, die auch nach dem Friedensabkommen vom Januar nicht in ihre Heimat zurückkehren – teils, weil sie der Waffenruhe nicht trauen, häufig, weil sie im verarmten Süden keine Arbeit finden würden. Die Elendsviertel dieses gewaltigen Lumpenproletariats, das häufig in sklavereiähnlichen Verhältnissen leben muß, entwickeln sich nun zu einem neuen Brandherd in einem Staat, der trotz der Versöhnungsrhetorik seiner Führer an allen Ecke und Enden brennt. In Darfur bekriegen sich Aufständische mit regierungsnahen Reiterbanden. Und auch im Osten des Landes, am Roten Meer, haben Separatisten zur Kalaschnikow gegriffen und der Zentralregierung den Kampf angesagt. Zudem drohen der SPLA nun Diadochenkämpfe, denn unter den Guerilleros herrscht keineswegs Einigkeit. Im Gegenteil: Ein tiefes Mißtrauen prägt das Verhältnis zwischen den großen Stämmen der Dinka, denen John Garang angehörte, und der Nuer, deren Führer der charismatische Krieger Riek Machar ist. Noch Anfang der neunziger Jahre wurde diese Fehde mit Waffengewalt ausgetragen.

BISLANG HAT SPLA-GRÜNDER JOHN GARANG die Reihen der Buschkrieger schließen können. 1983 hatte der damalige Oberstleutnant der sudanesischen Armee die Rebellentruppe gegründet und mit eiserner Faust diszipliniert. Mit echten oder vermeintlichen Widersachern machte der despotische Kommandeur dabei wenig Federlesens, Dutzende Mitstreiter fielen seinen Säuberungen zum Opfer. Sie wurden ›degradiert, inhaftiert, gefoltert‹, wie der deutsche Afrika-Experte Rainer Tetzlaff berichtet. Von Widersachern wurde Garang gar mit Ugandas Blutsäufer Idi Amin verglichen.

DER SPLA stehen nun wohl neue Machtkämpfe bevor; allein im Südsudan gibt mehr als 400 Ethnien und Kulturen. Ob es dem Nachfolger Kiir gelingt, diese kriegerischen Stämme zusammenzuführen, scheint fraglich. Und auch, ob er es schafft, die Südsudanesen überhaupt in einem Land zu halten. In einigen Jahren soll über diese Frage eine Volksabstimmung stattfinden. ›Es ist eine meiner größten Aufgaben, unsere Leute davon zu überzeugen, in einem gemeinsamen Staat Sudan zu bleiben‹, hatte Garang damals in New Site erklärt. Uneigennützig war sein Ansinnen nicht unbedingt gewesen: Als Präsident dieses mächtigen ölproduzierenden Reiches sah Garang sich selbst.

Bahr el-Ghazal, November 1869

»Wer hätte nicht von der Pracht des südlichen Himmels gelesen, welcher Reisende nicht geschwelgt im Anblick der großartigen Wolkenszenerie, die ihm die mondhellen Tropennächte vorführen? Nach einem starken und heißen Tagesmarsch ist man nicht selten gar zu ermattet und abgespannt, um solche Reize gehörig in sich aufnehmen zu können. Gleichgültig hat man sich auf dem Rücken ausgestreckt, aber das staunende Auge schaut unverwandt zum Himmel, bis der Schlaf es umschleiert, und so läßt man wie unbewußt den hochpoetischen Zauber über sich ergehen.«

Der deutsche Botaniker Georg Schweinfurth – »Im Herzen von Afrika«, 1874

»Friedhof der Imperialisten«

Khartum, Sudan, im März 2006
N'Djamena und Hadjer Hadid, Tschad, im Mai 2006

Khartum

SPÄTESTENS AB NOVEMBER 2006 befürchtet Johan van der Kamp von der Deutschen Welthungerhilfe »eine schwere Hungersnot im ganzen Land«. Der Holländer pendelt ununterbrochen zwischen den Flüchtlingslagern bei El Fascher in Darfur und der Hauptstadt Khartum hin und her. Sein Büro ist mit Karten tapeziert, auf denen penibel jede größere Ansammlung Vertriebener markiert wurde.

Ständig werden es mehr rote und grüne Punkte, Striche und Pfeile. Allein seit Anfang des Jahres sollen 200 000 Menschen aus ihren Dörfern im »gesetzlosen Land« (*New York Times*) vertrieben worden sein. »Warum tun wir nicht endlich etwas?« klagt van der Kamp. »Warum sehen wir nach Bosnien und Ruanda erneut tatenlos zu, wie Hunderttausende massakriert und verjagt werden?«

»Tausende von Dörfern sind zerstört«, sagt auch Alex de Waal, Darfurspezialist und Berater der Afrikanischen Union bei den Friedensverhandlungen der verschiedenen Kriegsparteien in Abuja, »auch wenn die Todesraten nicht mehr so hoch sind wie auf dem Gipfel der Auseinandersetzungen im Jahr 2004 lebt ein Großteil der Bevölkerung nach wie vor von Tag zu Tag, von der Hand in den Mund, abgeschnitten von den traditionellen Überlebensstrategien, in heruntergekommenen Lagern, wo das Überleben von fortgesetztem internationalen Interesse und Engagement abhängt.«

DOCH WER SOLL es richten, nachdem die Afrikanische Union so kläglich versagt hat?

Immer lauter werden nun die Stimmen derjenigen, die George Bushs Natopläne unterstützen. »Irgend jemand«, so der *Economist*, »muß Darfurs Grenzen sichern. Irgend jemand muß die Helikopter der sudanesischen Regierung zwingen, am Boden zu bleiben. Irgend jemand muß die Dschandschawid davon abhalten, mit ihren Angriffen fortzufahren. Im Moment sind nur Natostreitkräfte dazu in der Lage, das zu erreichen.«

Während sich der zunehmend verzweifelte van der Kamp um die Koordinierung der Hilfe für rund 450 000 Menschen bemüht, die die Welthungerhilfe gemeinsam mit dem Welternährungsprogramm in Darfur mit Lebensmitteln versorgt, wird auf den Straßen der Hauptstadt die Tragödie wieder einmal zur Farce.

Seit Bush die Nato ins Spiel gebracht hat und sich die arabische Welt über »bellizistische Gefühle« (die ägyptische Zeitung *Al-Ahram*) der Amerikaner echauffiert, haben Khartums Islamisten nun plötzlich wieder Oberwasser.

Darfur werde zum »Friedhof der Imperialisten«, tönt Umar al-Baschir und ruft zu Massendemonstrationen gegen einen möglichen Einsatz der Uno in Darfur auf; der Führer der Nationalen Jugendgewerkschaft, Al-Yasa'a Osman, erklärt seine Anhänger gar zum Dschihad bereit, und sein Kollege Mohammed Abdallah Sheik Idris setzt öffentlich und ungestraft 100 000 US-Dollar »aus dem großen Vermögen der Studenten-Union« (*Khartoum Monitor*) auf den Kopf Jan Pronks aus.«Sie sprechen von Neokolonialismus und Imperialismus und einer Verschwörung gegen die Araber und die islamische Welt«, berichtete der Uno-Botschafter nach Gesprächen in Khartum.

ZUM GLÜCK wollen dem Appell zum Heiligen Krieg gegen die Ungläubigen dann doch nicht allzu viele Sudanesen folgen. Die meisten nutzen den Demonstrationstag zum Faulenzen, und erscheinen gar nicht erst in ihren Büros. Ein paar Tausend auf Lastwagen der Regierung herangekarrte Hardliner sind es schließlich, die in sengender Hitze vor dem Regierungspalast in der Hauptstadt aufmarschieren, Plakate schwenken, auf denen »Darfur is your graves« und »Death to foreign forces« zu lesen ist, und sich nach Kräften bemühen, Friedrich Nietzsches Wort zu bestätigen, nach welchem Irrsinn bei einzelnen zwar etwas Seltenes sei – bei Gruppen, Parteien, Völkern aber die Regel. Sie rufen »Down, down USA!« und fuchteln wild mit den Armen, wenn ein Weißer sich versehentlich in das Getümmel verirrt. Gelegentlich macht sich auch Lynchstimmung unter dem versammelten Volk breit.

Und auch, wenn es an diesem Tag in Khartum nur wenige sind, die dem Aufruf der Radikalen gefolgt sind: Seit das Reizwort »Nato« in der Diskussion um eine Beendigung des Blutbads in Darfur gefallen ist, geht das Gespenst vom Heiligen Krieg um.

Daß eine solche Debatte von den Religionskriegern des *global village* nur allzu gerne aufgegriffen werden würde, war zu erwarten. Und darum hat es auch nicht lange gedauert, bis sich der *global terrorist* Osama Bin Laden per Tonband aus dem Untergrund meldete und wie einst der Mahdi zur Schlacht um den Sudan rief.

»Ich rufe alle Mudschahedin und ihre Unterstützer, besonders im Sudan und auf der arabischen Halbinsel, dazu auf, sich auf einen langen Krieg gegen die plündernden Kreuzzügler im Westsudan vorzubereiten«, verkündete die schnarrende Stimme des Terrorchefs auf *Al Jazeera*: »Unser Ziel ist nicht die Verteidigung der Khartum-Regierung sondern des gesamten Islam, seines Landes und seiner Menschen.« Die heiligen Krieger möchten sich bitte schon einmal mit dem Land und den Stämmen Darfurs vertraut machen.

DROHT DA GAR ein Religionskrieg wie Ende des 19. Jahrhunderts, als der »rechtgeleitete« Mahdi den Sudan zu Allahs Schlachtfeld erkor, Briten, Türken und Ägypter aus dem Land, in dem Blauer und Weißer Nil zusammenfließen, jagte und bei seinen Raubzügen, wie der österreichische Chronist Rudolph Slatin Pascha notierte, »über 40 000 Gewehre und ungeheure Scharen wilder Fanatiker verfügte, die nach Blut und Gewinn lechzten?«

Die für Heilige Kriege sensibilisierte arabischen Nachbarschaft verfolgt mit wachsender Aufmerksamkeit, was sich da im Sudan zusammenbraut. Sollte die Nato Truppen in den Sudan schicken, »würde das verständlicherweise als eine Verletzung der nationalen Souveränität betrachtet werden und einen vorhersehbaren Gegenschlag der Einheimischen auslösen«, warnt die in Kairo erscheinende *Egyptian Gazette.*

Oder ist es nur großspuriges Getöse, wenn Fatih Khalil, der Vorsitzende der Bar-Vereinigung, einer Juristenorganisation, tönt, alle fremden Truppen, »Araber oder Nichtaraber, Afrikaner oder Nichtafrikaner«, würden als Kolonialisten betrachtet und sollten »sich noch wundern«, was ihnen im Sudan blühe?

LAM AKOL hat in seinem Leben schon einige Metamorphosen vollzogen. Mal kämpfte er an der Seite John Garangs gegen die Araber, mal residierte er in Khartum und machte gemeinsame Sache mit der Regierung. Doch nie ging es ihm so gut wie heute.

Denn Lam Akol, einer der Vizepräsidenten der SPLA, ist seit der Unterzeichnung des Friedensschlusses zwischen Nord und Süd Außenminister des Sudan und ständig auf Achse. Zusätzlich verfügt der hochgewachsene Schwarze vom Stamm der Schilluk über eine Sekretärin, einen Schreibtisch so groß, daß vier Außenminister hinter ihm Platz fänden, und einen wunderschönen Panoramablick über den Nil.

In der Ecke des handballfeldgroßen Sitzungszimmers hat er sich einen kleinen Altar errichtet: Auf einem Tresor thront dort der Götze des neuen Kabinetts, ein kleiner vergoldeter Öl-Bohrturm. Hinter dem Arrangement verströmt das Bild von einem Wildbach im Herbstwald Harmonie. Und glücklicherweise, findet der Außenminister plötzlich, läuft auch sonst alles nach Plan in seinem Reich. Selbst in Darfur.

Überhaupt kann er die ganze Aufregung nicht verstehen. Seit Akol nicht mehr SPLA-Rebell ist, sondern Minister, haben sich seine Koordinaten verschoben. Schuld an den permanenten Verletzungen der Waffenruhe in Darfur trügen allein die Aufständischen. Uno-Soldaten lasse man unter keinen Umständen ins Land, und einen eigenständigen Staat könnten sich die Darfuris, anders als seine Südsudanesen, gleich abschminken.

Vor nicht allzu langer Zeit hatte das alles noch ganz anders geklungen, da hatte die SPLA noch »ihre Brüder« zum Krieg gegen die Araber angestachelt, Waffentransporte aus dem Südsudan organisiert und gar eigene Soldaten nach Darfur zum Kämpfen geschickt. Tempi passati! Wichtigste Tagesordnungspunkte zwischen Arabern und Südlern in der Regierung sind heute nicht die Massenmorde in Darfur, sondern peinliches Gezänk um die Einnahmen aus dem Ölgeschäft.

Wochenlang etwa hatte die SPLA den Nordsudanesen vorgeworfen, Geld zu unterschlagen und Zahlen zu manipulieren. Bis sie schließlich kleinlaut eingestehen mußte, die vereinbarten rund 700 Millionen Dollar doch erhalten zu haben. Danach verliert sich jedoch die Spur des Geldes. Vielleicht liegt es noch auf irgendeinem Konto. Vielleicht ist es aber auch schon irgendwo zwischen Sudd und Schweizer Privatbanken versumpft.

»Die Südsudanesen in der neuen Regierung sind eine einzige Enttäuschung«, sagt der ehemalige deutsche Innenminister und Uno-Sonderberichterstatter Gerhart Baum: »Seit die SPLA mit an der Macht ist, hat sich in Darfur nichts gebessert.« Ganz im Gegenteil: »Seitdem hat die Regierung von al-Baschir freiere Hand als jemals zuvor, in Darfur zu wüten.«

DER JOURNALIST MOHAMMED LATIF, 45, von der liberalen Khartumer Tageszeitung *Al- Sudani* versucht, ein gewisses Verständnis für die gekrümmte Haltung der einst so stolzen Süd-Rebellen aufzubringen: »Sie sind in einer schwierigen Position: Sie sind gegen die Regierung und gleichzeitig dafür.« Daß solche Verrenkungen die Erosion des Staats eher beschleunigen als verzögern, weiß er jedoch auch.

Man müsse eine Auflösung des Sudans unbedingt verhindern, sagt Latif. Doch wie das noch erreicht werden soll, ist auch ihm schleierhaft, steht er doch fast allein mit seiner Position. Im muslimischen Norden ist nach den langen Jahren der Rebellion der Wunsch, sich des lästigen Südens zu entledigen, fast noch stärker ausgeprägt als unter den Schwarzen die Tendenz, sich von den Arabern loszusagen.

»Wir sollten den Süden ziehen lassen, wenn er gehen will«, meint sogar der islamische Religionsführer Hassan al-Turabi, Ex-Generalstaatsanwalt, ehemaliger Innenminister und Chef der einflußreichen Muslimbruderschaft. Ein Scharfmacher mit Manieren, Sinn für Humor und ausgezeichnetem Englisch. Ein Brandstifter, der heute gern das Unschuldslamm spielt. Niemand dürfe gezwungen werden, Moslem zu werden und auch die Staatsbürgerschaft dürfe niemandem aufgezwungen werden: »Die Südsudanesen sind eben weder Moslems noch Araber.«

Allein, Darfur ziehen zu lassen, könne sich der Sudan nicht leisten: »Das käme der Amputation eines wichtigen Körperteils gleich; die Bewohner dieses großen, dicht besiedelten Landesteils sind Moslems und sprechen arabisch wie wir. Außerdem ist Darfur unser Tor zu Westafrika.« Wiewohl al-Turabi genau weiß, daß gerade dort ein ausgeprägter Sinn für Eigenständigkeit historisch fest verankert ist: »Einige Jahrhunderte lang existierte in Darfur das mächtige Reich der Tunjur.«

Anfang des 19. Jahrhunderts war das Fur-Sultanat gar der mächtigste Staat innerhalb der Grenzen des heutigen Sudan. Sowohl Arabisch als auch Fur waren Amtssprachen, der Islam Staatsreligion. Darfur war ein wichtiges Handelszentrum, hier begannen die Sklavenkarawanen ihren grausamen 40-Tage-Marsch, entlang des sogenannten *Darb al Arba'in*, durch die Sahara bis zu den ägyptischen Menschenmärkten.

Sollte al-Baschir nicht in der Lage sein, »die wilden Banditen der Dschandschawid« bald zur Räson zu bringen, drohe in Darfur ein langwieriger, verbittert geführter Unabhängigkeitskrieg, der schnell in einem nicht mehr zu kontrollierenden Chaos enden könnte, befürchtet al-Turabi: »Dem Sudan droht dann die Somalisierung.« Und so weicht die Freude über den vermeintlich so erfolgreichen Nord-Süd-Dialog langsam aber sicher der schmerzlichen Einsicht, daß sich der Sezessionskrieg im Sudan nur verlagert hat, aber nie beendet wurde.

Schon fordert Khalil Ibrahim, der Führer der Jem-Rebellen, die Eigenständigkeit Darfurs. »Wir werden unseren eigenen Staat haben«, sagt er im slowenischen Fernsehen, »der nächste Schritt ist der Kampf für Selbstbestimmung.«

BEI MOHAMMED LATIF ist es wieder einmal spät geworden, bald 23 Uhr. Auf die unbeleuchteten nachtschwarzen Straßen wagen sich jetzt fast nur noch blauuniformierte Polizisten und ihre zivilen Handlanger; eine Halogenlampe taucht Latifs Büro in fahles Licht. Der Journalist und Teilhaber von *Al-Sudani* studiert noch die Fahnen der Ausgabe von morgen.

Daß die Regierung nicht aufrichtig um einen Frieden bemüht ist, werden die Leser in seiner Kolumne erfahren, daß eine Lösung der Konflikte in Darfur und anderswo nur möglich ist, wenn die Regierung ihre Öleinnahmen auch mit den Armen im Osten und Westen des Landes teilt. Daß immer noch keine Demokratie herrscht im Sudan, und sich daran nichts ändern wird, solange al-Baschir Präsident ist.

Dreimal warfen die Häscher des Regimes den unbeugsamen Journalisten bisher ins Gefängnis. Kurioserweise hat gerade jetzt, wo die Hardliner durch die Straßen der Hauptstadt toben, der Zensor seine Arbeit vorübergehend eingestellt – seit Februar darf Latifs Zeitung wieder erscheinen. Schnell kletterte die Auflage auf 300 00 Stück, damit hat *Al-Sudani* die dritthöchste aller sudanesischen Blätter.

Es scheint, als gebe das Regime unter dem Druck des Mehrfrontenkriegs, den es derzeit führt, etwas nach. Der bröckelnde Islamistenstaat kann sich offenbar neben all den Scharmützeln nicht noch eine Schlacht mit der Opposition im Norden leisten, ein bißchen Demokratie darf da schon einmal gewagt werden.

BISWEILEN FÜHRT DAS zu kuriosen Zustände: In dem frommen Land, in dem der Zugang zu den Onlineversionen von Busenblättern wie der *Bild*-Zeitung staatlich gesperrt und das Biertrinken verboten ist, regiert nun nicht nur der pechschwarze Erzfeind mit – sogar die gottlose Kommunistische Partei ist zugelassen und ein breites Spektrum kritischer Tageszeitungen.

»Die Regierung macht diese Kompromisse, weil sie in Panik ist«, glaubt Sadiq al-Mahdi, 70. Der Chef der oppositionellen Umma-Partei (vollständiger Name: Al Sadiq al Siddiq Abd al Rahman al Mahdi) hofft auf »freie und faire Wahlen«, so wie sie in der Friedensvereinbarung festgeschrieben wurden. Die zwei verfeindeten Islamisten Turabi und Baschir würden sich dann »kannibalisieren«, die Partei des Nationalen Kongresses zersplittert, und die *Umma* hätte größte Chancen, stärkste Kraft zu werden.

Dann, endlich, könnte ein Dialog mit all den vernachlässigten Völkern geführt werden, die jetzt aufbegehren. Und wenn al-Baschir sein Versprechen bricht und demokratische Wahlen verhindert? »Dann wird der Sudan im Chaos versinken.«

Es sieht derzeit nicht so aus, als könne das noch jemand verhindern. Die Welt scheint paralysiert angesichts der Widerborstigkeit des Regimes in Khartum, ausländische Truppen ins Land zu lassen, und die Afrikanische Union wird gewiß nichts unternehmen; sie hat sich erfolgreich auf die Akquise westlicher Steuergelder spezialisiert und riskiert bestimmt keinen Konflikt mit einem ihrer Mitgliedsstaaten. Die »Kultur nachbarlicher Zurückhaltung«, schreibt der nigerianische Literaturnobelpreisträger Wole Soyinka, »lähmt auch heute wieder den Willen afrikanischer Führer, wenn sie die Augen verschließen vor dem gegenwärtigen Genozid im Sudan. Um das verspätete Eingeständnis des Generalsekretärs der Vereinten Nationen zu zitieren: Gerade ist ein neues Ruanda im Werden – doch die Opfer warten vergebens auf den moralischen Aufschrei eines Kontinents oder auf Hilfeleistungen seitens der globalen Gemeinschaft«.

Die Kriegsparteien rüsten derweil zur nächsten Schlacht. Gerade die SLA-Fraktionen, die sich mit Khartum nicht einigen mochten, wissen, daß sie vor allen Dingen schleunigst neue Rekruten für den nächsten Waffengang brauchen. Und kaum ein Ort ist für die Sammlung neuen Kombattanten dabei so geeignet wie die riesigen Flüchtlingslager im Tschad, nahe der sudanesischen Grenze.

Hadjer Hadid

BREDJING IST SO EIN LAGER, nahe der Stadt Hadjer Hadid. Gerade einmal sechzig Kilometer sind es von hier zur tschadisch-sudanesischen Grenzstadt Adré. Es ist ein monströser Lagerplatz inmitten einer der lebensfeindlichsten Gegenden der Erde, in der die Temperaturen schon am Morgen schnell auf über vierzig Grad Celsius klettern. Die ursprünglich einmal schneeweißen Zelte des Uno-Flüchtlingshilfswerks UNHCR sind längst von einer feinen Sandschicht bedeckt; zum Schutz vor dem unbarmherzigen Wüstenwind haben die Menschen Einfriedungen aus getrockneten Gras und Dorngestrüpp, aus Plastikplanen und Pappkartons errichtet.

Gelegentlich dröhnt hier eine Kolonne mit verwegenen französischen Marineinfanteristen vorbei, jener Nachfolger der Kolonialtruppen der Grande Nation, die im Tschad stationiert sind, um das Regime Deby vor dem Untergang zu bewahren. Sie sehen bedrohlich aus, wie sie da in ihren Khakiuniformen auf den offenen Jeeps sitzen. Einige tragen monströse Motorradbrillen zum Schutz vor dem Sand und *Bandanas* wie kalifornische *Hell's Angels.* Ihre Kanonenrohre schwenken sie gefechtsbereit durch die Gegend. Sie sollen die Flüchtlinge vor den zunehmenden Übergriffen von Dschandschawid aus dem Sudan schützen, aber auch die vielen Hilfsarbeiter aus dem Westen vor gemeinen Banditen aus dem Tschad. Schon werden erste Helfer aus ihren teuren Fahrzeugen gezerrt und auf offener Straße füsiliert. Anfang Juni 2006 ist es so schlimm, daß UN-Mann Egeland droht, seine Helfer abzuziehen: »Wenn wir das Gefühl haben müssen, daß wir mit dem Leben unserer Mitarbeiter spielen, dann werden wir gehen.« Mehrmals am Tag donnern Mirage-Aufklärer über das martialische Szenario unweit der Flüchtlingslager – mißtrauisch beäugt von den nur notdürftig in Lumpen gehüllten Vertriebenen.

»Unser Camp ist hoffnungslos überfüllt«, sagt der Verwalter von Bredjing, Albein Yaya Mahamat, ein Mitarbeiter der Internationalen Vereinigung des Roten Kreuzes aus Guinea: »Offiziell leben hier 27 000 Flüchtlinge, aber wenn wir ernsthaft zählten, kämen wir auf weit über 30 000.« Die meisten seien schon seit 2004 in diesem Lager, sie gehörten überwiegend dem Stamm der Massalit an. Doch es kämen jetzt immer mehr, die vor den jüngsten Gefechten in Darfur geflohen seien.

Die tschadische Regierung gewährt ihnen zwar Gastrecht, doch sie will die Menschenmassen aus dem Nachbarland lieber in der grenznahen Einöde behalten als in der Nähe größerer Ortschaften, wo sie besser versorgt werden könnten. So wächst das Lager an allen Ecken und Enden, und obwohl am Eingang ein Schlagbaum steht, vor dem ein paar mürrische tschadische Polizeibeamte hocken, hat kaum noch jemand einen Überblick, was hier vor sich geht.

IN DER LETZTEN ZEIT endet die Flucht vor dem Krieg immer häufiger direkt in den Fängen der sudanesischen Guerilleros, die hier Kanonenfutter für ihren Kampf im Sudan rekrutieren. Eines der Opfer dieser Zwangsrekrutierungen ist der Lehrer Mohammed Juma Mohammed. Am 25. Mai 2004 flüchtete der damals 23jährige mit seiner Familie aus dem Dorf Tando Koro nahe der Provinzhauptstadt El Geneina. Es war die Zeit, als der Krieg in Darfur eskalierte. Verwandte Mohammed Jumas waren von marodierenden Regierungssoldaten und Dschandschawid-Banden massakriert worden, und nur mit viel Glück konnte sich Mohammed über die feindlichen Linien in den Tschad retten.

Fast zwei Jahre lang verfolgte er den Krieg aus den Erzählungen neuankommender Flüchtlinge, dem Radio oder Zeitungen. Wie die meisten anderen hier im Lager Bredjing hegte er Sympathien für den Kampf der SLA-Rebellen, die vorgaben, für die Interessen ihres Volks zu kämpfen. Dann und wann sah er auch Gleichaltrige aus dem Lager verschwinden, die gegen die Dschandschawid kämpfen wollten und versuchten, auf die andere Seite der Grenze zu gelangen. Die meisten kamen irgendwann zurück. Einige sah er auch nie wieder.

Mohammed Juma ist Lagerlehrer geworden. Jeden Morgen unterrichtet er, der zu den wenigen gehört, die hier einen Schulabschluß gemacht haben, freiwillig die Kinder. Es ist sein »Dienst am Volk«, wie er sagt. Er möchte helfen, daß die Kinder später wenigstens eine Chance haben, wenn der Krieg einmal vorbei sein sollte.

Am 18. März 2006 ist Mohammed Juma wie jeden Morgen auf dem Weg zum Schulplatz, einem staubigen Fleck unter einer Akazie, wo er die Kinder unterrichtet. Die Schule beginnt schon früh, um sieben Uhr dreißig. Später ist die Hitze hier nicht mehr zu ertragen.

Plötzlich versperren ein paar junge Männer den Weg. Sie sagen, Mohammed sei verhaftet, er solle sofort mitkommen. Sie kämen von der SLA. Sie sprechen Mohammeds Sprache, Massalit, es sind Stammesbrüder. Wenn er sich weigere, sagen sie, würden sie ihn töten.

Die jungen Männer brüllen herum, sie tragen keine Waffen, aber Mohammed hat vor ihren Drohungen Angst. Ihm waren schon zuvor Gerüchte über die Gewalttätigkeit der Wüstenkrieger zu Ohren gekommen. Wenige Tage zuvor erst waren SLA-Freischärler auf Pick-Ups durchs Lager gefahren, hatten wahllos auf junge Männer gezeigt und welche herausgegriffen, gefesselt und verschleppt. Mohammed fürchtet sich vor den Buschkriegern. Sie zerren ihn fort, treiben ihn vor sich her auf einen Sammelplatz im Flüchtlingslager.

Dort kauern schon über zweihundert junge Männer, sechs Wächter halten die Menge in Schach. Zwei tragen Pistolen, die anderen Schlagstöcke. Sie sind in die typischen khakifarbenen Gewänder der SLA-Soldateska gehüllt, sie tragen Turbane und Amulette, die sie vor bösen Geistern und feindlichen Kugeln schützen sollen.

Dann setzt sich der ganze Zug in Bewegung. Acht Stunden dauert der Fußmarsch, bis die Gruppe den Ort Arkum erreicht hat. Hier trifft Mohammed auf zwei Freunde: den 25jährigen Abdulmalik Adam Abdallah, der ebenfalls im Lager unterrichtet, und den 30jährigen Musa Arbab Adam. Die beiden waren nachts aus ihren Hütten im Lagerblock 10 geprügelt und ins Rekrutierungscamp geschleift worden.

Insgesamt sind es binnen weniger Tage 3716 junge Rekruten, sie werden jeden Tag zweimal durchgezählt und bekommen zweimal täglich eine dürftige Ration Sorghumbrei. Häufiger werden sie geprügelt. Die meiste Zeit jedoch müssen die Männer Soldatsein trainieren: durch die Gegend robben, rennen, strammstehen. Waffen bekommen sie vorerst keine ausgehändigt. Und lange Zeit ahnen sie auch nicht, bei welcher Armee genau sie da eigentlich gelandet sind. Bis die jugendlichen Bewacher irgendwann rufen: »Ihr seid jetzt Soldaten der SLA, und euer Kommandeur ist Khamis Abdullah Abkr.«

Daß sich der Massalit-Führer Khamis Abdullah kurze Zeit zuvor vom Rest der SLA getrennt hatte, wissen die neuen Rekruten nicht. Sie ahnen nichts vom Bruderzwist der Schwarzen und davon, daß dem Krieg gegen die Araber ein Krieg untereinander gefolgt ist.

Aber sie ahnen, daß etwas ziemlich schief läuft bei den Verhandlungen in Abuja, und haben furchtbare Angst. Diejenigen, die versuchen, dem Terror zu entkommen, werden unter Stockhieben ins Lager zurückgetrieben und müssen während ihres Spießrutenlaufs immer wieder rufen: »Ich wollte flüchten!« Später werden sie in ein Erdloch geschmissen, das von dornigem Gestrüpp begrenzt ist. Nachts kann man im ganzen Soldatenlager ihre Schreie hören.

Erst nach zehn Tagen gelingt den drei jungen Männern die Flucht aus dem Rebellenlager. Sie kehren zurück ins Flüchtlingscamp. Wenn Pick-Ups durchs Lager rasen und Staub aufwirbeln, verstecken sie sich.

DIE VEREINTEN NATIONEN sollen nun die Flüchtlinge vor Entführungen in die Lager der Insurgenten schützen, fordert der französische UN-Botschafter Jean-Marc de la Sabliere. Als er den Tschad besuchte und von den Vorgängen erfuhr, erklärte ihm der Präsident des zentralafrikanischen Staats und Nutznießer französischer Militärhilfe, Idriss Deby, sein Ölstaat verfüge leider über keine ausreichenden finanziellen Mittel, selber etwas in dieser unangenehmen Angelegenheit zu unternehmen, er freue sich aber immer über internationale Hilfe.

Mit der Weltbank hatte er ja schon gute Erfahrungen gemacht, als die ihm half, eine Ölpipeline an den Golf von Guinea zu bauen. Und daß er später einfach sämtliche Abmachungen ignorierte, wurde ihm von den Geprellten trotz öffentlicher Empörung eigentlich auch nicht nachgetragen. So ist er halt. Die Armutsbekämpfung fällt in Afrika sowieso gemeinhin in die Zuständigkeit einer Körperschaft, die gerne »Internationale Gemeinschaft« genannt wird und über unerschöpfliche Geldreserven verfügen muß. Die Franzosen haben das dann jedenfalls wohl auch kapiert und umgehend erklärt, sie würden sich an einer »internationalen Operation« beteiligen, die das Problem der Afrikaner zu lösen hilft.

So ist der Schrecken nach Bredjing gekommen.

Diesmal nicht in Form der apokalyptischen Dschandschawid, sondern in Gestalt derjenigen, die vorgeben, für die Elenden aus Darfur Krieg zu führen.

UM DARFUR KÜMMERT sich mittlerweile sogar der Papst. »Es ist mein aufrichtiger Wunsch, daß durch den Beitrag aller das Übel des Hungers überwunden werden kann, das noch immer die Menschheit plagt und die Hoffnung auf Leben von Millionen Menschen ernsthaft bedroht. Ich denke dabei vor allem an die dringende und dramatische Situation in Darfur im Sudan, wo es nach wie vor große Schwierigkeiten gibt, selbst die Grundnahrungsbedürfnisse der Bevölkerung zu decken«, sagt Benedikt XVI. am Ostersonntag, dem 21. Mai 2006, auf dem Petersplatz in Rom.

Und natürlich: Trotz des Abuja-Abkommens geht dort das Morden weiter, als sei nichts geschehen. Der Uno-Beauftragte für humanitäre Angelegenheiten, Jan Egeland, sieht das inzwischen auch: »Ich habe die Situation in Darfur gegenüber dem Sicherheitsrat der Vereinten Nationen zum ersten Mal vor zwei Jahren eine ethnische Säuberung der schlimmsten Sorte genannt«, sagt er, »heute könnte ich das Band einfach zurückspulen. Die größte Hilfsaktion der Welt hängt in der Schwebe. Wenn wir ein Massensterben verhindern wollen, ist sofortiges Handeln nötig: von der sudanesischen Regierung, den Rebellen, den Mitgliedern des UN-Sicherheitsrats und den Regierungen der Geberländer. Das Blutbad in Darfur eskaliert und weitet sich auf den Tschad aus.« Statt die »blutende Wunde« zu heilen, ziehe es die Welt vor, sie lediglich zu bandagieren: »Die Menschen von Darfur brauchen dringend Hilfe, doch sie benötigen noch sehr viel mehr. Sie brauchen Sicherheit, nicht nur auf einem Papier aus Abuja, sondern Sicherheit, die in jedem einzelnen Dorf garantiert und durchgesetzt wird.«

Egeland, der traurige Mahner. Es ist schwer zu sagen, wie oft diese oder ähnliche Worte aus dem Munde des hohen UN-Beamten derzeit Zeit zu hören sind, ohne daß sie etwas Nennenswertes bewirkten. Die Welt verharrt und grübelt. »Natürlich ist der Verstand gegenüber der Gesellschaft immer im Verzug. Die Geschichte rennt davon, während der Verstand meditiert«, schreibt Albert Camus.

NEU IST DAS ALLES NICHT, ganz im Gegenteil. Vieles von dem, was wir im Sudan erleben, erinnert fatal an den Dreißigjährigen Krieg im Europa der frühen Neuzeit. Schon damals litt die Zivilbevölkerung am meisten; schon damals wüteten Warlords, die seinerzeit nur anders genannt wurden; schon damals kämpften Banditen die Kriege der Großmächte; und auch die Grausamkeiten der Kriege von damals lassen sich im Wesentlichen mit denen der heutigen vergleichen. »In einer Weis ist es ein Krieg«, läßt Bertold Brecht den Koch in *Mutter Courage und ihre Kinder* sagen, »indem daß gebrandschatzt, gestochen und geplündert wird, bissel schänden nicht zu vergessen, aber unterschieden von allen andern Kriegen dadurch, daß es ein Glaubenskrieg ist, das ist klar.« Daß damals Edelleute aufeinander losgingen, ist ja auch bloß ein Mythos. »Hans Philipp Großmann von Spachbrücken zu Tod geschlagen. Hans Gerhards schwangeren Frau die Rippen entzweigeschlagen, daß sie bald gestorben. Jakob Hans Frau zu Tod geschändet. Martin Becken geschlagen, daß er gleich tot blieben. Hans Trankens Tochter von Zimmern zu Tod geschlagen. Hans Simon von Spachbrücken mit dem Gemächt ufgehängt und vollends erschlagen. Hans Hubeners Magd geschändt und vollends zu Tod geschlagen.« Das alles stammt aus dem Mai 1635 und kündet vom Überfall der kaiserlichen Truppen auf das hessische Reinheim. Der Dreißigjährige Krieg, meint die Kriegsforscherin Cora Stephan, zeige sich mit solchen Szenen »als Krieg schlechthin: erschlagene, gefolterte, vergewaltigte Unbeteiligte. Ausgebrannte Städte, verwüstete Dörfer, kahlgefegte Äcker. Hungersnöte, Seuchenzüge«.

Nur, daß es damals das Fernsehen noch nicht gab, das die Behaglichkeit auch dort, wo halbwegs zivilisiert miteinander umgegangen wird, stört.

Das ist nun allerdings ein wesentlicher Unterschied, der uns offenbar zwingt, etwas zu tun. Und wenn wir nicht wissen, was wir tun sollen, rufen wir nach Blauhelmsoldaten.

Auf, auf, es ist Krieg!

UND WEIL ES Film und Fernsehen waren, die unser Bild von der Welt maßgeblich verändert haben, ist es auch nur konsequent, daß es Filmschauspieler wie Mia Farrow und George Clooney sind, die den Takt blasen, in dem die Blauhelmsoldaten heute marschieren sollen. Dabei kennen sie den Krieg nur aus den Filmen, durch die sie ketchupbeschmiert humpeln müssen, während hinter ihnen Chinaböller explodieren und Rauchbomben qualmen, bis der Gouverneur von Kalifornien mit seiner Pumpgun kommt und sie ins Jenseits befördert oder Jennifer Lopez auftaucht, wie in *Out of sight*, wo sie ein schrotflintenbewehrter Federal Marshall ist und Clooney ein Bankräuber auf der Flucht.

Glücklicherweise haben sowohl die Farrow als auch der schöne George wohltätige Organisationen gefunden, die sich um sie kümmern. Das *International Rescue Committee* hat sich Clooneys angenommen, und Mia Farrow erfuhr, nachdem sich Woody Allen seiner Stieftochter zuwandte, glücklicherweise Trost und freundliche Aufnahme im Schoß des Kinderhilfswerks Unicef.

Seitdem unternehmen sie, wohl aus therapeutischen Gründen, gelegentlich schauerliche Reisen ans Ende der Welt, und die führen sie, wie sollte es anders sein, auch zu den Hungernden in Darfur. Weil man in diesen Kreisen so einen Horrortrip selten geboten bekommt, wenn man nicht gerade mit Mickey Rourke auf LSD ist, hat Clooney seinen Daddy Nick ins Lager mitgeschleppt und Mia Farrow ihren Sohn Ronan.

Und dafür, daß all die aufregenden Erlebnisse nicht das Geheimnis der zwei Vielgereisten bleiben, gibt es das Qualitätsmedium *stern.de*, das uns über den Höllenritt auf dem Laufenden hält: Ronan »wirkt sehr jungenhaft, ist aber ein kleines Genie«, während Mia »zart und zerbrechlich« ist und über eine »Haut wie Porzellan« verfügt.

Am tollsten jedoch findet die Farrow, daß in Darfur eigentlich alles irgendwie so ist wie in Hollywood, mit Gut und Böse. »Die Fronten waren ziemlich klar zwischen ›Bad guys‹ und ›Good guys‹ von der Afrikanischen Union«, erzählt die Actrice erleichtert, nachdem sie das Darfurproblem vor Ort lösen konnte: »Der Konflikt ist lösbar.«

Die Welt darf sich nämlich glücklich schätzen, daß die Dame nicht nur einfach bis nach Afrika gereist ist, sondern dankenswerterweise auch einen Plan ausgeheckt hat, wie man mit den Muselmännern fertig wird. Man müßte, meint sie, es im Prinzip so ähnlich anstellen, wie in der Szene im *Dreckigen Dutzend*, wo Yul Brynner und Charles Bronson die Nazifestung stürmen und die Deutschen überrumpeln. »Die UN muß da jetzt schnell rein«, befiehlt sie.

Zumal sich in Darfur eigentlich alle ganz doll einig sind und Mia nun plötzlich findet, daß es doch fast nur noch »Good guys« gibt: »Eine afrikanische Lösung für ein afrikanisches Problem will die Regierung des Sudan haben, und alle anderen auch.«

Dann ist ja alles geritzt. Und Ronan, was meinst du?

Der findet das alles eher ein wenig so wie in *Das Leben ist schön.*

»Im Sudan geschieht gerade auch eine Art Holocaust«, berichtet er munter.

Und wie erkennt man so etwas als neunzehnjähriger US-Boy?

»Er ist in vieler Hinsicht älter als sein biologisches Alter«, freut sich Mia Farrow über ihren Sprössling.

Die zwei wollen jetzt eine Vortragsreise durch amerikanische Universitäten unternehmen, und »Ronan wird so viel wie möglich über den Darfur-Konflikt schreiben«.

Naja, lassen wir die beiden allein, und hoffen, daß sich Unicef weiter um sie kümmert. Vielleicht sind sie infantiler als ihr biologisches Alter, und keiner hat es ihnen bisher gesagt.

Und horchen wir zum Ende dieser Abschweifung kurz in das hinein, was Clooneyvater Nick sozusagen »face to face« mit dieser sudanesischen Art Holocaust fühlt: »Es war ein Privileg für George und mich, diese Menschen auf ihrer gefährlichen Reise getroffen zu haben. Was wir ihnen gegeben haben, verblaßt im Vergleich zu dem, was sie uns gaben.«

Das ist das Bild, das vom Darfurkonflikt vermittelt wird.

Therapie gescheitert. Es ist nicht nur komisch, sondern auch tragisch.

AM 10. JULI 2006 beginnt der Kongo-Einsatz der Bundeswehr.

»Es gibt eine besondere Verantwortung der Europäer für Afrika«, erklärt Entwicklungshilfeministerin Heidemarie Wieczorek-Zeul in Berlin und strahlt wie ein Honigkuchenpferd.

Für sie wird ein Traum wahr.

»Im Rausche der Begeisterung sturmschritts auf den Feind eindringen«, schwante Clausewitz, »– wer zählt da die Kugeln und die Fallenden!«

DIE TAGESSCHAU mute jeder »Verkäuferin aus dem Supermarkt zu, zwischen Inguschen und Tschetschenen, Georgiern und Abchasen zu unterscheiden«, schreibt Hans Magnus Enzensberger in seinen *Aussichten auf den Bürgerkrieg:* »Berg-Karabach steht seit Jahren auf der Tagesordnung, und wir sind gezwungen, uns anhand von verstümmelten Leichen ein Bild von dieser Gegend zu machen. Wir sollen uns die Namen von Gangstern merken, die wir kaum richtig aussprechen können, und uns um islamische Sekten, afrikanische Milizen und kambodschanische Fraktionen kümmern, deren Beweggründe uns unverständlich sind und bleiben. Wer dazu nicht fähig ist, gilt als hartherziger Ignorant und als egoistischer Wohlstandsbürger, dem es gleichgültig ist, wenn andere leiden.

Die Empfänger dieser Botschaft sind verunsichert. Manche werden von Schuldgefühlen heimgesucht. Wenn sie die Hilfe nicht zum Beruf machen, sind ihre Handlungsmöglichkeiten eng begrenzt. Viele spenden. Ihnen wird entgegengehalten, sie hätten es nur auf ein moralisches Alibi abgesehen. Wohltätigkeit sei ein bloßes Palliativ, ein Entlastungsmanöver, mit dem sich jeder auf billige Weise ein gutes Gewissen verschaffen könne. Wie man es den Predigern der Tugend recht machen soll, verraten sie nicht.«

N'Djamena

AFRIKA IST ETWAS MERKWÜRDIG, findet Benoît Kuborn und lächelt ein bißchen verlegen. Er möchte nichts Schlechtes sagen über den Kontinent, er ist auch noch nicht lange hier.

Dennoch. »Semper aliquid novi Africam adferre«, der alte Lateinerspruch komme ihm in letzter Zeit bisweilen schon häufiger in den Sinn. Aus Afrika gebe es immer etwas neues, meinte Plinius der Ältere irgendwann zwischen 23 und 79 n. Chr. »Vorsischtisch ausgedrückt«, fügt Monsieur Kuborn hinzu.

Er kommt aus Luxemburg, und N'Djamena ist seine erste Station in Afrika.

Er spricht leise, doch seine Worte hallen durch den Raum. Der ist riesig. Herr Kuborn wirkt etwas verloren darin. Die Wände sind zum Teil aus Marmor, die bunten Vorhänge schwer. Oben hängen gewaltige Kronleuchter, unten stehen gepflegte Plüschmöbel, mit rotem Samt beschlagen. So ein Gebäude hätte Nikolai Ceauçescu errichten lassen können. »Hat er aber nicht«, sagt Herr Kuborn und lächelt. »Es war Gaddafi.«

Deshalb steht auch in riesigen Leuchtbuchstaben »Hotel Libya« auf dem Kasten. Und draußen am Eingang hängt ein Messingschild, das verrät, daß sich der noble Spender Muammar al-Gaddafi stets »sorgt um die Entwicklung und Verbesserung der Wirtschaft«.

Doch nicht überall, wo Libyen drauf steht, ist auch Libyen drin. »Dieses Otel«, sagt Herr Kuborn mit seinem charmanten französischen Akzent, »ist nämlisch deutsch.«

Es gehört zur Kempinski-Hotelkette und bietet alles, was in eine von Deutschen geführte Fünfsterne-Herberge gehört: 177 Zimmer, davon 156 »deluxe«, 24 für Nichtraucher, zwei für Rollstuhlfahrer. Alle mit Klimaanlage ausgestattet, Satellitenfernsehen, Internetzugang, Minibar, Safe, vierundzwanzig Stunden Zimmerservice – zum Beispiel.

»Im Herzen N'Djamenas, der Hauptstadt des Tschad, gelegen, lädt sie das Kempinski Hotel N'Djamena zu einem einzigartigen Erlebnis ein«, verspricht die Werbung. Noch bis Ende des Jahres gilt das Einführungssonderangebot, das Zimmer »deluxe« 199, die Suite 397 Euro. Das sei sehr günstig, meint Benoît Kuborn, der Marketingdirektor.

Es ist nicht ganz klar, ob er das auch glaubt. Hinten, an der Bar des Hotels, befinden sich jedenfalls mehr Whiskeysorten als Gäste. Ums Hotel fegt ein Sandsturm. Das Thermometer zeigt über vierzig Grad. Nur selten schwanken draußen ein paar in weite Umhänge und vors Gesicht gezogene Turbane gehüllte Gestalten vorbei. Auf dem Flachbildschirm in der Lobby läuft *CNN*, irgend etwas aus dem Irak.

Richtige Touristen, das gibt Herr Kuborn gerne zu, sieht man allerdings ausgesprochen selten in N'Djamena: »Dazu ist es hier ein wenisch wild.« Er kann das beweisen. Herr Kuborn deutet auf die Sandsteinfassade des Hotels. Viel ist nicht zu sehen. Ein paar Löcher, nicht tief. »Querschläger«, sagt Kuborn mit einem Lächeln, das Befremden zum Ausdruck bringen soll. Wer macht auch sowas?

ER WAR GERADE erst seit sechs Wochen im Land, als es passierte. Es geschah im Morgengrauen irgendwann zwischen fünf und sechs Uhr. Kuborn lag friedlich in seinem Deluxe-Bett und genoß »Eleganz und Komfort« seines Zimmers, die Aircondition summte kaum hörbar vor sich hin, Jacuzzi und Cardiovascular warteten im Fit- und Wellness-Centre noch vergebens auf die ersten Frühaufsteher. Da knallte es plötzlich wie aus tausend Rohren: »Bambam, Taktaktak, Bambambam.«

Benoît Kuborn warf sich den Morgenmantel über und begab sich auf den »Privat-Balkon«, über den jedes Zimmer verfügt. Drüben, auf der anderen Seite, liegt das Parlamentsgebäude. Meistens ist da nicht viel los. Eigentlich braucht der Tschad auch gar kein Parlament; er wird von einem Einzelnen, Präsident Idris Deby, regiert. An jenem 13. April 2006 aber war die Hölle los.

»Also«, sagt Monsieur Kuborn und zeigt vom Balkon herunter auf die andere Straßenseite, keine einhundert Meter entfernt, »da drüben waren die Angreifer, sie kamen in vielen, vielen Pick-Ups.« Sein Finger fährt ein Stück weiter: »Und da ist das Parlamentsgebäude. Da haben sie hingeschossen.« Herr Kuborn lächelt, amüsiert jetzt. »Sie schossen die ganze Zeit. Immer wieder.« Bambam, Taktaktak.

Das sei wohl eine halbe Stunde so gegangen, sagt Kuborn. Dann hätten sich die Angreifer gewundert: »Warum wehrt sisch denn niemand? Warum schießt niemand zurück?« Und dann sei das noch eine Weile so weitergegangen.

Herr Kuborn sucht nach den richtigen Worten. »Verstehen Sie«, sagt er, »das Parlamentsgebäude ... in der Morgendämmerung .... haben Sie schon einmal ein afrikanisches Parlament gesehen? Morgens um fünf?« Er versucht höflich zu bleiben. »Und dann haben sie jedenfalls gemerkt, huch, das ist ja gar nischt das Präsidentenpalast.« Der ganze Trupp sei dann weitergezogen, sagt Kuborn, »eine komische Angriff«. Kuborn schüttelt verständnislos den Kopf.

Den Rest kennt er aus der Zeitung. Die Umstürzler fuhren noch ein wenig orientierungslos durch N'Djamena. Und als dann die ersten verschlafenen Hauptstädter leichtsinnigerweise auf der Straße erschienen, erkundigten sie sich bei denen nach dem Weg zum Präsidenten. Aber da war es schon zu spät.

SIE WAREN JA AUCH SCHON weit über achthundert Kilometer unterwegs gewesen: aus ihrem Versteck im Sudan, ganz im Osten, bis nach N'Djamena, an der Grenze zu Kamerun, ganz im Westen. Sie hatten sich nicht gewundert, daß sie niemand angegriffen hatte.

Vielleicht hatten sie die französischen Mirage-Aufklärungsflugzeuge gesehen, die permanent über ihren Treck, der aus siebzig bis achtzig Fahrzeugen bestand, flogen. Aber sie hatten sich wohl nicht viel dabei gedacht. Als der Bürgermeister der Stadt Mongo, auf halbem Weg in die Hauptstadt, kapitulierte, war die Freude groß.

»Der Rest ist schnell erzählt«, sagt Benoîr Kuborn. In N'Djamena seien sie dann in die Falle gegangen. Die tschadische Armee wußte von ihren französischen Verbündeten, daß die Rebellen aus dem Sudan im Anmarsch waren. Sie versteckte sich im Hinterhalt. Und als dann die Angreifer von der *Vereinigten Front für Demokratischen Wandel* Debys Palast endlich gefunden hatten, wurde ihnen schnell der Garaus gemacht.

Dabei hätte das schmachvolle Ende durchaus vermieden werden können, wenn die Revolutionäre sich an jenem Morgen eine Zeitung gekauft hätten. Natürlich war der ganze lange Marsch von Darfur bis in Tschads Kapitale nicht unbemerkt geblieben. In den Botschaften hatte bereits vor der Ankunft der Umstürzler höchste Alarmbereitschaft und helle Aufregung geherrscht, die Vereinten Nationen hatten ihre Mitarbeiter ins benachbarte Kamerun evakuiert, die Reporter von *Radio France* waren ausgeschwirrt. Die Nachrichtenagentur *Reuters* schrieb bereits am 12. April, am Tag vor der Attacke also, daß die Armee Truppen in N'Djamena zusammengezogen, einen Panzer »vor dem Haupteingang des Präsidentenpalasts« – ja, des Präsidentenpalastes! – aufgestellt und »Militärcheckpoints« errichtet hatte. Die Vereinigte Demokratenfront hätte noch vor ihrem ungestümen Herumgeknalle lesen können, daß ein französischer Aufklärer sie »in Massenya, 160 Kilometer südöstlich von der Hauptstadt« aufgespürt hatte.

Dem örtlichen Fernsehen konnte die Deby-Regierung nachher stolz einige Dutzend Tote und rund dreihundert gefangengenommene Rebellen präsentieren. Der Präsident gewann wenig später seine Wahlen mit tollen 64,67 Prozent. Und bei Herrn Kuborn im Hotel wurde das Ergebnis öffentlich verkündet. Es gab danach noch ein paar Verletzte, weil freude- und wohl auch dattelschnapstrunkene Deby-Fans in die Luft geschossen hatten und nicht mehr so genau zielen konnten.

Aber das ist eine andere Geschichte.

»Bürgerkriege, vom molekularen bis zum großen Maßstab, sind ansteckend«, schreibt Hans Magnus Enzensberger in den *Aussichten auf den Bürgerkrieg*, »während die Zahl der Unbeteiligten abnimmt, weil sie sterben oder fliehen oder sich einer der Fraktionen anschließen, werden sich die Teilnehmer immer ähnlicher. Ihr Verhalten gleicht sich ebenso an wie ihre moralische Verfassung. In den Kriegsgebieten der Städte gehen Polizei und Armee vor, als wären sie eine Gang unter anderen. Anti-Terror-Einheiten praktizieren die präventive Todesstrafe, und gegen Drogensüchtige und Kleinkriminelle rücken Todesschwadronen vor, die ein Spiegelbild ihrer angeblichen Opfer abgeben. Dem Lumpenproletariat entspricht die Lumpenbourgeoisie, die in der Wahl der Mittel den Feind kopiert. Ähnlich verhält es sich mit den Flächenbränden des Krieges. Aggression und Defensive werden ununterscheidbar. Der Mechanismus ähnelt dem der Blutrache. Immer mehr Menschen werden in den Strudel von Angst und Haß gezogen, bis der Zustand völliger Asozialität erreicht ist.« Und: »Vom heroischen Heiligenschein der Partisanen, Rebellen und Guerilleros ist nichts übriggeblieben. Einst ideologisch hochgerüstet und mit fremden Verbündeten im Rücken haben sich Guerilla und Antiguerilla verselbständigt. Übriggeblieben ist der bewaffnete Mob. Alle diese selbsternannten Befreiungsbewegungen, Volksbewegungen und Fronten sind zu marodierenden Banden degeneriert, die von ihren Gegenspielern kaum zu unterscheiden sind.« Und alles was sie zusammenhalte, seien »Raub, Mord und Plünderung«.

* * *

MINNI ARKU MINNAWI ist im August 2006 vorerst am Ziel seiner Träume angelangt. Der sudanesische Präsident Umar Hassan al-Baschir beruft ihn als »Senior Assistant«, eine Art Präsidentenberater, in die Hauptstadt. Und so hat er, allerdings auf seine Art, am Ende doch noch das in Dar as-Salam gegebene Versprechen wahrgemacht, er werde nicht ruhen, ehe er in Khartum sei. Bloß, daß er jetzt ganz alleine im Zentrum der Macht angelangt ist – ohne seine marginalisierten Landsleute, für die der ganze Krieg ja ursprünglich einmal gedacht gewesen sein soll. Und er ist auch nicht durch einen heroischen Sieg nach Khartum gekommen, sondern weil er übergelaufen ist. Bei diesem absurden Prozeß haben die Vereinten Nationen und Vereinigten Staaten und wer sich sonst noch berufen fühlte, Gutes zu tun, Pate gestanden. Und darum wurde Minni bei einem Besuch der Vereinigten Staaten sogar von Präsident George W. Bush empfangen.

Die angekündigte Eskalation in Darfur ließ dann auch nicht lange auf sich warten. Verschiedene SLA-Fraktionen bekriegen einander, und Minnis Leute sind natürlich mittenmang dabei. Diesmal auf der Seite der Dschandschwawid und der Regierung – dank der erfolgreichen Vermittlung der Afrikanischen Union und Co. Im August 2006 klagen Hilfswerke wie Brot für die Welt und die Diakonie Katastrophenhilfe: »Die Sicherheitslage für humanitäre Helfer hat sich extrem verschärft.« Allein im Juli werden in Darfur acht Mitarbeiter von Hilfsorganisationen getötet. Am

19. August werden zwei AU-Soldaten achtzig Kilometer nordöstlich von El Fascher bei einem Feuergefecht getötet, und Ende desselben Montats wird ein Mitarbeiter des Internationalen Komitees des Roten Kreuzes östlich des Dschebel Marra ermordet, nachdem er zuvor gekidnappt worden war. Kingsley Amaning, der Vertreter der Uno im Tschad, berichtet, daß der Darfurkrieg sich mittlerweile bis in die Zentralafrikanische Republik ausdehnt. Auch Amnesty International ist ratlos: »Die Zivilbevölkerung und Hilfsorganisationen sind den Angriffen der Dschandschawid-Milizen und der Regierungstruppen, aber auch der verschiedenen Oppositionsgruppen hilflos ausgeliefert. Der Friedensprozeß ist am Nullpunkt, gleichzeitig weitet sich die humanitäre Katastrophe in ungeahntem Maß aus.«

Die Afrikanische Union hat mittlerweile, nachdem sie einst trotzig darauf bestand, den Darfurkonflikt ganz alleine lösen zu dürfen, die Nase voll. Sie würde das Mandat am liebsten sofort an die Vereinten Nationen übertragen.

* * *

KHARTUM JEDOCH läßt sich wieder einmal Zeit. Außenminister Lam Akol, der Schilluk, findet nach wie vor, die Uno habe nichts zu suchen in Darfur. Kabinettskollegen des Südsudanesen sagen heute, über einen Uno-Einsatz ließe sich verhandeln, und morgen meinen sie, ein solcher wäre mindestens ein Grund für einen Dschihad.

Das Gemetzel von Darfur hat sich zum *bellum omnium contra omnes*, zum Krieg aller gegen alle, entwickelt.

»Und dieser Krieg«, sagt der »Flüchtlings-Präsident« von Bredjing, Dschamaldin Daoud, »hat erst begonnen.«

Kurze Geschichte des Sudan

Vorgeschichte

1750–1550 v. Chr.	Erste Staatsbildung um die Stadt Kerma in Obernubien
1550–1450 v. Chr.	Eroberung Kermas durch die Ägypter (Thutmosis I)
1450–1080 v. Chr.	Nubien ist ägyptische Provinz (bis zum 4. Katarakt)
ab ca. 850 v. Chr.	Reich von Kusch um die Stadt Napata
716–656 v. Chr.	Die Kuschitischen Könige herrschen als Pharaonen der 25. Dynastie über Ägypten. Hauptstadt ist Napata
656–575 v. Chr.	Reich von Napata
um 425–310 v. Chr.	Wiedererstarken Nubiens, Meroë wird zum neuen Zentrum
um 275 v.–300 n. Chr.	Reich von Meroë
24 n. Chr.	Römische Kampagne gegen Napata
540–580 n. Chr.	Christianisierung der nubischen Königreiche
642 n. Chr.	Beginn der islamischen Eroberung Nubiens
7.–12. Jhd.	»Goldenes Zeitalter« von Makuria und Nobatia
13.–14. Jhd.	Verstärkte Angriffe durch die Mamelucken, Islamisierung
16.–18. Jhd	Sultanat von Darfur im Westen und Herrschaft des Königreichs Fundsch

Turkiya

ab 1820	Mohammed Ali erobert den Sudan
1837	Fürst Pückler im Sudan

1847–1850	Alfred Brehm reist durch den Sudan
1863–1871	Georg Schweinfurth bereist den Sudan
1873–1875	Gustav Nachtigal reist durch Darfur und den Sudan
1874	Darfur kommt unter ägyptisch-englische Herrschaft
1881	Beginn des Mahdi-Aufstands, fast der gesamte Sudan gerät unter die Herrschaft der Mahdisten
1898	Lord Kitchener schlägt den Kalifen Abdullahi bei Omdurman

Ägyptisch-Englische Herrschaft

ab 1899	Der Sudan wird ägyptisch-englisches Kondominium Das Sultanat Darfur wird wiederhergestellt
1916	Darfur wird als Provinz in den Sudan eingegliedert
1922	Trennung von Nord- und Südsudan
1947	Wiedervereinigung von Nord- und Südsudan

Unabhängigkeit

1956	Der Sudan wird unabhängig und Mitglied der Arabischen Liga
1962–1977	Leni Riefenstahl reist zu den Nuba
1963	Erste Guerilla-Aktivitäten im Südsudan
1969	Militärputsch durch Jafaar an-Numeiri
1972	Abkommen von Adis Abeba, Teilautonomie des Südens
1983	Die Scharia wird zur Rechtsgrundlage, Die SPLA und andere Gruppen nehmen den Bürgerkrieg wieder auf
1985	Hungersnot in der gesamten Sahelzone. Volksaufstand und Absetzung Numeiris
1987	Sadiq al-Mahdi und seine Umma-Partei gewinnen die Wahlen, gehen aber weiter gegen den Süden vor
1989	Islamischer Militärputsch durch Umar Hassan al-Baschir
1991	Einführung der Scharia für den gesamten Sudan

1992	Der Kampf gegen den Süden wird zum Heiligen Krieg erklärt
1992–1996	Osama bin Laden hält sich im Sudan auf
1992	Die USA erklären den Sudan zum Schurkenstaat
1999	Baschir löst das Parlament auf und erklärt den Ausnahmezustand
2002	Friedensabkommen für das Gebiet der Nubaberge
2003	Erste Übergriffe bewaffneter arabischer Milizen, Dschandschawid, in Darfur
	Kämpfe der SLA/M und der JEM gegen die Milizen und die Regierung
2005	Friedensabkommen zwischen der SPLA und der Regierung
	Die SPLA wird an der Regierung beteiligt.
2006	Waffenstillstand zwischen einem Teil der SLA und der sudanesischen Regierung

Danksagung

Besonderer Dank gebührt dem *Spiegel* und meinen Freunden und Reisegefährten Kurt Pelda, dem Nairobi-Korrespondenten der *Neuen Zürcher Zeitung*, mit dem ich gemeinsam wochenlang durch Darfur, den Tschad, den Südsudan und den Norden Ugandas gereist bin, und Volkhard Windfuhr, dem Nahostexperten und Kairo-Korrespondenten des *Spiegel*, der mir die Ehre, mich nach Khartum mitzunehmen, erwies.

Darüber hinaus möchte ich folgenden Menschen danken, die mir auf meinen Reisen durchs Land des Mahdi oder sonstwo begegnet sind und am Zustandekommen dieses Buchs maßgeblichen Anteil haben.

Mohammed Abakir, »Omda« von Khor Abeche, Darfur; Abdallah Abdrrahman, SLA-Soldat; Abdulmalik Adam Abdallah, »Zwangsrekrut« und Flüchtling im Tschad; Adam, der Dolmetscher; Jahir Adis, SLA-Kommandeur »Saddam« in Darfur; Jengfer Adong, Kindersoldatin der LRA im Sudan; Gassy Adouma, Scheich von Furawiya in Darfur; Lam Akol, Sudans Außenminister; Onen Ankonda II., oberster Häuptling des ugandischen Acholi-Stamms, Gulu; Musa Arbab Adam, »Zwangsrekrut« und Flüchtling im Tschad; Abdullah Ahmad Ali, »Omda« von Sani Haya, Darfur; Stefan Aust, Journalist, Hamburg; Assane Ba, Sprecher der Afrikanischen Union in Addis Abeba; Ibrahim Bakheid, SLA-Soldat; Martin Barmettler, Schweizer Minenräumer in Juba; Ahmed Yacoub Basi, »Außenminister der SLA«; Abd al-Basched, abgesetzter SLA-Kommandeur in Dirbat, Dschebel Marra; Gerhart Baum, ehemaliger Uno-Sonderberichterstatter für den Sudan; Mohammed Bruma, Darfur-Flüchtling in Bhar el-Gazal; Timothy Carney, ehemaliger US-Botschafter in Khartum; Dschamaldin Daoud, Präsident des Flüchtlingslagers Bredjing im Tschad; Abdulabanat Dawoldabeit, Scheich von Khor Abeche, Darfur; Christine Decker, Caritas; Alpha Oumar Diallo von der GTZ in Kigoma am Tanganjikasee; Akoon Duong, Regenmacher in Marial Bay; Mussa Ecweru, Kommandant der Arrow Boys in Uganda; Stefan Ehlert, Nairobi-Korrespondent der Berliner Zeitung; Kathleen Fitzgibbon, US-Botschaft N'Djamena; Cordelia Freiwald, Dokumentationsjournalistin; Dieter Freund, deutscher Geschäftsträger in N'Djamena, Tschad; Christina Freymann, Ärztin in Dar as-Salam, Darfur; Anne-Sophie Fröhlich, Dokumentationsjournalistin; Arthur Fung, chinesischer Geschäftsmann Nairobi, Kenia; Ajou Garang, Unicef Marial Bay, Südsudan; John Garang, Vorsitzender und Gründer der SPLA; Negasso Gidada, ehemaliger Staatspräsident Äthiopiens, Addis Abeba; André Glucksmann, Philosoph, Paris; Elke Grawert, Politologin an der Universität Bremen; Sebastian Groth, dt. Botschaft Nairobi, Auswärtiges Amt; Mohammed Hamid, SLA-Kommandeur »Dar Bejn«; Ina Hammesfahr, Hebamme bei Cap Anamur in den Nubabergen; Scharif Hari, Flüchtling in Tiné, Tschad; Hans Hielscher, Journalist in Hamburg; Abd al-Asis al-Hillu, SPLA-Kommandeur der Nubaberge; Abu Bakr Adam Ibrahim, Landwirt in Dar as-Salam, Darfur; Osman Ibrahim, Flüchtlingskoordinator Tiné, Tschad; Olaf Ihlau, Journalist; Saleh Adam Ishaq, Stammesführer der Berti in Darfur; Asisa Ahmed Issa, Flüchtling im Tschad; Sultan Ismail Jambo, Herold in Juba, Südsudan; Suleyman Jamous, SLA-Koordinator für Internationale Hilfe; Tore Christian Jenssen, norwegischer Militärbeobachter in den Nubabergen; Thomas Jenatsch von der Militärbeobachtermission in den Nubabergen; Andrew wa Kaboi, WFP Pabuong; Paul Kagame, Präsident Ruandas; Johan van der Kamp, Deutsche Welthungerhilfe im Sudan; Anahita Kar, IKRK N'Djamena; Hördur Karlsson, WFP N'Djamena; Stephan Keller, deutscher Botschafter in Khartum; Peter Nyot Kok, sudanesischer Erziehungsminister; Axel Krause, Fotograf in Kairo; Iris Krebber, Deutsche Welthungerhilfe Nairobi; Herbert Kremeier, GTZ IS Nairobi; Ulrich Krüger, Diakonie Katastrophenhilfe Rumbek, Südsudan; Abraham Chol Kuang, SPLA-Soldat, New Site; Benoît Kuborn, Marketing Director Kempinski Hotel N'Djamena; Volker Lankow, Arzt in Juba; Mohammed Latif, Journalist von Al-Sudani in Khartum; Richard Leakey, Paläoanthropologe in Kenia; Andreas Lünser, Journalist und Historiker in Berlin; Barbara Maas, Geschäftsführerin von Care for the Wild in London; Riek Machar, Vizepräsident der SPLA; Yuot Machar, Südsudan-Flüchtling in Khartum; Deng Alier Mading, Wodrans-NGO, New Site; Albein Yaya Mahamat, Verwalter des Flüchtlingslagers Bredjing im

Tschad; Sadiq al-Mahdi, ehemaliger Premierminister des Sudan, Urenkel des Mahdi und Führer der Umma-Partei; Suleyman Marajan, Stammesführer der Meidob in Darfur; Esmond Martin, Elefantenschützer in Nairobi; Laura Melo, WFP Nairobi; Natalie van Merwick, Ärztin in Tiné, Tschad; Matthias Meyer, deutscher Botschafter in Khartum, Auswärtiges Amt; Minni Arkou Minnawi, Generalsekretär der SLA; Nurrain Minnawi, Vertreter der Jem in N'Djamena; Adam Ahmed Mohammed, SLA-Soldat; Mohammed Juma Mohammed, Darfur-Flüchtling und Lagerlehrer im Tschad; Mohammed Mahmud Mohammed, Lehrer in Saganam, Darfur; David Mozersky, Sudanexperte der International Crisis Group in Nairobi; Peter Moszynski, Journalist, Rumbek; Ibrahim Musa, Darfur-Experte im Tschad; Peter Mutua, Unicef Rumbek; Rupert Neudeck, Gründer des Notärztekomitees Cap Anamur; Tarcisius Nitta, WFP Lokichokio; Guot Nuok, Regenmacher in Marial Bay; Charles Obaikol, anglikanischer Bischof von Soroti, Uganda; Stella Ojera, Mitarbeiterin der NGO Gusco, die sich um in den Sudan verschleppte Kindersoldaten kümmert, Gulu, Uganda; Pagan Amun Okiech, SPLM, New Site; George Otuma, ugandischer Missionar bei den Nuba; George Pagoulatos, Inhaber des Acropole-Hotels in Khartum; Nicolaï Panke, IKRK N'Djamena; Ben Parker, Unicef Nairobi; Edward Parsons, Fotograf in Nairobi; Marina Peter, Sudan Focal Point; Marcus Prior, WFP Nairobi; Ahmed Tchoch Pournedjé, Polizeichef von Tiné, Tschad; Khaled Abdel Rahim, Flüchtlingsverwaltung Khartum; Richard Rottenburg, Professor an der Universität Halle-Wittenberg; Ian Ruff, British Embassy Rumbek; John Aguot Ruonrac, Lehrer in Bahr el-Gazal; Michael Salzwedel, Lektor des Magnus-Verlags, Essen; Alexander Seifert, DED Abeche, Tschad; James Shikwati, kenianischer Ökonom, Nairobi; Adam Jacoub Sherif, SLA-Kommandeur von Shanguel Towbay, Darfur; James Shikwati, Ökonom, Nairobi; Adam Ali Shogar, Statthalter der SLA in N'Djamena, Tschad; Peder Skov, dänischer Geschäftsmann in Kampala, Uganda; Peter Smerdon, WFP Nairobi; Claudia Stodte, Dokumentationsjournalistin; Ahmed Adam Suleyman, SLA-Kommandeur von Khor Abeche, Darfur; Rainer Tetzlaff, Afrikanist an der Universität Hamburg; Klaus Thormälen, Eisenbahnbauer aus Norddeutschland; Abdurahim Amin Tijani, SLA-Gefangener in Darfur; Sven Torfinn, Fotograf in Nairobi; Carmen Tur, spanische Ärztin in Dar as-Salam, Darfur; Hassan al-Turabi, Führer der sudanesischen Moslembruderschaft, Khartum; Tobias Ugada, WFP Rumbek; Faisal Mohammed Wadi, Überlebender in Khor Abeche, Darfur; Abd al-Wahid Mohammed al-Nur, SLA-Präsident, Nairobi; Daniel Wani, SPLM Nairobi; Christoph Weissenrieder, Schweizer Minenräumer N'Djamena, Tschad; Dietrich Wildung, Direktor des Ägyptischen Museums Berlin und der Papyrussammlung; Simon Wol, SPLA-Kommissar in Aweil-West; Helen Kila Wongo, Pastorin in Juba, Südsudan; Friedhelm Zirkuli, Straßenbauer der GTZ im Südsudan; Lammert Zwagstraa, Echo, Rumbek.

Und natürlich, und natürlich ganz besonders, Arthur, Sophie und Bianca. Sie wissen schon, wofür.

Glossar und Abkürzungen

Kursivierungen verweisen auf andere Einträge im Glossar.

Abbala: Kamelzüchter, Nomaden des nördlichen Sahel (Wüstenrand).
Abd: »Diener Gottes«, also eigentlich: alle; Sklave. Plural: abid.
Acropole: traditionsreiches Hotel in Khartum, *www.acropolekhartoum.com.*
Africa Expeditions: Firma, die in Lokichokio, Rumbek und Juba Zeltlager oder Gästehäuser unterhält.
Al Dschasira (Jazeera): arabischer Nachrichtenkanal, *www.english.aljzeera.net.*
Allah: der (einzige) Gott; Zusammensetzung aus al = der und ilah = Gott.
Allahu akbar: Gott ist unermeßlich groß; Einleitung der täglichen, liturgischen Gebete.
Ambusch: Hinterhalt, engl.: ambush.
Amir: Emir, Prinz, Befehlshaber, Herrscher, arabischer Stammesführer, Verwaltungsposten.
Amnesty International: Menschenrechtsorganisation, *www.amnesty.org.uk.*
Ansar (sing.: ansâri): »Helfer« oder Hilfstruppen, ursprünglich die Gefolgsleute Mohammeds aus Medina, hier: Anhänger des *Mahdi*, die den Urenkel Mohammed Ahmeds, Sadiq al-Mahdi, als ihr Oberhaupt anerkennen, ursprünglich wurden diese auch Fogara genannt.
Anya-Nya: »Schlangengift« in der Madi-Sprache (Provinz Äquatoria); bezeichnet ab 1963 die sezessionistische südsudanesische Guerillarmee, die im Bürgerkrieg von 1955 bis 1972 gegen die sudanesische Regierung kämpfte.
Arab Gathering: Arabische Versammlung, arab.: Tajamu al Arabi; Zusammenschluß von arabischen Nationalisten, der 1987 zum ersten Mal öffentlich in Erscheinung trat, und mehr Rechte für die Araber fordert.

Arrow Boys: Stammesmiliz in Uganda, die gegen die *LRA*, eine vom Sudan unterstützte Terrortruppe, kämpft.

AU: Afrikanische Union; afrikanischer Staatenbund mit Sitz in Addis Abeba, Äthiopien; Nachfolgerin der Organisation der Afrikanischen Einheit (Organization of African Unity – OAU), *www.africa-union.org.*

Bagarra: Rindernomaden; wörtlich: Rinderleute, von bagar (Kuh) abgeleitet; Bezeichnung für eine Vielzahl rinderzüchtender Stämme in den Trockensavannen Darfurs und des südlichen Kordofan.

Bandana: Tuch.

Beled as-Sudan (bilad as-Sudan): Land der Schwarzen.

BBC: British Broadcasting Corporation, Sitz: London, *www.bbc.co.uk.*

Bey: höhere Rangbezeichnung ziviler und militärischer Posten im Osmanischen Reich.

Bros: Name eines Zeltlagers in Juba, Südsudan.

Camion: Lastwagen (span.).

Cap Anamur: deutsche Hilfsorganisation, Notärztekomitee, *www.cap-ana mur.org.*

CDR: Conseil Démocratique Révolutionaire; tschadische Oppositionspartei mit einem militärischen Flügel, den »Burkan Brigaden«, 1979 von früheren *Frolinat*-Mitgliedern gegründet.

Cites: Artenschutzkonferenz.

CNN: Cable Network News, Nachrichtensender, Sitz: Atlanta, Georgia, USA, *www.cnn.com.*

Courbash: Nilpferdpeitsche.

CPA: Comprehensive Peace Agreement, »umfassendes Friedensabkommen« zwischen der sudanesischen Regierung al-Baschir und der *SPLA*, wurde im Januar 2005 in Kenia unterzeichnet.

Daily Nation: kenianische Tageszeitung, Redaktion in Nairobi, *www.nation media.com.*

Dar: Land, Haus, Wohnung; wurde im Westen des Sudans ursprünglich benutzt, um lokale Sultanate wie Dar Fur oder Dar Massalit zu bezeichnen. Unter anglo-ägyptischer Herrschaft wurden damit allgemein die Siedlungsgebiete der Stämme, sogar der Nomaden, bezeichnet, auch wenn sie kein Sultanat darstellten, z. B. Dar Saghawa.

Darfur: ehemaliges Sultanat im Westen des Sudan, heute ist Darfur in die drei sudanesischen Provinzen Nord-, West- und Süd-Darfur unterteilt, deren Hauptstädte El Fascher, El Geneina und Nyala sind.

DED: Deutscher Entwicklungsdienst, *www.ded.de.*

Derwisch (Darvisch): persisches Wort, das einen frommen Bettler bezeichnet, wörtlich: »jemand, der von Tür (*Dar*) zu Tür geht«. Arabisch: Faqir.

Deutsche Welthungerhilfe: im Sudan tätige deutsche Hilfsorganisation, Abk.: DWHH, *www.welthungerhilfe.de.*

DDF: *Darfur* Development Front; 1964 gegründete Bewegung, mit dem Ziel, die Interessen der Darfuri zu vertreten.

DLF: *Darfur* Liberation Front, Darfur-Befreiungsfront, Vorgängerin der *SLA.*

DPA: *Darfur* Peace Agreement, am fünften März 2006 in der nigerianischen Hauptstadt Abuja unterzeichnetes Friedensabkommen zwischen Khartum und einem Teil der *SLA*.

DPA: Deutsche Presse Agentur, deutsche Nachrichtenagentur mit Sitz in Hamburg, *www.dpa.de.*

Dragoman: Dolmetscher.

Dschandschawid: seit den 1980er Jahren von der Regierung in Khartum bewaffnete, arabische Reiterbanden in *Darfur*.

Dschebel (Jebel, Jabal): Berg, Gebirge.

Dschehennam: Hölle.

Dschellabiya (Gallabya): Herrenkleid, einfacher einteiliger Baumwollumhang.

Dschihad (Jihad): Heiliger Krieg.

DSchK: schweres russisches Maschinengewehr, Kaliber 12,7 x 108 Millimeter.

DUP: Democratic Unionist Party, Partei der *Khatmiya*-Sekte.

Durra: Sorghum vulgare, Büschelhirse, im Sudan am weitesten verbreitete Hirseart.

Economist, The: britisches Nachrichtenmagazin aus London.

Effendi: (türkisch) Name für die gebildete Verwaltungs-Elite des turkoägyptischen Regimes, rangiert noch unter dem Bey; die meisten Effendis wurden später Beamte der britischen Kolonialverwaltung.

Emir: Provinzgouverneur, Kommandant, Heerführer.

EPD: Evangelischer Pressedienst, Nachrichtenagentur der Evangelischen Kirche, Sitz: Frankfurt, *www.epd.de.*

EU: Europäische Union, Sitz: Brüssel, *www.europa.eu.*

Fan: Forces Armées du Nord; tschadische Guerillabewegung, die von Gukuni Wedeye und Hissène Habré 1972 ins Leben gerufen wurde, nachdem es zum Bruch einiger Rebellen mit der *Folinat* kam.

Fant: Forces Armées Nationales Tchadiennes; offizieller Name der tschadischen Armee, während der Herrschaft Hissène Habrés.

FAO: Food and Agricultural Organization, Nahrungsmittel- und Landwirtschaftsorganisation der Vereinten Nationen, *www.fao.org.*

Frolinat: Front de Libération National du Tchad; 1966 von muslimischen Rebellen in *Darfur* gegründete Guerillabewegung, um das christliche Regime von Ngarta Tombalbaye in *N'Djamena* zu stürzen.

FSD: Foundation Suisse de Déminage, Schweizer Minenräum-Gesellschaft, *www.fsd.ch.*

Fur (For): Größter Stamm Darfurs, Hauptsiedlungsgebiet ist das *Deschebel* Marra im Zentrum *Darfurs.*

Fursan: Reiter (Singular: Faris), seit 2003 auch als Synonym für *Dschandschawid* benutzt.

Gezira: Insel; hier: Halbinsel, die zwischen Weißem und Blauem Nil gebildet wird.

Giaur (Dschaur): Ungläubiger.

GoS: Abkürzung für sudanesische Regierung in Khartum, Government of Sudan.

GoSS: südsudanesische Regierung mit Sitz in Juba, Abk. für: Government of Southern Sudan.

Goz: »Sand«, bezeichnet eine Landschaftsform in *Darfur.*

GTZ: Gesellschaft für Technische Zusammenarbeit, staatliche deutsche Entwicklungshilfe, die auch über einen kommerziellen Zweig verfügt, die GTZ IS (für International Services), *www.gtz.de.*

Haboub: Sandsturm.

Hadsch: Pilgerreise nach Mekka.

Hedschab: Amulett, das mit Koransuren verziert ist, und gegen Unglück schützen soll.

Human Rights Watch (HRW): Menschenrechtsorganisation, *www.hrw.org.*

Ibn: Sohn des …

ICC: International Criminal Court, Internationaler Strafgerichtshof in Den Haag, *www.icc-cpi.int.*

ICG: International Crisis Group, *www.crisisgroup.org.*

IDP: Internally Displaced People, Vertriebene innerhalb der Grenzen eines Staats.

Igad: Intergovernmental Authority on Development; 1988 gegründete ostafrikanische zwischenstaatliche Kooperation, die an der Vermittlung des sudanesischen Friedensabkommens zwischen *GoS* und *SPLA* beteiligt war.

IKRK: Internationales Komitee des Roten Kreuzes, *www.icrc.org.*

Imam: »Richtschnur«, »Führer«, Vorbeter oder Vorsteher der Moschee; sowohl geistliches als auch weltliches Oberhaupt der muslimischen Gemeinde; Ehrentitel für Gelehrte.

IOM: International Organzation for Migration, *www.iom.int.*

IRC: International Rescue Committee, nordamerikanisches Hilfswerk, *www.theirc.org.*

Irin: Integrated Regional Information Networks, humanitäre Nachrichtenagentur der Vereinten Nationen, *www.irinnews.org.*

Jem: Justice and Equality Movement, überwiegend von Saghawa dominierte islamistische Widerstandsbewegung gegen die Regierung al-Baschir in Khartum, *www.sudanjem.com.*

Kalaschnikow (AK47, »Kalasch«): russisches Schnellfeuergewehr Awtomat Kalschnikowa obrasza 47; vom Russen Michail Timofejewitsch Kalaschnikow entwickeltes Sturmgewehr, dessen Prototyp 1947 fertiggestellt wurde und das sich wegen seiner Einfachheit und Robustheit gerade in der Dritten Welt größter Beliebtheit erfreut, in diversen Ländern nachgebaut.

Kalebasse: Kürbisgefäß.

Kalif: Stellvertreter der Propheten, politisches und religiöses Oberhaupt des muslimischen Gemeinwesens.

Kawadscha (Kawaja): Fremder, Ausländer, Herr, »der Alte«, abfällige Bezeichnung für Weiße.

Khatmiya: Sufi-Orden aus dem 19. Jahrhundert, kollaborierte mit den Turko-Ägyptern, konkurriert noch heute mit den Mahdisten um die religiöse Vorherrschaft.

Khartoum Monitor: unabhängige, englischsprachige Tageszeitung im Sudan, *www.khartoummonitor.net.*

Khedive: ursprünglich persischer Titel, den sich gegen 1850 der osmanische Vizekönig von Ägypten zulegte, wurde erst 1867 von der Hohen Pforte in Istanbul offiziell anerkannt.

Khor: saisonaler Wasserspeicher, der während der Regenzeit aufgefüllt wird, auch *Wadi*, trockenes Flußbett.

Landcruiser: Geländewagen des japanischen Autobauers Toyota.

Lokichokio: überwiegend von Entwicklungshelfern besiedelte kenianische Kleinstadt nahe der sudanesischen Grenze.

LRA: Lord's Resistance Army, ugandische Guerilla des Anführers Joseph Kony, wurde lange Zeit von der sudanesischen Regierung finanziert und operierte vom Süd-Sudan aus.

LWF: Lutheran World Foundation, *www.lutheranworld.org.*

Mahdi: der Rechtgeleitete; Messias, der am Ende der Zeiten zurückkehren und der Gerechtigkeit und dem wahren Glauben zum Sieg verhelfen wird; im Sudan: Mohammed Ahmed al-Mahdi (1844 bis 1885), islamischer Aufrührer, der die turko-ägyptsichen Truppen aus dem Sudan warf und den britischen General George Gordon, der Khartum verteidigt hatte, ermorden ließ.

Mahdiya (Mahdiyya): religiöse Bewegung, die den *Mahdi* verehrt und die Teilnahme am *Dschihad* als heilige Pflicht betrachtet. Als Geschichtsperiode bezeichnet die Mahdiya die Zeit zwischen 1885 und 1898, als der *Mahdi*-Nachfolger (kahilfa) Abd Allahi Muhammed Turshain den Sudan in der Tradition des *Mahdi* beherrschte, bis er von den Briten besiegt wurde.

Majdhubiya: Sufiorden, aus dem der *Mahdi* vorwiegend seine Anhänger rekrutierte und der mit dem *Kathmiya*-Orden konkurrierte.

Mamluken (Mamelukken oder Mamelucken): ursprünglich weiße Militärsklaven aus der Schwarzmeerregion, die sich um 1250 in Kairo zu einer eigenen Militärkaste entwickelten; gründeten eine Herrscherdynastie in Ägypten. 1798 wurden die Mamluken von Napoleon geschlagen und später dem *Khediven* Mohammed Ali in den Sudan gerieben.

Mango Riverside Camp: Zeltlager in Juba, Südsudan.

Marisa (Marissa): Hirsebier.

Massalit (Massaleit): Stamm im Westen *Darfurs*; werden zu den Schwarzen gerechnet und betreiben vorwiegend Ackerbau.

Misseriya (Misîriyya, Misiryya): arabischer Nomadenstamm *Darfurs.*

Mudschahedin (Mudschahiddin): mohammedanische Gotteskrieger.

Muezzin: der Rufer zum Gebet.

Mullah: geistlicher, religiöser Führer; persische Form des Begriffes Maulawi = Gelehrter.

Murahleen (Murahlin): wörtlich: Reisende, ursprünglich wurden die *Baggara*-Nomaden so genannt, wenn sie ihr Vieh durch die Gegend trieben. Später wurden Araber-Milizen so genannt, die in den Achtziger Jahren gebildet wurden, um die *SPLA* in Bahr al-Ghazal zu bekämpfen.

NCP: National Congress Party, Nationale Kongreß-Partei, derzeit gemeinsam mit der *SPLM* regierende Partei des sudanesischen Präsidenten Umar Hassan al-Baschir.

NDP: National Democratic Party.

N'Djamena: Hauptstadt des Tschad.

NIF: National Islamic Front, nach dem Fall Numeiris 1985 gegründete Partei sudanesischer Islamisten um Hassan al-Turabi, organisierte den Putsch am 30. Juni 1989 und führte anfangs die neue Regierung von Umar Hassan al-Baschir, zunächst unter dem Namen des »National Salvation Council«, später der Nationalen (oder Patriotischen) Kongreß-Partei.

NGO: Non-Governmental Organzation, Nichtregierungsorganisation.

NPA: Norwegian People's Aid.

Nuba: negrider sudanesischer Stamm, der in den Nubabergen in Süd-Kordofan beheimatet ist; in den Sechziger Jahren von Leni Riefenstahl fotografiert.

NUP: National Umma Party, Partei der Anhänger des *Mahdi*, Führer ist der ehemalige Premierminister und Mahdi-Urenkel Sadiq al-Mahdi.

Ocha: Office for the Coordination of Humanitarian Affairs, humanitäre Einrichtung der *Uno*, *www.ochaonline.un.org.*

OLS: Operation Lifeline Sudan; 1989 ins Leben gerufene konzertierte Hilfsaktion für den Südsudan, die von *Lokichokio* in Kenia aus operiert.

Omda (Umda): Verwalter, Dorfvorsteheher.

Pascha: höchster Titel für einen Offizier oder Beamten im Osmanischen Reich.

PDF: Popular Defense Force, paramilitärische Regierungstruppen (arab.: Quwaat ad-difaa ash-shabiyya), ursprünglich von Premierminister Sadiq al-Mahdi ins Leben gerufene Milizen, die nach dem Staatsstreich der Islamisten 1989 einen offiziellen Status erhielten.

Pharao: arabisch Fir'aun, König Ägyptens, wird von den Muslimen als Inbegriff der Verruchtheit betrachtet.

PhD: Doktortitel; wird im Südsudan ironisch mit »poverty, hunger and disease« übersetzt.

Polisario: eigentlich Frente Polisario, Befreiungsbewegung, die für die Unabhängigkeit der von Marokko besetzten Westsahara streitet.

Quwait al Salaam: »Friedenstruppen«, Regierungsmiliz.

Ramadan: muslimischer Fastenmonat.

Saghawa (Zaghawa, Zoghawa): Halbnomaden im nördlichen *Darfur.*

Salam: Frieden; Grußformel As-Salam 'alaikum = der Friede sei mit euch.

Sandsch: Sklave schwarzafrikanischer Herkunft.

Scharia: »Weg zum Platz der Tränke«, islamisches Recht, das als Strafen Steinigung, Verstümmelung und Geißelung vorsieht; wurde im Sudan 1983 unter Präsident Jafaar Numeiri eingeführt und gilt als einer der Auslöser des südsudanesischen Bürgerkrieges, der von 1983 bis zum Januar 2005 andauerte und rund zwei Millionen Menschenleben kostete.

Scheich: religiöser Führer, Ältester, Patriarch, Oberhaupt eines Sufiordens; niedriger Posten in der Verwaltung.

Scheitan (Schaitan, shetan): Teufel.

Schura: Versammlung von Stammesscheichs.

Seriba (Zeriba): gesichertes Fort, kleine, von Dornbüschen eingefriedete, Siedlung; im 19. Jahrhundert diente ein Netz von Seriben der Unterkunft von überwiegend arabischen Sklaven- und Elefantenjägern, die aus dem Norden des Sudan nach Süden zogen; Handelsstation.

SLA: Sudan Liberation Army, 2003 in *Darfur* gegründete Guerilla, ursprünglich: *Darfur Liberation Front.*

SLM: Sudan Liberation Movement.

Spiegel, Der: deutsches Nachrichtenmagazin aus Hamburg, *www.spiegel.de.*

SPLA: Sudan People's Liberation Army, 1983 von Oberstleutnant John Garang gegründete südsudanesische »Befreiungsbewegung«.

SPLM: Sudan People's Liberation Movement, *www.splmtoday.com.*

SSOM: South Sudan Operation Mercy, Hilfsorganisation im Südsudan.

Standard, The: kenianische Tageszeitung, Redaktion in Nairobi, *www.eastandard.net.*

Sudan Focal Point: ökumenisches Netzwerk.

Sudan Tribune: Internet-Website mit Informationen zum Sudan, die von Frankreich aus geführt wird, *www.sudantribune.com.*

Sudd: Damm, Barriere, Schiffahrtshindernis im Nilbecken, Sumpfgebiet am Oberlauf des Weißen Nils im Südsudan.

Sufi: von suf = Wolle, Anhänger einer mystischen mohammedanischen Bewegung, die im Sudan viele Anhänger hat, andere Bezeichnungen sind *Derwisch* oder *Faqir* (Fakir).

Suq (Souk): Markt.

Tariqa: sudifistische Orden.

Thuraya: Marke für Satellitentelefone.

Tukul: Hütte, Rundhaus, oft aus Lehm und mit Gras abgedeckt.

Turkiya (Turkia): Begriff für die türkisch-agyptische Herrschaft im Sudan zwischen 1820 bis 1885.

Transparency International: in Berlin gegründete *NGO*, die sich dem Kampf gegen die Korruption verschrieben hat., *www.transparency.de.*

Uaffa: Guave (Tropenfrucht).

Umma: die muslimische Gemeinschaft; Nation oder Volk; die Mahdisten und Mitglieder der *Ansar*-Sekte im Sudan benannten danach später ihre politische Partei, die National Umma Party (NUP).

UN: United Nations, Vereinte Nationen, *www.un.org.*

UNHCR: Unites Nations High Commission for Refugees, Flüchtlingshilfswerk der Vereinten Nationen, *www.unhcr.de.*

Unicef: United Nations Children's Fund, Kinderhilfswerk der Vereinten Nationen, *www.unicef.org.*

Uno: United Nation's Organization, Organisation der Vereinten Nationen mit Sitz in New York; nach dem Zweiten Weltkrieg gegründete Nachfolgeorganisation des Völkerbunds, *www.uno.de.*

UPDF: Uganda People's Defense Force, ugandische Armee.

USAID: United States Agency for International Development, staatliches US-amerikanische Hilfswerk, *www.usaid.gov.*

Wadi: saisonaler Wasserlauf, Flußbett.

Wali: Gouverneur.

Wathani: Ungläubige, Götzendiener.

WFP: World Food Programme, Welternährungsprogramm der Vereinten Nationen, *www.wfp.org.*

World Vision: christliches Hilfswerk.

Zuruq: abgeleitet vom arabischen Begriff azraq, der dunkelblau bedeutet; wird in *Darfur* meist im Plural »Zurqa« benutzt, um Schwarze abfällig zu bezeichnen.

Nützliche Internetadressen

(soweit noch nicht im Glossar vermerkt)

www.allafrica.com: Allafrica, afrikanischer Pressespiegel.

www.auswaertiges-amt.de: Auswärtiges Amt, enthält Informationen zu Darfur, Sudan.

www.darfurinfo.org: Informationen zu Darfur.

www.espac.org: Seite der regierungsfreundlichen Sudanesencommunity in London.

www.fcaea.org: Foreign Correspondents' Association of East Africa, Seite mit aktuellen Berichten zu Afrika.

www.initiative-sudan.de: Hilfsorganisation, die sich um die Nuba kümmert.

www.insightsudan.com: Seite des südsudanesischen Monatsmagazins »Insight Sudan«.

www.justiceafrica.org: Menschenrechtsorganisation.

www.leni-riefenstahl.de: Fotos von Leni Riefenstahl, enthlät die berühmten Nuba-Bilder.

www.listserv.emory.edu/archives/sudan-l.html: Seite mit Dokumenten des Anti-Baschir-Aktivisten Eric Reeves.

www.massaleit.info: Website der Massalit in der Diaspora.

www.phrusa.org: Seite der »Physicians for Human Rights«.

www.reliefweb.int: Mitteilungen von Hilfsorganisation und Uno.

www.smc.sd: Sudan Media Centre, regierungsfreundliche Nachrichtenagentur.

www.sudanmirror.com: Seite des »Sudan Mirror«, englischsprachige Südsudanzeitung.

www.sudannet.com: Informationen zum Sudan.

www.sudanvisiondaily.com: Webseite der unabhängigen, englischsprachigen Tageszeitung »Sudan Vision«.

www.tschad-info.net: Material über den Tschad und die tschadische Opposition.

Literatur

Abraham, Kinfe; Sudan. The politics of war and peace, Addis Abeba 2005
Abraham, Kinfe; Nile opportunities. A venue toward a win win deal, Addis Abeba 2004
Abraham, Kinfe; Nile dilemmas. Hydropolitics and potential conflict flashpoints, Addis Abeba 2004
Ahmed, Abdel Ghaffar M., Anthropology in the Sudan. Reflections by a Sudanese Anthropologist, Utrecht 2002
Akol, Jacob J.; I will go the distance. The story of a »lost« sudanese boy of the sixties, Nairobi 2005
Akol, Lam; SPLM/SPLA. Inside an african revolution, Khartum 2001
Alier, Abel; Agreements dishounored. Southern Sudan, Khartum 1992
As-Sadig, Salah Omer; The domed tombs of eastern Sudan, Khartum, ohne Datum
Austin, Greg, und Koppelman, Ben; Darfur and genocide: Mechanisms for rapid response, an end to impunity, London 2004
Azzo, Paul Hormez; Directory of major companies in Sudan, Beirut 2006
Baaijens, Arita; Wüstennomaden. Als Frau mit Kamelen durch den Sudan, München 2005
Bangs, Richard, und Scaturro, Pasquale; Mystery of the Nile, Cichester 2006
Barth, Boris; Genozid. Völkermord im 20. Jahrhundert, München 2006
Barth, Heinrich; Im Sattel durch Nord- und Zentralafrika 1849-1855, Stuttgart 2000
Bergmann, Hajo; Das Fest der Derwische. Unterwegs zu den Wurzeln islamischer Mystik, München 2003
Bertaux, Pierre; Afrika. Von der Vorgeschichte bis zu den Staaten der Gegenwart, Frankfurt am Main 1995
Biel, Melha Rout, und Roth, Maria, und Majak, Isaac Wel; Das Scheitern des Zusammenlebens zwischen arabischen und afrikanischen Stämmen im Sudan, Frankfurt am Main 2005
Birnbaum, Michael; Die schwarze Sonne Afrikas, München 2001
Bitala, Michael; Hundert Jahre Finsternis. Afrikanische Schlaglichter, Wien 2005
Blixen, Tania; Jenseits von Afrika, Reinbek bei Hamburg 2000
Bohner, Theodor; Der eroberte Erdteil. Gustav Nachtigal 1834/1885, Berlin 1934
Brecht, Bertolt; Mutter Courage und ihre Kinder, Frankfurt am Main 1993
Brehm, Alfred Edmund; Reisen im Sudan, Stuttgart 1983

Brook-Shepherd, Gordon; Slatin Pascha. Ein abenteuerliches Leben, Wien 1972
Brown, Stuart E. (Hg.); Seeking an open society. Inter-faith relations and dialogue in Sudan today, Nairobi 1998
Brunold, Georg (Hg.); Nilfieber. Der Wettlauf zu den Quellen, Frankfurt am Main 1994
Burckhardt, Johann Ludwig; Entdeckungen in Nubien 1813-1814, Tübingen 1981
Camus, Albert; Weder Opfer noch Henker. Über eine neue Weltordnung, Zürich 2006
Churchill, Winston; The river war. An account of the reconquest of the Sudan, Mineola 2006
Cisternino, Mario; Passion for Africa. Missionary and imperial papers on the evangelisation of Uganda and Sudan, 1848-1923, Kampala 2004
Clammer, Paul; Sudan. The Bradt travel guide, Bucks 2005
Clapham, Christopher (Hg.); African guerillas, Oxford 1998
Clausewitz, Carl von; Vom Kriege, Erftstadt 2003
Croegaert, Luc; The african continent. An insight into its earliest history, Nairobi 1999
Dallaire, Romeo; Handschlag mit dem Teufel, Frankfurt am Main 2005
Dau, Isaiah Majok; Suffering and god. A theological reflection on the war in Sudan, Nairobi 2002
Davidson, Basil; Afrika. Stämme, Staaten, Königreiche, Reinbek bei Hamburg 1974
Davidson, Basil; The lost cities of Africa, Boston 1987
Deng, Gabriel Achoth; Wars and a new vision for Sudan, Nairobi, ohne Datum
Dickens, Charles; Die Pickwickier, Frankfurt am Main 2003
Diözese von Rumbek; The church in Sudan. Jurneying towards justice and peace, Nairobi 2001
Downing, Raymond; The wedding goes without us, Nairobi 2001
Dumoulin, Simone; Soudan, Paris 1979
Ehret, Chrostopher; The civilizations of Africa. A history to 1800, Oxford 2002
Engelhardt, Marc; Gulu, Darfur, Sansibar – Berichte aus Afrika 2004, Münster 2004
Enzensberger, Hans Magnus; Aussichten auf den Bürgerkrieg, Frankfurt am Main 1995
Fage, John D., und Oliver, Roland; Kurze Geschichte Afrikas, Wuppertal 2002
Flint, Julie, und de Waal, Alex; Darfur. A short history of a long war, London 2005
Freeman, Michael; Sudan. The land and the people, London 2005
Frobenius, Leo; Vom Schreibtisch zum Äquator, Frankfurt am Main 1982
Geldof, Bob; Geldof in Africa, London 1005
Gerber, Daniel; Fünfzehn Dollar für ein Leben, Basel 2005
Gerster, Georg; Nubien. Goldland am Nil, Zürich 1964
Glucksman, André; Krieg um den Frieden, Berlin 1998
Grill, Bartholomäus; Ach, Afrika. Berichte aus dem Inneren eines Kontinents, Berlin 2003
Gröning, Karl; Elephants. A cultural and natural history, Gütersloh 1999
Guadalupi, Gianni; The discovery of the Nile, Shrewsbury 1998
Guest, Robert; The shackled continent. Africa's past, present and future, London 2004
Gunther, John; Afrika von innen. Ein dunkler Kontinent wird hell, Stuttgart 1957
Haffner, Sebastian; Churchill, Reinbek bei Hamburg 2004

Hansen, Holger Bernt, und Twaddle, Michael (Hg.), Religion and politics in East Africa, London 1995
Harden, Blaine; Africa. Dispatches from a fragile continent, London 1993
Harris, Joseph E.; Africans and their history, New York 1998
Harris, Lillian Craig; In joy and in sorrow. Travels among sudanese christians, Nairobi 1999
Hauman, Mathew; Travelling with soldiers and bishops. Stories of struggling people in Sudan, Nairobi 2004
Höppner, Klaus; Cowboys der Wüste. Mit einer Kamelkarawane durch den Sudan, München 1989
Hofmeier, Rolf, und Matthies, Volker (Hg.); Vergessene Kriege in Afrika, Göttingen 1992
Hoile, David; Darfur in perspective, London 2005
Holmsten, Georg; Voltaire, Reinbek bei Hamburg 2002
Holt, P.M.,und Daly, M.W.; A history of the Sudan, Essex 2000
Howard, Michael; Die Erfindung des Friedens. Über den Krieg und die Neuordnung der Welt, München 2005
Hugon, Anne; The exploration of Africa. From Cairo to the Cape, New York 1993
Howell, Paul, und Lock, Michael, und Cobb, Stephen (Hg.); The Jonglei Canal. Impact and opportunity, Cambridge 1988
Hughes, Thomas Patrick; Lexikon des Islam, Wiesbaden 1995
Human Rights Watch; Sudan, oil, and human rights, New York 2003
Idris, Amir H.; Sudan's civil war. Slavery, race and formational identities, New York 2001
Ignatieff, Michael; Die Zivilisierung des Krieges. Ethnische Konflike, Menschenrechte, Medien, Hamburg 2000
Iliffe, John; Geschichte Afrikas, München 2000
Ismail, Ellen; Bukra, Insha' Allah, Bendestorf 2005
Italiaander, Rolf; Heinrich Barth. Er schloß uns einen Weltteil auf, Hamburg 1970
Iten, Oswald; Schwarzer Sudan, Kreuzlingen 1978
Iten, Oswald; Fungor. Ein Nuba-Dorf wird ruiniert, Berlin 1983
Johnson, Douglas H.; The root causes of Sudan's civil wars, Bloomington 2003
Jünger, Ernst; In Stahlgewittern, Stuttgart 1978
Kästner, Erich; Schule der Diktatoren, Frankfurt am Main 1959
Kalifa, Mohamed El-Amin; Ten years of peace making in Sudan. 1989-1999, Khartum 2003
Kaplan, Robert D.; Surrender or starve. Travels in Ethiopia, Sudan, Somalia, and Eritrea, New York 2003
Kapuściński, Ryszard; Afrikanisches Fieber, Erfahrungen aus vierzig Jahren, Frankfurt am Main 1999
Kapuściński, Ryszard; Die Erde ist ein gewalttätiges Paradies, Berlin 2000
Kapuściński, Ryszard; Die Welt im Notizbuch, Frankfurt am Main 2000
Kapuściński, Ryszard; Meine Reisen mit Herodot, Frankfurt am Main 2005
Khalil, Moneer Salih M., und Osman, M. Ahmed Jamal; Explorer. Sudan touristic guide, Khartum 2005

Ki-Zerbo, Joseph; Die Geschichte Schwarz-Afrikas, Frankfurt am Main 1981
Kols, Brigitte; Tatort Afrika. Ein Kontinent zwischen Gewalt und Hoffnung, Berlin 1999
Kramer, Fritz J., und Streck, Bernhard (Hg.); Sudanesische Marginalien, München 1991
Kurimoto, Eisei, und Simonse, Simon (Hg.); Conflict, age and power in North East Africa, Oxford 1998
Lange, P. Werner; Kontinent der kurzen Schatten. Eine Entdeckungsgeschichte Afrikas, Leipzig 1987
Levtzion, Nehemia, und Pouwels, Randall L. (Hrg.); The history of Islam in Africa, Athens (Ohio) 2000
Lewis, Bernard; Die Araber, München 2003
Lewis, Jon E.; The mammoth book of war correspondents, London 2001
Lindquist, Sven; Durch das Herz der Finsternis, Frankfurt am Main 1999
Loimeier, Manfred (Hg.), Zum Beispiel Sudan, Göttingen 1998
Maitland, Alexander; Wilfried Thesiger. The life of the great explorer, London 2006
Matthies, Volker; Immer wieder Krieg?, Opladen 1994
Maxeiner, Robert; Kawaja. Eine abenteuerliche Reise durch den Sudan, Idstein 1994
Maxwell, Simon (Hg.); Food policy and food security in Sudan, London 1991
May, Karl; Menschenjäger, Bamberg 1952
May, Karl; Der Mahdi, Bamberg 1952
May, Karl, Im Sudan, Bamberg 1952
McCune, Maggie; Nefertiti – Tochter der Sonne; 2002
Meissner, Hans-Otto; An den Quellen des Nil, Gütersloh, ohne Datum
Meredith, Martin; The state of Africa. A history of fifty years of independence, London 2005
Meyer, Gabriel; War and faith in Sudan, Cambridge 2005
Meyer, Hans; Die Erstbesteigung des Kilimandscharo, Stuttgart 2001
Moorehead, Alan; The blue Nile, New York 2000
Moorehead, Alan; The white Nile, New York 2000
Musil, Robert; Der Mann ohne Eigenschaften (in zwei Bänden), Reinbek bei Hamburg 1978
Nachtigal, Gustav; Sahara und Sudan, Leipzig 1921
Nachtigal, Gustav; Tibesti. Die Entdeckung der Riesenkrater und die Erstdurchquerung des Sudan, Tübingen 1978
Nazer, Mende, und Lewis, Damien; Sklavin. Gefangen – Geflohen – Verfolgt, München 2002
Neudeck, Rupert; Reise an's Ende der legalen Welt; Münster 2001
Neudeck, Rupert; Die Menschenretter von Cap Anamur, München 2002
Newton, Alex; Central Africa – a travel survival kit, Hawthorn 1994
Nicoll, Fergus; The Mahdi of Sudan and the death of General Gordon, Gloucestershire 2005
Nietzsche, Friedrich; Jenseits von Gut und Böse, Leipzig 1886
Njiro, Esther I.; A history od Africa in the 19th century, Nairobi 1989
Nyaba, Peter Adwok; The politics of liberation in South Sudan: an insider's view, Kampala 2000

O'Fahey, Rex S.; State and society in Darfur, London 1980
Ohff, Heinz; Der grüne Fürst. Das abenteuerliche Leben des Hermann Pückler-Muskau, München 2005
Oswald, Clemens; Das internationale Wasserrecht zwischen Konflikt und Kooperation: Die Entwicklung des Nilregimes, Hamburg 2002
Pakenham, Thomas; The scamble for Africa, London 1996
Parker, Michael; Children of the sun. Stories of the christian journey in Sudan, Nairobi 2000
Pascha, Emin; Gefahrvolle Entdeckungsreisen in Zentralafrika, Stuttgart 1983
Peters, Carl; Die deutsche Emin Pascha Expedition, Hamburg 1907
Peters, Chris; Sudan. An Oxfam country profile, Oxford 2004
Petterson, Donald; Inside Sudan. Political islam, conflict and catastrophe, Boulder, Colorado 1999
Pierli, Francesco, und Ratti, Maria Teresa; Gateway to the heart of Africa. Missionary pioneers in Sudan, Nairobi, ohne Datum
Priese, Karl-Heinz; The gold of Meroe, Mainz 1992
Prunier, Gérard; Darfur. The ambigous genocide, London 2005
Pückler-Muskau, Hermann Fürst von; Fürst Pücklers orientalische Reisen, Hamburg 1966
Pückler-Muskau, Hermann Fürst von; Aus Mehemed Alis Reich, Zürich 1985
Pückler-Muskau, Hermann Fürst von; Dresden 2005
Rahim, Muddahit 'Abdel; Imperialism & nationalism in the Sudan, Khartum 1986
Richburg, Keith B.; Jenseits von Amerika. Eine Konfrontation mit Afrika, dem Land meiner Vorfahren, München 2002
Riefenstahl, Leni; Die Nuba, Pöcking 1976
Riefenstahl, Leni; Memoiren, Köln 2000
Rottenburg, Richard; Ndemwareng, München 1991
Salich, Tajjib; Zeit der Nordwanderung, Basel 1998
Salich, Tajjib; Eine Handvoll Datteln, Basel 2000
Salich, Tajjib; Bandarschah, Basel 2001
Salich, Tajjib; Sains Hochzeit, Basel 2004
Schweitzer, Georg, Emin Pascha. Eine Darstellung seines Lebens und Wirkens mit Benutzung seiner Tagbücher, Briefe und wissenschaftlichen Aufzeichnungen, Berlin 1898
Schicho, Walter; Handbuch Afrika. Nord- und Ostfarika, Frankfurt am Main 2004
Schiffers, Heinrich; Wilder Erdteil Afrika. Das Abenteuer der großen Forschungsreisen, Frankfurt am Main 1962
Scholl-Latour, Peter; Mord am großen Fluß. Ein Vierteljahrhundert afrikanischer Unabhängigkeit, Stuttgart 1994
Scholl-Latour, Peter; Afrikanische Totenklage. Der Ausverkauf des schwarzen Kontinents, München 2001
Scholz, Piotr O.; Nubien. Geheimnisvolles Goldland der Ägypter, Stuttgart 2006
Schopenhauer, Arthur; Parerga und Paralipomena II; Zürich 1988
Schweinfurth, Georg; Im Herzen von Afrika, Stuttgart 1984
Scroggins, Deborah; Emma's war. Love, betrayal and death in the Sudan, London 2003

Scurla, Herbert (Hg.); Zwischen Mittelmeer und Tschadsee. Reisen deutscher Forscher des 19. Jahrhunderts durch Nord- und Zentralafrika, Berlin 1966
Shillington, Kevin; History of Africa, Oxford 2004
Shimanyula, James Bandi; John Garang and the SPLA, Nairobi 2005
Shipman, Pat; To the heart of the Nile. Lady Florence Baker and the exploration of Central Africa, New York 2004
Siegelberg, Jens; Die Kriege 1985 bis 1990. Analyse ihrer Ursachen, Münster 1991
Senge, Stephan Reimund; Sudanesisches Tagebuch, Himmerod 1998
Senge, Stephan Reimund; Hass – und dein Lächeln. Sudan: Gedichte und Bilder, Himmerod 2000
Slatin Pascha, Rudolph Carl; Feuer und Schwert im Sudan: meine Kämpfe mit den Derwischen, meine Gefangenschaft und Flucht, Stuttgart 1997
Smith, Wilbur; The triumph of the sun, Oxford 2005
Solé, Robert, und Walter, Marc; Legendäre Reisen in Ägypten, München 2004
Soyinka, Wole; Klima der Angst, Zürich 2005
Stanley, Henry Morton; Wie ich Livingstone fand, Stuttgart 1983
Streck, Bernhard; Sudan. Steinerne Gräber und lebendige Kulturen am Nil, Köln 1982
Stephan, Cora; Das Handwerk des Krieges, Berlin 1998
Stewart, Julia; Stewart's quotable Africa, Kapstadt 2004
Sudhoff, Dieter, und Vollmer, Hartmut (Hg.); Karl Mays »Im Lande des Mahdi«, Oldenburg 2003
Tacitus; Sämtliche Werke, Essen, ohne Datum
Tetzlaff, Rainer; Staatswerdung im Sudan. Ein Bürgerkriegsstaat zwischen Demokratie, ethnischen Konflikten und Islamisierung, Hamburg 1993
Theroux, Paul; Dark star safari, London 2003
Thesiger, Wilfred; The marsh arabs, London 1964
Thesiger, Wilfr ed; The life of my choice, London 1992
Thesiger, Wilfred; Wüste, Sumpf & Berge, München 2005
Tibi, Bassam; Im Schatten Allahs. Der Islam und die Menschenrechte, München 1994
Timberlake, Lloyd, Africa in crisis. The causes, the cures of environmental bankruptcy, Nairobi 1994
Turner, John W.; Continent ablaze. The insurgency wars in Africa 1960 to the present, Johannesburg 1998
Vogelsberger, Hartwig A.; Slatin Pascha. Zwischen Wüstensand und Königskronen, Graz 1992
Voltaire; Candide oder der Optimismus, München 2006
de Waal, Alex; Famine that kills. Darfur, Sudan, Oxford 2005
Wainaina, Binyavanga, und Torfinn, Sven; Beyond the river Yei. Life in the land where sleeping is a disease, Nairobi 2004
Walter, Klaus; Karl May, München 2002
Warburg, Gabriel; Islam, Sectarianism and politics in Sudan since the Mahdiyya, London 2003
Welsby, Derel A., und Anderson, Julie R. (Hg.); Sudan. Ancient treasures, London 2004
Werner, Roland, und Anderson, William, und Wheeler, Andrew; Day of devastation, day of contentment. The history of the sudanese church across 2000 years, Nairobi 2001

Werobèl-La Rochelle, und Hofmeier, Rolf, und Schönborn, Mathias; Politisches Lexikon Schwarzafrika, München 1978
Westphal, Wilfried; Sturm über dem Nil. Der Mahdi-Aufstand, Sigmaringen 1998
Wheeler, Andrew (Hg.); Land of promise. Church growth in a Sudan at war, Nairobi 1998
Wheeler, Andrew (Hg.); Announcing the light. Sudanese witnesses to the gospel, Nairobi 2000
Wildung, Dietrich; Sudan. Antike Königreiche am Nil, München 1996
Wollschläger, Hans; Karl May. Grundriß eines gebrochenen Lebens, Göttingen 2004
Woods, Denyse; Zauber über der Wüste, Bergisch Gladbach 2006
Ziegler, Philip; Omdurman, Barnsley 2003

Zusätzliches Material

»Darfur Peace Agreement«, 108 Seiten, Abuja, 05. Mai 2006
»Protocol between the Government of Sudan (GOS) and the Sudan People's Liberation Movement (SPLM) on power sharing«, Naivasha, Kenia, 63 Seiten, 26. Mai 2004
»Protocol between the Government of Sudan (GOS) and the Sudan People's Liberation Movement (SPLM) on the resolution of conflict in Southern Kordofan/Nuba Mountains and Blue Nile States«, Naivasha, Kenia, 20 Seiten, 26. Mai 2004
»Protocol between the Government of Sudan (GOS) and the Sudan People's Liberation Movement (SPLM) on the resolution of Abyei conflict«, Naivasha, Kenia, 9 Seiten, 26. Mai 2004

African Union
»Report of the chairperson of the commission on the situation in the Sudan (crisis in Darfur)«, Peace and Security Council, fifth session, PSC/PR/2(V), 9 Seiten, 13. April 2004
»Report of the chairperson of the commission on the situation in Darfur (the Sudan)«, Peace and Security Council, 12th meeting, PSC/MIN/2.(XII), 6 Seiten, 04. Juli 2004
»Agreement with the Sudanese parties on the modalities for the establishment of the ceasefire commission and deployment of observers in the Darfur«, 9 Seiten, 28. Mai 2004
»The chairperson of the commission of the African Union (AU) encourages the parties in the Darfur conflict in the Sudan to continue with dialogue«, Press release No. 085/2004, 28. August 2004
»Report of the chairperson of the commission on the situation in Darfur, the Sudan«, Peace and Security Council, 17th meeting, PSC/PR/2 (XVII), 20 Seiten, 20. Oktober 2004
»CFC ceasefire violation report No. 08/05: alleged attack on Solokoya village on 10 Jan 05«, Headquarters African Union Mission in Sudan, ceasefire commission, El Fashir, 21 Seiten, 09. Februar 2005

»Report of the chairperson of the commission on the situation in the Darfur region of the Sudan«, Peace and Security Council, 28th meeting, PSC/PR/2(XXVIII), 36 Seiten, 28. April 2005

Amnesty International
»Sudan: empty promises? Human rights violations in government-controlled areas«, AI Index: AFR 54/036/2003, 35 Seiten, 16. Juli 2003
»Darfur: Too many people killed for no reason«, AI Index: AFR 54/008/2004, 32 Seiten, 03. Februar 2004
»Darfur: rape as a weapon of war: sexual violence and its consequences«, AI Index: AFR 54/076/2004, 38 Seiten, 19. Juli 2004
»Intimidation and denial. Attacks on freedom of expression in Darfur«, AI Index: AFR 54/101/2004, 16 Seiten, 25. August 2004
»Sudan: who will answer for the crimes?«, AI Index AFR 54/006/2005, 22 Seiten, Januar 2005
»Sowing the seeds of Darfur. Ethnic targeting in Chad by Janjawid militias from Sudan«, AI Index AFR 20/006/2006, 25 Seiten

The Brookings Institution – University of Bern
»Protecting two million internally displaced: the success and shortcomings of the African Union in Darfur«, an occasional paper, 56 Seiten, November 2005

Center for Strategic and International Studies
»To guarantee the peace: an action strategy for a post-conflict Sudan«, 35 Seiten, Januar 2004

Department for International Development of the Government of the United Kingdom
»Darfur: forward humanitarian strategy. July 2004 – March 2005«, 15 Seiten, 08. Juli 2004

Deutscher Bundestag
»Im Westsudan (Darfur) eine humanitäre Katastrophe verhindern. Antrag der Fraktionen SPD, CDU/CSU, Bündnis 90/Die Grünen und FDP«, Drucksache 15/3197, 23 Seiten, 26 Mai 2004

Gesellschaft für Bedrohte Völker
»Völkermord in Darfur«, Menschenrechtsreport Nr. 34, 100 Seiten, August 2004

Human Rights Watch
»Darfur destroyed. Ethnic cleansing by government an militia forces in Western Sudan«, Vol. 16, No 6(A), 75 Seiten, Mai 2004
»Darfur documents confirm government policy of military support. A Human Rights Watch briefing paper«, 11 Seiten, 19. Juli 2004
»Empty promises? Continuing abuses in Darfur, Sudan. A Human Rights Watch briefing paper«, 35 Seiten, 11. August 2004

»›If we return, we will be killed.‹Consolidation of ethnic cleansing in Darfur, Sudan«, Report, 43 Seiten, November 2004
»Targeting the Fur: mass killings in Darfur. A Human Rights Watch briefing paper«, 22 Seiten, 21. Januar 2005
»Entrenching impunity. Government responsibility for international crimes in Darfur«, Volume 17, No. 17(A), 89 Seiten, Dezember 2005
»Darfur bleeds: recent cross-border violence in Chad«, 17 Seiten, Februar 2006
»The impact of the comprehensive peace agreement and the new Government of National Unity on Southern Sudan«, Number 1, 28 Seiten, März 2006

International Commission of Inquiry on Darfur
»Report of the International Commission of Inquiry on Darfur to the United Nations Secretary-General. Pursuant to the Security Council Resolution 1564 of 18 September 2004«, Genf, 176 Seiten, 25. Januar 2005

International Crisis Group
»God, oil and country. Changing the logic of war in Sudan«, ICG Africa Report N°39, 249 Seiten, Januar 2002
»Darfur rising: Sudan's new crisis«, ICG Africa Report N°76, 44 Seiten, 25. März 2004
»Darfur deadline: a new international action plan«, ICG Africa Report N°83, 28 Seiten, 23. August 2004
»Darfur: the failure to protect«, ICG Africa Report N°89, 28 Seiten, 08. März 2005
»Do Americans care about Darfur? An International Crisis Group/Zogby International opinion survey, Africa Briefing N°26, 8 Seiten, 01. Juni 2005
»The Khartoum-SPLM agreement: Sudan's uncertain peace«, Africa Report N°96, 29 Seiten, 25. Juli 2005
»Unifying Darfur's rebels: a prerequisite for peace«, policy briefing, Africa Briefing N°32, 20 Seiten, 06. Oktober 2005
»The EU/AU partnership in Darfur: not yet a winning combination«, Africa Report N°99, 23 Seiten, 25. Oktober 2005
»Sudan: saving the peace in the east«, Africa Report N°102, 36 Seiten, 05. Januar 2006
»To save Darfur«, Africa Report N°105, 33 Seiten, 17. März 2006
»Sudan's comprehensive peace agreement: the long road ahead«, Africa Report N°106, 35 Seiten, 31. März 2006
»Darfur's fragile peace agreement«, Africa Briefing N°39, 20 Seiten, 20. Juni 2006

Medecins sans frontieres
»Persecution, intimidation and failure of assistance in Darfur«, MSF-Holland, 18 Seiten, Oktober 2004
»The crushing burden of rape. Sexual violence in Darfur«, a briefing paper, 8 Seiten, 08. März 2005

Norwegian Regugee Council
»Internal displacement. Global overview of trends and developments in 2004«, 67 Seiten, März 2005

Operation Lifeline Sudan
»Annual report 2003. Operation Lifeline Sudan, Southern Sector«, 24 Seiten, 2003

Refugees International
»No power to protect. The African Union mission in Sudan«, 26 Seiten, November 2005

Sudan Human Rights Organization
»Prosecuting a murderous regime«, the Sudanese human rights quarterly, issue No. 15, 56 Seiten, Juni 2003

Sudan People's Liberation Movement
»Millenium development goals. Interim report for South Sudan«, 60 Seiten, 2004

United Nations
»Darfur 120-day plan report. September to December 2004«, Office of UN Resident and Humanitarian Co-Ordinator for the Sudan, Khartum, 13 Seiten, Januar 2005

United Nations Children's Fund
»2003 consolidated donor report Southern Sudan«, 39 Seiten, 2003
»May 2003 monthly report. Operations in Southern Sudan«, 13 Seiten, Mai 2003
»School baseline assessment report Southern Sudan«, 41 Seiten, Dezember 2003
»February 2004 monthly report. Operations in Southern Sudan«, 14 Seiten, Februar 2004

United Nations High Commissioner for Human Rights
»Second periodic report of the United Nations High Commissioner for Human Rights on the human rights situation in Darfur«, 42 Seiten, 2005
United Nations High Commissioner for Refugees
»Preparatory activities for the repatriation and reintegration of Sudanese refugees«, 18 Seiten, 2004

United Nations Office for the Coordination of Humanitarian Affairs
»Sudan transition & recovery database. Statistical tables«, Version 1, 37 Seiten, November 2004

US Department of State
»Documenting atrocities in Darfur – US State Department report on Darfur genocide«, State Publication 11182, Bureau of Democracy, Human Rights, and Labour and the Bureau of Intelligence and Research, 9 Seiten, September 2004

Woodrow Wilson International Center for Scholars
»Resolving the three headed war from hell in Southern Sudan, Northern Uganda, and Darfur«, Africa Program, occasional paper series, 8 Seiten, Februar 2005

Register

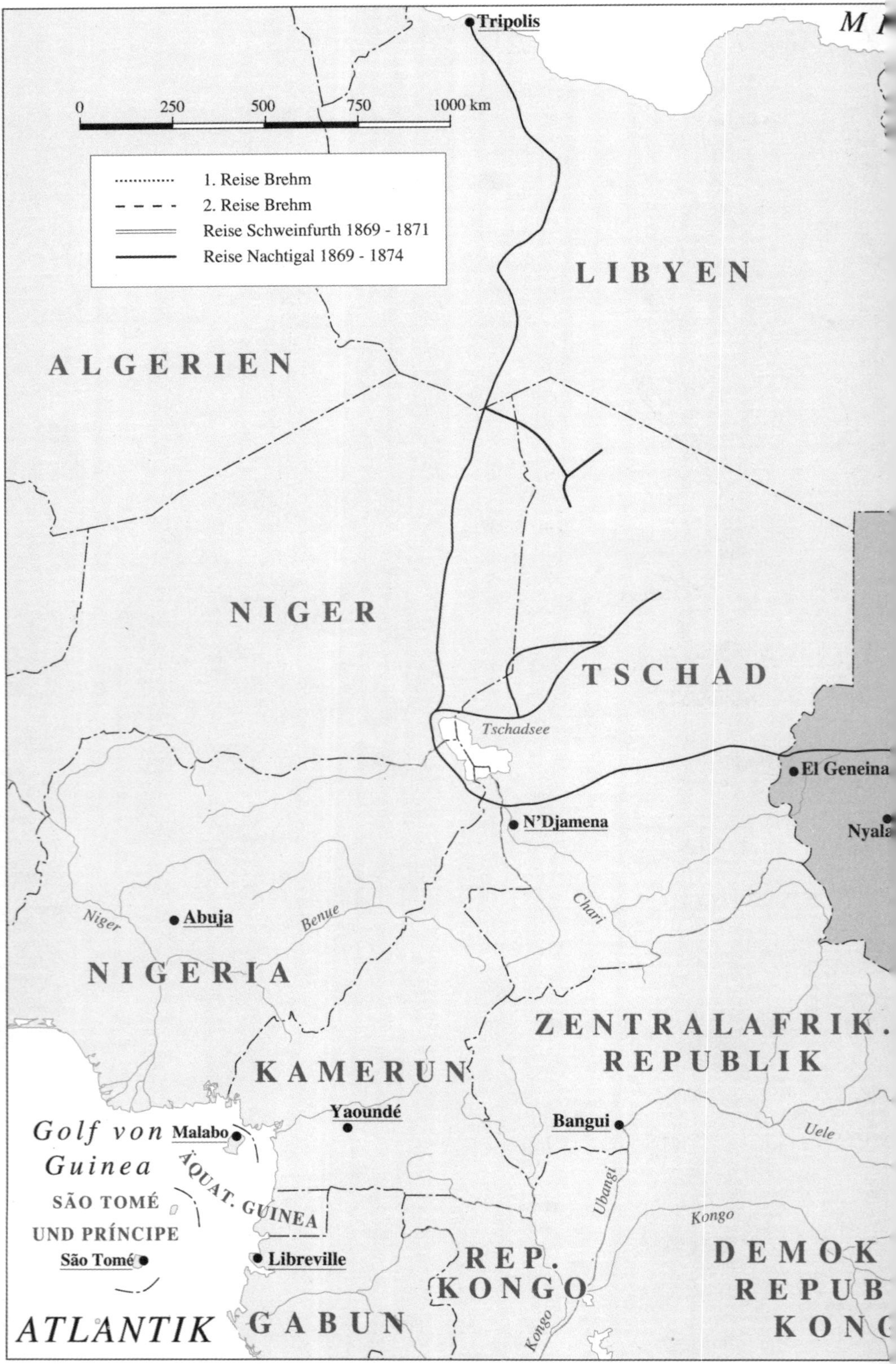

0
250
500
750
1000 km
1. Reise Brehm
2. Reise Brehm
Reise Schweinfurth 1869 - 1871
Reise Nachtigal 1869 - 1874
Tripolis
LIBYEN
ALGERIEN
NIGER
TSCHAD
Tschadsee
El Geneina
N'Djamena
Nyala
Chari
Niger
Abuja
Benue
NIGERIA
ZENTRALAFRIK. REPUBLIK
KAMERUN
Yaoundé
Bangui
Uele
Golf von Guinea
Malabo
ÄQUAT. GUINEA
SÃO TOMÉ UND PRÍNCIPE
São Tomé
Libreville
Ubangi
Kongo
REP. KONGO
ATLANTIK
GABUN